异质文化交织下的上海都市生活

1843-1949

熊月之 著

上海人民出版社

引　言

　　近代上海,市政管理机构多元,制度多元,法律多元,货币多元,建筑样式多元,交通工具多元,人口多元,饮食多元,服饰多元,婚丧习俗多元,年节假日多元,娱乐方式多元,语言多元,宗教信仰多元,价值观念多元……是一个举世罕见的异质文化交织的都市。

　　下面两段话,分别出自中国、西方文人笔下,角度有所不同,但都活灵活现地描绘了上海异质文化交织的生动场景:

> 　　上海好比是一所最复杂的、最奇特的、最丰富的博物院,在那里,什么样的人物都有,自吴鉴光、丁甘仁、哈同以至最新式的科学家;在那里,什么样的社会状况都有,自虹庙的烧香,哈同路某宅的宫廷生活,以至最新式的欧化的舞蹈与其他娱乐;在那里,什么样的交通器具都有,自独轮车,塌车,轿子,马车,人力车,电车,以至最新式的汽车;在那里,什么样的房屋都有,自江北鼊鼊船改造之土室,草房,平房,楼房以至设备得最新式的洋房。这其间相差相距,不啻有二十个世纪。时时的到街上去默察静望一下,见那塌车与电车并行,轿子与汽车擦"肩"而过,短服革履的剪发女子与拖了长辫子戴红结帽顶的老少拥拥挤挤地同在人群里躜……这还不够你的鉴赏么? 世界再没有一个博物馆有那样复杂完备的活的"陈列品"了。[1]

---

[1]　郑振铎:《上海的居宅问题》,《文学周报》1928 年第 4 卷第 251—275 期。

上海这个城市一方面各个种族混居,充满了国际气息,另一方面也具有中国人特有的那种对洋人排斥疑忌的心态,这使得上海成为世界上最吸引人但又最为奇怪的城市之一。在那里世界各地的人你都看得到,走在南京路上的时候,你会觉得好像在参加世界各族大聚会。路上走的有高高的大胡子俄国人、胖胖的德国佬。没准你一头撞上一个瘦小的日本军官,他显得趾高气扬,认为自己是优秀的大和民族的一员,征服整个欧洲都不在话下。老于世故的中国人坐在西式马车里,精瘦的美国人则乘人力黄包车。摩托车飞驰而过,差点撞到一乘帘子遮得密密实实的轿子,轿中坐的是中国的官太太。一个法国人在上海狭窄的人行道上向人脱帽致敬,帽子正好打在一名穿着精美黄色丝绸外套的印度人脸上。耳中听到的是卷舌头的德语夹杂着伦敦俚语。穿巴黎新款时髦衣衫的人旁边站着近乎半裸的穷苦小工。一对水手踏着双人自行车飞驰而过,两名穿和服、趿拖鞋的日本仕女转身避让,显得有点恼怒。着一身灰袍的和尚手肘碰到了一名大胡子的罗马传教士。出于对祖国的热爱而不是商人那种惟利是图的本性,一位俄国店主店里的商品标价一律用俄文书写,使人看了茫然。对面是一家日本人开的理发店,店主用生硬的英语写了些广告词,保证大家在此理发,价格低廉。[1]

中外文人将"最复杂""最奇特""最丰富""最吸引人"这些极端字眼赋予了上海。

那么,近代上海这一奇特的异质文化交织的社会是怎么形成的? 不同的生活方式、不同的政治制度、不同的价值观念是怎么共处共存的? 有些什么样的矛盾与冲突? 这些矛盾与冲突是怎么化解的? 这一特殊文本在文化交流与文明互鉴史上有什么意义?

这些就是本书试图回答的问题。

---

[1] Gascoyne-Cecil and Cecil, Changing China, 104—105. 转见卢汉超:《霓虹灯外:20 世纪初日常生活中的上海》,段炼等译,上海古籍出版社 2004 年版,第31—32 页。

文化有多种含义,在西方来源于拉丁文 culture,原意为对土地的耕耘和对植物的栽培,以后引申为对人的身体和精神两方面的培养。中国古籍中文化的含义是文治与教化。今人所说广义的文化,总括人类物质生产和精神生产的能力、物质的和精神的全部产品;狭义的文化,指精神生产能力和精神产品,包括一切社会意识形式,有时又专指教育、科学、文学、艺术、卫生、体育等方面的知识和设施,以与世界观、政治思想、道德等意识形态相区别。文化中的积极成果,作为人类进步和开化状态的标志,便是文明。本书所述,主要是指通过生活方式体现出来的文化,包括衣、食、住、行、娱乐、交往等。异质文化,指不同质的文化。异与同,本是相对而言,不同民族在生活方式方面自会有许多的不同,也会有一些相同或相似的内容。同一民族,分布在不同区域,如同为汉族,岭南与燕北、浙东与川西,在衣食住行方面也会有诸多的不同。前者是大异小同,后者是大同小异。本书论述的异质文化,主要是不同民族之间的异质文化,特别是指中西文化、中日文化。异质文化之间的交流,即文化人类学者所谓之跨文化传播(intercultural communication),用"异质文化"旨在强调其不同,强调其质之异,而"跨文化"则重在其跨,在其连通。

不同民族的衣食住行、娱乐、交往方式之所以自具特色,相互有异,乃是由于不同民族生存环境、演变历史有异,形成了不同的文化传统。这些文化传统自然也会通过观念形态的文化反映出来,观念形态的文化反过来会对生活方式有所影响。因此,讨论生活方式意义的文化,也会涉及观念形态意义上的文化。本书所述异质文化交织下的都市生活,主要是不同民族生活方式(兼及观念形态文化)相互交织、相互影响下的都市生活。

上海两租界存时近一百年,[1]占地近五万亩,由于受到不平等条约的保护,它不受中国政府直接管辖,但又不是英国、美国、法国、日本或某一个国家的殖民地,自有立法、司法、行政系统。界内人口,来自世界各地。工部局或公董

---

[1] 上海租界先前共有三家,即英租界、美租界、法租界,1863 年以后英、美租界合并,就变成两家。租界面积在不同时期有所不同。本书如不特别说明,即指两租界面积最大时情况。

局,除了市政、税收、治安等事务外,于宗教、新闻、出版、金融、贸易、制造、人口流动、结社集会多不过问。公共租界、法租界、华界三家,互不统属又互有联系,既有矛盾又有协作,有时各自为政,有时互相拆台,有时步调一致。租界之内,有代表英、美、日、法、德、意、比等几十个国家的领事馆,设有各自的领事法庭,审理各国侨民的相关案件,也有代表中国政府处理案件的会审公廨。租界之上,并没有一个能够统辖或协调三家关系的权力机构,遇到非协调不可的问题,就由各国领事或领事团向上海地方政府交涉,或通过各国驻华公使向中国中央政府交涉。

这样,上海租界就处于中外两种权力控制边缘地带的交叉区域。

一是英、美、法等国权力控制边缘地带。虽然在大部分时间里,公共租界权力主要控制在英国人手中,但是租界不等于殖民地,公共租界不等于新加坡,工部局总董不等于殖民地总督,工部局总董由租界有关居民选举产生,并不需要向英国政府或英国驻沪领事负责,也不一定总要听从英国领事的意见。法租界的情况有别于公共租界,大部分时间里主要是法国驻沪领事负责,但法租界与法国政府的关系也不是殖民地与宗主国的关系。

二是中国权力控制的边缘地带。中国地方政府不仅不能管辖租界里的外国人,连对租界里的华人也没有充分的管辖权,不能随意征税,不能随意拘捕,不能随意审判。至于那些挂着洋旗的中国人企业或有中国人参股的企业,中国地方政府更是无计可施。中国政府在租界里设有会审公廨,名义上由上海地方政府派出的谳员负责审理,外国领事陪审,但许多时候实质上是外国领事说了算。

这种权力控制边缘地带的交叉区域,如果仅出现在一个租界与华界之间,那还比较简单,而出现在两个租界并存、三个政权同在的情况下,就更为特殊。俗话说"天高皇帝远",上海租界距离英、法、中国权力控制中心都特别遥远。

这种三个政权同在的情况,如果发生在政治体制相近、司法理念相近、价值观念相同的情况下,那还比较简单,其间的差异会较多地体现利益的不同、立场的不同。但事实是,中英、中法之间在政治体制、司法理念、价值观念、文化传统方面既大异其趣,英法之间又曾为宿敌,在政治体制、司法理念、价值观念、文化传统方面也有很大差异。这样,在华界与公共租界、华界与法租界、公共租界与法租界之间,事实上存在三道行政控制的缝隙。

两种权力控制边缘地带的交叉区域,三道行政控制的缝隙,活跃其间的来自世界各地的多元族群,使得上海成为全世界古往今来独一无二的异质文化交织的区域。其特别之处,巴黎、伦敦、纽约不可比,孟买、加尔各答、新加坡都不可比,笔者称之为文化特别区域。

挪威学者石海山曾从市政角度生动地描绘这种文化特别区域特点:

> 上海有三个城市管理机构,三个司法体系,三个警察局,三个公共交通系统,三个水厂,还有三个发电厂。电压在法租界是 115 伏,而在公共租界是 220 伏。有轨电车的路轨宽度也不相同。黄包车夫没有所有三个城区的执照,就不能穿越城区间的界限,而他们当中几乎没有人花得起钱办齐三个执照。因此,人们不得不在城区边界换车。假如有人想从南京路乘电车去中国城里的某个地方,他必须先乘英国电车到租界边的爱德华七世大街(即爱多亚路,今延安东路——引者注),接着穿过马路进入法租界,乘法国电车到南头,然后穿过民国路,再乘中国电车继续前行。在这趟半个多小时的路途上,首先可看到是穿着英国警察制服的英国人、白俄人和印度锡克族人,然后是穿着法国警察制服的法国人、白俄人和越南人,最后是中国警察。[1]

近代有学者称上海租界是"四不象",是不中不西、亦中亦西、无所可而又无所不可的历史"怪物"[2]。说它是"怪物"非常贴切,因为这一文化特别区域,既不是清朝政府特别划定和设计出来的,也不是英国政府、法国政府有意为之,而

---

[1] [挪]石海山等:《挪威人在上海 150 年》,朱荣发译,上海译文出版社 2001 年版,第 70 页。
[2] 新中华杂志社:《上海的将来》,第六六条,1934 年出版。

是多种合力造成的结果。它是帝国主义向全球扩张,清朝政府在毫无思想准备、缺乏国际知识、没有外交经验的情况下被动开放的特有产物。

正是这一文化特别区域,为人们研究异质文化在没有文化霸权、没有权威部门管理的情况下共存、共处、交流、交融与互鉴的特点,提供了绝无仅有的个案。

一、 文化特别区域的形成

开埠以前，上海城市生活，与同为沿海的广东澄海、浙江定海、直隶静海，无大差异，与同处江南的湖州、嘉定、常州也无大差异。上海在生活方式方面显示出其异质文化交织特点，是在其开辟为通商口岸、大批西人来沪以后。

开埠以前，西方人已经来过上海，关注上海。明末清初，一些耶稣会传教士在上海生活过。1832年，英国商人曾来过上海，会见上海地方官员，对上海城市与乡村进行考察。这段经历，在上海开埠以后，成为人们关于上海在中西接触史上的重要记忆。

1. 明末清初西方人在上海的经历

明末清初，利玛窦等耶稣会传教士来到中国，传播宗教，也传播一些西方科学技术。他们活动在北京、南京、南昌、苏州等地，上海也是其中一个重要地方。先后在上海地区活动的传教士有郭居静、毕方济、黎宁石、杜奥定、潘国光、刘迪我、金百炼、张安当、毕嘉、柏应理等十余人，其中，对上海影响最大的是郭居静与潘国光。

郭居静(Lazarus Cataneo，1560—1640)是第一个出现在上海的西方传教士，意大利人，34岁来华，先在澳门学习汉语，然后到韶州、南京等地协助利玛窦管理教务。1608年(万历三十六年)，他第一次来上海，系应徐光启之邀而来。徐将地处南门外的双园整理好，请郭住到那里。郭在那里住了将近两年。

那时,徐光启已是进士,朝廷大员,其地位、学识、道德,均被上海人引以为豪。由于徐光启的示范作用,上海人对郭居静满怀敬意,来访的人很多。人们有关于信仰的问题会来找他,生病会来找他,新娘失眠、父子龃龉、偶遇毒蛇也会来找他。郭居静与当地士绅相处得很好,县城的长官经常来访。他的传教事业开展得相当顺利,在开头两个月中,就为50人施洗,不到两年已为200人施洗。为了满足日益增长的宗教活动需要,徐光启在住宅旁边建了一间小教堂,俗称小堂。郭居静在那里传教、交友、生活,成为上海生活中相当引人注目的角色。

郭居静对于上海印象相当好。《利玛窦中国札记》中有一大段描写上海的文字,应是来源于郭居静。文中称上海是"一座花园大城市",上海人很长寿:

> (上海)本城的名字是因位置靠海而得,"上海"的意思就是靠近海上。城的四周有两英里长的城墙,郊区的房屋和城内的一样多,共有四万家,通常都以炉灶数来计算。中国人的城市有这么大量的人数,听了不必大惊小怪,因为即使乡村也是人口过分拥挤。城市周围是一片平坦的高地,看起来与其说是农村,不如说是一座花园大城市,塔和农村小屋、农田一望无际。在这一片外围有两万户人家,与城市和近郊人口加在一起共达三十多万人,都属同一城市管理。……
>
> 这里的人,特别是城里人,都非常活跃,不大稳定,头脑聪明,出过很多学者文人,因而也出过很多大官,他们从前身居高位,现在退休后都很有钱,居住在富丽堂皇的府邸里。城市的街道很狭窄。这里天气温和,可以说明何以这里的人要比国内别处的人寿命更长些。在这里,人们不以六十岁为老,有很多人到八十或九十,有些甚至活过一百岁。徐保禄就出生在这个地方。[1]

1610年,徐光启服阕回京,郭居静于第二年离开上海,以后在南京、杭州等

[1] [意]利玛窦、金尼阁:《利玛窦中国札记》下册,何高济等译,中华书局1983年版,第597—598页。

地传教,偶尔来上海视察。

明末清初在上海活动时间最长的传教士是潘国光(Francescus Brancati, 1607—1671)。潘是意大利人,1637年(崇祯十年)来上海。其时,徐光启已经去世,但是徐的一个儿子、五个孙子、四个孙女都是教徒,上海地区天主教事业已有相当不错的基础。在徐氏后人支持下,潘国光传教事业进展顺利,1639年、1640年两年中,就有2364人受洗。1640年,鉴于小堂不敷使用,在徐光启第四个孙女的协助下,在县城里设立教堂,名"敬一堂",后人习称"老天主堂"。那时,中国社会风俗男女授受不亲,男女教徒不同堂参加宗教活动,为此,潘国光将徐光启所建之小堂改为女堂,专为女教徒之用。

潘国光在上海首尾28年,其教务工作非常出色。到1655年,单松江府的城镇乡村就有教堂66所,教徒五万多,上海有两座大教堂,教徒四万。上海地区由此成为天主教在中国传播的重要地区。潘国光与上海人相处甚为融洽。敬一堂建立以后,松江府推事李瑞和曾作《敬一堂记》,从中可以看出他对潘国光印象相当好,说他虬髯深目,炯炯有光,道风高峙。徐光启的第二个孙女,曾一次支持潘国光银5500两,让他分给有关耶稣会传教士,并帮助传教士在外省建立教堂。1641年,徐光启葬于徐家汇,其墓前拉丁文碑即潘国光所立。清朝初年,清政府一度严禁天主教,潘国光被迫离开上海,病逝于广州。其灵柩被教友运到上海,葬在城南。

明末清初的世界,还没有民族主义、帝国主义这些观念。中国与欧洲,雾里看花,相互所知不多,几分直觉,几分玄想。中西之间,还没有发生鸦片战争、八国联军侵华战争那样的军事冲突,中西文化还没有弱势、强势之分。对于郭居静、潘国光等人,一般人只觉其身材肤色、眼睛鼻子与常人有异,不会将其与外国侵略相联系,与其接触没有太大心理负担。士大夫对于传教士带来的西学,对于天主教,能以平常心待之。徐光启提出的对待西方文化的"翻译—会通—超胜"模式,就是相当理智、自信和大气的表现。传教士对中国,也心态平和,说中国话,穿儒士服,没有凌人盛气。那时的文化交流,属于常态下的文化交流。因此,官宦士夫、平民百姓受洗入教都是寻常事,郭居静、潘国光受到上海人的热情接待也就不足为奇了。郭居静按照中国文人的习惯,取字仰凤。徐光启对他很敬重,也按中国文人的习惯,敬称他为"郭仰老""郭先生"。对于潘国光,上海人则尊称他为潘先生、潘师。

尤其值得注意的是,崇祯年间所修《松江府志》,破天荒地把天主教传教士作为"流寓"人物记入书中。此书有初刻本与重订本两个版本,分别刊行于1630年(崇祯三年)与1631年(崇祯四年)。初刻本记述庞迪我曾游"云间"[1]:

> 西儒庞迪我,利玛窦之门人也,精于天文地理技术,宗天主教,由海外抵香山嶴,至留都,遂游云间,士大夫多崇礼之,而徐宗伯光启尤敬事焉。制器甚精巧,如西洋炮,试之辽左,尤有奇效,奴虏闻之胆落。相驱目长髯,坦易近人,非礼不动,有中华大儒之风。他著述甚富,不胜书。凡用物名目、种类特创,并西字记号二十,形象各异,不能殚记,详其门下西海耶稣会士邓玉函口授《图说录最》一书,关西王公徵有序(卷四十四,《游寓》)。

到第二年的重订本中,作者将"庞迪我"替换为"利玛窦",记述文字基本相同,只是删除"利玛窦之门人也"数字,另在"徐宗伯光启尤敬事焉"一语后面,加了"入京都,卒,神庙特恩赐葬",其余文字均同。

迄今为止,所有关于明末来华传教士资料中,都没有关于利玛窦或庞迪我在上海地区活动的记载。崇祯《松江府志》如此记述,很可能是将郭居静误作利玛窦了。此志主修为时任松江知府方岳贡,主纂为松江著名学者陈继儒,参与者还有夏允彝等人。所记史实不准确,但陈继儒等人对于传教士的开明心态则明白无误。这与徐光启对于西学、西教的态度高度吻合。明清鼎革以后,舆论环境发生重大变化,到康熙朝再修《松江府志》时,传教士传记便从《流寓》中消失了。

---

[1] 庞迪我(Diego de Pantoja, 1571—1618),西班牙人,1599年至澳门,1601年随利玛窦赴北京。曾奉明廷之命修改历法,绘制地图。1616年禁教时被逐至澳门。著有《七克大全》《庞子遗诠》等。

2. 开埠以前英商考察上海

1832 年 2 月,英国东印度公司广州分行大班马治平,派遣阿美士德号商船,从澳门出发,沿中国海岸线北上考察,寻找新的通商地点。全船 70 余人,由船长礼士带领,随员有广州英国商馆办事员胡夏米,德籍传教士、翻译兼医生郭实腊。他们经福建南澳、厦门、福州、宁波等地,于 6 月 20 日抵达上海,在上海共停留 18 天,7 月 8 日离去。在上海地区,胡夏米等还到过吴淞镇及其周围地区,去了崇明岛,考察了市情,包括军备、物产、贸易、庙宇、民俗,散发了随船携带的介绍英国概况的《大英国人事略说》小册子。

初次来到上海的外国商人,受到上海地方官员的冷遇。

他们在上海县城东门外天后宫上岸,进了天后宫,庙内正在演戏,看到外国人进来,戏即刻停演。在当地人的指引下,他们进了县城。

胡夏米等人先是见到知县温纶湛,受到了冷遇,被告知:"你们不能在此贸易,你们必须回广州去。"他们在天后宫受到了上海道台吴其泰的接待。关于接待的礼仪,双方有一番讨论。胡夏米表示,假如道台和其他官员坐着,他和郭实腊也应有座。中方表示,这个要求是办不到的,因为按中国习惯,商人在道台面前是要下跪的,不过,对你们这些人,不要下跪,只要站着就行了。假如你是官员,要办的又是公事,那才会有座。胡夏米表示,我虽不是官员,但所办之事如果顺利也可被视为公务。我们会见所用礼节,有关吾国体面。我在宁波与比道台官阶更高的人会面时也是有座的。因此,"如果官员有座我也必须有座,如果他们站着我也站着"。礼仪问题争论不下于半个小时,最后说定道台站着接待西商。

会见开始,胡夏米等人通报入厅。厅里六名中国官员坐成一个半圆形,胡夏米走近时,六人全部坐在那里,纹丝不动,竟没有一个人起身见礼。这一不礼貌的举动,显然是事先商量好的。胡夏米极为愤怒,立即转身出去。道台幕僚等人急忙打圆场,好言相劝,答应不再如此行事。胡夏米等人这才重新回到大厅。这一回,吴其泰态度变得温和了,起身迎接。随后,会谈开始。

胡夏米向吴其泰递上禀帖,向他表示了与上海通商的愿望,说是通商对双方都有利。吴其泰表示,通商之事,免开尊口,如果上海船只常去你们港口,那就让你们的政府把他们赶走,我们并没有要他们那样做。胡夏米说,与驱赶他们恰恰相反,我们的政府不仅鼓励他们来,而且还友善待客。我们也极希望你们能同样如此。

此后,胡夏米与道台之间,因为禀帖的措辞问题,是否用印问题,颇费周折,特别是吴其泰称英人为"夷",被胡夏米认为是触犯本国的体面:

> 大英国终不是夷国,乃系外国,并普天下其权之威,其地之阔,未有上之国。终者,我们至此,为立设友交易,致彼此获利,情愿往上海怀报恩的心,且施恩感德,忽略怀恨,为本国的规矩。[1]

吴其泰自知理屈,但又辩解"夷"不是侮称,而是中国古人称东方人的称呼:中华自上古圣人书内说得明白,南方谓之蛮,北方谓之狄,东方谓之夷,西方谓之戎:

> 是南蛮、北狄、东夷、西戎,自古至今,总是照此称呼,况中华舜与文王都是大圣人,孟子尚说:"舜东夷之人也,文王西夷之人也",岂是坏话?是你多疑了。[2]

吴其泰没有想到,英人船上的郭实腊的中文修养相当好,他那番诡辩是骗不了英国人的。胡夏米回复,引经据典,说明称"夷"就是侮辱英人:

> 一者:贵国的古人称朝鲜东夷,夫英吉利民人的本地,向大清国西方。二者:大英国的属地方向大清国东西北南。三者:《大清会典》卷十一称苗、

---

[1] 《胡夏米上苏松太道书》,载许地山编:《达衷集》,商务印书馆1931年版,第51页。
[2] 《苏松太道回书解明称"夷"之理由》,载许地山编:《达衷集》,商务印书馆1931年版,第51页。

羌、蛮、貊等，居在中国与夷人同样。四者：苏东坡曰："夷狄不可以中国之治治也。譬若禽兽然，求其大治，必至于大乱。先王知其然，是故以不治治之。以不治者乃所以深治之也。"由此观之，称夷人者，为蛮貊而已矣。倘以大英国民人为夷人，正是凌辱本国的体面，触犯民人，激怒结仇。[1]

吴其泰理屈，以后再不当面称英人为"夷"。这是上海地方官员第一次与英国人正面接触。

经过一番交锋以后，吴、温的态度发生了明显的变化。有一天，温纶湛与胡夏米作私下长谈，温竟然表示："足下定知吾等官民均望准许尔等在此贸易，因双方均可由此获利也。然皇法不允，无可奈何矣。"胡夏米等离开上海以前，温特地送了几篮很好的水果和一大筐小麦，胡则回赠了一箱甜酒。

从鸦片战争以前八年发生在上海的这场争论可以看出，上海地方政府对待英商的态度，对英人的称呼，与清朝中央政府精神并无二致。从接待的礼仪，到吴、温等人对胡夏米的侮慢，人们很容易会想起乾隆皇帝对待英使马戛尔尼的态度。

阿美士德号在上海首尾18天，英国人测量了黄浦江航道，了解了上海港口和贸易情况。他们认为黄浦江是中国最优良、最宜航行的河流。他们细心地查点从黄浦江进入上海港的船只，记录其数量、运载货物、航行线路。通过考察，英人对上海港口和吴淞江的贸易前景评价极高：

考虑到这个地方对外洋贸易的特殊利益，它至今未引起更多的关注真是令人惊讶。它之所以重要，主要原因在于它具有优良的港湾和宜航的河道，由此而及，上海事实上已成为长江的海口和东亚主要的商业中心，它的国内贸易远在广州之上。……从这里，无数宜航水道彼此沟通，四通八达，纵横交错。因此该江看来可视作沟通、连接帝国最遥远地区的宽敞水道：

[1]《胡夏米上苏松太道书》，载许地山编：《达夷集》，商务印书馆1931年版，第53页。

从北京到云南,从东海岸到鞑靼荒漠的中心。外国人特别是英国人如能获准在此自由贸易,所获利益将难以估量。

英国人也考察了上海的农村。阿美士德号到达上海以前,上海地方政府已经得到消息。上海知县事先在天后宫贴出告示,表示要预为防范,夷船一旦驶近上海水域,要将其驱逐出境,毋许驶入,沿海居民不准与其来往买卖"。然而,上海地方老百姓,并没有按照官府的要求去做,反而对于英国商人表现出相对友好的态度。胡夏米记载:

> 我们经常在吴淞镇外上岸,有意避开那几个相陪之人。我们单独行走时从未发生什么意外之事。那些当地百姓极为友好,我们越是单独行走,他们待我们的态度越是热情坦率。附近乡间小村庄星罗棋布,四周皆有树木环绕。人口看来甚为稠密,但乡民们身体健康,吃得也不错。小麦做成的面条、面饼是他们的主食。

对于崇明岛,胡夏米等人的感觉特别好。他们说,这里土地看起来出产丰富,种有水稻、棉花、小米和蔬菜。河渠纵横交错,起着涝时排水、旱时灌溉的双重作用。如同中国大多数省份那样,岛上的人们并不居住在大村庄里面,而是散居于小村子中,独处的农舍亦到处可见。当地百姓健康而又精力充沛,多数人面色红润。"这些淳朴的人们还是生平第一次见到欧洲人,其友好的举止超过我们以往任何所见。而且由于没有政府官员在场,人们自然而然发自内心的友好举动不受任何人为的限制。"

他们与上海本地人做生意的方式也颇为特别。为了让当地人了解他们的要求,特地写一揭帖,上面先是说了一通做生意互通有无的必要性,然后写明他们买卖的内容,说是要卖的东西包括羽纱、小绒、棉纱、西洋布,拟购买的东西主要是食品,包括鸡、鸭、猪、羊、牛、各色鱼蟹、蔬菜、水果,因为船上给养已缺,急需补充。许多小贩看到外国人喜欢杏子,就纷纷向他们兜售杏子。在外国人返回途中,至少有 300 名各种年纪的人非常友好地尾随着他们,其中有不少人请求外国人收下当地所产的鱼和蔬菜,并热情地希望外国人下次再来。

胡夏米等人认为,吴淞镇周围的农田,精耕细作,可以与荷兰农田相媲美;吴淞江是中国最优良、最适合航行的河流;"上海事实上已成为长江的海口和东亚主要的商业中心,它的国内贸易远在广州之上"。

总体而言,通过 1832 年的考察,上海给英国人留下很好的印象:富庶、友善、良港,百姓比官员更为开明、友好,前途无限。胡夏米等将这些情况详细向东印度公司作了报告,并在英文报纸上发表,在一定程度上影响了日后西方对上海及上海人的看法。

3. 从华洋分处到华洋共处

华洋分处局面的形成

1842 年 8 月 29 日,中英《南京条约》签订。条约第二款规定:"自今以后,大皇帝恩准大英国人民带同所属家眷,寄居大清沿海之广州、福州、厦门、宁波、上海等五处港口,贸易通商无碍。且大英君主派设领事、管事等官住该五处城邑,专理商贾事宜。"这就是五口通商的条约依据。

《南京条约》对于通商问题只作了原则规定,1843 年 10 月 8 日订立的《中英五口通商附粘善后条款》即《虎门条约》,对此作了比较具体解释。第七款写道:

> 在万年和约内言明,允准英人携眷赴广州、福州、厦门、宁波、上海五港口居住,不相欺侮,不加拘制。但中华地方官必须与英国管事官各就地方民情,议定于何地方,用何房屋或基地,系准英人租赁;其租价必照五港口之现在所值高低为准。务求平允,华民不许勒索,英商不许强租。英国管事官每年以英人或建屋若干间,或租屋若干所,通报地方官,转报立案;惟

> **房屋之增减,视乎商人之多寡,而商人之多寡视乎贸易之衰旺,难以预定额数。**[1]

根据这些条款,英国派来的第一个代表团,于 1843 年 11 月 8 日来到上海。为首的是巴富尔(George Balfour,1809—1894),为英国驻上海第一任领事。其他成员有麦华陀(Sir W.H. Medhurst),著名传教士麦都思之子,翻译,日后成了第九任英国驻沪领事;海尔(Frederick Howe Hale),外科医生和助手;斯特拉钦(A.F. Strachan),职员。

巴富尔一行在 11 月 9 日拜访苏松太道宫慕久,宫慕久率文武随员在海关为巴富尔举行欢迎宴会。11 月 10 日,宫慕久到巴富尔所在船上,进行礼节性回访。随后,宫、巴就开埠通商问题进行了具体谈判。

通商问题对于英国人来说,是蓄谋已久,志在必得,对上海地方政府来说,则是开天辟地,无成例可援,必须慎之又慎。这是因为上海开埠通商事宜,直接联系着清朝中央政府的中枢神经。

上海在通商五口中处于最北端,为中国最为富庶的地区长江三角洲的出海口,位置极为重要,清政府对上海开埠也高度重视。1843 年 10 月,实际全面负责清政府外交的钦差大臣耆英,奏请将其亲信、四等侍卫咸龄改为候补道,留在江苏参与外交。11 月 7 日,也就是巴富尔到达上海的前一天,清政府宣布咸龄以候补道身份,随同总督、巡抚办理外交,排名在宫慕久之前。耆英对咸龄相当赏识,在保举时称赞他"文义通畅,事理明白,遇有委办事件,不避艰险,能耐劳苦,随机措置,各得其宜。年余以来,深得该员之力,各国夷人皆极信服,于案牍素称谙练,吏治亦能有条不紊"[2]。清政府委派咸龄这样一个干才参加办理上海方面的夷务,可见对上海问题的重视。然而,无论耆英、璧昌、孙善宝、咸龄还是宫慕久,对于怎么开埠、怎么通商、华洋关系怎么处理,心中都没有底,都是走一步看一步。

---

[1] 王铁崖编:《中外旧约章汇编》第一册,生活·读书·新知三联书店 1957 年版,第 36 页。
[2] 《耆英又奏请派各口办事人员并请将咸龄留于江苏委用摺》,《筹办夷务始末》道光朝,卷 69,第 2742 页。

首先是宫慕久，如何处理开埠通商、华洋关系等问题，将直接影响日后上海城市发展的走向。宫慕久（1788—1848），山东泰安府东平州人，出身农民家庭，21 岁考取秀才，31 岁中举，以后多次参加会试，未中，38 岁那年，以大挑一等引见，奉旨以知县用，此后多年在云南边境做官，历任保山县知县、昆明县知县、署理云南府知府等职。他因处理边疆民族问题得当，两次受到道光皇帝接见。《南京条约》签订以后，上海开埠，需要一位干练的道台，他被道光皇帝看中，1843 年 7 月接任上海道台。

开埠初期，巴富尔初来乍到，本想住在城里，宫慕久则设法将英国人安置到城外。宫表示，城内已十分拥挤，找不到房屋，在县城外面，可能找到空房。翻译麦华陀认为，这种态度是出于上海地方政府的既定政策，其目的是要把外国人安排在郊外，以便监视。巴富尔不满意这种安排，表示一定要住在城内。后来，他们住进位于县城里的姚氏住宅，1844 年 2 月又搬到位于大东门的西姚家弄。

开埠以后的一两年中，外国人大都在上海城中租房居住，总体来说，还算平静，但也发生了一些小的纠纷和麻烦，特别是外国商人租地问题。开埠以后，外商络绎来沪，不断提出居住、堆放货物的要求，租地问题成了交涉之大宗。通商、居留虽然在《南京条约》及其附约《虎门条约》中写明了，但租地在条约中并没有具体的规定。英国领事曾提出土地卖绝的要求，这为中国法律所不许，未能定议。但是早期来沪的英国商人纷纷自行租地。1844 年，英商颠地在外滩自行租了近 14 亩土地，怡和洋行、和记洋行、仁记洋行、义记洋行、森和洋行、裕记洋行、李百里洋行等也都租了地。由于租地范围、租地方法、租地价格等没有统一规定，出现了一些矛盾和冲突，诸如租地价格混乱、契约简陋、格式不一，中国原业主所持契证又比较混乱，田单中有所谓割单、烂单等，还有芦照、县照、印谕等名目，常出现单大田小、单小田大、一单多主等单田不符的情况，租地范围、租地内居民、房屋、道路的管理等问题接踵而至。

所有这些前所未有的事情，都坚定了宫慕久让外国人在城外租地、实行华洋分居的想法。1845 年 11 月 29 日，宫慕久用告示形式，公布了他与巴富尔陆续商定的《上海土地章程》,公布了华洋分处的原则。《章程》共 23 条,确立了租地办法、地价议定办法、租地限制条件、市政与治安管理、道路建筑要求、租地内坟墓处置、租地与房屋用处、租地内市场管理等问题,特别规定了租地范围与华洋分离的原则。关于租地范围,章程规定以洋泾浜(今延安东路)以北、李家厂(已被选为英国领事馆馆址,今北京东路)以南、黄浦江以西为范围。西面界址未写明,1846 年 9 月 24 日议定西面以界路(今河南中路)为界。这是英租界最初的范围,面积约 830 亩。

将这块地方划为租界,同时满足了中英双方的愿望。从上海地方政府方面来说,这里地处城外,比较荒僻,便于华洋分隔。从英国方面来说,这里地理位置极佳,滨江,开阔,商船在这里的江面上停泊,既方便又安全,沿江向内地航行,又有广大的乡村。

关于华洋分处,章程第十五条规定,租地范围内华民不得自相议租,亦不得再行建房招租华商。第十六条规定,华人可以到英人租地公建市房中进行买卖交易,但不能租房。

将外国人安置在城外、实行华洋分处的原则,是中英双方协商的结果,也是宫慕久比较理想的方案。诚如梁元生所说,宫慕久在华洋分处政策背后的理由,既是担忧外国人的生活方式会玷污他所坚信的儒家规范,也是为了有效地控制外国人,追根溯源,这一想法的源头是鸦片战争以前的广州制度。[1]

英租界设立以后,美、法两国竞起效法,美租界、法租界先后于 1848 年、1849 年辟设。

美租界辟设的依据是 1844 年签订的中美《望厦条约》,其第三款规定:"嗣后合众国民人,俱准其挈带家眷,赴广州、福州、厦门、宁波、上海共五港居住贸易。"第十七款规定:"合众国民人在五港口贸易,或久居,或暂住,均准其租赁民房,或租地自行建楼,并设立医院、礼拜堂及殡葬之处。必须由中国地方官会同领事等官,体察民情,择定地基;听合众国人与华民公平议定租息,华民不得抬

---

[1] 梁元生:《上海道台研究——转变社会中之联系人物,1843—1890》,陈同译,上海古籍出版社 2003 年版,第 44 页。

价揹勒,外人勿许强租硬占,务须各出情愿,以昭公允;倘坟墓或被中国民人毁掘,中国地方官严拿照例治罪。"1846年,美商吴礼国来沪,被派为驻沪代理领事。1848年,美国圣公会传教士文惠廉在苏州河北岸虹口地区广置土地,建筑房屋,建立教堂,并向上海道台提出建立美租界的要求。经交涉,上海道台同意将虹口一带作为美租界。当时并无正式协定,四周界址也未明定,其原因主要是开埠初期美国人来沪很少,且多居住在英租界里,划界问题不急迫。

法租界辟设的依据是1844年签订的中法《黄埔条约》,其中规定法国人可以在上海等通商五口居住贸易,租地建屋,建造教堂、医人院、周急院、学房、坟地等,其房屋间数、地段宽广不必议立限制。

1848年1月,法国驻上海第一任领事敏体尼抵达上海,设立领事馆,随后与上海道台就设立租界问题进行磋商。1849年4月6日,上海道台麟桂公布了法租界的四至,地在上海北门外,南至城河,北至洋泾浜,西至关帝庙诸家桥,东至广东潮州会馆沿河至洋泾浜东角。这次划定的法租界总面积为986亩。

上海开埠之初几年,诸事处理相对顺利,关键在于宫慕久阅历丰富,办事沉稳,也与宫慕久个人品行高洁有关。在常人眼里,上海道台是个肥缺,处理土地出租、物品征税等通商事务,整天与商人、金钱打交道,敛财机会很多,但宫慕久律己甚严,廉洁自守。他在1848年去世以后,个人财富较来上海以前没有任何增加,"灵柩归里,行李萧然,只有书籍数箧,家产仍先人田舍"[1]。宫慕久的工作得到了中外双方的高度评价。1847年,协办大学士两广总督耆英奏称:"江苏按察使宫慕久,精明谙练,前在苏松太道任内办理夷务,夷情颇为悦服。"[2]1850年,宫已去世,福建学政黄赞汤还对宫的表现大为称赞,说是"华夷相安,总在地方官廉明公正。臣闻原任江苏臬公宫慕久在上海道任三年,不激不随,能以信义折服"[3]。英国人对宫评价很高,说是"最幸运的是,当时在位的道台宫

[1] 孙锡光撰,林儒珍书:《皇清诰授通议大夫江苏按察使司按察使宫公神道碑文》(道光三十年)。载桂井子街志编纂委员会编:《桂井子街志(1000—2000年)》,第九节,碑记及其他出土文物,齐鲁电子音像出版社2010年版,第197页。
[2] 故宫博物院文献馆:《史料旬刊》,1931年第31—39期,第302页。
[3] 《福建学政黄赞汤奏陈地方官须廉明公正中外方能相安片》(道光三十年八月初四日),《鸦片战争档案史料》第七册,第1013页。

慕久,也是一个性格温和、眼界开阔的人,完全没有广州官员很大程度上导致了战争的相反性格"[1]。

上海开埠最初几年,诸事处理相对顺利,还有一个重要因素,即宫慕久有一个得力幕僚,陈福勋。

陈福勋(1811—1893),浙江钱塘(今杭州)人。父亲陈觉菴,以游幕为业。陈福勋自幼接受父亲教育,留意经世之学,十六岁习商,贩卖食盐,往来于江苏、浙江、湖广、四川一带,也曾到广东经商,获利甚丰。五口通商后,他来到上海。据说中英《南京条约》公布以后,他对于条约的十三条具体内容,能一字不落地背诵出来[2]。这种本领,不只说明其记忆力过人,更说明他对于中外交涉特别用心。陈福勋过人的经商能力,丰富的洋务知识,正是宫慕久所急需的,于是成了宫的主要幕僚。

巴富尔一行来沪以后,中英双方会见、宴请,以及关于开埠细节的磋商,陈均参与其中。他向宫建议,将上海海关分为南北两处,一处办理华商海船进出口税务,一处办理洋商征税事宜。这是一项关于上海关税制度的根本性设计,涉及华洋交涉管理、洋商税收等重要问题。宫颇以为是,但为了慎重起见,"持重未上"[3],迟迟没有将陈的意见报给上级。等到两江总督璧昌来札催问,宫才将这套方案呈上。对此,璧昌相当满意,立即同意付诸实施。1843年,宫慕久先在洋泾浜北设立临时征收关税的机构盘验所,征收洋商货物税。1846年,他在上海县城北门外头坝南正式设立上海新关,一称洋关,专收"夷税",即来自外国的商品税。为了防止洋商偷税漏税,中外经过协商,制订了严格防止洋商逃税的条款,并付诸实施。新关设立以后若干年中,管理颇为有效。从1843年到1853年,历年收入共计税银七百余万两[4]。关于"夷税"与"华税"分关征收的建议,取得了良好效果,陈福勋由此声誉鹊起,成为上海办理洋务的重要人物,也成为上海外侨普遍认可的人物,日后成为上海公共租界会审公廨的首任谳员。

[1] [英]兰宁、库寿龄:《上海史》(第一卷),朱华译,上海书店出版社2020年版,第257页。
[2][3] 《钱塘陈宝渠太守八十征寿节略》,《申报》1889年12月15日。
[4] 周育民:《从江海关到江海新关(1685—1858)》,《清史研究》2016年第2期。

在华洋分处格局下,上海外国商人持续增多,租界洋行持续增加,1843 年有怡和、宝顺等 5 家,1847 年为 24 家,1852 年发展到 41 家。上海对外贸易额迅速上升,1852 年以后超过广州,名列全国榜首。但是租界社会发展并不快,人口增加幅度不大。1843 年,英租界统计在册的外侨人口为 25 人;1850 年,上海所有外侨为 210 人,其中法租界约 10 人。在此格局下,英租界因人少事简,与市政有关的机构,是所谓的道路码头委员会,由三名租地人组成,负责评估租地人的地产价格,确定征收建筑和维修道路、桥梁所需税款,募集建造码头的费用。

华洋共处局面初现

如果华洋分处局面照开头这几年的情况一直维持下去,那么上海租界就会如同广州沙面那样,范围不大,市面冷清,影响有限[1],上海租界也不可能成为异质文化全面交织的文化特别区域。

事情在 1853 年开始发生变化。

1853 年 9 月小刀会起义爆发。小刀会占领了县城,清廷加以镇压,上海战火不断。先是城中一些富裕人家,闻风逃入租界。然后是小刀会驱赶城外居民,因为有些居民的房屋被清军用作进攻的掩护。再后来是清军围攻、封锁小刀会,强令城外居民迁徙,并放火焚烧房屋。这样,大批华人涌入英租界。战事爆发前,租界只有 500 来人,不到一年,已增加到 2 万以上。"在这些难民中间,有几户富裕人家是想使自己的性命和一部分财产在租借地上得到保护,但极大多数是属于最下层的,几乎是无以为生的。"据称:

> 我们这里现在住有一大批杂乱的中国人,他们白天堵塞了道路,在路上撒满垃圾,晚上则酗酒吵闹,影响我们休息,并且引起无穷的骚乱。有些

---

[1] 广州沙面租界一直实行华洋分居,不允许华人进入,更不准华人居住。因此,在近代大部分时间里,沙面租界的外侨人口不超过 2000 人,加上为外侨服务的中国职员、工人、佣人约 4000 人,实际居住人数不超过 6000 人。由于人口稀少,租界显得相当空旷。这就使得沙面租界实际上成了一个纯粹、小型、自我封闭的外侨居住区。其中除了 19 个外国领事馆和外商机构外,只有一个工部局、巡捕房,以及为数不多的教堂、生活服务设施等。租界没有商业街,没有工业区,文化、教育、传媒机构也很罕见。参见乐正:《近代上海的崛起和广东的失落》,《二十一世纪》1994 年 8 月号。

人就住在到处乱搭起来的不牢固的竹棚里;在陆地上找不到地方住的就藏
身在沿河堤停泊的船上,并且经常聚集在堤岸上;特别是在河堤的南端(就
是法租界附近)和附近的大街小巷里,搭棚摆摊,招引了大群流浪汉和乞
丐,使一切交通为之阻塞。[1]

由于战乱原因,英租界形成了事实上的华洋混处。对此,英国领事、租界当
局起初都持反对态度,因为这样做既不符合有关章程规定,给租界管理带来极
大的不便,而且难民乱搭棚屋,有的就在黄浦滩、洋泾浜岸上搭建住所,给市政
管理、城市卫生带来很大麻烦。英国领事阿礼国为此特地照会上海道台,要求
制止这种事态。但是外国一部分商人欢迎这样的局面,因为这么一来,人口增
多,商业繁荣,房地产生意也大有可为了。几个月时间里,租界里便已建造华人
居住的房屋 800 所。

与县城毗邻的法租界则是另外一番景象。法租界本来外国人就很少,地广
人稀,战乱发生后,大部分居民都逃跑了。法租界"不断地受到叛乱军的骚扰,长
期缺乏武力保护,好像成了叛乱者的麇集之地;住在那儿的都是叛乱军的人,他们
就安居在那些被原主丢弃的房子里"[2]。法租界事实上成为小刀会活动地带。

小刀会起义,改变了英法两租界的人口结构。

人口的大量增加,英租界由华洋分处变为混处,使得租界社会管理问题一
下子复杂起来,先前的《上海土地章程》也显得名滞实后、不敷运用了。

1854 年 7 月 5 日,英国领事阿礼国、美国领事马辉、法国领事爱棠,宣布修
改后的《上海土地章程》。7 月 11 日,三国领事召开租地人大会,通过了这一章
程,即《上海英美法租界地皮章程》。

比起 1845 年的土地章程,1854 年章程在适用范围、租地范围、租地办法等
方面都有修改,其中,对于日后混杂型社会形成影响最大的是以下几点:

其一,对于华人的规定。第八款规定,洋房左近,不准华人起造房屋、草棚,

---

[1] [法]梅朋、傅立德:《上海法租界史》,倪静兰译,上海译文出版社 1983 年版,第 134—135 页。
[2] [法]梅朋、傅立德:《上海法租界史》,倪静兰译,上海译文出版社 1983 年版,第 135 页。

以免火灾。第九款规定，禁止华人用篷、竹、木等易燃之物起造房屋，不许存储硝磺、火药等易于着火之物，违者罚银 25 元。起造房屋时，木料、砖瓦等物不得阻碍道路，妨碍行人。禁止堆积秽物，任沟洫满流，放枪炮，放辔骑马赶车，并往来遛马、肆意喧嚷滋闹，违者罚银 10 元。由此，一方面可以看出，华人进入租界，已经带来一些社会问题；另一方面也说明，华洋混处已被认可。与此相一致，先前关于中华洋分居的规定在章程中不见了。

其二，设立工部局以管理市政。章程英文本第十款规定，选派三名或多名组成委员会，经收税饷，所收款项，用来起造、修整道路、码头、沟渠、桥梁，装置路灯，清洁道路。这个机构，就是工部局。

其三，设置巡捕以维持治安。第十款规定，设派更夫或巡捕以维持治安。在先前的章程中，仅有设置更夫的规定，其职责只不过是夜间巡逻、报更、鸣警，而巡捕则是武装警察。这次章程通过后不久，工部局就建立了巡捕房。捕房制定了服务规则 17 条，管辖范围相当广泛，除了警务，还有道路的整洁与燃灯，取缔有碍公众的事物，以及搜查军器的输入和解除华人武装，协助征税，筑路，都在其内。

对于工部局的性质，在 7 月 11 日通过土地章程的会议上，英国领事阿礼国有过具体说明。他说，他觉得各国侨民和华人混处的租界，有立即创立一个市政机关的必要，因为仅仅行使领事职权而无一市政机关，不足以永远确保租界的安全。要解决这一问题，他以为最重要的是，必须有赋予这市政机关各种权力的代表会议。他简要地列举了这一机关应有的各种权力，包括对于租界内外侨生命和财产的保护，一切为了保持租界居民健康、维持租界清洁、组织警察、开发并管理税收所必需的规程和办法。[1]阿礼国的这段话，道出了西人设立工部局的原始想法，画出了工部局作为地方自治政府的草图。由此可以看出，阿礼国等人从道理上原本懂得，在租界设立市政机关，是包括国际法在内的任何法律原理所不容许的，但是他们要尽量做得看上去合法些，于是就有了租地人会议等形式。他强调取得市政权力须经过租地人会议，其出发点是视租地人会

---

[1] 《费唐法官研究上海公共租界情形报告书》，1932 年中译本，第 36—37 页，载蒯世勋：《上海公共租界史稿》，上海人民出版社 1980 年版，第 338 页。

议为一种立法机构。

这样,租地人会议(后来演变为纳税人会议)、工部局、巡捕,加上在1853年为了对抗太平军而成立的义勇队(日后演变为万国商团),租界就由先前的居留地演变为具有立法、行政、警察、武装的政治实体。

按照1845年的《上海土地章程》规定,上海土地章程的修改,应由英国管事官即领事与上海地方官会同酌定,然而,这次章程的修改,却是由外国公使、领事单方面草拟,在西人会议上通过,然后才移文上海道台核明办理。

当时的上海地方政府干什么去了呢？原来,自小刀会起义爆发之后,上海地方政府就处于瘫痪状态。小刀会占领县城以后,署理知县袁祖德被小刀会乱刀砍死,道台吴健彰被俘,后被刘丽川念同乡之谊而释放。吴逃出县城以后,在兵船上办公,交涉关税事宜,勾结美、英、法诸国的侵略势力,进攻小刀会,对于道台的其他职责,无暇过问,对于修改过的上海土地章程,他除了照办别无选择。当时的清朝中央政府,众所周知,正忙于调兵遣将,镇压将首都设在南京的太平天国,哪有精力来过问上海事务！

华洋混处是特殊历史条件下形成的,既不是出于租界当局的原意,也不是上海地方政府所乐意见到的。在华洋混处的开始阶段,上海地方政府还试图继续管辖租界华人。1853年11月,吴健彰曾致函阿礼国,要求英国领事馆编造一个名册,载明在领事馆及租界商业机构的译员、买办和仆佣等人的姓名、年龄、住址等情况,以便将来查考,遭到拒绝。1855年2月24日,清政府恢复对上海县城统治以后,上海道又公布《上海华民住居租界内条例》,对居住在租界内的华人作了许多规定。内称：

> 凡华民在界内租地、赁房,如该房地外国人之业,则由该业户禀明领事官；系华民之业,则由该业户禀明地方官,将租户姓名、年、籍、作何生理、欲造何等房屋、作何应用、共住几人、是何姓名,均皆注明,绘图呈验。如地方官及领事官查视其人无碍,准其居住,该住户即出具甘结,将同居各人姓名、年、籍填写木牌,悬挂门内,随时禀报地方官查核,遵照新定章程,并按例

纳税。倘若漏报,初次罚银五十元,后再漏报,将凭据追缴,不准居住。该住户若系殷实正派之人,即自行具结,否则别请殷实之人二名代具保结。[1]

上海道台所争,是对租界华人管辖权、征税权。租界当局对此不予合作,上海道台也无法执行登记、具结等规定。从居住在租界里的华人角度来说,无论是商人还是文人,无论有钱还是无钱,也未必乐意接受上海道台的管辖,许多商人挂洋旗、避厘金还来不及,谁会主动去接受道台管辖!

4. 华洋共处范围不断扩大

1854 年以后,华洋共处范围不断扩大,一是租界范围扩大,二是越界筑路地区的出现。英美法三租界都是华洋共处的区域。三租界辟设以后,范围都不止一次地扩大。

上海租界分布示意图

---

[1] 《上海华民住居租界内条例》,载上海社会科学院历史研究所编:《上海小刀会起义史料汇编》,上海人民出版社1980 年版,第 443 页。

美租界四至在 1863 年 6 月 25 日确定,东起杨树浦,西至泥城桥北堍,南达苏州河、黄浦江,北界沿杨树浦北三里处向西界端划一直线的范围,但当时未树立界石。1873 年,美国驻沪领事提出扩展北界要求,经多年交涉,到 1893 年 7 月,确定其东界为杨树浦桥至周家嘴角,北界由虹口第五号界石至宝山县界,再由此划一直线至周家嘴。

1863 年 9 月,英美租界合并为英美公共租界,外人习称之为"外人租界"或"洋泾浜北首外人租界",但上海华人仍习称苏州河以南部分为英租界或英界,苏州河以北部分为美租界或美界。

1899 年,英美租界再度扩张,面积增至 33503 亩,并定名为"国际公共租界",其四至为:

北,苏州河;自小沙渡起,沿苏州河,至接连泥城浜之西约七十码之处,由此处朝北,至上海宝山两县之界线(今海宁路西端),循此界线至接连虹口河地方,由此处朝东,直至顾家浜口(今军工路南端)。

东,黄浦江;自顾家浜口至洋泾浜口(今延安东路外滩)。

南,洋泾浜;自洋泾浜口至接连泥城浜处,由此向西南大西路,沿长浜路之北首支路,并由此支路至静安寺镇后面之五圣庙(今延安西路东端)。

西,自五圣庙一直朝北,至苏州河小沙渡。

此后,公共租界虽然又多次谋求扩张,但没有成功,直到 1843 年租界历史结束,这一范围没有变更。

法租界设立后有两次大扩张,第一次为 1900 年,其四至为:东至城河浜(今人民路西段),西至顾家宅关帝庙(今重庆中路、重庆南路北段),南至丁公桥、晏公庙、打铁浜(今方浜西路、西门路、顺昌路、太仓路),北至北长浜(今延安东路西段、延安中路东段),面积达 2135 亩。第二次为 1914 年,也是法租界最后一次扩张,四至为:东自麋鹿路(今方浜西路)、肇周路各半起至斜桥,南从斜桥徐家汇路沿河至徐家汇桥,西起英界徐家汇路(今为华山路),北至长浜路(今为延安中路)。至此,法租界面积扩大至 15150 亩。

到 1914 年,国际公共租界与法租界面积合计 48653 亩,合 32.82 平方公里。

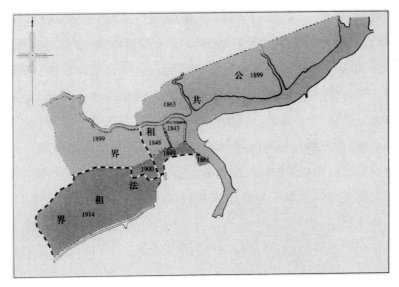

上海租界扩张图

附带说明,1895 年《马关条约》签订以后,日本曾提出在上海辟设日租界的要求,并绘制地图,提出具体范围,但经多次谈判,清政府未予批准,只同意其在已划定的英美公共租界范围内经营。日本人后来大批来沪,在虹口、杨树浦一带,建立起成片的日本式房屋,开日本商店,办日本学校,那一带成为日本人社区,被习称为日租界。从法律意义上说,上海历史上并没有出现过正式的日租界。

此外,从 19 世纪 60 年代起至 20 世纪 30 年代,两租界或以军事原因,或以开设、维护公园、跑马厅等休闲场所名义,在租界原有的界址之外修筑了一批街路,习称越界筑路。工部局或公董局设置巡捕对这些路街进行管理,竖立电杆,钉定门牌,维护治安,向沿路居民征税,使得这些地方成为租界的附庸,也成为华洋共处地区。公共租界越界筑路有 39 条,总长上百公里,控制越界筑路地区面积达 4.7 万亩。法租界越界筑路 20 余条。租界当局不断以设警、收捐、维修、延长、新筑等手段,将越界筑路地区置于租界管辖之下,然后由线到面,再设法将这些地区划入租界。上海许多重要道路,如静安寺路(今南京西路)、徐家汇路(今华山路)、新闸路、麦根路(今石门二路新闸路段)、极斯非尔路(今万航渡路)、杨树浦路、吴淞路、卡德路(今石门二路)、爱文义路(今北京西路)、戈登路(今江宁路)、虹桥路、罗别根路(今哈密路)、白利南路(今长宁路)、霍必兰路(今古北路)、愚园路、劳勃生路(今长寿路)、窦乐安路(今多伦路)、施高塔路(今山阴路)、海宁路、江湾路、哥伦比亚路(今番禺路)、林肯路(今天山路)、吕班路(今重庆南路)、杜美路(今东湖路)、薛华立路(今建国中路)、福开森路(今武康路)、金神父路(今瑞金二路)、马斯南路(今思南路)等,开头都是越界筑路。这些道路有相当部分日后在租界扩展时被包括进去,但也有一些仍在租界以外地区。

越界筑路在法律上本无依据,其土地固属中国,道路管理权亦属中国,但是由于此事由来复杂,肇始于中外联合镇压太平军,又因为中国地方政府在开始时未能予以足够重视,到头来,权限交叉,积重难返,越界筑路地区遂成为治安管理相对复杂的特殊地区。鲁迅在上海的住所,从横浜路景云里、北四川路拉摩斯公寓、施高塔路大陆新村9号到狄思威路藏书室,茅盾、叶圣陶的横浜路景云里住所,茅盾在大陆新村29号住所,均属越界筑路地区。他们在此居住,进行革命文化活动,在一定程度上是利用了这一区域的特殊性。所以鲁迅称之为半租界。

这样,华洋共处的空间,就包括了公共租界、法租界和广大越界筑路地区。

此外,在广阔的华界地区,包括南市、闸北、浦东、嘉定、闵行、宝山、吴淞等地,亦有众多外国人活动其间,传教、办学、行医、经商,整个上海地区,都可以视为华洋共处的空间。当然,不同区域共处程度有所不同,以租界、越界筑路地区为核心,同心圆式一圈一圈向外扩散。

自租界实行华洋混处以后,华人一直占租界人口的绝大多数。按照正式的统计数据,从1865年至1942年,公共租界华人通常是外侨的40倍到50倍。外侨虽然从总体上说,政治上有权,经济上有钱,社会上有势,但中外之间在区域上没有什么障碍物,在人际交往方面没有什么隔离政策,你中有我,我中有你,中外文化在上海这片土地上,日复一日、月复一月、年复一年地广泛交汇,相互影响。

二、 各国侨民概览

1. 各国侨民百年概况

1843 年上海登记在案的外国人为 26 人,1844 年为 50 人,1846 年超过一百人,1850 年超过二百人。1853 年以前,上海比较严格地实行华洋分居,租界发展不快,外侨增长缓慢。1853 年至 1855 年小刀会起义期间,大量华人涌入租界。1854 年租界修改章程,华洋分居变成华洋混处,租界城市化速度加快,外国人数量也逐渐增多。1860 年,上海外侨超过六百人,1865 年超过二千人,1895 年超过五千人。1899 年,上海英美租界改称上海国际公共租界,其后上海外国人数增加迅速,差不多每十年增加一万人,1905 年超过一万人,1915 年超过二万人,1925 年超过三万人。20 世纪 20 年代后期增加特快,1931 年超过六万人,此后几年保持在六七万人之间。1937 年八一三事变以后,大批日本人涌来,上海外侨总数迅速膨胀,1942 年达到高峰,为 150931 人,占租界总人口 6.2%,占上海总人口 3.9%。第二次世界大战结束以后,日侨、西方侨民大批回国,上海外侨数量锐减,到 1949 年年底还有不到三万人。

上海外侨国籍,最多的时候达 58 个,包括英、美、法、德、日、俄、印度、葡萄牙、意大利、奥地利、丹麦、瑞典、挪威、瑞士、比利时、荷兰、西班牙、希腊、波兰、捷克、罗马尼亚等。1910 年以前,一直是英国人最多,其次是美、法、德、日、葡萄牙等。1915 年以后,日本人跃居第一。1942 年,在沪日本人达 94768 人,超过所有其他外侨的总和。各国在上海侨民的最高数,除了日本,由高至低依次为无国籍俄国人、美国、英国、法国、奥地利、德国、印度、朝鲜、越南、葡萄牙、意大利、波兰、希腊、捷克、西班牙、丹麦、瑞士、挪威、荷兰、瑞典与乌拉圭。这些数字不包括犹太人。

各国在上海侨民人数最高年份表

序号	国　籍	人数(人)	年份
1	日　本	94768	1942
2	无国籍俄国人	14845	1936 [1]
3	美　国	9775	1946
4	英　国	9234	1935 [2]
5	法　国	3872	1946
6	奥地利	3453	1946
7	德　国	2538	1942
8	印　度	2389	1935 [3]
9	朝　鲜	2381	1946
10	越　南	2350	1946
11	葡萄牙	2281	1946
12	意大利	1048	1945
13	波　兰	1042	1942
14	希　腊	627	1946
15	捷　克	581	1946
16	西班牙	493	1946
17	丹　麦	468	1942
18	瑞　士	407	1946
19	挪　威	387	1942
20	荷　兰	201	1946
21	瑞　典	198	1946
22	乌拉圭	104	1915

资料来源:邹依仁:《旧上海人口变迁的研究》,上海人民出版社 1980 年版。

------

[1]　无国籍俄国人在公共租界的人数,取 1935 年数字。
[2]　1935 年英国人在沪人数,以公共租界的 6595 人,加上在法租界的人数 2639 人(取 1934 年的 2630 人)与 1936 年的 2648 人的平均数。
[3]　印度人在法租界的人数,取 1934 年(47 人)与 1936 年(50 人)的平均数。

外侨在上海,主要分布在公共租界,其次是法租界。1900 年公共租界有 6774 人,法租界有 622 人;1935 年公共租界有 38915 人(其中包括越界筑路地区 11615 人),法租界有 18899 人。其中,英、美、德、日、葡萄牙人主要居住在公共租界,法国人、无国籍俄国人主要居住在法租界,其他外国侨民在两租界都有居住。以 1910 年为例,英国人在公共租界有 4465 人,在法租界 314 人;美国人在公共租界为 940 人,在法租界为 44 人;日本人在公共租界为 3361 人,在法租界为 105 人;葡萄牙人在公共租界 1495 人,在法租界为 15 人;德国人在公共租界为 811 人,在法租界为 148 人。因此,可以说英、美、日、葡人 90%以上居住在公共租界,德国人主要在公共租界。同年,法国人在公共租界 330 人,在法租界有 436 人。1935 年,无国籍俄国人在公共租界有 3017 人,在法租界为 10044 人。[1]在公共租界里,由于苏州河以南先开发,以北后开发,日本人是稍后才大批涌来的,所以英美人在苏州河以南为多,日本人则主要集中在苏州河以北,即虹口一带。

充满异国情调的外滩

不同时期、不同国家的人,在上海职业分布很不相同,比如印度、越南人主要充当公共租界、法租界巡捕,但是无论什么时期,两租界均以商人为多。1850

---

[1] 1935 年法租界没有无国籍俄国人确切数字,现取 1934 年(8260 人)与 1936 年(11828 人)的平均数。

年,上海外侨共 220 人(210 个英国人,10 个法国人),其中洋行老板及其代理人大班最多,有 111 人,占总人数一半。其次是传教士 13 人,领事馆人员 7人,新闻记者、医药师、建筑师、木工、面包厨师等 11 人,家属、小孩 68 人。1870 年,上海外侨 1666 人(英国 894 人,美国 255 人,德国 138 人,葡萄牙104 人,西班牙 46 人,法国 16 人,其他 213 人),除了从事航运业者和水手(412 人)、妇女儿童(358 人)之外,商人仍然最多(226 人),其余依次是领事馆人员(90 人)、工程师(60 人)、佣工小贩(57 人)、工人(45 人)、警察(40人)、自由职业(38 人)、服务业(34 人)、手工业(25 人)、丝茶检验人员(21 人)、银行家(19 人)、传教士(15 人)。1935 年、1946 年的统计都表明,外侨中从事商业活动的占 40%以上。

2. 英 美 侨 民

英美侨民地位

近代最早来到上海的外国人是英国人,租界长期掌权的是英国人,租界制度的制订者主要是英国人。在相当长时期里,英国人是上海外国人的领袖,也是上海外国人的主体部分。1880 年以前,英国人一直占上海外国人总数的一半以上。1910 年以前,英国人在上海外国人中一直位居第一。[1]

英国人在上海的作用,可以归纳为三大方面:

政治与市政管理方面,议定《上海土地章程》,设立了上海第一个租界英租界;奠定上海租界一系列基本制度,包括土地永租制、纳税人会议、工部局、会审公廨、万国商团、巡捕、消防、卫生管理等;率先设立领事法庭、监狱,引进律师制度;引进煤气、电灯、自来水等市政设施。

经济方面,率先在上海设立怡和、仁记、宝顺等洋行,率先在上海进行鸦片

---

[1] 参见邹依仁:《旧上海人口变迁的研究》,上海人民出版社 1980 年版,第 141、145、146 页。

贸易;率先在上海开设丽如、汇丰等外资银行;开设上海第一条铁路淞沪铁路;率先在上海开设邮政局;率先在上海发行纸币、邮票等;率先开设欧洲食品厂,制造面包、汽水、糖果等,生产西人所需的食品。

社会与文化方面,率先开设仁济医院等教会医院,创办墨海书馆等近代出版机构,创办《北华捷报》等英文报纸,创办上海第一份中文期刊《六合丛谈》,创办上海第一份中文报纸《上海新报》,创办上海延续时间最长的中文报纸《申报》;先后开设上海三个跑马场(1850、1854、1863 年),将赛马引入上海;率先在上海举行业余剧团演出,举行划船、板球、足球等比赛,开设上海第一个城市公园——黄浦公园。

在上海,美国人通常与英国人并提,习称英美侨民,这既因为他们均操英语,更因为自 1863 年以后,英、美租界合并,他们在市政、居住、娱乐等方面,难分彼此。

20 世纪 20 年代以前,上海英国人通常是美国人的三至五倍。在租界社会文化生活方面,美国人处于英国人笼罩之下,多充当参与、附和、随从角色。20 世纪 20 年代以后,美国人有了自己的总会、学校等机构,在身份认同方面逐渐有明显区别。

1865—1930 年若干年份公共租界英美侨民统计表　　　　　　(单位:人)

年份	1865	1870	1876	1880	1885	1890	1895	1900	1910	1915	1920	1925	1930
英国人	1372	894	892	1057	1453	1574	1936	2691	4465	4822	5341	5879	6221
美国人	378	255	181	230	274	323	328	562	940	1307	1264	1942	1608

资料来源:邹依仁:《旧上海人口变迁的研究》,上海人民出版社 1980 年版。

1910—1930 年若干年份法租界英美侨民统计表　　　　　　(单位:人)

年　份	1910	1915	1920	1925	1930
英国人	314	681	1044	2312	2219
美国人	44	141	549	1151	1541

资料来源:邹依仁:《旧上海人口变迁的研究》,上海人民出版社 1980 年版。

英美在沪侨民的职业，大体说来，除了作为家属的妇女、儿童，一是商业人员，包括银行家、洋行大班、雇员；二是领事馆人员，包括领事、职员；三是工人和技术人员，包括工程师、手工业、工业、丝茶检验人员等；四是自由职业、服务人员、佣工小贩等；五是警察；六是传教士。

担任公职的英美侨民，包括领事官员、工部局职员、巡捕、海关职员等，占总人数比例不是很大。1855 年英租界有巡捕 30 人，1864 年增加到 164 人，多为英美侨民。1895 年上海海关外籍职员 126 人，1901 年增至 225 人，其中英国人占半数以上。工部局董事会成员中，英美籍向占多数，直到 1915 年以后，才为日籍董事留一到两个席位。1928 年后又为华董增加三到四个席位，但英美籍董事仍具有决定性作用。[1]

英美商人

上海外籍企业中，英美企业所占比重最大，英美商人在外商中所占比例也最大。据统计，1843 年上海共有 5 家洋行，1844 年增加到 11 家，全部是英国人所开。1847 年上海共有 24 家洋行，其中 21 家为英国人所开，3 家为美国人所开。同年，怡和洋行经理达拉斯等在上海组织成立英商公会，并于 1850 年获得英国驻沪领事阿礼国承认。从 1843 年至 1859 年，上海先后有洋行 74 家，其中44 家为英国商人所开，英属印度帕栖人 14 家，美国人 7 家[2]。1865 年上海 88家洋行中，英商 58 家，美商 6 家。1891 年，上海外籍企业 280 家，英商 175 家，美商 12 家。1901 年底，上海外籍企业增加到 432 家，其中英商 194 家，美商 55家。1911 年底，上海有 643 家外籍企业，其中英商 258 家，美商 59 家。

早期洋行经营主要是以鸦片、纺织品换取中国丝茶。早期来沪英美人，相当部分留有 16、17 世纪西方海盗掠夺精神，无法无天，无所不为：一是冒着中国官府的缉捕和中国烟贩土棍打交道，武装走私鸦片。二是以停泊在吴淞口外的趸船为大本营，进行一般商品走私。怡和、公平等洋行都曾因走私被缉获而遭

---

[1] 上海租界志编纂委员会编：《上海租界志》，上海社会科学院出版社 2001 年版，第 125 页。
[2] 上海对外贸易志编纂委员会编：《上海对外贸易志》上册，上海社会科学院出版社 2001 年版，第 53—57 页。

罚。三是不顾中国主权,往来于中国沿海各口岸,经营贸易与贩卖。1857 年上海进港船舶 495 艘,其中属于非法贸易船只就有 133 艘,占是年外商进港船只的四分之一以上。四是进行惨绝人寰的苦力贸易,把中国劳工贩卖到美洲和南洋一带从事开发。因公开雇募无人应募,他们便非法绑架,"英夷捉人于上海,乡人粜米,独行夷场,辄被掠去,数月竟失数百人"[1]。因此,早期英美商人在上海形象多不大好。

随着进出口贸易的发展,一批造船业在上海兴起。1851—1852 年间,上海地区设立 6 家修造船舶的工厂和行号,即英资伯维公司、拉蒙公司、美里的士、彼得果刚、罗吉士以及美商杜那普在虹口设立的新船坞。至 19 世纪 50 年代末,上海出现 6 家新船厂,即 1856 年创办的美资贝立斯船厂和包德船厂,设在浦东的一家英资船厂,均为英美商人经营。19 世纪 60 年代,由英国人创办的浦东祥生船厂、美国人创办于虹口耶松船厂,开办资本都高达 10 万两,为以前其他船厂所不及。

19 世纪 60 年代以后,国际垄断资本开始在上海直接建立自己的销售机构和生产机构。1894 年,美孚石油首销中国,1900 年美孚公司在上海设立分公司,自营石油进口与销售。其后,美商亚细亚、德士古相继进入上海,成为垄断中国石油进口和销售的三大公司。1900 年英国卜内门公司在上海设立东方总号,经营化学品进口和中国土产出口。1913 年英商茂成洋行在上海设立分行,销售榨油机、挖泥机、起重机等。第一次世界大战前,英国资本在上海占有绝对优势,其对华投资的一半集中在上海,约占上海外资的 90%,控制了上海公用事业与房地产业。第一次世界大战期间,英国忙于战争,减少了对华商品输出。美国则利用这一契机,在上海连续开办一大批企业,包括慎昌洋行,专营美国商品,日后成为上海最大外国洋行之一。大战结束以后,英国资本立即返沪。到 1936 年,英国在上海有 170 家洋行,占西方外商洋行的 30.3%,占英国在华投资的 59.86%;美国在上海有 140 家洋行,占西方外商洋行的 25%,占美国在华投资的 59.32%。

---

[1] 此段参见上海对外贸易志编纂委员会编:《上海对外贸易志》上册,上海社会科学院出版社 2001 年版,第 58 页。

与此同时,英美商人还投资于出口加工工业、印刷业、饮食业、制药业及制皂、火柴、榨油、卷烟等行业,比较知名的有怡和纺丝局、旗昌丝厂、墨海书馆、字林报馆、美华书馆、埃凡馒头店、老德记药房、科发药房、屈臣氏大药房、美查制皂厂、燧昌自来火局等。至19世纪90年代,上海四大外资纱厂中,英美资本厂家占其三,即英资怡和纱厂、老公茂纱厂和美资鸿源纱厂。20世纪初期,仅怡和洋行在上海就有包括汇丰银行、怡和丝厂、怡和纱厂、公益纱厂在内的14家企业,美商投资的一些大型企业有1902年开设的花旗银行、1903年设立的英美烟公司以及美孚石油公司制罐厂等。

到20世纪30年代,上海英商洋行逐渐形成四大集团,即怡和集团、沙逊集团、太古集团和卜内门集团,左右着上海的进出口贸易及航运、房地产、石油、公用事业等领域。美国则以慎昌、大来、美孚三大洋行最为出名。

1937年八一三事变以后,英美洋行开始转移资金,收缩经营。太平洋战争爆发以后,英美洋行被日本军队占领接管。抗日战争结束以后,原属英美洋行发还恢复经营。由于南京政府实行亲美政策,上海美商公司发展极为迅速,1946年底,上海有美商洋行256家,占上海洋行总数48.9%,相形之下,英商洋行大不如前。1947年以后,由于中国政局变化,上海洋行大量减少,美商洋行减至182家。1948年以后,外国洋行逐渐撤走。1950年,上海尚有美国洋行60家。

英商创建的汇中饭店(今和平饭店南楼)

在上海租界生活中,英美商人占有重要位置。相当一批洋行大班在租界事务中担当重要角色。和记洋行大班克鲁姆(A.F. Groom)在 1850 年前后为上海商会主席,公易洋行大班马度夫(H.C.B. Macduff)是上海商会副主席,广隆洋行大班浩格(Wm. Hogg)是汉堡、不来梅等城市驻上海领事,宝顺洋行大班比利在 19 世纪50 年代初担任葡萄牙驻沪领事和荷兰、普鲁士的副领事,琼记洋行大班斐伦(C.F. Fearon)是 1854 年上海第一届工部局董事。怡和洋行大班波斯乌曾任丹麦驻沪领事,另一大班凯瑟壳是上海英国商会主席、英商上海电车公司董事、宏恩医院理事长、万国体育会基金保管会主席。

几个著名英美商人

商人多资财,生活多奢华。近代上海著名房地产大商人,多为英人,包括史密斯、哈同、沙逊、雷士德[1]、汉璧礼等。

史密斯(Edwin Maurice Smith,生年不详,卒于 1880 年前后),美国人,来沪之初为汇票掮客,为商人和银行穿针引线。1852 年起从事房地产经营。小刀会起义后,租界人口剧增,地价飞涨,他看准机会,冲破华洋分居限制,建造大批木板房出租,获得暴利。史密斯是近代上海房地产商人暴发户第一人。1856 年,他在洋泾浜北岸永租连结在一起的土地 7 块,占地 30 余亩,在位于河南路至山东路一带,建立了当时租界唯一的商场。其时,史密斯在租界共占地 61 亩余,在所有房地产商中居第一位。当时洋泾浜上所有桥梁均在清兵与小刀会作战中拆毁,法租界当局要求租地人集资恢复,史密斯独自承建位于河南路的北门桥,这是因为此桥南北的大片土地都是他的产业。法租界当时没有巡捕房,1857 年,租地人开会讨论设巡捕事,史密斯声称他已雇佣三个人看守自己的产业,不需再设巡捕。

1863 年,史密斯购得原第二跑马厅中间的土地 34 亩余。到 1869 年,史密斯在南京路两侧共占地 7 块,面积达 131 亩余,为南京路上地产第一大户。1870 年之前,史密斯设立德和洋行(Shanghai Real Estate Agency,直译为上海地

---

[1] 对于雷士德的介绍,见本书第四章。

产代理行),由中国木匠程谨轩担任买办。他通过程谨轩建造木板房而大发其财。

史密斯是以冒险家的典型人物而载入史册的。他与英国领事阿礼国有一段对话,为他冒险家的身份作了最好的注释。这段话很有名,经常被人们所引用:

> 或许会有这么一天,后来之人将对现在这种将房屋出租给中国人的做法啧有烦言,但在我们地主和投机家来说,与此何干?你身充大英帝国的领事,自然应当以国家长远利益为重,这是你的事情。但我的事情是抓紧时机发财,把土地和建筑房屋租给中国人,以获取 30%—40% 的利益。这是运用我的资金的最好办法,我希望至多在二三年里能发到一笔大财,从此走开。以后上海不论化为灰烬或沉入海底,都与我何干!你不用盼望像我这种人肯为子孙之计而自甘长期流徙在这种不健康的环境里。我们是为发财,愈快愈多愈好,在合法范围内一切方法和手段都是为着这个。[1]

他说到做到,发财以后很快就离开上海。在晚清上海,史密斯是神话般的人物,目光犀利,行动敏捷,短期内迅速发财,然后迅速离去。离去以后,又给上海人留下巨大的谜团。兰宁与柯灵合著的《上海史》中写道:史密斯在上海的发展史上定然有很大的劳绩,可是社会上似乎并不对他有好感,据说他的租金收入每月有银 7000 两,折合每年 22000 英镑,他从未结婚,是一个孤独的人,在他死后,人们发觉他的真名不是史密斯,而是毕秋(Pitcher)。

近代英美商人在上海社会知名度最高的当数哈同与沙逊。

哈同(Silas Aaron Hardoon, 1851—1931)是来沪英商中的巨富。其私人花园爱俪园(又称哈同花园),占地 170 多亩,园内重楼叠阁,有景观 83 处,被誉为"海上大观园"。哈同去世时,所拥有的不动产有土地 449.098 亩,市房 812 幢,住房 544 幢,办公大楼 24 幢,旅馆饭店 4 幢,仓库 3 座。包括动产在内,据英领

---

[1] 沈辰宪:《上海早期的几个外国房地产商》,载《旧上海的房地产经营》,上海人民出版社 1990 年版,第 131 页,有删改。

事署估计约值 400 万英镑。哈同虽然与中国文化人物章太炎、王国维、章一山、费恕皆、邹景叔有很好的关系，与政治人物孙中山、岑春煊等也多有来往，所办仓圣明智大学等对于研究、发扬中国传统文化有一定贡献，但是他在民国时期上海人中口碑并不好。其中很重要原因，就是他做生意门槛特别高，对租户特别苛刻。

爱俪园一角

哈同是出生于巴格达的犹太人，1873 年经香港辗转来到上海，先在老沙逊洋行为守门人，逐步升为高级职员，1886 年转入新沙逊洋行任地产部经理。1899 年，公共租界当局向西扩展越界筑路，哈同抢得先机，在静安寺附近低价购进大批土地，建造里弄房屋。他利用沙逊洋行的资金为自己套购房地产，事情败露后脱离新沙逊洋行，于 1901 年自立哈同洋行。他在房地产经营方面精明过人。他看到当时银行利息低而土地价格上升，就贷款置地，采取"买进—抵押—再买进—再抵押"办法，用少量资金购进大量土地。1903 年以前哈同在南京路上有 4 处地产，以后逐渐增多，1933 年增至 16 处，面积 111.578 亩，占整个南京路地产的 44.23％。哈同常以土地租与他人建屋，期满连房全部收回。永安公司、新新公司、大陆商场等,都是他将土地租给有关公司建造、营业,在一定年限后收回的房产,并且每年收取一定租金。哈同收的房租特别贵。他在南京东路、浙江路口的余兴里有二层市房 43 幢、住房 43 幢,建筑面积 1.5 万平方米,每年租金收入银 18 万两。哈同去世前几年,单租金一项,每年收入就达 250 万两以上。时人云:"哈同睡过一夜,就可进账白银七千两。"很让租户不满的是,民国成立以后,一般房地产业主都改按公历月份收租,而哈同却坚持用农历月份订约收租。因农历 3 年有一闰月,5 年再闰一月,19 年共有 7 个闰月。按农历收租,每 3 年可多收 1 个月的租金,每 5 年可多收 2 个月的租金,每 19 年可多收 7 个月的租金。这件事有关部门屡加干预,但他一直不改,直到他去世以后才解决。最让世人诟病的是,哈同对贫穷租户逼租相当过分,据描述:

沙逊大厦

当他已是百万富翁时,他还会攀登小屋的扶梯,对那些欠租的穷住户威逼催讨,倘使这家住户无人在家,他竟会在狭小的灶披间里等上几个钟头。[1]

维克多·沙逊(Elias Victor Sassoon,1881—1961)也是英商中精、富、奢的典型。他是英籍犹太人,出生于英国海外财阀沙逊家族,世袭准男爵,1918 年在印度孟买继承祖产,掌握了新沙逊洋行的经营权。1923 年来上海主持业务,

---

[1] 沈辰宪:《上海早期的几个外国房地产商》,载《旧上海的房地产经营》,上海人民出版社 1990 年版,第 139 页。

一面继续贩卖鸦片、军火等,一面扩大房地产投资。从 1925 年起,大力兴建高层建筑,先在南京路外滩最佳地段,建造当时最高的沙逊大厦,从事旅馆、餐厅、舞厅和出租办公用房等经营,随后相继建造河滨大楼、华懋公寓、格林文纳公寓、都城大楼、汉弥登大楼等高层建筑,建造购置凡尔登公寓、仙乐斯产业、北端公寓、安利大楼等房产。1930—1940 年间,他把早年低价买进的 28 处里弄房地产高价出售,获取暴利 2000 万元以上。他到远离租界的西郊购置占地 104 亩的罗别根花园和占地 60 余亩的伊扶司乡村别墅。1932 年,一·二八事变爆发,沙逊抛售华盛顿公寓、王家库花园等产业,向国外转移资金。至 1941 年,沙逊各直属公司拥有房地产账面价值为 8689.3 万元。沙逊在上海生活极其奢华:

> 他除了在外滩沙逊大厦中有富丽舒适的寓所外,在虹桥路还建有一所占地 60 余亩的依扶司乡村别墅,位于高尔夫球场(今西郊动物园)之西,内有大片绿树草地,视线尽处才是一座英国式的村屋,据说这房子的建筑费高达每平方米 317 元,自诩为上海顶贵的建筑单价。沙逊居住外滩,但所需鲜花指定由依扶司供给,每天清晨有一辆黑色汽车奔驰数十里专程为他送花。沙逊在依扶司请客,每逢较盛大的宴会,新沙逊洋行的职工便得大忙一番,单是彩灯就要扎好几里长。请客的酒菜,由沙逊办的华懋饭店特制,其中所用蔬菜,是在虹桥路上一处特设的菜园里全用豆饼作肥料种出来的。[1]

汉璧礼是介于沙逊与雷士德之间的一种商人,赚钱很多,很会享受,但也做了不少慈善事业。汉璧礼(Thomas Hanbury, 1832—1907),1853 年来华,经营房地产致富。在 19 世纪 80 年代至 90 年代的上海,他是数一数二的房地产大老板,单在南京路两侧就有二三十亩地产。在上海西人富翁中,汉璧礼以乐善好施出名。1871 年曾捐资创办专教欧亚混血儿学校,后将所办学校赠给工部

---

[1]　沈辰宪:《上海早期的几个外国房地产商》,《旧上海的房地产经营》,上海人民出版社 1990 年版,第 137 页。

局,为汉璧礼公学,成为工部局第一所局立公学。外滩公园建造时,他捐助了不少名贵树木。1871 年落成的上海外侨文化团体亚洲文会办公楼,用银 3000 两,其中 500 两系他捐赠。他在 1871 年移居法国,在地中海滨有名休养地门托涅定居,在那里建造了一所大型植物园,过着贵族式的生活,其洋行仍在上海经营房地产。1893 年上海租界举行开埠 50 周年庆典时,他重返上海,捐助 5000 两银子给慈善机构,工部局因此将界内一条马路命名为汉璧礼路(今汉阳路)。同年,他还赞助 600 两银子给广学会进行有奖征文活动。

汉璧礼如此鼎力资助混血儿学校,除了其善良、富有等因素外,还有一个内在因素:他是一个混血儿的父亲。汉璧礼在上海期间,与一个李姓女子有个私生子阿苏(Ahsu)。李氏身世不详。汉璧礼回到欧洲以后,定期给李氏母子寄来生活费。阿苏 7 岁时,汉璧礼将其接到巴黎,让他住汉璧礼的一位朋友家里,并在那里接受教育。其时,汉璧礼已在意大利娶妻,但常携妻前去巴黎看望阿苏。阿苏极为聪明,在艺术和科学方面很有天赋,成绩优异,汉璧礼对他很是钟爱。不幸的是,阿苏在 15 岁的时候因病去世。汉璧礼极为伤心。[1]阿苏在上海混血儿学校仅读过很短的时间,1875 年就离开上海去了法国,但是汉璧礼对上海混血儿学校的资助则维持了很长时间,个中缘由,应该是他对于混血儿教育问题有比别人更深的理解。

3. 法 国 侨 民

法国侨民在上海外侨中是自行其是的一群。其特点有五:

其一,人数并不很多。上海法租界尽管设立很早,到民国以后范围很大,在 1863 年以前与英、美租界鼎足而立,那以后与公共租界相提并论,但上海法侨的数量并不很多。1848 年,法国首任驻沪领事敏体尼携家眷 6 人和旅途中所雇佣的一个仆人到达上海,成为最早定居上海的法国人。1850 年只有法侨 10 人,

---

[1]　参见韩瑞华:《英侨托马斯·汉璧礼研究》,上海社会科学院 2015 年硕士学位论文。

1862 年约有 100 人。1865 年增加到 297 人,其中法租界内有 259 人,英美租界内有 38 人。至 1910 年,在沪法侨仍只有 766 人。民国时期,法租界大扩张,法侨也稳定增长,1925 年为 1174 人,1936 年达到 2554 人。1946 年为其最高点,共 3872 人。居住在上海法侨的人口总数,在上海外侨人口中占第五位,前面四位依次为日本人、无国籍俄国人、美国人、英国人。

1910—1949 年若干年份上海法国侨民人数统计表　（单位:人）

年 度	1910	1915	1920	1925	1930	1935	1942	1945	1946	1949
法租界	436	364	530	892	1208	2340*				
公共租界	330	244	316	282	198	212				
合 计	766	608	846	1174	1406	2552	2000	2109	3872	1279**

资料来源:邹依仁:《旧上海人口变迁的研究》,上海人民出版社 1980 年版,第 145、146 页。＊为 1936 年数据,＊＊为 1949 年 11 月数据。

法国总会

其二,早期法侨在工业方面的投资较少,从事商业贸易的也不算很多。从 1843 年至 1859 年,上海先后有洋行 74 家,其中属于法商的只有 2 家,即 1848 年开设的利名洋行与 1857 年开设的富硕洋行。1860 年以后,上海法商洋行才有比较大幅度的增长,发展到 30 多家。第一次世界大战期间,德退法进,上海法资商业有所发展。20世纪二三十年代,法商在上海新设企业28家。第二次世界大战期间,由于维希法国与德、日等轴心国之间的特殊关系,在沪法商洋行所受影响不大。1939年上海有法商洋行35家,占上海洋行总数4.8%。1945年至1949年,上海法商洋行有25家,占上海洋行总数6.8%。

法商洋行中,最著名的是永兴洋行与信孚洋行。前者总行设在巴黎,1869年在上海设立分行,起初从事草帽、蛋品、毛巾、药材、猪鬃、滑石粉等贸易,后扩展到茶叶、颜料、矿水、钢材、五金、粮食等方面,几乎无所不包,商品遍销欧、亚、非,直到1960年才歇业。后者开办于1898年前后,主要经营生丝、草帽等业,20世纪20年代为上海出口华丝最多的洋行,其大班曾任上海法商总会会长。法国侨民在工业方面投资较少。1891年美商旗昌洋行倒闭,其所属两家丝厂由法商宝昌洋行的卜鲁纳买下后接办,改为宝昌缫丝有限公司。1895年至1911年间,法商开办的工厂有3家,分别是1896年设立的董家渡自来水厂、1906年开办的法商电车电灯公司和1908年开办的东方百代唱机唱片公司。

金融方面,最早在上海成立的法兰西银行上海分行设立在公共租界内,后因经营不善,被华俄道胜银行兼并。法租界内有1860年成立的巴黎贴现银行上海分行、1899年成立的东方汇理银行上海分支机构、1912年由法国侨民盘滕和法诺等创办的万国储蓄会。

其三,传教士活动比较突出。法国传教士在建立徐家汇天主教堂、公济医院、震旦博物院、徐家汇天文台、徐家汇土山湾印刷所、徐家汇藏书楼、圣芳济学堂、震旦学院等方面,作出了重要努力。

其四,文化活动突出。法国人酷爱文化,法国文化举世闻名。来沪法国人中,有相当一批人在文化方面有所贡献。1865年,曾经在伦敦担任皇家剧院院长的艺术家雷米扎(Jean Remusat),在法租界成功地组织了一支交响乐团。1894年,著名建筑师肖洛(Joseph-Julien Chollot)主持建造了法国领事馆大楼,大量采用柱廊、游廊、阁楼和三角楣等文艺复兴时期建筑样式。20世纪20年代,建筑师勒德罗(Ledreux)、米努蒂(Suisse Minutti)、莱奥纳尔(Alexander Leonard)等合作设计、建造了法国总会,那是在建筑样式、用料等方面都赢得崇高声誉的优秀建筑,整个建筑按照法国传统样式设计,具有法国式别墅风格。内有游泳池、舞池、弹子房、餐厅、厨房和酒吧间。舞池建造时,采用木框架结构,搁栅下放置小弹簧,踏上去略有下沉之感,此为上海第一家设置弹簧地板的舞厅。大楼南部是几个网球场和其他球类的球场,临近霞飞路的是绿茵草地,网球场西侧是一片茂盛的树林,室外面积约 2 万平方米。这一建筑被称为"东方大都会最美丽的建筑物,显示了艺术的非凡魅力和法国的欣赏趣味"[1]。此外,还有一些艺术家、教育家、科学家、医生、报人活跃在上海。主要由法国人控制的震旦大学是上海最著名的天主教系统的大学,其医科教育、哲学教育均相当有名。耶稣会士创办的圣依纳爵公学即徐汇公学,是上海著名的天主教学校,法文、拉丁文教育均很有名。

法国侨民在上海出版的法文报纸有《法国七日报》(1870)、《进步》(1871)、《上海差报》(1873)、《上海回声报》(1886)、《中国差报》(1896)等。《法国七日报》为周报,1870 年 12 月 5 日创办,是中国境内出版的第一份法文报纸,由葡萄牙人罗扎瑞奥(D. Rozari)兄弟发行,比埃(H.A. Beer)主笔,受法租界支持,得法国商人与天主教会资助,1872 年 12 月 31 日停刊。《中国差报》为周刊,1896年 6 月创刊,由瑞士人喀斯推剌创办,法国人雷墨尔(J.Emile Lemière)为主笔。同年 9 月转让给雷墨尔,改名《中国通信》,1897 年 4 月 7 日改日刊,由雷墨尔与克宁汉编辑。后来所有权为法国天主教会购得,于 1897 年 7 月 1 日改为《中法新汇报》。《中法新汇报》是法国人在上海及远东的主要报纸,日报,由寓沪法侨蒂洛特等创办,行政管理由法国驻沪领事馆负责,由东方新闻社法国印刷所发行,先后由雷墨尔、孟烈士特(Alphonse Monestier)、弗雷德特(M.J. Fredet)、范德莱特(A. Vandelet)任主笔。初为 4 开,日出 4 版,后改为 6 版,1905 年起增为 8版。初期主要内容有商业广告、邮政消息、气象报告等,后增加新闻比重,1900年以后设文艺栏目,介绍法国和中国文化。1901 年起增出周刊,刊登与中国市场有关的进出口商业消息与广告。1927 年 7 月 30 日停刊。

---

[1] [法]居伊·布罗索莱:《上海的法国人(1849—1949)》,曹胜梅译,载熊月之等编:《上海的外国人》,上海古籍出版社 2003 年版,第 108 页。

其五,相当部分居住在公共租界。由于法租界实行的是事实上的领事独裁制,法国领事权力特大。一些酷爱自由的法国侨民不喜欢居住在法租界,宁愿居住在公共租界。1866年,上海法文报纸的一篇文章写道:

> 假如我告诉你们,那居住在上海寥寥无几的法国人,都尽量避免在法租界定居时,这似乎有点不近情理。然而,事实上,在英美租界的生活是较和谐也较自由。大权独握的我国领事,可说是道地的独裁者。因此,那些与英国人住在一起(住在公共租界)的我国国民是值得谅解的。[1]

这种情况并非发生在个别时段。1910年居住在法租界的法国人为436人,居住在公共租界的法国人为330人;1925年法租界法国人为892人,公共租界法国人为282人。当然,也有为数不少的英国、美国人居住在法租界,但他们是不受法国领事管辖的,看中的是法租界比较幽雅的环境。

法国人是法租界的统治者。法租界的管理方式、文化特点与公共租界有明显不同。法租界与公共租界,在西文中一称"settlement",一称"concession",两者租地方式不一样,前者系由各国侨商直接向中国原业主商租,后者则系中国政府将界内土地整个租与外国政府,再由外国政府将该地段分租与该国侨民。民国时期,曾有学者以"国租"与"民租"来区分法租界与公共租界的不同:

> 租界concession,中国政府将某处划出之一地段之所有土地,全部租与外国政府,再由外国政府分租与外国侨民。双方租赁关系之当事人,为中国政府及外国政府,故又可称之谓国租。居留地settlement,由中国政府于某处划定之地段内,允许外人直接向华人业主租地居住。双方租赁关系之当事人,为中国人民及外国人民,故又可称之谓民租。[2]

---

[1] Archives diplomatiques, C.P. Chine, Vol.14, p.16.参见吴圳义:《清末上海租界社会》,台北文史哲出版社1978年版,第50页。
[2] 阮笃成:《租界制度与上海公共租界》,法云书屋1936年版,第2页。

　　法国学者白吉尔指出，由于英、法两国政治制度有异，文化传统不同，两租界对于上海的影响有所不同。公共租界实行的是英国式自治制度，其税收均来自租界居民，其权力属于纳税人会议，具体事务由工部局处理，其实质是公共租界商人寡头掌权。当然，公共租界的商人主要来自英国，他们也要仰仗当时世界上最强大的英国军队来支持。[1]法租界的事务管理归公董局，公董局董事会由纳税人会议选举，但总董由领事担任。公董局向法国领事负责，领事直接受制于远在巴黎的法国当局。早期法租界是靠法国外交部划拨的经费来维持的。到1910年，法租界居民才11.6万人，外籍人士150人，只有几家大企业设在这里，经济很不发达。人口少，从业人员不多，法租界税收也就比公共租界少得多，法租界只有靠对烟馆、赌场和妓院征税来增加收入。所以法租界对这类买卖，睁一只眼闭一只眼。英美推行的是自由资本主义，法国崇尚的是1789年大革命以来共和政治的文化价值观，在实行中央集权制的同时坚持整体利益原则，强调人人有权享受科技进步所带来的舒适生活，强调社会各阶层权利平等。当英商上海自来水公司开始运作时，工部局决定向那些交得起费用的人供应自来水，交不出的免谈，而法租界是由公董局出面向英商购水，然后通过公共水龙头向租界内居民免费供水，包括中国居民在内。从1862年起，法租界就有计划地进行公共道路和堤岸的建设，在道路两旁种植了许多梧桐树，成排的树木烘托出西式住宅区的魅力。[2]两个租界给上海带来的影响各有特色。公共租界给上海带来了市场观念、资本运作、现代科技和企业管理等全新的资本主义发展模式，法租界则提供了市政管理、城市建设、保护宗教和公共利益等典型的官僚统治样本。公共租界在外滩建立起远东最大的金融贸易中心，创办了许多现代工厂企业，法租界则在造就优越的人文思想和包容的文化品格方面作出了贡献。[3]

---

［1］［法］白吉尔：《上海史：走向现代之路》，王菊、赵念国译，上海社会科学院出版社2005年版，第98—99页。

［2］［法］白吉尔：《上海史：走向现代之路》，王菊、赵念国译，上海社会科学院出版社2005年版，第104页。

［3］张仲礼序言，参见［法］白吉尔：《上海史：走向现代之路》，王菊、赵念国译，上海社会科学院出版社2005年版，第4页。

4. 俄 国 侨 民

俄国侨民是上海外侨中的重要群体,在近代上海都市文化中占有举足轻重的地位。

上海俄侨有以下四个特点:

其一,人数众多。

上海租界辟设开头 20 年内,没有一个俄国人在上海常年定居,只是偶尔有几艘俄国军舰途经上海,官兵上岸作短暂停留。19 世纪 60 年代至 80 年代,上海有零星俄侨居留。1865 年,上海有俄侨 4 人,1870 年为 3 人,1875 年为 4 人,1880 年为 3 人,1885 年为 5 人。19 世纪末,俄侨人数开始增加,1895 年为 28 人,1900 年为 47 人。1904 年至 1905 年日俄战争以后,上海俄侨增加较快。1905 年,上海有俄侨 354 人,此后至第一次世界大战爆发的 10 年间,公共租界内俄侨人数稳定在 360 人左右。其中 1915 年为 361 人,加上法租界 41 人,合计 402 人。这些俄侨,以常态下到上海经商的商人为多。他们在上海所开设的企业,有华俄道胜银行、义勇舰队公司、东亚公司和几家将茶叶、丝绸等商品从长江中下游各地经上海转运到俄国的商行,还有几家俄国商号在沪设立的代表处或办事处。

1917 年俄国十月社会主义革命爆发后,大批俄国贵族蜂拥抵沪。1918 年人数最多的一批是 12 月 4 日由英国公司游轮所载,计 1000 人。由于他们与被称为赤俄的苏维埃政权为敌,故称白俄。从 1922 年秋俄国最后一个反苏维埃政权阿穆尔地区临时政府垮台至 1923 年底,先后有 3236 人抵沪;1925 年后,有 1535 人迁居上海;1929 年,中国和苏联在东北地区发生武装冲突,又有 1382 名俄国人南下上海。

20 世纪 30 年代至 40 年代,是俄侨来沪高峰期。这一时期,上海究竟有多少俄侨,缺乏精确统计,据估计,1936 年上海有俄侨 21000 人,1942 年上海俄侨总数约 21000 人。

其二,难民为主。

上海俄侨多为由于战乱而逃至上海的难民。1924 年 3 月,上海共有俄国"难民"7000 余人,至年底,失业俄人靠赈济为生者 1350 人,靠赈济津贴者 2000 人。20 世纪 30 年代,日军侵占中国东北,大批俄侨转移到上海。1933 年,法租界有俄侨 7233 人,1934 年为 8260 人。公共租界 1935 年有俄侨 3017 人。30 年代上海俄侨总数为 1.5 万到 2 万人,其中包括俄籍犹太人约 4000 人。俄侨中的难民分为四类,一为旧俄海军人员,二为白军及旧俄政府雇员及其家属,三为士官武备学校学员,是第一次世界大战中俄军阵亡将士的遗孤,四为其他难民。大多数俄国难民尽管一文不名,但因他们受过良好的文化教育,律身甚严,情愿从事那些工作重、报酬少的正当劳动,而不偷不抢。租界警务处和法院的统计资料证明,1923 年至 1925 年间,上海俄侨几乎没有什么严重的犯罪行为。

其三,杂处华人之中。

俄侨散处在上海华人社会之中,较少居高临下的殖民心态,与华人社会有较为广泛的接触。俄侨在上海的居住地,相对集中在法租界霞飞路(今淮海中路)、蒲石路(今长乐路)、福煦路(今延安中路)、格罗希路(今延庆路)、辣斐德路(今复兴中路)、赵主教路(今五原路)、迈尔西爱路(今茂名南路)、亨利路(今新乐路)、巨籁达路(今巨鹿路)、善钟路(今常熟路)、金神父路(今瑞金二路)、雷米路(今永康路)、圣母院路(今瑞金一路)、拉都路(今襄阳南路)、环龙路(今南昌路)、吕班路(今重庆南路)、海格路(今华山路),法租界比较有名的一批公寓,[1]居住着俄侨中比较有社会地位、有经济实力的人。但从总数上来讲,这

---

[1] 诸如:培恩公寓、康绥公寓、新华公寓、永业大楼、飞龙大楼、泰山公寓、国泰公寓、回力公寓、高塔公寓、盖斯康公寓、格雷沙姆公寓、恩派亚大楼、葛礼文公寓、林肯公寓、休斯敦公寓、幸福公寓、尼科尔斯公寓、巴黎公寓、泰山大厦、孟梭大楼、哥伦布公寓、廷尼公寓、飞云门公寓、勒克公寓、贝尔维公寓、派克公寓、米什林公寓、辣斐新邨、费利克斯公寓、伊丽莎白公寓、勃司东公寓、克莱门公寓、自由公寓、格罗夫纳公寓、格林顿公寓、爱群公寓、希勒公寓、恒贤公寓、亨利公寓、华盛顿公寓、集雅公寓、意摩兰大厦、贝尔蒙公寓、白克公寓、亚尔培公寓、米科公寓、白尔登公寓、莉迪亚公寓、赛华公寓、德来才公寓、柏林公寓、爱司拉公寓、卜邻公寓、戴利亚公寓、贝尔蒙公寓、丹尼斯公寓、嘉宝公寓、秀琦公寓。

些人占少数,绝大多数俄国侨民,散处在上海众多的新式里弄里。[1]

这些公寓、新邨里,既居住着俄侨,也居住着众多华人。相当多俄侨从事的职业与华人有密切关系,比如女帽头饰业、女服童装制作业、男子服饰、面包房和西式食品、钟表和珠宝首饰业。仅 1926 年至 1928 年,俄侨在霞飞路就开设了近 20 家小百货店、30 家服装店、10 家食品店、5 家大型糖果店、5 家药房、5 家钟表首饰店、5 家理发店,还有许多小吃店、饮食店、糕点铺、报亭、照相馆、花店等。这些商店出售从食品、针线、服装、首饰到婴儿车等各式用品。为数众多的俄国餐馆,遍布于大街小巷,使得俄国大菜很快风行起来。这些行业的服务对象有相当部分是华人。俄侨杂处于华人之中,俄人华人朝夕相处,謦欬相接,对于俄罗斯文化与中国文化的交流有着重要的意义。

其四,文化水准较高,艺术人才突出。

俄侨中相当一批人受过良好的文化教育,他们在上海立稳脚跟以后,其文化特长很快显示出来。至 20 年代末,上海一流医师、建筑师、工程师中,俄侨已占 10%以上。俄侨开业医师人数,在 1920 年还仅 2 人,到 1930 年已增至 32 人,1940 年则增加到 58 名,另有 50 名牙医、7 名兽医。

俄侨中有些人本是著名的艺术家,他们迁居上海,其艺术才华很快令人刮目相看。1920 年代以后,公共租界工部局乐队成员 60%是俄国人。1926 年成立的法租界公董局管乐队成员大部分是俄国人。1927 年成立的上海国立音乐专科学校中,扎哈罗夫、托姆斯卡娅等俄侨专业音乐人员担任教员,其外籍学生几乎全是俄国人。托姆斯卡娅开办了一所音乐学校,培养了一批出色的音乐家。扎哈罗夫、阿克萨科夫、普里贝特科娃等人发起组织俄国音乐教育协会,为俄国音乐在中国的普及作出了重要贡献。一批艺术家在 1931 年 9 月成立俄国

---

[1] 诸如:蒲石路的在明坊、庆祥里,台拉斯脱路(今太原路)的慈惠邨,吕班路的巴黎新邨、万宜坊、花园邨,福煦路的模范邨、光明邨,福履里路(今建国西路)的曲园,格罗希路的大福里、埃林别墅,海格路的大胜胡同、侯家弄,霞飞路的仁寿坊、荣业里、乐安坊,淞滨小筑、平安里、胜德里、林大坊、来德坊、钱家塘、汾晋坊、霞飞坊、兴业里、大德里、上海新邨,辣斐德路的辣斐邨、辣斐新邨、桃源邨,赵主教路的华邨,亨利路的永利邨,金神父路的锡德坊、由义坊,巨籁达路的四成里、采福里,雷米路的丁家弄,亚尔培路的宝隆坊、联贵坊、亚尔培井,善钟路的浦行新邨、荣康别墅,西爱咸斯路(今永嘉路)的恒爱里、集益里、蓉园、和平邨,圣母院路的德来才别墅,拉都路的震宇邨、福颐坊、松盛里,环龙路的上海别墅、花园别墅、善庆坊、志丰里、环龙新邨、达丰里、环龙里、美乐坊、光明邨。

室内剧团,1933 年改组为俄国话剧团,由著名表演艺术家、导演托姆斯基和音乐家普里贝特科娃主持,1933—1934 年间,公演了 24 部话剧。谢罗夫、曼热莱、埃利罗夫等大批俄侨芭蕾舞演员定居上海,使得上海的芭蕾舞剧在 20 世纪 30 年代盛极一时。俄国画家也大展才华。1918 年卡尔梅科夫在汇中饭店举行画展,让上海市民首次领略俄国绘画艺术,其后波德古尔斯基、基奇金等许多俄籍画家相继在上海开办画展。俄侨美术家参加上海许多大型建筑物的设计装饰工作,波德古尔斯基参加设计的沙逊大楼、法国夜总会,亚龙设计的法租界内圣尼古拉耶夫古教堂,利霍诺斯设计的圣母大教堂等,都在上海建筑绘画史上留下浓重的一笔。

5. 德 国 侨 民

德国侨民在上海的活动,明显地分为两个阶段,以 1918 年第一次世界大战结束为界碑。

德国人何时开始来沪,时间不详。1855—1856 年,上海先后有德国商人开办鲁麟洋行与禅臣洋行,经营进出口业务。不过,那时的德国人都是作为普鲁士、巴伐利亚、萨克森等邦国的商人,而不是作为德国国民出现的。1861 年,普鲁士作为德意志最大的邦之一,与清政府签订《天津条约》,中国获得了治外法权。1866 年普鲁士战胜奥地利,1871 年普鲁士战胜法国,德意志帝国成立,此后,中国从事实上承认德国是列强之一。德国商人、传教士、工程师、医生络绎来华,上海是其主要居住地。1865 年,上海公共租界有 175 名德国人,以后一二十年间,一直维持一百多人到二百多人的规模,1895 年增加到 314 人。1897 年,德国借口有德国传教士在山东被杀,出兵侵占了青岛及其周边地区。此后,德国加快了侵华的步伐,上海德国人迅速增多。1900 年,公共租界有 525 名德国人,法租界可能还有一些。1910 年,上海两租界共有 959 名德国人。

早期来沪德国人以商人为主,瑞记、礼和、美最时、泰丰等德商洋行竞相开设,1894 年上海已有德国洋行 85 家,远远超过美国、法国。在进行进出口贸易的同时,德商在上海工业投资发展迅速,涉及面粉业、制冰业、纺纱、造船、机器制造等。到 1911 年,上海有德资企业 103 家,占上海外商企业总数的 16%,仅次于英国。1915 年,上海德资商店有 202 家,超过美国,与英国并驾齐驱。[1]

第一次世界大战爆发后,上海德侨纷纷回国,德资企业纷纷歇业。德国人在上海欧美侨民社会中被视为不受欢迎的一群,在上海外侨俱乐部遭拒绝,在工部局等机构被驱逐,一些非德资企业也不欢迎德国人。刚到上海的美国记者鲍威尔记载了此时上海英国人与德国人互相敌视的状况:

上海有三家主要的总会,其中英国上海总会和德国总会都在外滩,相隔仅三条街。另一家法国总会,坐落在法租界,在外侨社会中最有影响,距英、德两总会也不过几条街。最为有趣的,莫过于在中午时分,看英国商人和德国商人,各自到外滩的总会进餐,他们即使在路上碰面,也是互不理睬。在总会进餐时,他们的主要话题当然是战争。两个总会的墙壁上,都挂着一幅大战形势图,但是双方箭头指向,正好相反,好像都是己方有利。[2]

德国总会

1917 年 3 月,中国断绝与德国关系,8 月向德国宣战,德国在华享有的治外法权宣告取消,德国侨民必须受制于中国法律。法国人立即鼓

[1] 上海对外贸易志编纂委员会编:《上海对外贸易志》上册,上海社会科学院出版社 2001 年版,第 93 页。
[2] [美]鲍威尔:《鲍威尔对华回忆录》,知识出版社 1994 年版,第 57 页。

励公共租界驱逐德国人,并向中国人施加压力,要求北京政府下令驱逐所有在华的德、奥侨民。但是上海公众对此并不积极:

> 在中国办什么事都是慢腾腾的,驱逐德国侨民自然也不例外。很多德国人利用这个机会,把他们的一家一当搬出租界,在华人区租屋而居,得到当地中国官员的庇护,因为这些地方官员,根本不理会北京政府的命令。事实上,上海的公众情绪,特别是中国人,根本不想驱逐德国人。因此,德国侨民一直没有被赶走,直到大战停止后,又过了相当长的一段时间。[1]

此时,德国侨民在上海的社群活动被限制,德文报纸被停刊,德国俱乐部被关闭,85 家德国商行被扣押。

1921 年 5 月,中国与德国签订《通商协定》,中国发还德国被扣押的财产,德国洋行陆续复业,俱乐部开放,学校开学,但德侨与英美侨民的关系没有完全恢复。此后,随着德国经济复苏,德商在上海又很快发展起来。到 1936 年,上海德商洋行增加到 77 家,占外国在沪洋行总数的 11.4%,有德侨近 2000 人。

第二次世界大战前期,德国与日本同为轴心国,德国与苏联又签订了"互不侵犯"条约,德国商品可以通过日占南满铁路及苏联西伯利亚铁路运到上海,德侨在沪人数也于 1942 年达到最高点,为 2538 人。自 1939 年起,德国纳粹党一些负责人陆续来到上海,迫使上海的德国侨民服从柏林的政策,国际饭店里聚集着纳粹军事情报局的谍报人员及特工。[2]这一时期,上海德国侨民虽然在排斥犹太人问题上不那么起劲,但从总体上说,是支持希特勒纳粹政权的。[3]第二次世界大战结束后,德国在华企业按照敌产处理,在沪德国洋行大量减少,1946 年仅剩下 6 家。德侨也相率离去,1946 年有 1496 人,到 1949 年 11 月还有 889 人。

[1] [美]鲍威尔:《鲍威尔对华回忆录》,知识出版社 1994 年版,第 57 页。
[2] [法]白吉尔:《上海史:走向现代之路》,王菊、赵念国译,上海社会科学院出版社 2005 年版,第 257 页。
[3] [法]何肃兹:《寻求认同:上海的德国人社群(1933—1945)》,黄婷译,载熊月之等编:《上海的外国人》,上海古籍出版社 2003 年版,第 261—275 页。

德侨在上海出版的德文报纸有《德文新报》,1887年创刊,是中国境内出版的第一份德文报纸,起初内容侧重于商业消息,读者对象为上海及远东的德国侨民,1907年增出《上海通讯》与《商业通讯》两种德文附刊,1917年中国对德国宣战后停刊。由德国医生宝隆在1907年创办的同济德文医学堂,后来发展为同济大学,是德国人在上海创办的最重要的学校。

6. 犹 太 侨 民

犹太侨民是上海外侨中的特殊群体。犹太人移居上海明显地分为两个阶段:

第一阶段,1937年以前,为零星移入阶段。1900年前上海有犹太人14人,1900—1904年为21人,1905—1913年为51人,1914—1919年为116人,1934年为1671人。这些人或来自中东,或来自俄罗斯,从总体上说规模不大。

最早进入上海地区的犹太侨民为赛夫拉迪犹太人,又称巴格达犹太人,早在19世纪中叶就由巴格达取道印度前来中国。他们多属富裕阶层,居住在苏州河以南的公共租界和法租界,其中以沙逊家族为先驱。其他著名家族有嘉道理、亚伯拉罕、沙乐门家族等。平民出身而在上海致富者也不少,其中最为著名的代表人物是哈同。另一部分犹太侨民为阿兹肯纳齐犹太人,又称俄罗斯犹太人,原居住中欧、东欧、北欧地区,20世纪20年代,他们由俄罗斯取道哈尔滨抵达上海。阿兹肯纳齐犹太人因欧亚社会政治巨变而涌入中国,并移居上海,起初在1895—1904年,少量阿兹肯纳齐犹太人由俄国迁入中国,最初多定居于哈尔滨,少数人继续南迁。俄国十月革命发生后,又有一批阿兹肯纳齐犹太人南迁,至1924年有800—1000人在上海定居。1931年日本侵略东三省,在经济上排挤所有外国势力,原居东北的阿兹肯纳齐犹太人又有一些人移居上海。

第二阶段,1938年以后,为突然增加阶段。1938年6月上海犹太人激增至1.4万人,以后继续增加,最多时高达2万人。这时,纳粹德国加紧对德国、奥地利、波兰等国犹太人的迫害,使得大批犹太人移居他地,上海接纳了大批犹太难民。原居欧洲的犹太难民,先后通过海路和陆路两种途径抵达上海,海路时期在 1938 年底至 1940 年 6 月,坐船从意大利的里雅斯特到埃及亚历山大港,穿过苏伊士运河或绕过好望角到达孟买、香港和上海;陆路时期在 1940 年 6 月—1941 年 12 月,由于意大利参战,犹太难民无法继续从海路出发,只能穿越苏联,经过西伯利亚,进入中国,最后抵达上海。

相当一部分犹太难民居住在虹口提篮桥、华德路、百老汇路一带。由于虹口地区房租低廉,食品等价格便宜,多数贫困犹太难民聚居于此。上海犹太难民救援组织先后在虹口地区建立了 7 个难民中心。其中华德路难民中心规模最大,能容纳上千人,还设有难民医院和产科医院。1943 年 2 月,侵沪日军宣布对上海地区的犹太难民施行隔离政策,将所有犹太难民强制迁入虹口隔离区内。1944 年 1 月的统计数字显示,隔离区内难民总数为 14245 人,其中德籍8114 人,奥籍3942 人,波兰籍1248 人,捷克籍236 人。在虹口隔离区内,犹太难民依靠自身努力勉强度日,开设了 300 多家店铺,包括服装店、餐饮店、旧货店、食品杂货店、裁缝店、书店、陶瓦器店、药房、电器行、皮革店、皮货店、照相馆、橡胶厂、旅店等。

聚集在虹口的犹太难民,因语言不通,平时与当地中国居民并没有多少往来,华、犹共处而未融合:

> 大多数难民从未与上层中国人接触,他们生存的紧迫需要迫使他们平等地与下层的中国人(他们的邻居和顾客)相处。尽管他们与中国人生活工作在一起,却很少有几个难民真正熟悉他们。尽管许多人确实学会了几句必需的单词和短语,我猜只有不到1%的人学会了正确地讲中文。我认识的人中,只有两个人学会了如何读写中文。[1]

但一件突如其来的事件,一下子拉近了华犹居民的距离:1945 年 7 月 17 日,

---

[1] [美]威廉·肖特曼:《上海犹太难民社区面面观》,载上海市政协文史资料委员会、上海犹太研究中心编:《犹太人忆上海》,上海文史资料选辑第 78 辑,1995 年,第 115 页。

美军飞机误掷炸弹于虹口,令数百名中外平民葬身瓦砾,其中死者 250 名,难民为 31 人;受伤者 500 人以上,犹太人居其半。

  灾难降临后,中国居民和犹太人的关系一下子近乎了许多。在犹太医生设立的急救站里,受伤的中外居民得到了及时的救护。犹太难民们还迅速组织起一支防备有人趁火打劫的护卫队。上海居民也给那些受轰炸后无家可归的难民们送去食品,并向一些收容所捐款。原来客客气气但不来往的邻居,顿时由于患难与共而变得情意融融起来。[1]

太平洋战争爆发后,日军进占公共租界,犹太难民生活状况进一步恶化。抗战胜利以后,在国际难民救援组织安排下,犹太难民陆续离开上海,前往以色列、美国等国家。

1938 年以后大批来沪的犹太人,对于上海城市的关系,犹如空降部队,来时一大批,去时了无踪,他们在上海时,自成社区,与华人没有很多交往,也不像白俄那样散处在华人中间,从异质文化相互影响角度来看,没有留下多少可供分析的资料。但是由于这些人是在最困难的时期来到上海,以后分散到世界各地,事业有成的大有人在,他们饮水思源,上海便成为其记忆中的一片绿洲。

7. 葡萄牙与意大利侨民

葡萄牙与意大利侨民,在近代上海外侨社会中,也各具特色,有一定影响。

上海葡萄牙人主要是来自澳门的所谓"土生葡人"。澳门自明代嘉靖年间被葡萄牙人占据以后,逐渐出现一些混血葡萄牙人,其父亲多为葡萄牙人,母亲则为当地华人或其他国籍人。他们世代繁衍,生生不息,到鸦片战争以前已历300 多年,人数颇为可观。香港割让、五口通商以后,他们当中相当一部分移居

---

[1] 葛壮:《宗教和近代上海社会的变迁》,上海书店出版社 1999 年版,第 327 页。

香港,或移居上海。1850 年,上海有 6 名葡萄牙人,以后逐渐增多,1865 年有 115 人,均住在英租界及虹口地区。1880 年,上海公共租界有 285 名葡萄牙人,在外侨中排第 2 位,仅次于英国的 1057 人,他们绝大部分仍居住在苏州河以北的虹口一带。1910 年,上海葡萄牙人达 1510 人,其中公共租界 1495 人,法租界 15 人,这个数字远超同时期寓沪美国、法国与德国人。[1]他们大部分仍聚居于虹口地区。1942 年,上海葡萄牙人有 2177 人,低于同时期的寓沪日本、英国与德国人,但高于法国人、美国人。这时期的葡萄牙人,已有一半以上移居法租界。1945 年 12 月底,侨沪葡人共有 2043 名,组成 787 个家庭,其中男性 939 人,女性 1104 人。

近代葡萄牙人来沪,早期相对集聚寓居与虹口一带,故其宗教活动中心地圣心堂也建在虹口,1874 年奠基,1876 年建成开堂,可容千人。20 世纪 30 年代前,旅沪葡侨的聚居中心一直在这一带。葡侨建有葡萄牙总会、娱乐总会、上海卢济塔尼亚总会(葡侨的体育协会)、上海葡萄牙红十字会、旅沪澳门葡人共济会、旅沪澳门葡人贫困家庭救济会等,这些机构也多在虹口一带。

上海葡萄牙人是一个比较特殊的群体。他们的生活习惯延续葡萄牙人传统,信仰天主教,但从体型方面特别是面部特征来看,已经不同于欧洲或传统意义上的葡萄牙人,与中国人“面貌相同”,可以说一口流利的广东话。上海工部局的相关文献中,葡萄牙人被划归单独的“澳门葡萄牙人”,而来自美洲的美国人,却和英国人、法国人一同被归纳为“欧洲人”。[2]也就是说,在欧美白种人眼里,“澳门葡萄牙人”是另外一类。在英国人主导的工部局聘用人选中,葡萄牙人基本没份。所以他们多为洋行会计、秘书、打字员、技术工人、电话接线员、厨师、理发师、护士之类,没有出过什么工商巨子或文化名人。但是如果中国人或其他外侨将他们国籍弄错、把他们当作中国人时,他们也不高兴,“总要澄清自己并不是中国人”,强调自己是葡萄牙人。[3]他们在体现葡萄牙人身份认同的

---

[1] 邹依仁:《旧上海人口变迁的研究》,上海人民出版社 1980 年版,第 145—147 页。
[2] 闫妍、徐永志:《近代上海葡萄牙人与外侨社会的权势转移》,《历史教学》2020 年第 18 期。
[3] [美]丽莲·威伦斯:《一个犹太人的上海记忆(1927—1952)》,刘握宇译,生活·读书·新知三联书店 2018 年版,第 57 页。闫妍、金国平:《近代上海万国商团葡萄牙队考察》,《国际汉学》2021 年第 2 期。

一些活动中，如庆祝葡萄牙独立日时，会非常积极。

这些葡萄牙人在澳门居住时，母语是葡萄牙语，来上海之初，还保持着较高的葡萄牙语水平，但随着时间的推移，为了适应上海外侨社会以英语为主体的环境，他们不得不学习英语。于是，到20世纪初，他们当中的年轻一代，葡萄牙语水平普遍下降，英语水平不断上升。"他们中的很多人都能够以纯正的口音说英语，大多数都可以写标准的英文，甚至在家庭生活的内部沟通中，英语也代替了葡萄牙语成为他们的日常语言。"[1]

1937年，八一三事变爆发后，寓沪英国人和美国人很多离开上海，其时，澳门经济环境比上海更加糟糕，因此上海葡萄牙人并没有返回澳门。1941年12月太平洋战争爆发以后，寓沪美国人、英国人、比利时人和荷兰人，被日本军队作为"敌国公民"对待，关入集中营。其银行账户被冻结，俱乐部和住所也被日本人征用，而寓沪葡萄牙人则不在此列。这是因为，1939年，葡萄牙政府宣布在世界大战中保持中立，所以上海葡萄牙人被日军划定为中立国居民。上海外国侨民之间的权力关系发生根本性改变，上海葡萄牙人在租界的地位，反而较先前看不起他们的英美侨民为高。[2]

意大利人与上海的文化联系，源远流长，影响很大。最早来到上海的意大利人，是耶稣会传教士郭居静。他于1608年应徐光启的邀请来到上海，在这里建立教堂，发展信徒，拓展传教事业。他在上海住了将近两年，给上海人留下了良好的印象。他也是最早来到上海的西洋传教士。在他之后，著有《职方外纪》《西学凡》等书、有"西来孔子"之称的艾儒略（Jules Aleni，1582—1649），被南明永历帝封为"民师"的毕方济（Francois Sambiasi，1582—1649），都是意大利传教士，都来过上海。近代以前在上海活动时间最长的传教士潘国光（Francescus Brancati，1607—1671），也是意大利人。他1637年来上海，在城里建立敬一堂（俗称老天主堂），主持敬一堂达28年之久。潘国光卒于广州，遗体被运回上海，葬在南关外陆家浜圣墓堂。

---

[1][2]　闫妍、徐永志：《近代上海葡萄牙人与外侨社会的权势转移》，《历史教学》2020年第18期。

近代来沪的意大利人,人数不算很多,1865 年为 15 人,1885 年为 31 人,1895 年为 83 人,1910 年为 236 人,1920 年为 226 人,1930 年为 320 人,1935 年为 395 人,1945 年达到顶峰,为 1048 人。[1]他们分布在公共租界与法租界,以公共租界稍多,从事的行业有商业、金融、贸易、建筑、教育、宗教、艺术等。其中,近代天主教南京教区第一任主教罗伯济(Louis Marie Bési, ?—1871),曾任南京教区主教的赵方济(F. Xavier Maresca, 1806—1855),创办徐汇公学的晁德莅(Zottoli Ange, 1826—1902),民国初年担任中国银行顾问的白雪利(G. Passeri, 1878—1922),民国初年担任意大利驻沪总领事、外国驻沪领事团领袖领事的地罗西(N.U. Comm. Gerolamo de' Rossi,生卒年不详),都在上海近代史上留下了深深的印痕。上海最早的纪录片《上海第一辆电车行驶》《上海风景》,是意大利人阿・劳罗(A. Enrico Lauro)在 1908 年摄制的。无线电发明家马可尼(Marconi Marchess Guglielmo, 1874—1937)1933 年访问过上海交通大学,并为该校即将兴建的无线电台树基。1936 年创办的一度颇有影响的《大沪晚报》,是在意大利驻沪领事馆注册、由意大利人刚恒毅(Celso Costantini)担任董事长的,其宗旨之一是促进中意邦交,沟通中意文化,联络中意人民感情。极负盛名的红房子西菜馆,是意大利人路易・罗威(Louise Rovere)1945 年在上海开设的。

其中,特别需要介绍的是梅百器(Mario Paci, 1878—1946 年)对近代中国音乐发展的贡献。梅百器是世界著名钢琴家、指挥家,生于佛罗伦萨,自幼接受西方正统音乐教育,17 岁便获得"李斯特钢琴比赛"大奖。他于 1919 年来沪,被工部局聘为乐队指挥,直至 1942 年乐队解散。在他的带领下,工部局乐队吸收了西方的一批优秀人才,在上海首演了许多西方著名曲目,成为当时远东第一流的管弦乐队。他的新旧交融和中西兼并的管理理念,让许多轻音乐、爵士乐、中国音乐家的作品纷纷登上这"远东第一"的音乐舞台。他邀请上海中西女塾合唱队参加工部局乐队音乐会演出;亲自指挥中国青年钢琴家马思聪独奏音乐

---

[1] 邹依仁:《旧上海人口变迁的研究》,上海人民出版社 1980 年版,第 145—147 页。

会,演奏莫扎特的《降 E 大调小提琴协奏曲》和柴可夫斯基的《D 大调小提琴协
奏曲》,使马思聪声名鹊起;他指挥工部局乐队,在大光明电影院演奏中国音乐
家黄自创作的管弦乐序曲《怀旧》,一曲告终,掌声如潮。正是在梅百器的提携
下,黄自以中国人身份,当选工部局音乐委员会委员。这是该机构 8 名委员中
唯一的一位中国音乐家。1933 年 5 月 21 日,工部局乐队和上海大同乐会在大
光明电影院联合举行一场中西合璧的"大中国之夜"音乐会,由梅兰芳登台作节
目介绍。鲁迅和许广平夫妇在前一天从虹口赶到南京路,观看了音乐会的彩
排。这场音乐会引发了上海文化知识界人士的"音乐热",傅雷在《时事新报》上
发表了长篇评论。1938 年起,梅百器正式吸收四名中国演奏员参加工部局乐队
的演出,包括谭抒真(小提琴)、黄贻钧(小号)、陈又新(小提琴)、徐威麟(小提
琴)。他鼎力协助上海也是中国第一所高等音乐学府——上海国立音乐院招聘
教师,举荐多位乐师出任学院教授,还允许学院学生免费参观乐队彩排和正式
演出。他以合作演出的方式,帮助和培育了一大批中国青年音乐家,对于扩大
华人音乐家在本土文化方面的影响,起到了重要作用,使上海"国立音专"和演
艺界的许多青年优秀音乐表演人才脱颖而出。[1]1942 年,工部局乐队被日本接
管。5 月 31 日,在兰心大戏院,乐队举行"告别音乐会"。梅百器辞去乐队指挥
职务,最后只能靠钢琴家教度过晚年,物质生活匮乏,晚景凄凉,1946 年病逝于
上海。

8. 日 本 侨 民

上海日本侨民的特点是来得晚,发展快,人数多,自成社区。

日本在锁国时代,国家不鼓励人民向外拓展,日本船只不能驶往外国,在
外国定居的日本人也不能归国,违者将被处以死刑。1868 年,日本明治政府
开始维新变法,放开对外贸易,百姓可以自由选择职业,并允许西洋船舶私

---

[1] 陈瑞泉:《辉煌与凄凉交织的生命乐章——梅百器对中国近代管弦乐事业的贡献》,《人民音乐》2007 年第 10 期。

有。这些措施,促进了日本人向海外的拓展。1871年,中日两国签订《中日修好条规》和《中日通商章程》,规定两国既经通好,所有沿海各口岸,彼此均应指定处所,准听商民来往贸易。此后,日本开始有人来上海发展,但人数不多,规模不大。1870年为7人,1876年为45人,1880年为168人,1887年为250人,1890年为644人,这些人多为小商贾、小职员,以及为外侨服务的侍妾、仆役等,对上海社会影响不大,也不为上海人所重视。中日甲午战争爆发后,大部分日本人返回日本,战争结束后,又陆续回流。1899年,上海日本人数为1088人。

进入20世纪以后,由于多种因素的刺激,上海日本人增加迅速,1903年超过2000人,1904年超过3000人,1905年超过4000人,约占上海外国人的三分之一,1906年超过5000人。1915年,居住在上海的日本人达11457人,超过上海英国人,居上海外国侨民第一位。1923年上海—长崎定期航线开设,日本侨民来沪增加更快。1926年,上海日本人超过2万人。1932年日本发动一·二八事变,1937年发动八一三事变,疯狂侵略上海,上海日本人迅猛增加,1938年超过3万人,1939年超过5万人,[1]1942年高达94768人,超过所有其他外国人的总和。抗战胜利后,日本无条件投降,在沪日侨除少量技术人员被上海市社会局留用外,其余全部遣返回国。

在大多数时间里,日本侨民的职业,占多数的是公司职员、银行职员、店员、事务员,其次是商品销售业,其他职业有家庭佣人、艺伎娼妓、官员及其雇员。其中比较富有的上层侨民是商社老板、银行分社长、分行长及高级官员、公司经营者,他们居住在公共租界中心地段或法租界。中间层侨民以在纺织公司、银行、商社中供职的薪给人员为主,大多数住在公司、银行或商社的住宅里。下层侨民包括从事小商业、家庭工业、饮食服务业、各类杂业以及无职业者等一般平民,主要居住在虹口和闸北一带。

世界各地的日本人内聚力都很强,上海日本人也不例外。上海日本侨民大

[1] 此段上海日本人数,参见[日]高纲博文:《上海的日本人居留民》,载熊月之等编:《上海的外国人(1842—1949)》,上海古籍出版社2003年版,第152—153页。

日本人在上海设立的神社

部分居住在苏州河以北的虹口一带，特别是以吴淞路和北四川路为中心的公共租界北部边缘。这一带由于日本人密集，被习称为"日本人租界""日租界"或"小东京"。日本人在这里开日本商店，办日本学校，出日文报纸，开日本医院，开日本料理、旅馆，设日本公园、神社、寺庙等。1907年，日本侨民设立自治团体上海居留民团，在上海总领事监督下活动。该团下设会计检查委员会、学务委员会、卫生委员会、社会设施研究委员会等机构，负责管理日本义勇队、上海团立学校的经营和维持；日本人墓地、火葬场的经营、卫生防疫等活动。

日本人社区事实上成为租界中的租界，成为与外界相对隔绝的地区：

> 在上海北部地区形成了一个真正日本社会。这个被叫做"小东京"的地方，成片的房屋是日本人的，大部分商铺是日本人的，通用语也是日本话。在这里，一个日本人的生活工作与他在日本并无二致，不必费心去学习外国语言，与中国人的相互影响十分有限，甚至无需与中国人打交道。[1]

日本人社区有一条俗称"东洋街"的地方，日本风格浓郁。据回忆：

---

[1]［法］安克强：《上海的"小日本"：一个与外界隔离的社区》，邵建译，载熊月之等编：《上海的外国人（1842—1949）》，上海古籍出版社 2003 年版，第 181 页。

具有"大租界中的小租界"特征的,是"东洋街"这个地段,即从今海伦路471号至531号止,全长约300步。当年,这个地段两旁都是典型的东洋式二层半小洋房,屋内设施全然是日本式的,铺着榻榻米,居住者均属日籍。连接着狄思威路及邢家桥北路处(即东洋街的起讫处),各树立一座木栅门,只开一小门供行人通过。……从东洋街西行至横浜桥,常可见到当时东洋小学生和日本海军陆战队三五成群列队而过,耀武扬威,旁若无人,好像这里就是他们的殖民地,中国人就是他们的臣民,实在令人发指眦裂,刻骨难忘![1]

上海华人对上海日本人的看法,大体上经历了从鄙视、漠视到仇视的变化过程。19世纪中后期,日本人在上海人数既少,从事的行业也多卑微,除了一些文化人受到一定程度尊重之外,日本人在上海华人眼里,没有什么特别之处,多被看不起。"东洋女子面黄多,袖大腰粗木屐拖。云鬟尚留前汉制,衣裙宽博舞婆娑。"[2]言辞间露出鄙夷之意。在上海的日本人也感受到这点。生活在上海的日本文人岸田吟香(1833—1905)写道:

在上海,日本人有一种奇风异俗,经常被中西各国人士嘲笑。这并非没有道理。除领事馆的官员和一两个公司职员之外,大家都不穿西装,而是穿着棉帛的短单衣,系上一根三尺长的腰带,或者是光头戴上大森出产的麦杆草帽,光脚穿上木屐,嘎吱嘎吱地在虹口一带满大街地溜达着。即便是在正统的日本人眼里,这些同胞的穿着打扮也是极为令人羞耻的。而葡萄牙人、印度人穿的衣服要比日本人得体得多。[3]

1890年,鉴于一些日本人穿着奇装异服到外滩公园游玩,与公园关于游客

---

[1] 杜绍文:《虹口"东洋街"之忆》,载上海市政协文史资料委员会:《上海文史资料存稿汇编》第11册,上海古籍出版社2001年版,第345页。
[2] 颐安主人:《沪江商业市景词》,载顾炳权编:《上海洋场竹枝词》,上海书店出版社1996年版,第136页。
[3] [美]刘建辉:《魔都上海——日本知识人的"近代"体验》,甘慧杰译,上海古籍出版社2003年版,第83页。

必须衣着整洁的规则不符,工部局通知日本驻沪领事,"除非他的国民衣着正派,否则将不允许他们进入外滩公园"[1]。

20世纪初,日本人在上海已经很成规模,但是由于日本人自成一体,与华人接触不多,所以一般人对日本人生活状况并不熟悉,一般中文传媒对日本人也很少报道。"只有当日本帝国主义的军队在该市打仗,或者抵制日货给每天的生活带来不便的时候,报纸的大标题才会出现日本人的字样。但是即使这种时候,也很少能有任何关于平民人数及其活动的实质性报道。"[2]中国人与日本人直接打交道的重要场所是工厂。第一次世界大战以后,日本人在上海设厂日多,中国人在日本人所开工厂里工作的人日多,两国人接触日多,对日本人的感觉、评论自然也多了起来。由于日本老板对中国工人多比较苛刻,所以中国人一般对日本人少有好感。

9. 印度与其他亚洲侨民

生活在上海的亚洲侨民,除了日本人,还有印度人、安南人与韩国人。

印度侨民

上海租界存在时期,印度是英国的殖民地,上海印度人都是作为英国殖民地人而来的。

1851年上海有21名印度人,1885年有56名,1895年为119名,1900年为296名,1905年为568名,1915年超过千人,为1009名,1935年最多,为2341人。[3]

来到上海的印度人成分比较复杂,其一是来自印度次大陆西北部旁遮普、

---

[1] 《工部局董事会记录(1890年5月20日)》,载上海档案馆编:《工部局董事会会议录》第10册,上海古籍出版社2001年版,第672页。
[2] [法]安克强:《上海的"小日本":一个与外界隔离的社区》,邵建译,载熊月之等编:《上海的外国人(1842—1949)》,上海古籍出版社2003年版,第178—179页。
[3] [法]克洛德·马尔科维奇:《中国的印度人社团(1842—1949)》,彭晓亮译,载熊月之等编:《上海的外国人(1842—1949)》,上海古籍出版社2003年版,第310页。

西北边省的锡克人,多为巡捕;其二来自孟买管区,多为商人。他们分属四个宗教团体,即印度教、伊斯兰教、锡克教和袄教。早期在沪印度侨民所从事的主要职业是巡捕。1884年工部局警务处成立印捕股,从印度招募人员充当公共租界内巡捕,首批从印度旁遮普邦招募来的锡克族巡捕有16人。1885年工部局招募有印籍巡捕49人及巡官1人。1907年工部局警务处有印籍巡捕476人,还聘用了一批专门为印籍巡捕服务的人员如锡克教布道师、印籍医务助理。此外,上海还有不少印度司阍等。1934年工部局雇佣的印捕为634人。除了一部分家属之外,印籍侨民也从事香料买卖和经营特色餐馆等。

印度锡克人身材魁梧,扎头巾,常蓄大胡子,多不通中文,以他们为巡捕或司阍,标志明显,不容易与被管理对象沆瀣一气,工资也不比西捕高。这是公共租界喜欢聘用锡克人为巡捕、司阍的重要原因。锡克人在马路上执勤常扎红头巾,所以上海人一般将印度人称为"红头阿三",其实锡克人并不全扎红头巾:

> 上海人称印度人为红头阿三,即红头洋鬼子也。其实印度人不一定包红头的,他们初到上海包头巾的颜色,青黄赤白黑,五花八门,各色俱全,须等他们吃了巡捕房饭,才一律包起红头来,红头乃是他们的"制包"。如果派在外国牢监里服务,就一律包着蓝头,不过"蓝头阿三"平常看见的不多,所以红头阿三的名称最为普遍。
>
> 红头阿三除了在马路上"立角子"以外,还有看门也是他们的专业,凡属公共租界的大公馆、大商号、大栈房、大娱乐场,以及各级衙门的大门口,都有一个又高又大的红头阿三站着。[1]

至于为什么称印度巡捕为"阿三",有三种说法,一种说法是印度巡捕老是说"I say",听起来就像"阿三";也有人认为阿三是"阿Sir"的谐音,上海人当年

---

[1] 汪仲贤:《上海俗语图说》,上海书店出版社1999年版,第157页。

和印度巡捕讲话就称其为"阿 Sir";另一种说法是,印度巡捕的地位低于西捕和华捕,列第三位,故称"阿三"。

上海的印度巡捕在执勤

来沪印度人大多为男性。1851 年在沪 21 名印度人中只有一名女性,其余 20 名都是男性;1910 年上海 804 名印度人中,680 名成年人是男性,女性只有 61 人,其余为儿童。1915 年前后,工部局开始允许 50% 的印籍巡长和 3% 的印籍巡捕结婚后携带家眷在上海定居,上海印度侨民中女性比例才有所提高,但比起男性来还是极少。1925 年上海 1154 名印度人中,男性 961 人,女性 95 人,其余为儿童,1930 年上海 1842 名印度人中,男性为 1517 人,女性为 174 人,其余为儿童。男女人口比例如此悬殊,使得相当一些印度男性与中国妇女发生关系,如有的会找上海的街头妓女,有少数人与中国女性形成比较长久的关系,[1] 由此引起的社会问题也比较突出。1909 年,两名印度巡捕轮奸中国民女,《神州日报》就此连续报道并发表多篇评论,文中有"印人为禽兽"之语,引起上海印度人抗议。工部局要求《神州日报》登报更正以往观点,《神州日报》不予理睬。工部局以违碍治安、扰乱人心罪,将《神州日报》告上法庭。会审公廨最后判决,《神州日报》今后论说,须严范围而清界限,不可涉于含混,至生枝节。

---

[1] [法]克洛德·马尔科维奇:《中国的印度人社团(1842—1949)》,彭晓亮译,载熊月之等编:《上海的外国人(1842—1949)》,上海古籍出版社 2003 年版,第 317 页。

要求《神州日报》将判决意见，并自撰解释，于一礼拜内，登报三天，以释群疑。由此可以看出，印捕犯罪问题在当时已成一不容忽视的社会问题。

不同的印度人团体过着各自的生活，相互之间或与广大社会联系很少，除了必需的经济事务和偶尔的活动。印度人的分裂，与阶级和职业差别有关。同是印度人，一位袄教商业巨子和一个旁遮普穆斯林警察，尽管住在同一个上海，但他们没有共同语言，甚至旁遮普锡克人和穆斯林说同一种语言，通常也没有交往，并且双方还可能有潜在的敌意。上海印度人与中国人社会联系也相当有限，很少有人能说流利的汉语，很少与中国人交往。一些印度商人更多地致力于国际贸易或主要为欧洲顾客而做的某种特定贸易，他们与中国贸易团体并没有进一步的联系，同其他外国团体之间的关系也并未加强。除了几个富商之外，印度人与英国人主要是仆主关系，特别是锡克人警察主管与英国军官之间，锡克人警头与英国人警头之间，在兵营之外不会面。印度人与日本人或俄国人，其关系也限于经济层面。[1]

安南侨民

在沪安南侨民几乎全部由居住在法租界的安南巡捕及其家属构成。1900年义和团运动在中国北方正盛，租界局势紧张。7月，法租界公董局以中国国内排外风潮正盛，对于华捕人员不甚放心为由，决定雇佣安南东京的民团成员来上海协防，第一批来到上海的安南巡捕共30名。1906年，公董局召开会议，正式批准雇佣3名安南籍巡官和48名巡捕，并允许这些捕房人员携带家属。1910年，在沪安南侨民有207人，1925年为666人，1934年达980人，1936年减少到738人，1946年达到高峰，为2350人。安南人在上海相对集中居住在法租界，在马斯南路(今思南路)、树本路(今建德路)附近曾有安南人集中居住区，并设有学校、教堂等设施，被习称为"安南村"。霞飞路(今淮海东路)、葛罗路(今嵩山路)附近，亦有安南人集中居住的较小区域。安南学校于1917年10月

---

[1] [法]克洛德·马尔科维奇：《中国的印度人社团(1842—1949)》，彭晓亮译，载熊月之等编：《上海的外国人(1842—1949)》，上海古籍出版社2003年版，第318页。

安南巡捕

开学,公董局聘用一名小学教员,为越南籍巡捕的子女提供教育。1918 年,有学生 28 人,分成两组。是年底第一组学生已能初步读写法文,第二组能初步认识越南文。1929 年 5 月,学校附设越捕法文班,有 71 名越籍警官和巡捕参加学习。1930 年,学校员工有一名男教师兼负责行政,一名女教师,一名女成衣工,后者还负责幼儿班。30 年代,学校设托儿班、幼儿班、预备班、初级班、中级班、高级班和附加班。学校教育属小学程度,课程包括法文、安南文、中文、道德、算术、物体与卫生日常知识、绘画、缝纫(女生)、历史、地理以及体育等。1933 年以前,学校属公董局警务处管辖,经费亦来自警务处,自 1933 年起转属教育处。学校按"印度支那"法—越小学官方教育大纲进行教学。1935 年第一次组织了为获取安南学校毕业证书的考试,所获文凭与在法国殖民地得到的文凭被同等接受。1936 年以后每年都举行这种考试。1940 年,学生增加到 95 人,其中男生 47 人,女生 48 人,校长阮武江,教员全为越南籍。

韩国侨民[1]

上海韩国侨民是相当特殊的群体,上海韩侨的政治活动在韩国近代史上具

[1] 本节内容主要参见上海租界志编纂委员会编:《上海租界志》,上海社会科学院出版社 2001 年版,第 136—137 页。

有特殊的地位。

上海韩国人数缺少确切的统计数字。自 19 世纪 70 年代起,朝鲜政府和商业人士开始对上海城市产生兴趣。1883 年,清政府与朝鲜政府商定,开通上海和仁川之间航线,加强了上海和朝鲜之间的人员、物资往来。1885 年,朝鲜皇宫设立书院,经常函寄上海,购办书籍及各报等。1888 年,朝鲜官员赴上海购买织造机器。朝鲜偶遇米荒,亦求助于上海粮市,由在沪之商就近购运元山,以资接济。经济贸易往来的日益频繁,使朝鲜人对上海的认识不断加深,有人通过这条途径抵达上海,成为最早在上海居住的朝鲜侨民。19 世纪末,随着日本加紧对朝鲜的侵略,不断有失意的朝鲜达官显贵和富商流落上海。1910 年《日韩合并条约》签订,朝鲜沦为日本殖民地,来沪韩侨人数剧增。1932 年后,因虹口事件发生,日本驻沪总领事署派出大批密探、宪兵大肆逮捕在沪韩侨。韩国临时政府逐渐向内地转移,在沪韩侨人数锐减,在法租界的人口统计项中,韩侨人口被并入日本侨民计算。到抗日战争爆发以后,韩侨作为日本侨民迁居上海,人口数才有所上升。居住在上海公共租界内的韩国侨民,1915 年为 20 人,1920 年为 46 人,1925 年为 89 人,1930 年为 151 人。30 年代后,韩国侨民人口统计合并入日本侨民项内计算,数量不详。1946 年 8 月的外侨职业统计显示,当年有韩侨 1988 人,其中男性 1028 人,女性 960 人,韩侨中有职业者 627 人,无职业者 487 人,失业者 257 人,12 岁以下者 617 人。

上海五方杂处、信息灵通的特殊环境,为韩国抗日爱国志士的活动提供了很大的方便。1919 年 3 月,集结于上海的韩国志士鲜于赫、金澈、玄盾等,决定在法租界宝昌路 329 号设立临时事务所,推选玄盾为总督,并发表《独立宣言书》,进行抗日活动。同年 4 月 10 日,吕运亨、尹显振、玄盾等在金神父路 22 号举行会议,组织临时议政院,以李东宁为议长,孙贞道为副议长,并决定建立大韩民国临时政府。同月 17 日,韩国临时政府在法租界宝昌路 321 号挂牌揭幕,并依托租界的特殊环境,进行了一系列工作。1919 年 10 月 7 日,在日本驻沪领事馆的压力下,法租界公董局巡捕房封闭韩国临时政府办公处,并限令其在 48 小时内迁出。从此,韩国临时政府转入地下活动。

以大韩民国临时政府为核心的在沪韩侨,开展了一系列反对日本殖民统治的活动。其一,组织对日本高级官员的暗杀。1921年,朝鲜爱国志士金益湘和助手吴成伦在外滩新关码头图谋刺杀日本陆军大臣田中义一未果。1931年,在韩国临时政府主要成员金九等人策划下,成立了以暗杀日本要人为主要目的的韩国武装团体韩人爱国团,1932年1月,其成员李奉昌从上海出发赴日本东京暗杀日本天皇,因故未遂。1932年4月29日,韩人爱国团成员尹奉吉在上海虹口公园日军庆祝"天长节"现场投弹,炸死日本侵华军总司令白川义则、上海日本居留民团团长河端贞次,炸伤日本海军中将野村吉三郎、日本第九师师长植田谦吉和日本驻华公使重光葵。此举震动东亚,影响世界,为韩国民族独立运动史上光辉一页。其二,开展反日宣传。1919年8月,韩国临时政府在上海发刊机关报《独立新闻》,宣传临时政府的各项抗日独立主张,报道世界各地朝鲜人开展的反日独立运动。此外,还有《新大韩》《大韩民报》《新韩青年杂志》等刊物。它们对揭露日本殖民当局的残暴统治,鼓舞朝鲜人民的反日独立斗争,起了积极作用。其三,组织各种社团,培养独立运动骨干。韩国临时政府先后选送优秀青年分4期共40人至黄埔军校学习。在法租界马浪路建立仁成小学,对旅沪韩侨青少年进行民族意识教育,并建立花郎社和上海韩人童子军。1930年,合组建立上海韩人青年同盟,并出版机关刊物《萌芽》。

由于大韩民国临时政府诞生在上海,其重要领袖居住在上海,宣传基地在上海,不少政治活动在上海酝酿、组织,上海遂成为韩国民族独立运动的圣地。

三、 并存与交织

外国侨民进入上海的同时,也将其生活方式带进了上海。

月是故乡明,食是故乡美,酒是故乡香。无论哪个民族,都是文化自适民族,都有文化自爱、文化自尊甚至文化自恋倾向。明末清初利玛窦、汤若望等西方传教士来华,着中国服饰,用中国语言,行中国礼节,吃中国食品,其目的是传教的方便,尽量减少中国人对西人西教的排拒。因此,那时西人来华,西教入华,西方人的社会生活方式则基本没有被带入。鸦片战争以后,情况与两百年前有很大不同,大多数外侨是在不平等条约的保护下来到中国的,他们不愿意也没有必要改变自己衣着、语言、礼节以适应这块陌生土地上的习惯。他们努力按照自己母国的习惯生活着。

1. 各 行 其 是

从衣饰方面看,西方男子工作、会客常着西装革履。这种服饰在开埠初期的上海,与世人习见的长袍马褂全然不同,是名副其实的奇装异服。欧洲人在17—18 世纪时,也多穿着宽大的长衣,其形式多与中国相似。到了 19 世纪,站在中国人面前的西方男子,已是西装笔挺,"上衣短衣,下穿裤,皆极窄,仅可束身"。初见这种服装,中国人的感觉是不伦不类,后来终于发现这种服装简捷灵活,十分方便的优点。

与中国社会区别最为明显的是西方女子的生活方式。欧美女子和男子一样入学读书受教育,参与经营活动,出入街头巷尾社交场合。妇女肌肤裸露,少妇健美婀娜,少女垂发天足,夏日着短袖,手臂外露,自然优美。这一切与中国社会压抑个性、服饰注重等级标识形成鲜明的对照,特别是中国妇女受礼教束缚,深藏闺中,缺乏文化,服饰严装紧裹,不露手足,自幼缠足,形同残废,这与欧美妇女生活相差不啻天壤之别。

对于欧美人的服饰,从总体上说,中国人是三步走,由看不惯,到看得惯,再到跟着学。民国年间,改洋服,戴洋帽,佩洋镜,提文明棍(手杖),蔚然成风。妇女也唯西是尚,放缠足,服西裙,穿高跟皮鞋。有人刻画上海的时髦派:

> 女界上所不可少的东西:尖头高底上等皮鞋一双,紫貂手筒一个,金刚钻或宝石金扣针二三只,白绒绳或皮围巾一条,金丝边新式眼镜一副,弯形牙梳一只,丝巾一方。再说男子不可少的东西:西装、大衣、西帽、革履、手杖外加花球一个,夹鼻眼镜一副,洋泾话几句,出外皮篷或轿车或黄包车一辆,还要到处演说。

虽语含讥刺,却也道出实情。

服饰是民族认同的重要标志。对不同民族服饰的看法、情感,在某种意义上是对该民族文化看法、情感的表现。19世纪日本人到上海,也将其在国内的衣着习俗带进来,着和服,拖木屐,与占人口绝大多数的华人很不相同。由于自古以来中国对于日本在文化上处于顺差地位,一般中国人对日本人从心底里瞧不起,对日本人的服饰也就颇为不屑。与此同理,印度人的红色头巾或蓝色头巾,也成为中国人取笑的对象。

从住房方面看,西人在上海开埠初期所盖房屋,多属洋式平房,与上海华人住房迥异。这种平房包括一个长走廊,以适应天气炎热时避暑需要。当然,也有一些中西合璧的楼房。以后,洋人住宅日趋讲究,风格也多种多样。至50年代,上海英租界布满了华丽的房屋。这些建筑物各依其房主的嗜好而设计。其形式有仿希腊的庙宇,有的是仿意大利的王宫。西式花园洋房也多了起来,这

种洋房多为二层,楼上为主人卧室,楼下为客厅,另有花园、后院和附属建筑物。时人记载:

> 洋泾之滨,荡沟之侧,西人构屋于此,居如栉比。旭日初射,玻璃散彩,风景清绝。室外缭以短垣,华木珍果,列植庭下。甃地悉以花砖,虽泥雨不滑。入其内,则曲屏障风,圆门如月。氍毹荐地,不著纤尘。璃户重闑,悄然无声。碧箔银钩,备极幽静。系铃于门内,每呼僮仆,则曳之。客至,则叩户上铜环。如有人在室,亦必轻击其扉而入。第室仅数椽,无曲折深邃之致,为可惜耳。

> 西人喜楼居,台榭崇宏,可资远眺。庭前小圃一畦,结豆棚,作花架,似篱落间风景。有园丁专治花卉,灌溉甚勤。惜上无数仞之石,足以登陟;下无半亩之池,足以溯洄,殊为缺陷也。至于盆盎所列,皆泰西名种,异色奇香,莫能仿佛。[1]

随着时间的推移,上海西人的住房和其他房屋建筑愈趋于考究,其式样千姿百态,争奇斗艳。汇丰银行大厦是仿古希腊式的圆顶建筑,上海总会是典型的英国古典式建筑,跑马厅马勒住宅是北欧挪威式样,徐家汇天主堂是中世纪哥特式建筑。

从生活用品方面看,欧美人在西方习用的各种用品,电灯、电话、电报、马车、汽车、自行车、手表、钢笔、眼镜、雨伞、皮靴、自鸣钟、留声机、缝纫机、电风扇、洒水车、剪草机、打包机、救火水龙、抽水马桶、救命圈、寒暑表、风雨表、风琴、钢琴、小提琴、火柴、火油、煤气、肥皂……无不一一引进,大凡西方出一新用品,上海就几乎与伦敦、巴黎同步出现。

从作息习惯方面看,欧美侨民把西方作息习惯带到了上海,上班、下班均按钟点,与中国日出而作、日没而息颇不相同。特别是七日一休息,很使中国人感

[1] 王韬:《瀛壖杂志》,上海古籍出版社 1989 年版,第 117—118 页。

到新奇。《申报》曾刊文专述此事:

> 吾见夫西人之为工及行商于中国者,每届七日,则礼拜休息之期,一月则四行之。是日也,工停艺事,商不贸易,或携眷属以出游,或聚亲朋以寻乐,或驾轻车以冲突,或策骏马以驱驰,集球场以博输赢,或赴戏馆以广闻见,或从田猎以逐取鸟兽为能,或设酒筵以聚会宾客为事。六日中之劳苦辛勤而此日则百般以遣兴,六日中之牢骚抑郁而此日惟一切消愁。游目骋怀,神怡心旷,闲莫闲于此日,逸莫逸于此日,乐莫乐于此日矣。[1]

中国士农工商原无周期性休息的习惯。外侨在上海社会生活中占有举足轻重的地位,他们七日一息,势必导致那些在洋行中工作、与外商打交道的华人也相应休息,于是,一礼拜休息一次在上海租界逐渐成为惯例。一些上海人对照此前中国人日日劳作、日日不息的传统,认为七日一息确属良制,中国应普遍仿行:

> 中国日日不息,而不息者不过行为无功之举动,卒之心劳日拙,身劳日疲,万事蹉跎,一生废弃,可不惜哉!何若振作精神,日进无疆,亦仿西人七日之期而少息,其余日月愿奋勉以图功,无使日日不礼拜休息,反同日日皆礼拜休息,悠悠忽忽,一事无成以了结此生也。[2]

外侨把西方的娱乐方式带到了上海。开埠之初,洋人颇为无剧场看戏苦恼。1850 年,英租界出现一个业余剧团,在一个仓库房里演出。不久,成立业余戏剧俱乐部即大英剧社。1856 年第一次使用台前垂幕。19 世纪 50 年代后期,有一个魔术团和一支舰艇上的演出队到这简易的剧场演出过。1866 年上海第一个现代剧场兰心戏院建成,地址在圆明园路,供大英剧社演出。1867 年 3 月

---

[1][2]《论西国七日各人休息事》,《申报》1872 年 6 月 13 日。

1 日,大英剧社在这里首次公演。

外国剧团、马戏团、著名演员时常应邀到上海租界演出。1874 年 4 月 7 日,英国著名女钢琴家亚拉白拉可大在上海演出。1876 年 6 月,由数十人组成的英国马戏团来沪演出。1876 年 9 月,波利洋行等单位邀请欧洲乐师音乾士太恩等人,在徐家汇花园演出多场。1879 年 12 月 24 日,意大利歌唱家来沪演出,被称为西戏来华以来之第一体面戏班。各种演出中,最引起上海人好奇的是杂技。1874 年 6 月,英国魔术师瓦纳在丹桂园表演戏法、影戏各套,上海市民称其"极其巧妙,变化无穷"。瓦纳所演魔术套数有飞纸牌、帽中取物、人首分合等。时人记述其表演情景:戏院顶圆如球,楼顶明灯千点,密于莲房,其光倒映,朗切如昼。表演飞纸牌魔术时,台上障以绛帘,随乐声起而帘开,中悬一八角图,纸牌遍列其上。魔术师以指弹之,如飞絮落花,随风飘堕,然后取牌六张置枪中,机动枪发,振地一声,而牌仍在架。表演帽中取物时,魔术师取客一高冠,其中空无所有,手探冠中,则取出衣一,巾一,裤一,皮盒一。盒长五寸,盒中有盒,层出不穷。又向冠中取出纸裹洋糖饷客,冠转而糖出,有若连星贯珠,观众几乎吃遍。最为动人心魄的节目是人首分合:

> 帘启则术人短衣持铃而立,旁一人与术人对峙。术人铿然摇铃作声,其人即昏如醉。术人引之挺卧桌上,出一剑,光鉴毫发,甫下而头落,血花直喷空际。术人盛首于盘,下台遍示座客,头犹温暖,面色灰败,有启其唇以示,犀齿宛然。仍登台还首于颈,喃喃有词,少顷,手足能动,瞬而起坐,与客为礼。[1]

演到这里,观众惊得目瞪口呆,屏气凝息,甚至不敢仰首正视。

近代上海是西洋娱乐、体育活动在中国最大的表演地,跳舞、溜冰、赛马、跑狗、划船、篮球、足球、板球、戏曲、电影、花卉展览、气球载人……都被引进上海。

---

[1] 王韬:《瀛壖杂志》,上海古籍出版社 1989 年版,第 130 页。

2. 各司其法与协商司法

司法系统多元

租界存在的年代,上海先后存在过四类司法机构,即领事法庭、领事公堂、会审公廨与中国官府法庭等。

领事法庭是最早在租界出现的外国司法机构。英国、美国、法国、日本、意大利、俄国、荷兰、挪威、葡萄牙、西班牙、瑞典、瑞士、巴西等国在上海租界先后设有领事馆,并设有领事法庭。这些不同国家的领事法庭,主要依据本国法律来审理其在华人士作为民刑事被告的案件,其审判官大都由领事兼任。随着商贸及法律事务的不断增多,英美两国分别在租界设立高等法院。

领事公堂始设于1882年,为在沪各国领事联合构成的法庭,审理人员每年由领事团选出各国领事若干人组成,最初是三人,后来为五人,专门受理公共租界工部局作为被告的民事案件。这一机构在当时中国是独有的。

会审公廨有两个,一是公共租界会审公廨,二是法租界会审公廨,均于1869年设立。两个会审公廨都是中国政府设在租界里的司法机构。

中国官府法庭包括道台衙门与县衙门,都在上海开埠以前业已存在。

上述四类司法机构中,领事法庭与中国官府法庭,都适用单一法律。司法混合性突出体现在领事公堂与会审公廨中。

领事公堂是一个行政法庭,具有国际性,并没有一个完整的、各国领事共同认可的法律。各种不同法律观念在里面都能发挥一些作用。但是这个机构并不是虚设的,还是确实能起一些制约作用的。据统计,1882年至1941年领事公堂受理案件情况,共受55件,其中,工部局败诉23件,工部局胜诉7件,驳回起诉10件,庭外结案5件,其他未决、无记录、自然结案等共10件。[1]这表明,领

---

[1] 孙慧:《试论上海公共租界的领事公堂》,载马长林主编:《租界里的上海》,上海社会科学院出版社2003年版,第227页。

事公堂并不是摆设,对工部局的法律制约还是有实在意义的。1911 年,上海著名士绅李平书诉工部局阻止闸北水电公司在虹江路一带铺设水管,将工部局告上领事公堂,结果工部局被判处必须发放许可证。

会审公廨与协商司法

会审公廨的出现,有一个从临时到正规逐渐演变的过程。1853 年以前,上海租界司法状态是华洋分理。按照不平等条约下的领事裁判权,凡外国侨民与中国人之间的案件,如遇该国侨民为被告,应交该国领事按其本国法律处理。凡该国侨民相互之间的案件,中国官厅不必过问。根据这些规定,英、美、法等国相继在上海设立了领事法庭,受理各种以本国侨民为被告的民刑案件,至于租界内以华人为被告的案子仍交华官处理。1845 年的《上海土地章程》,便体现了这样的原则。《章程》第 8 条载:倘有租主逾期不交地租,领事官应按本国欠租律例处理。第 12 条载:倘有赌棍、醉汉、乞丐进行扰乱并伤害洋商,领事官知照地方官员,依法判处,以资儆诫。1853 年华洋混处以后,鉴于中国地方政府无暇顾及租界内的司法,外国领事和租界当局遂自动担负起界内的司法管理。在英、美租界,华人的违警案件和民刑案件概由英、美领事受理。其中,除将案情十分重大的移送华官外,余皆由领事审结,在界内处以拘役等刑。1854 年工部局成立后,决定各董事依其姓氏的第一字母为序,每周轮值,审讯巡捕拘捕之人,并在听诉后决定将其释放或移送领署。1855 年,仅英领署审结的案件就达500 余起。这是演变的第一步。

1855 年以后,随着小刀会起义的失败和清朝上海地方政权的恢复,外国领事一度将对华人审判权力移交给中国政府。但是英国领事和租界当局对于上海地方官的司法状况相当不满,据说:

　　　所有由工部局巡捕在外国租界(法租界除外)内拘捕的案犯,每天常有20 起,均被带到英领或美领处,然后由他们交捕头解送邻近城里的中国地方官厅。由于证人没有到场和准备华文材料之困难,有相当一部分案子虽然起诉书写得很详细,但在中国地方官面前,诉讼往往徒有虚名。据报,在许多案件中,罪犯稍事拘留即行释放,而且复回租界,窃盗犯罪如故。[1]

这种司法方式显然是不能令人满意的。在绝大部分案子中,县城里的地方官仍仅仅停留于指控,除非犯人自己坦白或强迫使之招供,实无其他方法据以定罪。于是,相当一部分罪犯在过了几天难受的监禁生活以后就逍遥法外了,而一个清白无故的人却常常因待审而长期被拘押。[2]

上海地方政府的司法状况,直接影响到租界的治安。鉴于此,1863年,美国驻沪领事熙华德在与上海道台黄芳订立的美租界划界章程中,首先剥夺了中国官员在美租界的逮捕权和对无约国人民的管辖权。同年12月,以英、美为首的各国驻沪领事联名致函上海道台黄芳,要求代表中国官厅将管辖公共租界内无约国人民的权力授予工部局。其理由是上海地方政府对于无领事代表之外人"既不愿行使职权,又鲜他法加以取缔,此类危险分子实有制定取缔条例之必要。"黄芳为了省事,居然复函同意,表示"无领事代表之外人与大众杂交,同用外国语言,本官厅实无从辨别管理。来函请由贵领事等代表本国授权与工部局,取缔此类外民,同时由贵领加以监督,以免贻误等情,尚觉妥善"[3]。这是演变的第二步。

1864年5月1日,洋泾浜北首理事衙门设立,主审官为上海道台委派的理事。首任理事为陈福勋,首任陪审官为英国副领事阿查立。这个衙门每晨在英领署开庭。最初仅受理公共租界内的华人违警案件与以洋人为原告,华人为被告以及以无约国人民为被告的刑事案件。至于以洋人为原告,华人为被告的民事案件,初由领事与华官文件往来办理,到1864年10月,始与以无约国人民为被告的民事案件同归该衙门审理。其中,华人违警案件一般由工部局捕房拘解,理事单独审断,而民刑案件则均须有外国陪审官陪审。由于理事官职低微,凡民事案件,道台另委海防同知于下午开庭主审,平均每周2次。上述案件如

[1][2]　A.M. Kotenev, *Shanghai: Its Mixed Court and Council*, Shanghai, North-China Daily News and Herald, 1925, p.46.
[3]　梁敬錞:《在华领事裁判权论》,商务印书馆1926年版,第136页。

有上诉,均由道台受理;如其有涉及外人利益者,则由领事陪审。凡平时审案中有外国陪审官与中国审判官意见相左而无法审断者,也作上诉案件处理。这是演变的第三步。

洋泾浜北首理事衙门运行几年,因为中西法律制度差异,在理事与陪审官之间屡生矛盾,终因是否实行来自西方的苦役制度而激化。经过谈判,1869 年 4 月,上海公共租界会审公廨正式成立,廨址设在南京路。

清末公共租界会审公廨

在公共租界设立会审公廨的同时,法租界也设立了类似的机构。法租界于 1865 年决定,当界内华人与法国人之间发生商务纠纷时,就召请上海道台来领署会审。

从机构性质上说,会审公廨是上海地方政府设在租界的法庭。

根据《上海洋泾浜设官会审章程》,公共租界会审公廨的组织办法及管辖权限如下:会审公廨由上海道选派同知一员主持。廨内应用通事、翻译、书差人等均由该谳员雇用,并酌雇外人一二名,为办理无约国人犯罪案件之用。公廨所需经费按月赴道台处具领。受理租界内以华人或无约国人为被告的民刑案件。其中,凡民事案件,公廨可以提讯定断"钱债与交易各事",刑事案件则限于"发落枷杖以下罪名"。军流徒罪以上案件均由上海县审断。倘有命案,亦归上海县相验。凡公廨受理的涉及外人的案件,必须由领事或领事所派之人会审。受雇于外人的华人涉讼,领事或领事所派之人可以到堂听讼,倘案中并不牵涉外人,即不得干涉。无约国人与华人的互控案件,由中国谳员自行审断,但仍应邀一外国官员陪审。如无约国人犯罪,则由中国谳员拟定罪名,详报上海道核定,并与一有约国领事会商酌办。纯粹中国人之间的案件,领事不得干涉。租界内的中国人犯,由谳员派差径提,不用巡捕。惟为外人服役的华人,应先通知该管领事,由其传令到案。凡为领事服役的华人,须经领事同意方能拿捕。凡华洋互控案件,包括华人与无约国人的诉讼,倘有不服谳员所断者,可向上海道及领事官上诉。

这些规定都表明,会审公廨是中国政府设在租界的、审理以华人或无约国人为被告的、民事案件和小的刑事案件、权力不充分的司法机构。

会审公廨适用的法律惯例,虽然条约上规定适用中国之法律惯例,但由于晚清中国缺乏完全施行力的法律,可循的惯例也不多,所以会审公廨判案,每每听从外国会审官之主张,参酌外国法理习惯。修改会审衙门章程第九条曾规定,凡会审案件为清国法规所无者,会审衙门因其商习惯公平处断。所以会审公廨实质上适用的是中西两种法律。在会审公廨,中国谳员依据的是中国法律,外国领事依据的是西方法律。两种法律混用在同一个法庭上,矛盾自然会经常发生,这个时候采取的办法就是协商司法。比如,对于笞杖这类中国传统刑罚,会审公廨在外国陪审官影响下,使用就比较谨慎,从 1878 年 4 月 1 日到 1880 年 7 月 31 日的 28 个月中,仅在 47 个案件中责打人犯。会审公廨还变通枷号,减轻木枷重量,将示众地点选在可避风雨之处,并允许受刑者回家吃饭、睡觉,第二天早饭后再重新枷号。这些都是在矛盾中变通、调适的结果。会审公廨规定适用西方律师辩护制度,无论民事、刑事案件,华人都可以聘请律师辩护。

会审公廨适用的文字也是汉文、英文或法文兼用。关于刑事案件的审理,自公共租界捕房查核案情后,以英、汉两种文字,摘记起诉理由,提出起诉书各一通,英文由外国会审官查阅,汉文由中国会审官查阅,先以有关系之侦探或巡捕供述,次则原告或证人陈述,然后开始审理被告,华洋会审官会同判决。其判决之要领,外国会审官以英文记入英文起诉书之判决栏内,中国会审官以汉文记入于汉文起诉书之判决栏内。关于民事案件,如系会审,亦以中英文分别记录判决词。[1]

公共租界会审公廨审理案件,中英文为普通用语,法租界会审公廨以中法文为普通用语。如果被害人及证人为日本人,被告为华人,而探查犯罪的或是中国巡捕、或印度巡捕、或日本人侦探、或英国人侦探,则在法庭上被害人及证人用日文陈述,余人可以用中文、印地语、日文或英文陈述,而通以英文译出。辩护律师可以视原告、被告情况而决定使用何种语言,英文、中文、日文均可,需有翻译。[2]

会审公廨的外国辩护律师,须获得该国驻沪总领事或领事的许可证明。民国初期,中国辩护律师须得中国官府的许可证明,应具相当之法律知识,最好能兼通中英两国语言。但是外国律师能兼通中文者少,所以外国律师出庭时,通常请华人翻译。法租界会审公廨不准不通法语的律师出庭,所以在法租界出庭的律师不多。[3]

3. 各 信 其 教

开埠以前,上海地区的佛教、道教、伊斯兰教、天主教都有悠久历史。开埠以后,这些宗教在上海更为繁盛。

近代以前,上海地区有佛寺 100 多所,开埠以后,信徒日益增多,寺庙大幅增加,到 1949 年,上海地区已有各种寺院近 2000 处,龙华、玉佛、静安为其著者,信徒难计其数。佛教各大宗派在这里都有活动,包括法相宗、华严宗、净土

---

[1] [日]西田耕一:《上海会审衙门制度》,许光世译,载姚之鹤编:《华洋诉讼例案汇编》下册,上海商务印书馆 1915 年版,第 778 页。

[2] [日]西田耕一:《上海会审衙门制度》,许光世译,载姚之鹤编:《华洋诉讼例案汇编》下册,上海商务印书馆 1915 年版,第 788 页。

[3] [日]西田耕一:《上海会审衙门制度》,许光世译,载姚之鹤编:《华洋诉讼例案汇编》下册,上海商务印书馆 1915 年版,第 790 页。

徐家汇圣依纳爵天主堂

宗、禅宗、律宗、密宗等。全国有影响的高僧大德风云际会,住锡沪上,弘传佛法。[1]

道教在宋代上海地区已有信徒与道观,宋代有道观19所,元代有30所,明代新建道观46所,清代上海地区共有道观109所,其中上海县有44所。据1943年统计,上海有道院、道房117所,海上白云观、南市城隍庙为其著者。道教的两大宗派,正一派与全真派,在这里都有发展,以正一派为多。道教信奉的神仙从元始天尊、玉皇大帝、王母娘娘、九天玄女、三十六天罡、七十二地煞,到铁拐李、吕洞宾、钟馗、秦裕伯等。

伊斯兰教在元代传入上海地区,明清两代有所发展,但规模不大,仅有3座清真寺。开埠以后,特别是民国年间,伊斯兰教在上海发展迅速,到1949年,上海有清真寺20座,小桃园清真寺、福佑路清真寺、沪西清真寺为其著者。

天主教自晚明传入上海地区,清初上海地区有信徒四五万人,徐光启、徐家汇这些人名、地名与天主教密切关联。鸦片战争以后,上海成为天主教在江南传播基地,徐家汇天主教堂、佘山天主教堂闻名遐迩。到1949年,上海教区共有19个天主教修会,427座天主教堂。

开埠以后,上海地区又增加了一些新的宗教组织,包括外来的基督教新教、犹太教、东正教、祆教与锡克教,还有产生于中国北方的理教。

---

[1] 葛壮:《宗教和近代上海社会的变迁》,上海书店出版社1999年版,第11页。

基督教新教自 1843 年即传入上海,到 1949 年,上海地区有基督教堂 280 处,教职人员 808 人。英国伦敦会、美国长老会、圣公会、浸礼宗、卫斯理宗等基督教宗派在这里都有发展。

上海犹太教信徒是寓沪犹太侨民。上海犹太人于不同时期、从不同地区来到上海,组成四个不同的犹太社区,即赛法迪姆犹太人社区、俄罗斯犹太人社区、中欧犹太难民社区和波兰犹太难民社区,分布在虹口、霞飞路、西摩路等处,所建犹太会堂风格各异,累计有 8 处,比较著名的是埃尔会堂[1]、摩西会堂[2]、拉结会堂[3]。

上海东正教以寓沪俄罗斯侨民为主体。1904 年建成第一座东正教堂主显堂[4],到 1941 年先后建成东正教堂 10 座,主显堂、圣尼古拉斯教堂(皋兰路教堂)、圣母大堂(新乐路大堂)为其著者,20 世纪 20 年代在上海设有主教。东正

上海俄罗斯东正教堂

---

[1] 位于北京路(今北京东路 40 号),1887 年建立,为赛法迪姆犹太人所建,大卫·沙逊发起,1920 年以后关闭。

[2] 由旅居上海的阿什肯纳兹犹太人建立,起初于 1907 年在熙华德路赁屋建立,命名摩西会堂,以纪念最早来上海的俄罗斯犹太人摩西·格林伯格。后因俄罗斯犹太人来沪日多,不敷使用,乃于 1927 年在华德路(今长阳路)62 号新建摩西会堂,现为上海犹太人纪念馆。

[3] 1920 年建立,位于西摩路(今陕西北路 500 号),俗称西摩会堂,系赛法迪姆犹太人所建,为上海最大犹太会堂,也是远东最大犹太会堂。

[4] 位于闸北区河南北路 43 号,1902 年开始兴建,1904 年建成,翌年正式开放。1932 年一·二八战事中,毁于日军炮火。

教节日繁多,尤以复活节最为重要。每年复活节前,俄侨普济会都会在《申报》等媒体上,发表启事,代表俄侨向他们的中国雇主申请休假2天,说明"凡白俄侨民,俱于该二日(指复活节周日、周一两天)往俄教堂中祈祷,并向各亲友处贺节。因此二日,实为白俄侨民一年中最大节日"[1]。俄侨的圣诞节(公历元月7日)也很隆重。届时,上海各处大小东正教堂,都点燃蜡烛,举行特别祈祷。

祆教(琐罗亚斯德教),1845年开始传入上海,信徒为印度帕尔西族人。这些人原在香港经商,随英国人来到上海,经营鸦片、麻袋、棉纱、丝绸、茶叶、西药等进出口业务。这年,他们在上海筹建祆教祠堂。以后,有些帕尔西族人作为公共租界万国商团的雇佣军来到上海。1866年,他们在福州路538号建立祆祠,俗称"白头礼拜堂",因教徒入祠须戴白帽、穿白衫,女扎白巾、身披白纱丽,祭司也是头戴白帽、身穿白色衣裤。1915年在英国领事馆登记的印度祆教徒为31人。[2]1933年祆祠改建。1943年以后,租界不复存在,万国商团解散,祆教徒大幅减少。1949年,祆教祠堂祭司归国,宗教活动停止。

锡克教,随印度锡克人来沪而传入,确切时间不详。1883年租界从印度招募巡捕与司阍,寓沪锡克人逐渐增多。1902年,上海印度籍巡捕与司阍超过100人。1907年租界当局在宝兴路(今东宝兴路)建立上海第一座锡克教寺庙谒师所,1915年、1930年代又分别在戈登路(今江宁路)、马霍路(今黄陂北路)、舟山路建造三座谒师所。印度巡捕多为锡克教徒。1915年,在英国领事馆登记的上海锡克人有468人。[3]锡克教在上海的鼎盛时期为20世纪30年代,其时旅沪印度侨民有1300多人。20世纪40年代租界收回以后,印度人大量离去,上海锡克教亦趋式微。

理教是中国本土宗教,[4]原先信徒主要在华北地区,在光绪年间由天津商

---

[1] 《白俄侨民节日请休假》,《申报》1935年4月25日。

[2][3] [法]克洛德·马尔科维奇:《中国的印度人社团(1842—1949)》,彭晓亮译,载熊月之等编:《上海的外国人(1842—1949)》,上海古籍出版社2003年版,第312页。

[4] 理教,又称在理教、白衣道,为中国民间宗教,山东人杨莱儒在清初创立,初以反清复明为宗旨,后以戒烟、戒酒、戒鸦片吸引民众。信徒聚会时,身著白衣,袖环白带,曾被清政府疑为白莲教支派而查禁。理教教堂称公所,公所内置客堂、礼堂、教堂三个部分,客堂是信徒脱帽、净手、付功德钱的地方,礼堂也称佛殿,是信徒礼拜圣宗观世音菩萨和教主杨莱儒的地方,教堂是传教师升座、放法授徒和点传教徒的地方。教堂内陈列理教"八宝",传说是教主杨莱儒当年云游传道时随身携带的八件物品,包括葫芦、椰瓢、核桃、套环、镜子、罗汉珠、拂尘与布袋。

人传入上海。1926 年上海有信徒 2000 余人，上海沦陷时期有信徒 3 万多人，1949 年有理教公所 135 所。

这些信仰系统来源各异、形成历史长短不一、信奉对象千差万别、教堂样式千姿百态、礼拜仪式形形色色、节日庆典各有差异的宗教，散布在世界各地，每个地方都自成一道风景线，汇集到一个城市，那就是众神毕至、群仙咸集、各显神通、各呈异彩。不难想象，那时的上海城市，这里是佛教的水陆法会、春节烧香、除夕撞钟、元宵彩灯、观音诞辰、龙华庙会、浴佛盛典、盂兰盆会；那里是道教的画符念咒、掐诀步罡、祈晴祷雨、驱鬼逐妖、占卜堪舆。一会儿是伊斯兰教的六大信仰、五大功修、开斋节、宰牲节；一会儿是天主教、新教、东正教的圣诞节、复活节、受难节、感恩节、圣餐礼拜、结婚礼拜、追思礼拜、安葬礼拜；一会儿又是犹太教的逾越节[1]、五旬节[2]、住棚节[3]、普林节[4]、修殿节[5]、除酵节[6]。这边是留蓄长发、上衣至膝、戴镯佩剑的锡克教徒；那边是头戴白帽、身穿白衫的祆教信徒；再那边则是壁挂葫芦椰瓢、戒烟戒酒、大摆素斋的理教信众。

上海居民各宗其教，各拜其神，各念其经，各过其节，对于异己宗教，不闻不

[1] 逾越节在犹太教历尼散月(公历 3 月、4 月间)14 日黄昏举行。据《出埃及记》载，摩西率以色列人出埃及时，上帝命令宰杀羔羊，涂血于门，以便天使击杀埃及人长子时，见有血记之家即越门而过，称为"逾越"，犹太人遂立此节以志纪念。次日为除酵节，两节相连，故逾越节与除酵节合并一起庆祝。耶稣与十二信徒的最后晚餐，即为共度逾越节。
[2] 五旬节，一称"七七节""收获节"，在犹太教历息汪月(公历 5 月、6 月间)6 日、7 日举行。犹太人自逾越节至小麦收割时，计历时七周(七七)，加上一个安息日，凡计五旬，故名。其时庄稼成熟，开始收获，以此节表示庆祝与感恩。五旬节期间，各家停止工作，取面粉一斗二分发酵，制成圆形馒头，取未满周岁的雄羊羔 7 头，雄牛犊 1 头，雄绵羊 3 头，向上帝祭献，并遗余禾于田野，供贫民拾取。
[3] 住棚节，一称收藏节，在犹太教历提市黎月(公历 9 月、10 月间)15 日开始，庆祝 7 天或 9 天。犹太教以此纪念以色列人出埃及进入迦南前的 40 年中住在旷野帐篷中的生活。节日期间，犹太人除病弱者外，都住进用临时树枝搭成的棚中，献上很多祭品，以感谢上帝赏赐一年谷物丰收之恩。节日期间，人们载歌载舞，庆祝丰收，因此也被称为狂欢节。
[4] 普林节，意译为"签节"，在犹太教历阿达尔月(公历 2 月、3 月间)14 日举行。据载，波斯王亚哈随鲁挑选犹太少女以斯帖为后。不久，以斯帖的养父末底改因不肯向大臣哈曼跪拜，哈曼奏请波斯王杀死末底改和国内所有犹太人。波斯王准奏，但经以斯帖求情以后又予否定，反将大臣哈曼处死，犹太人化险为夷。因哈曼曾抽签择定阿达尔月 13 日屠杀犹太人，故犹太人以这月 14 日为节日。
[5] 修殿节，在犹太教历基色流月(公历 11 月、12 月间)25 日开始庆祝，连续 8 天，以纪念马加比起义胜利后恢复对耶路撒冷圣殿的奉献。据载，马加比率领以色列人战胜敌人后，重修祭坛一座，将圣所、圣殿整修一新，并于该日清晨举行盛大庆祝活动。
[6] 除酵节，从犹太教历尼散月(公历 3 月、4 月间)15 日晚起至 21 日晚止。节日期间，吃无酵面饼。据载，以色列人出埃及时，曾奉上帝之命，吃 7 天无酵面饼，后遂成为固定的节令。

问、听其自然者为多,心生好奇、探其究竟者有之,兼信他神、兼过他节、勉从他俗者间或有之,而妄加讥讽、盲目排斥者则闻所未闻。

一位中国作家记载了寓沪俄罗斯侨民欢庆复活节的情景:

> 她们是从哈尔滨流浪到上海的白俄,在上海已经四五个年头了……是春天的一个节日,我从她们开着的房门,望到她们屋里收拾得很干净……一个角落里放着一大枝马尾松,上边点缀了一些银白的纸条,当中有颗银灰纸作成的星,望去倒是怪好看的。从没有听到唱过的留声机,不住气地在唱着。那老女人脸上似乎多了几分生气……晚上的时候,她们屋里更加热闹起来了,楼梯老在哼登炕登地响,上来下去的人全是些很高兴的白俄,像疯狂了似地尽情地吵闹着。十点钟,底下生活打烊了,所有的房客都要安眠的时节,他们却吵闹的更起劲了:拍掌、弹琴、尖叫、脚跳着地板,一齐唱起歌来。这些声响,像巨浪似地把上上下下掩盖了。他们的歌子有三两支我懂得,那支赞美俄罗斯、赞美沙皇的歌子我还唱得来……接着来的便是赌博,麻将牌和钱声……赌博玩过之后,刀子叉子和盘子打架的声音起来了,这声音仿佛是故意作出来给人看听的一般:你们看呵,听呵,我们在吃东西呢! 你们不是都以为白俄是穷鬼吗? 也不知吃完了没有,接着起了《快乐的人们》的歌声,一个女人发沙的高音使我兴奋——我想起在哈尔滨的那个索菲尼。至"快乐的人们神采飞扬"这句后边,跟起了合唱。[1]

特别值得一提的是,近代上海没有出现明显的宗教冲突,而且在宗教共存、理解方面出现一些积极的努力。

其一,兼顾多种宗教信仰。一些多民族、多宗教人混处的学校、团体,在制定放假制度时,便兼顾多种宗教信仰。比如,圣约翰大学就中西节日兼顾,在春节、端午、中秋节要放假,在复活节、升天节、圣诞节也要放假。

---

[1] 马蜂:《流亡人的狂欢》,《申报》1937 年 4 月 9 日。

《圣约翰书院院历》(1904 年 3 月至 1905 年 1 月)所载书院放假节日[1]

节日名称	中　　历	西　　历
受难日假	二月十六	4 月 1 日
复活节假	二月二十、二十一[2]	4 月 5、6 日
升天节假	三月二十七	5 月 12 日
端午节半假	五月初五	6 月 18 日
中秋节半假	八月十五	9 月 24 日
感谢日假	十月十八	11 月 24 日
圣诞节假	十一月十九、二十、二十一	12 月 25、26、27 日
西历元旦	十一月二十七	1 月 1 日
年　　假	十二月二十日起	1 月 25 日起

其二,主张宗教对话,尊重他教。美国传教士李佳白创办、中外众多绅商参与的尚贤堂,有一专门机构"中外教务联合会"(1910 年创设,后更名"中外各教联合会"),其宗旨便公开宣示:第一,"各教互相亲慕,尊重友谊,无尔我之见,无等级之分";第二,"开会时不可批评他教之教理,更不可毁谤他教及凌辱他教之人";第三,倡导各教之间互相研究他教之道,"协力同心以成善举"。[3]

本着这一宗旨,联合会通过举办演讲、出版报刊等多种形式,大力倡导不同宗教之间的互相理解、互相尊重。

联合会从 1912 年至 1926 年共举行 151 次演讲,内以 1913 年至 1917 年为多,其中 1915 年最多,39 次;1913 年次之,27 次。其中 1918 年至 1920 年因李佳白返回美国而中断。演讲主要围绕各教之真理、各教对人世之益处、各教与人性之培养、各教之间如何相互尊重等议题展开,涉及各大宗教,其中佛教 27 次、儒教(含孔教)23 次、[4]基督教新教与天主教 20 次、伊斯兰教 16 次、道教 10 次、犹太教 7 次、婆罗门教 3 次、波斯教 1 次,其中综合讨论人类宗教以及宗

---

[1] 《圣约翰书院章程》第一章《圣约翰书院院历》,载《圣约翰书院章程汇录》,转见朱有瓛、高时良主编:《中国近代学制史料》第四辑,华东师范大学出版社 1993 年版,第 435—436 页。

[2] 院历作"二月十九、二十日",误,兹据中西历对照表改正。

[3] 《尚贤堂所立之中外各教联合会宗旨》,载饶玲一:《尚贤堂研究(1894—1927)》,复旦大学 2013 年博士学位论文。

[4] 对于儒教是否属于宗教,学术界并无定论,但尚贤堂中外教务联合会将其列为宗教之一。

教之间问题的最多,达 44 次。[1]重要演讲者有:美国纽约协和神道大学霍尔博士,美国传教士孙德兰,英国传教士、上海广学会总办李提摩太,澳大利亚传教士裴凡,孔教会积极分子陈焕章、姚菊坡、沈曾植,中华佛教总会上海分部正会长释仰西,日本本愿寺布教使水野梅晓,东印度佛教之传教师达摩波罗,普陀山锡麟下院了余禅师,哈同花园讲经主任月霞禅师,江西龙虎山道教嗣汉天师张晓初,上海白云观道士赵秋水,回教阿訇马宜之、马昆山、马维常、王裕三,回教俱进会北京总部会长王浩然,北京清真寺教长张子文,还有华盛顿大学戈尔德博士、俄国寇赛林伯爵、印度学者魏杰、印度邦贝大学博士撒卡。很多演讲都强调各宗教之间的和谐相处,李佳白演讲的《各人宗教贵乎自由》《教理之统一与万教之联》《以宏量的态度对待他教》《宗教藉资联络互相亲善》《联合各教有益于人世》,孙德兰的《宗教之宏量与世运之进行》,寇赛林的《东西各教相同之常理》,戈尔德的《宗教之宏量与炼人品性之关系》,分别从不同角度阐述了这一主旨。

在尚贤堂所办杂志上载文讨论宗教和谐这一问题的,除了上述演讲者,还有上海圣约翰大学校长、美国传教士卜舫济,德国传教士卫礼贤,日本学者渡边哲信,以及中国社会著名人士伍廷芳、沈敦和、张元济、林纾、狄楚青等。

尚贤堂开展的关于宗教相互尊重、和谐相处的活动,受到社会各界的广泛关注,也吸引到越来越多的宗教界人士加入。据说,演讲时,往往是"地板上坐满了男性观众,走廊里拥挤着女士们,还有数百人连大门都进不去"[2]。

李佳白等人的努力,很重要的精神资源,是其时在欧美世界颇有影响的宗教对话活动。1893 年,为纪念哥伦布发现美洲新大陆 400 周年,美国芝加哥举办了世界博览会。与此同时,由传教士查尔斯·伯尼(Charles C. Bonney)发起,邀请世界各宗教代表与相关学者,在芝加哥举办了一次"世界宗教议会",会议长达一个月之久。来自美国、英国、日本、中国、斯里兰卡等地的新教、天主教、佛教、伊斯兰教、儒教、道教、婆罗门教、锡克教等各教人士齐聚一堂,本着消

---

[1] 此处数据,据饶玲一著《尚贤堂研究(1894—1927)》第二章之《中外教务联合会讲演一览表》统计。
[2] [英]李提摩太:《亲历晚清四十五年——李提摩太在华回忆录》,李宪堂、侯林莉译,天津古籍出版社 2005 年版,第 342 页。

除宗教误解、寻求信仰共识的精神,各抒己见,相互对话,由此开创全球性的宗教平等对话的历史。这就是著名的"芝加哥宗教议会",是近代世界宗教史上的一个标志性事件。[1]在中国活动的英国传教士李提摩太、美国传教士孙德兰等,都是这次会议的积极分子。李佳白未能与会,但向大会提交了报告。这次会议对于美洲、欧洲、亚洲的宗教发展,对于近代世界宗教文化的演进,都有相当重要的影响。对于李佳白在中国的活动,则有着明显的启发意义。正是在这次会议之后,李佳白创建了尚贤堂,开始了如上所述的宗教对话的努力。

生活在那么多宗教并存的城市里,在倡导宗教理解、宗教和谐的语境中,对人们的信仰世界会不会有一些影响? 如果有,那是什么样的影响、什么程度的影响? 这是一个十分值得探讨的问题。有一则事例很能发人深思:犹太富商哈同在世时,既信仰犹太教,对佛教也很有兴趣,他去世前嘱咐,死后要举行佛教和犹太教两种宗教仪式。1931 年哈同去世,一位参加哈同葬礼的犹太人亲见葬礼情景:

> 哈同遗体的四周几千支线香闪闪发光,他收养的子女叩头后,送葬行列进到哈同花园的下葬地点,一支乐队演奏传统的中国音乐,另一支乐队接着演奏军队进行曲。冗长的佛教仪式结束后,又举行了犹太教仪式,哈同的犹太籍长子朗诵了卡迪什——哀悼死者的犹太教祈祷文。[2]

慎终追远,人生所重之事莫甚于此,他却要两者兼顾,两不偏废,这大概是异质文化交织下魂归何处的最奇异选择。

4. 货 币 多 元

世界上大概没有任何一个城市,像近代上海那样流通过那么多种货币。

---

[1] 关于芝加哥宗教大会会议记录,参见 John Henry Barrows, *The World Parliament of Religions*, The Open Court, Chicago, 1893.

[2] [美]瑞娜·克拉斯诺:《战时上海纪事》,载上海市政协文史资料委员会、上海犹太研究中心编:《犹太人忆上海》,《上海文史资料选辑》第 78 辑,1995 年,第 130 页。

近代上海市面上流通的,除了金条、银元等硬通货,还有各色各样的纸币。外国银行在上海发行的纸币来源有英国、美国、法国、德国、日本、荷兰、比利时等国的至少 18 家银行,其中英国 4 家,美国 3 家,日本 2 家,法、德、荷、比各一家,还有 5 家是合资银行。

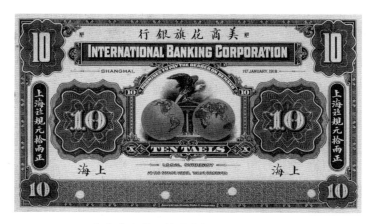

印有中文符号的外商银行发行的货币

英国系统的有:丽如银行(The Oriental Bank Corporation),英国政府特许的殖民地银行,前身为西印度银行,总部设在印度孟买,1845 年改名东方银行,总部迁英国伦敦,1847 年在上海设立分理处,后改为分行,为上海第一家外国银行,正式名称是"上海英国丽如银号"。上海分行又称"上海利彰银行"(Asiatic Banking Corporation)。有利银行(The Mercantile Bank of India, London & China),英国海外银行之一,1854 年在上海设立分行。麦加利银行(The Chartered Bank of India, Australia and China),总行设在伦敦,1857 年在上海设立分行,中文正式名称是"新印度金山中国汇理银行"。汇丰银行(Hong Kong & Shanghai Banking Corporation), 1864 年设总行于香港,翌年在上海设立分行。这些银行印制的银两票、纸币印有中英文两种文字,有的印有英国女王头像。

美国系统的有:花旗银行(International Banking Corporation),一称万国宝通银行,1902 年在上海设立分行,中文名为"美商上海花旗银行",1905 年开始发行纸币。美丰银行(The American Oriental Banking Corporation),美国商业银行,1918年成立,总行设在上海,1919年开始发行各种面值的纸币,1935年歇业。美国友华银行(Asia Banking Corporation),1918年成立,总部设在纽约,1919年在上海设立其远东总行,1924年并于美国花旗银行。

法国系统的有东方汇理银行(Banque De L'indo-chine),总部设在巴黎,1899年在上海设立分行。

日本系统的有横滨正金银行,总部设在横滨,1893年在上海开设分行,1902年开始发行钞票。台湾银行,系日本侵占中国台湾以后于1899年开设,总行设在台北,1911年在上海设立分行。

德国系统的有德华银行(Die Deutsch-Asiatische Bank),总行设在柏林,1890年在上海设立分行。

荷兰系统的有和嚣银行(Netherlands Trading Society,也称和兰银行),总部设在阿姆斯特丹,1903年在上海设立分行,1908年开始发行纸币,票面上印有中英文,行标为中国财神赵公元帅,晚清时票面上有双龙图案,民国以后改为荷兰国徽图案。

比利时系统的有华比银行(Sino-Belgian Bank),比利时商业银行,总部设在布鲁塞尔,1902年在上海设立分行,同年发行纸币。

合资银行包括:华俄道盛银行(Russo-Chinese Bank),为俄罗斯、法国与中国合资银行,1895年成立,总部设在俄罗斯圣彼得堡,1896年在上海设立分行,后因俄国内政局变动,其名称、总部所在地有所变动,1926年歇业。中法实业银行(Banque Industrielle de Chine),为中法合资银行,1913年成立,总部设在北京,同年在上海设立分行,1914年开始发行各种面值的纸币。中华汇业银行,为中日合资银行,1918年开业,总行设在北京,同年在上海设立分行,1928年停业。汇兴银行(Park-Union Foreign Banking Corporation),为美国派克银行与加拿大合众银行合资开办的银行,1919年成立,总部设在纽约,同年在上海设立分行,1924年被美国友华银行接收,所发行的纸币印有中英两种文字。中华懋业银行(The Chinese-American Bank of Commerce),为中美两国商人合办的银行,1919年成立,总行设于北京,第二年在上海设立分行,1929年歇业。

除了外资银行,在上海发行过纸币的中国银行也有二十多家,包括中国通商银行、大清户部银行、华商上海信成银行、信义储蓄银行、交通银行、浙江兴业银行、四明银行、浙江银行、华商通商银行、中华银行、中国银行、广东银行、殖边银行、中国垦业银行、中国农工银行、中国永亨银行、中国实业银行、大中银行、劝业银行、中华国宝银行、中南银行、农商银行、工商银行、中央银行、华侨实业银行、中国农民银行。

这么多外资银行、中资银行和各种合资银行,发行的各种面值、各种文字、各种颜色、各种图案的纸币,英国女王头像、孙中山头像、自由女神像、赵公元帅像,同时出现在上海货币市场上,真正光怪陆离,莫此为甚。世界上没有任何一个城市,哪怕是伦敦、纽约那样的国际性金融中心城市,可以有那么多品种的货币流通。

人们描述上海市面上货币流通情况:

从前市面上通行的纸币(俗呼"钞票"),要算各外国银行发出的最多,如汇丰、麦加利、和兰、华比、有利、花旗、正金等等。彼时华人一致信赖外国钞票,对于本国银行的钞票反不大信任。等到洪宪一役,袁皇帝为集中现金起见,电令中国、交通两行停止兑现。不过钞票停了现就等于废纸,而且要捣乱市面,摇惑人心。那时候宋汉章先生任中国银行行长,不奉乱命,照常兑现,天天兑去数百万块的现洋,他仍旧措置裕如,不露丝毫竭蹶态度。不多几天,风潮平息了,华人对于使用本国银行钞票的信用就此一天提高一天。到了现在,市面上行使的钞票都是本国的,各外国银行的钞票反一天少一天了。追想起来,全赖宋先生的维持大功。

华商银行发行纸币,要推中国、交通、通商、四明四家时代最久。继续而发行者,如中国实业、浙江兴业、中南、中央、垦业、广东、香港国民等各银行。据说发行纸币须先呈请政府核准,例如要发行一千万元数量,更须筹备现金六百万元、国家公债票四百万元,常存库内用为准备金,才可发行。

市面上行使的钞票,以一元、五元、十元三种最多,其一百元和五十元的大数目钞票很少,只有大商家和大腹贾手中常有来往。一般穷小子眼中,可谓一辈子不会看见的也很多。而大数目的钞票,各外国银行都有发行。华商方面,只有中国、交通、通商、中南几家而已。再有银两钞票,除外国银行统有发行外,华商银行不过通商一家。

四明银行从前发行过二元一张的钞票,今也收回销毁了。美商友华银行发行过二十元一张的钞票,自从友华收歇后,此项钞票也都收回了。还有广东银行,也发行过一元、五元、十元的三种钞票,后来不知怎的尽数收回,现今市面上早无广东银行钞票的踪迹。香港国民银行的钞票,现也陆续收回,故市面上已无该行钞票。

十五年前还有一家殖边银行,发出来的钞票很多,后来殖边倒闭,此项行使市面上的多数钞票就此等于废纸,一文不值,虽藏有钞票人组织什么债权团,起而呼援,扰攘几年,结果仍旧丝毫不生效力。

前年中美合组之懋业银行也曾发行过钞票,等到懋业收歇,所发出去的钞票一律由清理处备价收回,且数量有限,不到几时都已收回了,故市面上没有受着一些影响。浙江实业和劝业两银行从前也都发行过钞票,不多几时也一律收回。民十六,中国、交通两银行鉴于市面上辅币(即角子)缺少,劣辅币又太多,特又发行辅币券(俗呼"角子钞票")以救济之。中国分一角、两角、五角三种,交通分一角、二角两种,不过辅币券以十进计算,即十角数目可换国币一元,除去辅币贴水之麻烦。最近中央银行发行的辅币券,也一律通行无阻了。又闻平、津、辽、吉等省久已发行辅币券,更有铜元券,种类更多。去年农工银行也发行一元、五元、十元的钞票,票的颜色分红、绿两种。[1]

除了纸币,上海市面上流通的银元也是多种多样的,有本洋(西班牙银元,一称双柱番饼)、鹰洋(墨西哥银元)、美国银元、龙洋(日本银元,一称龙番)、英

---

[1]《各银行之钞票》,载郁慕侠:《上海鳞爪》,上海书店出版社 1998 年版,第 73—74 页。

国银元(有鬼头洋、站人洋等)、安南银元、玻利维亚银元、智利银元、秘鲁银元等。[1]

外国银行在中国发行货币,是对中国货币主权的侵夺。早在 16 世纪 70 年代,已有西班牙银元流入中国,17 世纪,这些银元流通范围从闽粤扩张到江浙。到五口通商时期,西班牙本洋已是在长时期内中国人所能接受的货币。1845年,英国的丽如银行进入香港,并发行以本洋为单位的纸币。同一时期,广州的一家英国洋行,偷偷摸摸地开办了一家造币厂,非法仿造西班牙本洋,获得巨额利润。1853 年,继本洋之后,被称为鹰洋的墨西哥银元进入中国,先在广州流通,三年后进入上海,以后在更广泛的范围里流通。19 世纪 70 年代以后,美国贸易银元和代表日本势力的日本银元进入中国货币市场。1878 年,在外国势力的压力下,总理衙门同意在中国设立一个外国方式的铸币厂。[2]

外国纸币虽然 19 世纪 40 年代中期已进入中国,但是很长时间里,中国人信任银元而不信任纸币。一直到 19 世纪 80 年代初期,情况才有变化。由于贸易的扩大与中西交往的加深,中国商人逐渐信任外国纸币。到 19 世纪 80 年代末期,上海"本地人宁愿要汇丰银行的钞票而不愿要他们自己钱庄的票子了"。到 1891 年,有利、麦加利和汇丰银行三家纸币的流通量,已达到近 600 万的水平,比十年前将近翻了一番。到 1896 年,上海甚至出现中国人大量窖藏外国纸币、以致市场货币流通紧缩的情况。[3]以后,中国不断有政治变动,更增加了中国人对外币的信任。

近代上海是中国的金融中心,那么多外币在这里的发行、流通,正是中国半殖民地地位的象征,也是中国政局不稳、经济不振的表现。

5. 花园里的异国风情

近代上海设有许多花园,包括一些公园和兼有部分公园功能的私人花园。

---

[1] 郭建:《上海流通的外国银元》,载上海通社编:《上海研究资料》,上海书店 1984 年影印本,第 284—287 页。
[2] 汪敬虞:《外国资本在近代中国的金融活动》,人民出版社 1999 年版,第 148—153 页。
[3] 汪敬虞:《外国资本在近代中国的金融活动》,人民出版社 1999 年版,第 175 页。

由于花园拥有者、设计者、管理者的文化背景不同,使用者各有侧重,这些花园彰显的文化色泽也各有不同,外滩公园、兆丰公园富有英美特色,顾家宅公园富有法国情调,六三花园、虹口公园则凸显了日本文化的特点。它们分布在英美租界、法租界和具有"小东京"之称的虹口,共同拼接成上海城市异质文化交织的奇异色彩。

外滩公园

关于外滩公园,由于舆论界、学术界对其歧视华人的问题给予高度的关注,它在城市中的休闲功能、文化功能反而被淡忘了。[1]其实,它在城市生活史上,占有相当重要的地位。

充满异国情调的外滩公园

关于外滩公园建造史,秦理斋的《上海公园志》、上海园林志编纂委员会编写的《上海园林志》中,都有专门介绍。[2]其酝酿与建造简单经过是:园址原是苏州河口的一块浅滩。1863 年,英美租界工部局计划改造外滩的道路和岸线,

---

[1] 关于外滩公园歧视华人的问题,本书在另外地方已有专门讨论,此处从略。
[2] 秦理斋:《上海公园志》,载中国旅行社编:《上海导游》,国光印书局 1934 年版,第 313—328 页;上海园林志编纂委员会编:《上海园林志》,上海社会科学院出版社 2000 年版。

工程包括填土以拓宽外滩,整理岸线,在江边辟建30英尺的人行道和种植行道树。随后,工部局工程师克拉克(J. Clark)提出整治外滩和苏州河口岸线的报告,工部局董事会同意这一报告,打算利用河口南端的滩地辟建公共花园。这一方案经租界纳税人年会上通过后,工部局便进行规划设计,建园资金来自公共娱乐场基金会。1865年冬,建园填滩及改造外滩工程和疏浚洋泾浜工程同时开工,以洋泾浜挖出来的河泥填筑滩地。1868年春,上海道台应宝时致函英国驻沪领事温思达(C.A. Winchester),表示这块滩地为中国政府的公有土地,鉴于公共花园是非营利性的公众游憩场所,准予发给道契并免除押租,但每年仍须交纳土地税。今后如发现在这块土地建造以盈利为目的建筑物或将土地出租给私人,中国政府将予收回。1868年8月8日,公园正式建成并对外开放。

公园的英文名称为Public Park,中文译名公共花园、公家花园或公花园,中国人习称为外国花园或外摆渡公园、大桥公园、外滩公园。租界当局于1936年9月将园名改为外滩公园,1945年12月21日改名春申公园,1946年1月20日改名黄浦公园。

公园在1868年取得地契时为30.48亩,后来在1883年、1904年、1921年三次在苏州河和黄浦江边填土,增加土地面积约10亩,但是为改善外滩交通,又多次划出部分土地用于拓宽道路,因此,公园的总面积比初建时不仅没有增加,还略有减少。1922年为27.98亩,1949年为29.4亩。相对于有60多亩土地的张园,100多亩的兆丰公园或杨浦大花园来说,外滩公园实在不能算大。

在近代革命史话语中,对于外滩公园,人们比较多关注的是以下三个问题:一、土地所有权属于中国;二、建造与管理费用来自公共娱乐场基金会;三、使用对象。如果从城市社会生活角度看,有一个问题更值得关注,即城市休闲生活的需要。到19世纪60年代,英租界已经是商业发达、人口密集的新型城区,是上海城市的重心。1865年上海常驻外侨人口已有2757人,主要居住在苏州河南岸的英租界。英美侨民将其在母国生活的一整套设施、习惯带进了租界,如教堂、学校、医院、总会、赛马、打猎、划船、跳舞、演剧等体育娱乐活动也相继开展,设立公园早已成为他们生活的需要。但是由于租界的特殊体制,英美租界土地是零散租赁给用户的,租界并没有供外侨公用的土地,也没有属于教会所有的大片土地,于是,苏州河与黄浦江交汇处的涨滩土地,成为他们开辟公园的理想场所。上海地方政府对此也有比较充分的理解,所以同意了外侨的这一要求,准予发给道契并免除押租。尽管外滩公园对于华人是限制的,但是对在上海外侨社会生活而言,这还是具有里程碑意义的大事。从此,上海外侨有了专门的休闲园地,有了可以共同享用的公共空间。

就像公共租界名义上是所有外侨的共同居留地而实际上以英美人为主一样,外滩公园名义上是"公家花园",实际上的风格是属于英国园林风格。

构成外滩公园的建筑与人文要素有:

(一)开敞。公园早期以绿篱与马路相隔,后来逐步修建了竹篱,但是与外滩林荫大道还是连为一体,里面与黄浦江、苏州河连为一体,面积虽不算大,但开阔大气。

(二)乔木、草地、座椅。公园内植草坪、灌木丛,中留通路。沿江是一条大道,路边植一列乔木。树下为木制长椅,供游人休憩。公园设立一二十年后,乔木参天,浓荫蔽日,鸟鸣于上,人行于下,实在是避暑消夏的好去处。

(三)音乐亭。约在1870年,公园中部草坪上建造了一座木结构音乐亭,安装6盏煤气灯。1882年底,音乐亭改装电灯。1890年,拆除旧的音乐亭,新建一座六角形钢结构的音乐亭,其基座以石块砌成,两边有梯级,四周围以铁链。1922年音乐亭翻建,仍为钢铁结构,但以水泥盖顶。除冬季以外,每周至少有一个晚上在此举行音乐会。

(四)喷水池。1888年,侨民伍德捐资在园南部建喷水池一座,池中为铜铸的两个孩子合撑一伞,水从伞顶端喷射而出。1894年,因庆祝上海开埠50周年,在园北部建造了一个圆形水池,喷泉装在一块糙面石中心,池中建有一座小假山。

(五)纪念碑。1905年将"常胜军纪念碑"从外滩移入公园内的西南面。常胜军是由清政府上海地方官员雇募洋人组成的军队,由洋人与华人共同组成,1862—1864年间在嘉定、宁波、苏州、常州等地参与镇压太平军,其首领先后由美国人华尔、白齐文,英国人戈登担任。事后,李鸿章出资在上海建立"常胜军纪念碑",纪念在江苏攻打太平军时阵亡的常胜军将士。1909年,又将马嘉理纪念碑迁入园内。马嘉理(Augustus Raymond Margary)是英国人,原为英驻华使馆官员,1875年带领武装探路队由缅甸闯入云南,不听劝阻,被当地人击毙。在沪英侨为他建造了纪念碑,于1880年竖立于外摆渡桥南堍西侧。常胜军、马嘉理是典型的英美人的符号,将他们的纪念碑竖在公园里,凸显了这座公园的英美特色。1943年,与英美等国为敌的汪伪政府将"常胜军纪念碑"和马嘉理纪念碑拆除。

(六)外国人。公园建成以后,虽然一度实行领票游园制度,允许少量中国人入内,但在1928年以前,基本限制中国人入内,因此,这里成为名副其实的外侨天地。

开敞而不封闭,乔木、草地、座椅、音乐亭、喷水池、英美人纪念碑,这些元素充分展示了英美文化的特点。

近代上海,外滩、南京路是上海政治色彩最浓厚的地方,外滩公园是全市观赏浦江景色的最佳处,又是夏夜纳凉的好地方。除隆冬季节以外,公园每天开放到午夜0点,游人于傍晚以后最为集中。尤其是凉亭音乐会,是公园一大传统特色。早期公园的音乐会是由英国兵舰上的乐队来演奏,以后是由工部局的管弦乐队演奏。音乐会每周至少一场,夏季甚至一周三四场,每场观众数百人,有时600只帆布椅全部租出。1889年开音乐会124次,其中除少数是在英国领事馆花园演出之外,绝大多数是在外滩花园举行。

1889年8月某日晚,供职于《申报》馆的何桂笙(署名高昌寒食生)由友人陪同,游览了外滩公园,对园中的景致、文化氛围留下极为深刻的印象。他在游记中写道:

> (时已很晚,游客稀少)沿江徐步,地坦坦无少陂,傍滩处以铁为栏,贯铁线其上,以示界限,三面距浦,轮飞帆挂,皆历历在目。前园内草碧于茵,其树木有高至数丈者,则多年物也。滩旁置椅,罗落清疏,以便游客憩坐。设有畏风者,则草地之内圈亦置有椅,可以任客之便也。有亭翼然,作八角形,一灯荧然,亭内置有桌椅。客谓余曰:此即奏西乐之地也。左右两小

亭,以茅龙为衣,颇得画意,遥遥相对,秋高月朗时可以携楸枰于此作手谈。有小沼,中植芙蕖,虽不及张氏味莼园之洋洋大观,然亦颇得清趣,惜花已褪,但见亭亭翠盖而已。余与客坐滩边椅上,促膝谈心,适值潮涨,风挟潮来,近啮堤岸,拍拍然作响。月色圆朗,绝无纤维翳,下照浦中,团团如富翁面。风激浪涌,忽然散作万道金蛇,满江飞舞,余欲咏之而未能状兹妙景也。总之,此园之房屋不及徐园之多而清旷胜之,广大不及张园而地势胜之,迎面皆水,披襟当风,倾耳闻雷,举杯邀月,此则可为是园擅胜一时者矣。[1]

对于欧美侨民而言,当他们来到上海,假如问其对上海最深切的感受,他们会不假思索地说是进入黄浦江以后迎面而见的外滩公园,一草一木、一物一景,特别是在园中嬉玩的像花朵一般正在成长的西国孩童,会让他们油然而生欢欣之情。

兆丰公园

兆丰公园与外滩公园相映成趣。一在英租界东部,一在西部,一以水景见长,一以花木取胜,一饱含政治色彩,一富于自然风情。

兆丰公园

[1] 高昌寒食生:《公家花园纳凉记》,《申报》1889 年 8 月 11 日。

兆丰公园又叫极司非而公园、梵王渡公园,建成于 1914 年。它是以原英商霍格的部分私产为基础扩展而成的。

园址在鸦片战争前原为农田、坟地,仅今华东政法大学以东的苏州河边有一村落,名为吴家宅。1860—1862 年,英租界当局与清朝地方政府联合抗阻太平军进攻上海,越界辟筑极司非而路(今万航渡路)。英国商人霍格(James Hogg)及其兄弟乘机购进吴家宅以西极司非而路两旁的大片土地,随后在路南修建了一个占地 70 亩的乡间别墅。霍格兄弟以前在上海开办过一家霍格兄弟公司(Hogg Brothers & co.),中文名称为兆丰洋行,因此,他们的别墅便被习称为兆丰花园。这是兆丰公园名称的由来。这片土地以后几易其主。1914 年 3 月,上海公共娱乐场基金会向公共租界工部局建议,原兆丰花园存有不少名贵树木,绿化上佳,如果买下,稍加整理,就可以作为公园对侨民开放。工部局采纳了这一建议。同年 7 月 1 日,公园正式对外国人开放,但如同外滩等公园一样,不准华人入内游览。[1]

兆丰公园布局带有英国风格,又融入一些东方园林特色,其售票处和大门建筑小品均带有浓厚的英国乡村形式,酒吧却为日本式的,牡丹园则为中国古典式的。公园初期规划分三个区:一是富有乡村风味和野趣的自然风景园,由林地、草地、溪流和湖组成,是游人野餐和聚会的场所;二是植物园,拟尽量搜集原产于中国的各种乔灌木,使之成为最大和最有趣味的中国植物标本园;三是观赏游览园,包括宽广草坪、林荫大道、喷泉和雕塑、中国原产花卉园、小型动物园等。由于公园是在长达十多年的时间中逐步扩建的,规划中的分区界限已被突破,但是小景区仍基本上按原规划的要求进行建设。经过不断的引种,园内拥有观赏植物 70 余科、260 余种,乔木与灌木 2500 多株,其中有一株悬铃木高 31 米、合围 4.3 米,树冠高达 29 米,为华东地区之最。此树来自意大利,为寓沪著名英国商人汉璧礼所赠,霍格于 1866 年植于园内。园中还辟有牡丹园和月季园。牡丹园在 1925 年时已栽种 200 余株牡丹。月季园中的月季则更多,计

---

[1] 上海园林志编纂委员会编:《上海园林志》,上海社会科学院出版社 2000 年版。

有 70 余种,2000 多株,均为近代上海园林之最。园内建有露天音乐厅,一座希腊式的大理石花棚及两个大理石女塑像。[1]1918 年公园内曾设一动物展览部,展出猴、羊、兔、猫头鹰、天鹅、隼和鸳鸯等动物。1921 年又购地辟建动物园,翌年建成对开放。展出的动物有熊、狼、狐狸、驴、羊、兔、禽鸟等,是为上海第一个公立动物园。动物来源是部分购买,部分靠外国侨民赠送,到 1936 年末,全园动物共 104 只。

欧美大城市如伦敦、巴黎、柏林、纽约的公园分布,大抵既有市中心公园,又有郊野公园,前者较小,后者较大,前者人文色彩较浓,后者自然色彩较深。以此相例,则外滩公园类似于伦敦、纽约的市中公园,兆丰公园类似于郊野公园。兆丰公园吸收了中国、日本的一些园林元素,较之外滩公园更富一些东西文化混合的特点,在这个意义上,兆丰公园更能体现上海公共租界的文化特质。1931 年出版的《上海县志》中写道:

> (兆丰公园)为公共租界公园中之最优美者。园中布置合东西洋美术之意味冶于一炉。有吾国名园之幽邃,有日本名园之韵味,而园中大体格局,又莫不富于西方之情趣。

这段话基本上反映了兆丰公园的特色。

顾家宅公园

顾家宅公园俗名法国公园。园址原系一片农田,有一小村名顾家宅。1900年,法租界公董局购得这里的土地,将其中一部分租给法军建造兵营,故此地被称为顾家宅兵营。1904 年以后,法军逐步减少,由法国俱乐部等租用部分土地建造网球场等。1908 年 7 月 1 日,公董局决定把顾家宅兵营辟建为公园,同年建园工程开工。1909 年春落成,同年 7 月 14 日即法国国庆日那天开放。公园

---

[1] 上海园林志编纂委员会编:《上海园林志》,上海社会科学院出版社 2000 年版。

顾家宅公园

早期限制华人入园,游园人数有限。1928 年 7 月 1 日起向所有中国人开放,游园人数逐步增加。1944 年被汪伪上海市政府改名大兴公园,1946 年更名复兴公园。

公园早期按欧洲风格作规则式布局,园内有几何形花坛和大草坪,在草坪边建音乐演奏亭,后来增加一座避雨棚。1917 年至 1926 年,公园进行一些改建,在原有的法国风格中,增加了一些中国园林元素,如假山、荷花池等。园西南部及南部为中国园,有假山、瀑布、荷花池、小溪。在南北干道以东,北面为一个小花园,南面是一个小动物园。饲养动物始于 1916 年,起初是法侨赠送的几只鹤和两只天鹅,以后又增加了一些小动物。[1]

法租界鼎盛时期,顾家宅公园北部有两个并列的大花坛。环龙路入口处的玫瑰园,是一个椭圆形图案式大花坛。东北角入口处是一个方形图案式大花坛。公园中部北面是一个长方形的花坛,为放射形中心对称的草坪和小径,其两边为连续花坛群,中有喷水池。中部南面为大草坪,边沿有音乐亭。花坛、草坪乃至灌木丛树冠,均修剪成几何图案,是典型的欧陆花园风格。游人置身其间,耳闻浓浓的法兰西言语,目睹忽而圆形、忽而方形、忽而椭圆形的花草树木,开敞平整的绿色草坪,脚踏宽阔笔直的林荫大道,令人联想到法国路易十五时

---

[1] 上海园林志编纂委员会编:《上海园林志》,上海社会科学院出版社 2000 年版。

代洛可可风格的园林形态,恍若身在法兰西矣。

建园初,温室荫棚培育四季花卉,露地栽植的花卉有紫罗兰、金鱼草、三色堇、矮雪轮、雏菊、福禄考、葱兰等草花,以及郁金香、风信子、水仙等宿根花卉,乔灌木有国槐、香樟、梧桐、杜鹃、玫瑰等。随着公园用地的扩大,辟建了法国式沉床花坛,扩建大草坪、月季花坛。新扩土地上大量种植树丛和花卉,在笔直的大道两旁种植悬铃木,逐步形成法国式造园的特色。

公园举办最多的活动是花卉展览。1914 年 5 月,上海园艺公司在公园内主办春季花卉展览会,园中百花争艳,并有饰满各色花卉的彩车环行于展览会周围,轰动一时。

为了突出园林的法国风情,1912 年,为纪念在上海上空作飞行表演失事身亡的法国人环龙(Rene Vallon),公董局将在建中的马路定名环龙路(今南昌路),并在公园北部建立环龙纪念碑。环龙于 1911 年在江湾作飞行表演,不幸在跑马厅跌地,机毁人亡,故在此公园立碑纪念。纪念碑上刻有诗句,内云:"容福呵!跌烂在平地的人,或没入怒涛的人!容福呵!火蛾似的烧死的人!容福呵!一切亡故的人!"公园建成以后,直到 1937 年以前,法租界当局每年庆祝法国国庆日的活动大多安排在顾家宅公园内举行。

六三园与虹口公园

六三园与虹口公园都是有日本文化特色的花园。六三园亦称六三花园,是日本人在上海设立的最大的私家花园,园主白石六三郎,出生于长崎,1898 年在上海文监师路(今塘沽路)经营一家名为"六三庵"的面店,以后开设日本式料理六三亭,以净洁雅丽、格调高尚著称。1908 年,他在江湾一带买得约 2 万平方米的一块土地,经营数年,成为六三园。这是一座典型的日式庭园:

> 六三园简洁明朗,体现出日本式园林布局匀称、淡雅的特色。木造的二层楼日本式建筑,是六三亭分店,园内有一块面积六亩的草坪,供春秋季节的集会和赏花活动。园内还设有茶屋、凉亭、葡萄园、荷花池、煤油路灯、

并种植很多松、梅、竹日本人视为吉祥的植物。六三花园建成后,向日本居留民免费开放,成为他们思乡的地方。[1]

园西南的动物笼舍中有长尾猴、麋鹿、鹤、雉、鸳鸯、长尾鸡、大冠鸡、锦鸡等。园中部有一座日本女性石雕,基座上镌有"普叠妙岭"四字,像旁植杜鹃、牡丹。

六三园以其特有的日本式园景成为日本文化在上海的标志性场所,也是日本政要和侨民上层人物接待贵宾的重要宴会定点。宫崎滔天与日本驻沪总领事接待孙中山,日本友人宴请鲁迅,白石六三郎宴请吴昌硕,都在这里。[2]

虹口公园

虹口公园原先是靶子场,1905 年被工部局辟为公园,称"新靶子场公园",1922 年改称虹口公园,占地 400 余亩,为当时上海最大公园,内设足球场、篮球场、高尔夫球场等运动场地。日本人多居住在虹口,故虹口公园成为日本人最爱去的公园,是他们散步和开展体育活动的重要场所。

---

[1] 陈祖恩:《寻访东洋人》,上海社会科学院出版社 2007 年版,第 24 页。
[2] 陈祖恩:《寻访东洋人》,上海社会科学院出版社 2007 年版,第 25 页。

1928 年 7 月,虹口公园向华人开放后,日本侨民的大型庆典活动也开始在这里举行。1932 年 4 月 29 日,在虹口公园内发生了"虹口公园炸弹案",轰动全国乃至东亚。是日,日本占领军和侨民在虹口公园集会"庆祝"天皇"天长节"。朝鲜抗日义士尹奉吉向主席台投掷炸弹,炸死占领军司令白川、日本侨民居留团团长河端、炸死驻沪领事村井、占领军军舰队长野村、师团长植田、领署书记官友野,炸伤日本驻华公使重光葵。

1937 年淞沪会战后,上海华界地区沦陷,虹口公园被日军占领,并改名为"新公园"。

外滩公园、兆丰公园、顾家宅公园、虹口公园,散布在上海租界的不同区位,分别与英、美、法、日文化相联系,散发出浓郁的异国风情。不同时期,这些公园与华人的关系有所不同。1928 年以前,这些公园无一例外,都限制华人入内,因此,那时中文资料里对这些公园都少有涉及,如有,也多是批评西人对华人的歧视。1928 年以后,华人得以入内,园林里中外居民共游、中外文化交流的内容也开始多了起来。公园成为异质文化交汇的风景区,不同国籍、不同民族的旅客来此游览,青年男女特别是大学生来此约会,中小学生来此春游秋游。外滩公园、顾家宅公园的浪漫,兆丰公园、虹口公园的清幽,成为很多骚人墨客吟咏的对象。释堪描写春日雨后兆丰公园的绮丽风光:

> 出阳收雨转柔风,坐我春容冶荡中。
>
> 十亩平芜匀净绿,半陂纤竹约丛红。
>
> 入时雾縠当胸薄,近市雷车掠耳雄。
>
> 便欲画楼寻一醉,眼前扰扰更谁同。[1]

有位上海小学生,记述他游览兆丰公园所见花草树木的美好感觉:

---

[1] 释堪:《春日兆丰公园》,《青鹤》1934 年第 2 卷第 24 期。

一个风和日暖的早上,我同着我的知己孙君少萱,一同乘了车子到兆丰公园去游玩。

我们进了园门,那青草、花儿都在摇曳起来,杨柳也弯着腰,快乐地跳舞起来,表示欢迎。我们走上了草地,那些天真活泼的小朋友们,跳来跳去游玩,嘴巴笑得关不拢,另外有些小朋友坐着看书,有些做他们的健康运动。

我们走到了园圃,那些花真是芬芳异常,红的、白的凑成一种很美丽的颜色。

园圃旁边有个山洞,我们走进了山洞,觉得一阵阴气,很是潮湿。走出了山洞,好像重见光明一般,山洞的对面便是苍翠的树林,里面很是凉爽。

树林对面有一个池,旁边种着奇异的花卉,把那池点缀的更美丽,更可爱。旭日从树林的空隙处透出光,映在水面上。融和的春风吹来,池面上微微地起了皱纹。孩子们玩耍的小船在池中飘来飘去。还有些人拿了小网在池边捉小鱼。真有趣!

时间已是下午一时了;我们就别了这快乐的世界,乘了车子回家。[1]

一段时期,顾家宅公园成为上海青年男女谈情说爱最出名的场所:

法国公园是专门"吊膀子"的场所,这句话我从前是很怀疑的;以为说者未免过甚其辞! 但自从这一次逛了法国公园之后,却使我大大地相信了,相信法国公园确是"吊膀子"之场所;因为我们这次在法国公园逛了两三点钟,竟给我发见了三四次情节差不多的恋爱滑稽剧!

我还记得,在一年以前,那大名鼎鼎的性学博士张兢生到我们学校里来演讲,他的讲题是:"学生与调情。"他在最后这样地说:"在法国公园打了三个圈子,就可以吊上一个女人。"这句话现在也可以给我们证实了。

据时常光顾法国公园的同学K君说:法国公园是专门"吊膀子"的场

---

[1] 陈葆成:《游兆丰公园记》,《儿童世界》1935年第34卷第7期。

所,还是拿广义来说,倘是照狭义讲:法国公园是大学生"吊膀子"的场所,也是男女学生野合之处。每当夕阳西下的当儿,一般平时不大和书本接触而专门研究恋爱问题的上海各大学的男学生,都会夹着连自己都不知道这本书里内容是什么东西的西装书,跑到法国公园来追逐那装饰得像妖精似的女性。有一般专门研究装饰美和交际问题的女学生,也会在这个时候天天来到这地方来做那班装饰得花巴狗似的男学生的目的物。[1]

著名报人马国亮在 1933 年游览虹口公园,对园中中外居民同游的异国情调有生动描写:

> 自从发生一·二八事件以后,我便不曾到过虹口公园。许多朋友都没有到过,据说里面东洋人太多。不过我以为这点不能成为不进去的理由。
> 这也是咱们的土地呢,自己的土地为什么不高兴去?
> 交付了两毛钱,我便被允许走进那公园里去,独个儿在煤屑路蹓着,过了木桥,在草地上走走,在石头上面歇歇,又在溪边蹲蹲。虽然是一个人,倒也有另外一番趣味。这儿瞧瞧,那儿跑跑,把旁人当作景物或是戏剧般的看看,尽够你不会感到个人的寂寞。
> 天气既然好,游人不消说很多,红的绿的黑的白的全是人,出没在溪边、树边、椅上和草地上,其中东西洋的,白种的,黄种的,棕色种的……全有。最多的自然还是咱们的同胞和在虹口天天见到的日本人。
> 什么景色都有。两个西洋人不知是不是在辩论中日问题,大家说到面红耳热。两个印度女人和一个束了白头巾的男人调情,缠了半天还像没个结局。东洋小孩拿着太阳旗随处跑,中国孩子老是躲在妈妈或爸爸的旁边。东洋人在打球、钓鱼,中国人在吸烟、散步、谈笑、练太极拳。[2]

---

[1] 画舫:《上海解剖之一:法国公园的认识》,《红玫瑰》1929 年第 5 期。
[2] 马国亮:《虹口公园》,《申报》1933 年 5 月 18 日。

四、 围墙与篱笆：分处、认同与歧视

1. 各国总会与民族认同

近代上海外侨并不存在一个有共同文化渊源、共同生活空间、共同组织管理、共同价值观念的外侨群体。在外侨与华人之间、外侨与外侨之间，事实上存在着两堵看不见的围墙，一条是种族围墙，一条是阶级围墙。

就种族方面说，尽管公共租界、法租界所有文件中都没有明确的关于种族区分、种族歧视的规定，但在欧美白人与亚洲有色人种之间事实上存在明显的围墙。不光中国人受歧视，其他亚洲有色人种也遭受不同程度的歧视。印度人、安南人是作为殖民地人民来上海谋生的，从事的多是收入较低行业的劳动，在租界政治生活、社会生活中均无地位。即使是日本人，甲午战争以前在上海地位也不高，其行为举止每每是西人讥刺的对象，甲午战争以后才有所上升，但很缓慢。直到1916年，在公共租界工部局9名董事中，日本人才取得一个席位，其时英国人占6名，那时公共租界日本人已超过7000，英国人还不足5000。

就阶级方面说，在公共租界、法租界掌握权力的，都是欧美白人中的大商人和外交官，包括从事鸦片贸易的商人、房地产商、丝茶商、企业家、银行家，非富即贵，同样来自欧美的下层白人，内以警察居多，属于被鄙视或排斥的一群。毕可思的研究表明，高等白人相当注意维护其富庶、高雅的体面，设法将最穷的英国人逐出上海，免得他们在中国人面前丢人现眼。比较贫穷的英国侨民为了维持生计，不得不租用中国人的廉价房，娶华人、欧亚裔或白俄为妻，酗酒打架，和中国人一起打工，甚至为中国老板干活。高等白人认为这些下层白人有损大英帝国的声望，工部局在与这些人签约时就要求他们期满归国。至于那些穷愁潦倒的英国人则被遣送回国内，英籍罪犯被遣送到香港，遣送费由工部局支出，被解雇的警察如不肯回国就停发救济金。[1]

围墙之内，还有篱笆，外侨与外侨之间是杂居中有分处。

从居住区域来看，外国人各有重点区域，英、德及其他欧洲人及美国人多在公共租界的苏州河以南，即公共租界之中区与西区，日本人在早期多住在虹口，即公共租界北区，法国人居住在法租界与公共租界，但是彼此并无明显的界限，与中国人居住地亦无明显界限。也就是说，在居住区域方面，中外之间、外国人之间是杂居的。

在日常交往中，各类外侨自成社区，各国总会是他们最重要的社交场所。这些总会主要有上海总会、法国总会、德国总会、美国总会与俄国总会。

上海总会，一称英国总会，1852 年开始酝酿，1864 年正式开张。会址设在外滩，为一英国式建筑，三层，砖木结构，内设 2 个大餐厅、若干包间，有弹子室、棋牌室、图书室、阅览室、酒吧间、12 间客房。经过 40 多年的风吹雨打，到 1909 年，鉴于房屋陈旧，有关方面决定翻建，年底建成，翌年开放。新楼据说是上海第一座钢筋水泥建筑，外观高贵而结实，主调是英国文艺复兴时期古典主义风格，连地下室在内共六层，顶层南北两端各建望亭一座，内部建造也很有特色：

> 宽阔而漂亮的大理石台阶通向令人惊叹的进厅，进厅铺设黑白相间的大理石地面，两边根根白色的石柱中可见座座弓形的廊台。穿过进厅，就可进入酒吧间和阅览室、弹子房。长 34 米多的酒吧间，其长度在当时远东可称数一数二。[2]

[1] [英]毕可思：《上海人：上海英国居留者社团的形成和认同》，转引自张和声《孤傲的"上海人"——上海英侨生活一瞥》，《史林》2004 年第 6 期。

[2] 吴志伟：《旧上海最著名的西人总会——上海总会》，《档案春秋》2005 年第 10 期。

酒吧间的装饰典雅古朴,用五米多高的橡木镶嵌四壁。弹子房、阅览室亦各具特色。老总会的原有功能一应俱全,还添设理发室、自行车停放间、电梯等设施,内设 40 套客房。[1]

上海总会

可以与上海总会相媲美的是法国总会,1904 年创立,早期会址在环龙路(今南昌路),为二层洋房,前有一个大网球场和一个玩法国式滚木球游戏的精致球场,内设法国式和英国式的弹子房、餐厅、更衣室、酒吧间、击剑室、女宾室和舞厅。后期会址在迈尔西爱路(今茂名南路),1925 年兴建,1926 年竣工。新楼为二层(部分三层)钢筋混凝土结构,按照法国传统样式设计,具有法国式别墅风格。内部建有游泳池、舞池、弹子房、餐厅、厨房和酒吧间。楼前为网球场和草地、树林。此建筑在当时被誉为"东方大都会最美丽的建筑物,显示了艺术

[1] Wright, Arnold, *Twentieth century impressions of Hong Kong , Shanghai , and other treaty ports of China : Their history , people , commerce , industries , and resources*, London, Lloyd, 1908, p.388.

的非凡魅力和法国的欣赏情趣"[1]。

德国总会于 1866 年成立,先是租赁房屋活动,到 1907 年才建成总会楼房,位于公共租界外滩,三层,砖木结构,为文艺复兴时代建筑风格,仿意大利巴洛克式,内有酒吧、餐厅、弹子房、阅览室、礼堂、舞厅、棋牌室、游戏室等设施,墙上或绘柏林、慕尼黑、不来梅等德国城市风光,或贴德国瓷砖画。[2]清末《图画日报》介绍德国总会:

> 各国之有总会也,为交通智识,讨论营业,兜揽买卖,停驻旅客,便同业友朋早夕会叙之区。其间备各种游戏品、消闲品,以舒畅其脑力筋骨,为商余休息消遣之需,法至善也。……上海建筑最佳、规模最大者,以德国总会为全沪冠。该总会坐落英界黄浦滩二十二号,房屋高耸,楼分四层,其著名者为第二层,洋台栏杆外一石像,雕镂极精。建筑之佳,工程之巨,惟道胜银行差堪伯仲。会中以德国商人最多。是屋建筑达十余万。建屋图样,乃由德国柏林某建筑师所绘,全屋仿意大利式,甚壮观也。[3]

属于上海美国人的总会成立较晚。在上海外侨社会中,在 19 世纪是美附于英,或美融于英。他们习惯于以个人身份加入英国人的总会,也有一些人参加法国人的总会活动。美国人与英国人很容易融合,在英国人的总会里喝着威士忌,到英国人的教堂里做礼拜,一点也不觉得别扭。他们甚至顺从英国人在殖民地世界的穿着和行为方面特别拘谨的礼节,"穿着正式的黑色晚礼服,僵硬呆板的洁白领子,勇敢地支持着英国帝权的高贵和尊严"。上海的中国人嘲讽这些美国人为"半吊子英国人"。[4]英、美租界合并以后,名称是英美租界,而不是美英租界。人们说到上海英国侨民、美国侨民,通常称英美侨民而不称美英

---

[1] 居伊·布罗索莱:《上海的法国人(1849—1949)》,曹胜梅译,载熊月之等编:《上海的外国人(1842—1949)》,上海古籍出版社 2003 年版,第 106 页。
[2] 吴志伟:《辉煌一时的德国总会》,《档案春秋》2007 年第 1 期。
[3] 《德国总会》,载《图画日报》第一册,第 410 页。
[4] Huskey, James Layton, *American in Shanghai: Community Formation and Response to Revolution, 1919—1928*, The University of North Carolina at Chapel Hill, Ph.D, 1985, p.2.

美国总会

侨民,其根本原因,是在近代大部分时间里,上海英国侨民远远多于美国侨民,在上海外侨经济、文化生活中,英国侨民占主导地位。直到第一次世界大战期间,大批的美国人来到上海,突出美国文化和建立美国人社区的想法武装了美国人。战时美国人的爱国主义精神使上海美国人更加敏感地淡化与上海英国人的联系。更为重要的是,随着上海美国人口的增加,美国人家庭的数量也快速增加,上海美国人的群体力量增大,美国人这才在上海建立了美国总会。美国总会,一称花旗总会,1917 年创立,总会大楼于 1925 年建成,位于公共租界福州路,六层楼房,外观采用美国殖民时代的建筑风格,仿欧洲新古典主义威尼斯式,内部设施有餐厅、酒吧、休息室、扑克室、麻将室、阅览室、舞厅、客房等,其规模、内部设施已胜过英国总会。[1]美国总会有鲜明的美国特色,有关章程规定,无论是投票成员还是选举新成员的选举委员会,其中四分之三者必须为美国人,而且官员和总务委员会至少是 100 人。1922 年 8 月,总会成员已近 1000 人。

　　上海的美国人对他们的总会大楼非常骄傲。对于中国而言,它是一个具体有形的标志;对于他们的外国伙伴和他们自己,标志着上海的美国人

---

[1]　吴健熙:《星条旗下的总会》,《上海滩》2004 年第 1 期。

社区已经成年。他们向新建的大楼欢呼,把它看作"美国社区成长和永恒的另一个里程碑"。这是年轻的美国社区的旗舰,它演绎出最高的赞美——这肯定是上海美国人最有力的心声,使得美国人的民族骄傲在上海生根发芽。现在,这种欢呼是上海的美国人对他们完整社区的最好最大胆的表达。《中国每周评论》鼓吹道,这幢大楼有全亚洲最好的图书馆和最高速的电梯;它是最气派的,而且"毫无疑问是东方最大最舒适的外国人总会之家。"为了避免刺激不列颠敏感的神经,在著名的"全世界最长的酒吧"之后,总会接受了年轻的埃德加·斯诺(Edgar Snow)命名的"全世界第二长酒吧"。然而,正是上海的美国总会,它挣得了 20 世纪 20 年代十年间最好的生意,独立建造了"百万美元的大楼"。[1]

上海俄侨有两个总会,上海俄国总会成立于 1934 年,在福煦路(今延安中路),为两层洋房,有花园、花房和运动场,为俄侨文教娱乐中心,仅 1936 年就举办过 22 场大型晚会、30 次家庭舞会、18 次报告会和讲座。[2]上海第二俄国总会成立于 1936 年,功能与上海俄国总会相近,仅 1936 年就举办过 30 次家庭舞会、2 次大型管乐会、一次大型世俗音乐会和十多场其他晚会。[3]

此外,还有一些专业性的总会,如英国乡村俱乐部(或曰斜桥总会)、美国乡下总会(或曰哥伦比亚乡村俱乐部)、跑马总会、板球总会、棒球总会、划船总会等。

这些总会功能大同小异,通常能满足外侨的餐饮、娱乐、体育锻炼、阅读、交谊的需要,有的还有住宿设备。总会均实行会员制,其服务对象,多以本国居民为主,兼收其他侨民。比如,参加英国总会的除了英国人、美国人外,还有德国人、丹麦人等。1909 年,英国总会有会员 1300 余人,其中四分之三为英国人,约 700 人生活在上海,其余四分之一人为美国人、丹麦人、德国人等。各家总会均

[1] Huskey, James Layton, *American in Shanghai*: *Community Formation and Response to Revolution*, *1919—1928*, The University of North Carolina at Chapel Hill, Ph.D, 1985, p.17.
[2] 汪之成:《上海俄侨史》,上海三联书店 1993 年版,第 534 页。
[3] 汪之成:《上海俄侨史》,上海三联书店 1993 年版,第 536 页。

定有一定规则,规定入会人的资格、入会方法、收费标准、会员的权利、义务等。上海总会规定申请人须在上海生活六个月以上,并得到其他会员的介绍,随后在一块写有五条规则的黑板上标上申请入会者的名字,展示三个月后,由会员投票决定是否接纳。会员须缴纳入会费和每月的门票费,入会费早期是 100 元,在 1920 年是 125 元;门票费每月 7 元,名曰捐款。假如入会后又离开上海,每年可象征性地缴纳 5 元。非会员的西人可以付费进入总会聚餐、娱乐,但次数有所限制,一年不得超过三次。在欧洲、美洲、各殖民地和日本服役的航海、军界和外交界的官员,通过总会的邀请可以成为名誉会员,免交入会费,但必须每月付款。[1]法国总会有条件地接纳其他外国人入会,但委员会成员是清一色的法国人。[2]花旗总会允许其他国籍的侨民加入,入会费为每人 50 美元,每月另需缴纳 7 美元会费。德国总会也吸纳非本国的西方人入会。

各国总会是各国旅沪侨民进行具有本国文化特色活动的重要场所,每逢本国国庆或重要纪念日,总会照例都会有纪念活动,比如英国上海总会之于庆祝女王生日、美国花旗总会之于 7 月 4 日美国国庆、法国总会之于 7 月 14 日法国国庆。在 19 世纪中后期,当法国总会、花旗总会等还没有建立时,上海总会在一定程度上起着欧美侨民共同俱乐部的作用,如果有关于英国、美国、德国重要庆祝活动,上海总会都会有所表示。1879 年 5 月,美国离任总统格兰特访问上海,总会为欢迎他而举行舞会。21 日夜晚,整个外滩呈现一派节日气氛,幢幢大楼悬挂彩旗和灯彩。上海总会的楼檐上,用铁管制成"敬贺格兰特"英文字样,中间通上煤气,点火后,就像后来节日里常见的彩灯。总会里面,西人谈笑风生,品尝佳肴,在优美悦耳的音乐声中,男女各百余人相伴,翩翩起舞,从晚上九点半钟欢乐到凌晨三四点钟。1890 年 4 月,英国维多利亚女王第三子康脑脱公爵(The Prince Arthur, Duke of Connaught and Strathearn)偕夫人普鲁士公主

---

[1] Wright, Arnold, *Twentieth century impressions of Hong Kong*, *Shanghai*, *and other treaty ports of China*:*Their history*, *people*, *commerce*, *industries*, *and resources*, London, Lloyd, 1908, p.388.吴志伟:《旧上海最著名的西人总会——上海总会》,《档案春秋》2005 年第 10 期。

[2] [法]居伊·布罗索莱:《上海的法国人(1849—1949)》,曹胜梅译,载熊月之等编:《上海的外国人(1842—1949)》,第 128 页。

玛格丽特(Louise Margraret),到世界各地旅游,途经上海,外侨团体在总会内设午宴招待,热闹非凡。[1]

总会是外侨休闲、娱乐的地方。每至周末,西人"怒马高车,如云而至。簪裾冠盖,座上常盈。或打弹子以消闲,或拉风琴而奏曲。或杯邀红友,别寻酒国之春;或几倚青奴,共索花间之句。以至围棋蹴踘,跳跃高歌,任意嬉娱,毫不拘检"[2]。

1886 年的一个晚上,德国总会顶楼大厅上演了一出在巴黎戏剧游乐园常演不衰的轻歌剧。一位刚到上海的观众记载:

> 晚饭之后,尽管很疲劳,我还是被人拉着去了剧院。当然,剧团并非是一流的,但我怎么也没料到,刚来中国就能在如此幽雅的大厅里欣赏到《城市角落里的流浪汉》这出戏剧。大厅里的煤气灯大放光芒,虽然演员们显得经验不足,歌唱家们的高音部分也比较模糊,但这丝毫也没有影响到我的兴致。舞台完全是西方式的,大厅的西方色彩更浓。男士们身着黑色礼服,配以白色领结;女士们穿着宽大的晚礼服,戴着耀眼的首饰,全身散发着迷人的香水味。[3]

20 世纪 30 年代,法国侨民有一项共同感兴趣的社交、娱乐活动,便是到法国总会跳舞:

> 在音乐的喧闹声和首饰、珠片的闪光中,已婚的妇女们夸耀着丈夫们的财富,未婚的则比较着各自情人的优雅举止,再年幼一些的会把自己的愿望隐藏起来。[4]

---

[1] 徐雪筠等译编、张仲礼校订:《上海近代社会经济发展概况(1882—1931)—〈海关十年报告译编〉》,上海社会科学院出版社 1985 年版,第 28 页。
[2] 黄式权:《淞南梦影录》,上海古籍出版社 1989 年版,第 135 页。
[3] [法]居伊·布罗素莱:《上海的法国人(1849—1949)》,曹胜梅译,载熊月之等编:《上海的外国人(1842—1949)》,第 109 页。
[4] [法]居伊·布罗素莱:《上海的法国人(1849—1949)》,曹胜梅译,载熊月之等编:《上海的外国人(1842—1949)》,第 122 页。

总会里的餐厅能做一些比较地道的本国菜肴,这是寓沪侨民时常愿意光顾总会的原因之一。美侨阿乐满在《上海律师》一书中写道:

> 与世界上其他地方相比,总会对居住在上海的男性侨民更具重要性。花旗总会堪称旅沪美侨的社会活动中心。她拥有 5 层楼面、约 50 间设施豪华的房间供会员们享用,素有"男人避难所"之称。每逢 7 月 4 日国庆日,或华盛顿诞辰日,旅沪美侨都会在此庆贺一番。其他社团也常聚会于此。
>
> 我闲暇时最艰苦的工作之一,就是单枪匹马地为争取能在总会全天候地吃到苹果馅饼而奋斗。不知何故,总会里的厨子不愿供应这种美国传统点心。为此,我同顽固不化的总会管理委员会苦斗了数年,最终他们完全屈服了,总会开始 24 小时供应苹果馅饼。[1]

上述总会在事实上是各类外侨中富裕阶层或有权势者的乐园,外侨中的下层人士是不敢问津的。那昂贵的会费,还有须人介绍、由委员会投票表决的入会规定,更是一道篱笆,足以将外侨中的下层人士挡在门外。诚如挪威人石海山所说:

> 外国人中间地位最高的是由外交官、领事公务员、位居高级公共职务的人员以及若干最富有、最受人尊敬的商人组成的上流社会。然后就是从事商务和自由职业的中间阶层。普通海员则单独自成一类。诸如要被上流的社交聚会所接受、获得时髦俱乐部的会员资格,受聘担任海关高级职务等等,必须是白人,属于上层阶级,并熟悉英语和英国人的举止风度。在公共租界,最著名的俱乐部都是最纯粹的绅士俱乐部,有着一成不变的正式礼仪。[2]

---

[1] Norwood F. Allman, *Shanghai Lawyer*, New York: Whittlesey House 1943, p.156,载吴健熙:《星条旗下的总会》,《上海滩》2004 年第 1 期。

[2] [挪]石海山等著:《挪威人在上海 150 年》,上海译文出版社 2001 年版,第 29 页。

除了总会,各国外侨还通过教堂、学校、文艺演出、体育竞赛、节庆活动、日常生活等多种形式,增进自己的民族认同。

在英侨社区,除了本书后文单独叙述的 1893 年上海开埠五十年庆典外,还有 1887 年庆祝女王登基五十周年庆典、1897 年庆祝女王登基六十年庆典、1901 年庆贺爱德华七世的加冕,都张灯结彩,万人空巷,极一时之盛。其中,1887 年,为庆贺英国维多利亚女王登基 50 周年,英国人在外滩搭建花坛,设喷水池,请马戏团演出,救火会组织水龙游行。停泊在黄浦江上的各兵船,发礼炮五十响,大声发乎水上,云垂波立,海气腾空,西商团练兵各排立岸上,放炮相答,西人脱帽欢呼,同声相应。晚八点钟,南起小东门外法租界,北达虹口,四五里之间,内而岸上各洋行,外而江中各轮船,莫不悬灯结彩,同申庆贺。所放烟火,光怪陆离,浦江一带,天色为之屡变,倏红倏绿,令人叹为观止。[1]1897 年,为了庆祝女王登基 60 周年,英国人在跑马厅举行自行车比赛,儿童在外滩公园举行游园活动。英美两租界将各洋龙扎以绸绢,装作龙形及龙船之类。救火会中人红衣铜帽,簇护其旁,龙上遍悬五色明灯及各种彩画飞禽走兽,龙前有英国女王维多利亚像。沿途导以西乐,鼓吹悠扬,各西人见之,均脱帽为礼,拍手欢呼。

在法侨社区,每年的 7 月 14 日是他们狂欢的日子,照例都有舞会、阅兵、游行、招待会、演出、焰火等节目,出席阅兵式的通常有租界当局、教会组织负责人和洋行大班,还有外国代表、中国当局的要员、学校的孩子们,以及其他受邀请的人们。"阅兵式之后,领事馆会在大厅举行招待会。那一天,法领馆大门口悬挂着法国和中国国旗,灯笼和花饰装点着门面。法租界的公园里上演着精彩的节目。到了晚上,人们举着火炬沿着公馆马路和霞飞路飞跑,顾家宅公园里放起了焰火。人们在俱乐部跳起了华尔兹,军乐队奏起了美妙的乐曲,由俄国人、中国人和菲律宾人组成的管弦乐队也活跃起来。"[2]

在美侨社区,美国节日的纪念仪式变成了宗教仪式。围绕着这些活动,上

[1]《点石斋画报》癸集,第 11 页。
[2][法]居伊·布罗索莱:《上海的法国人(1849—1949)》,曹胜梅译,载熊月之等编:《上海的外国人(1842—1949)》,第 123 页。

海的美国家庭和社区生活被组织起来。这些节日有 7 月 4 日美国国庆日、华盛顿生日和感恩节。这些仪式比起上海的其他外国人社区更为隆重。7 月 4 日在所有的节日中是最大众化的。每年的这一天领事馆都鼓励所有的美国儿童都去参加,还给每个小孩送一面小小的美国国旗。每天的活动,从上午 8 点美国领事馆的升旗仪式开始,然后有总领事馆的接待,下午的棒球和晚上的草坪聚会。每一个美国人都可以参加,包括富人、不那么富裕的人,甚至是逃避在外的白人流浪汉。美国总领事要求在这一天"每一个美国人都在他们的居所或商业场所展示美国国旗"。

感恩节也是一个美国人社区全体参加的节日。这一天有足球赛,有安静的家庭内部的庆祝活动,这是一个刻意组织的制度化的庆祝活动,经费均由美国商业会所承担。

华盛顿的生日庆祝是美国人社区精英的社会生活的装饰品。据长住上海的美国人埃森·盖尔(Esson Gale)回忆,上海美国人的民族庆祝活动通常胜出别的在上海的外国人。有一些全社区性的活动,还有上海美国学校学生的特殊活动,但最重要的事件就是华盛顿的生日舞会。这个舞会是"上海美国社区每年首要的社会庆典",舞会的门票向所有在上海的美国人出售。[1]在舞会上为大家服务的委员会由美国人社区的领导者组成,他们受到总领事的邀请为大家服务,他们要认识社区里的每一个人,说出他们谁是谁。这个舞会是一个节日庆典,它在大华旅馆的舞厅举行,悬挂着一个用旗帜面料制作的巨大的乔治·华盛顿全身肖像。舞厅由很多美国国旗作装饰,在强烈的弧光灯下聚集很多人。

上海的美国人在日常生活中,也努力寻求"保持美国氛围",他们几乎完全使用美国的方式装饰自己的家,很少用中国的物品。家和家庭——实际上就是美国人社区,它们是美国人从中国人和其他外国人那儿退隐的隐遁之所。一个出生在上海毕生居住在上海的美国妇女如是说:"你知道,与中国人经常联系真

---

[1] Huskey, James Layton, *American in Shanghai*: *Community Formation and Response to Revolution*, *1919—1928*, The University of North Carolina at Chapel Hill, Ph.D, 1985, p.20.

是难以忍受，你不这样认为吗。"同时，美国家庭也不与周围其他国家的人混合，或被吸收。[1]

2. 西洋人对华人的歧视

上海外侨特别是西洋人对中国人的歧视，不只是表现在公园、跑马厅、游泳池、总会等机构限制华人入内，工部局长期剥夺华人参政权，更广泛、深刻地体现在日常生活中，体现在民族心理中，其中尤以英国人为甚。

上海租界虽然不是西方列强的殖民地，但是，他们是靠坚船利炮打开中国的大门，是凭借不平等条约的保护来到这里的。来沪伊始，英国人就带有高人一等的文化优越感，志得意满，趾高气扬，大把挣钱，大把花钱，不可一世。

为了保持其英国特色，上海英国人极力宣扬英国文化优越论，十分注意向后来者灌输英国高贵的观念。年轻的毛尔原在英国商船上干活，初到上海，船长与他坐在走廊聊天，向他介绍上海的情况和应该注意的事项，特别强调"他们与中国人在社交上几乎不相往来，中国人和外国人都不希望加强交往"。这种情况十分普遍，新来乍到的英侨，往往会先接受一番此类教诲，被要求"不要忘记你是英国人"，不要忘记英国人的尊严，要与中国人在各个方面保持距离，避而远之，要忠于所属的社团，忠于自己的种族。这种教育既通过口传，也见诸文字，一代一代传下来，成为常识，形成传统。[2]

为了保持其英国特色，上海英侨在饮食穿着上十分注意。他们吃的是英国口味的食品，食品调料大多从英国进口。他们基本上不吃中国食品，只是偶然出于好奇才尝上几口。厨师必须会做西餐。吃中餐，穿中式衣服都被认为有损英侨体面。他们认为中国人的长衫太没男子气，把中式服装当作化装舞会时逗乐的道具。有些传教士为了打入华人圈子传教，曾着中式服装，结果往往会遭

[1] Huskey, James Layton, *American in Shanghai*：*Community Formation and Response to Revolution*，*1919—1928*，The University of North Carolina at Chapel Hill, Ph.D, 1985, p.19.
[2] 张和声：《孤傲的"上海人"—上海英侨生活一瞥》，《史林》2004 年第 6 期。

到其同胞的蔑视。

为了保持其英国特色,上海英侨尽可能保持与华人的距离。他们出门坐马车、黄包车,不上公交电车。观看花展,观看戏剧、杂技演出,他们与华人错开,不同时出现在这些场所。这起初体现在花卉展览方面。西人来沪以后,很早就举行花卉展览,[1]择空旷地方搭棚展花。花开有期,场地无限,观赏花展本是雅事闲趣,原本可以中西同看,但是西人就是不愿与中国人一同观赏,每次总是先西后中,游资也是西贵中贱,以示区别:

> 本部西人之设花会也,亦既有年矣,每当花事繁盛之时,泰西妇女邀集同志诸女伴,举行此会。择旷地盖厂搭棚,陈百花于其中,更推而至于一蔬一果,莫不罗列于其间。会必以两日,盖第一日则西人男妇游观者众至,次日而华人乃亦得以入内观览。其游观之资,亦以前后分等差。[2]

1868 年外滩公园开放以后,一开始是限制华人入内,再后来是明确禁止华人入内。继外滩公园而起的兆丰公园、顾家宅公园、虹口公园,都有类似的规定,跑马厅、游泳池、各类外国总会也都限制华人入内。[3]这方面,英国人显得尤为顽固。德国总会在 1917 年开始接纳中国会员,美国总会在 1926 年允许华人入会,英国人对此不以为然。

租界当局对于华人的歧视,还表现在食品卫生管理方面。按理说,洋人是人,华人也是人,洋人所吃食品需要卫生检疫,华人所吃食品也同样需要检疫,需要同样的检疫。但是,工部局卫生处在进行检疫时,将洋人食品与华人食品分开检疫,对洋人食品检疫极端负责,而对华人食品检疫敷衍了事。上海地方政府有关部门曾专门批评此事:

---

[1] 上海西侨何时开始举行花卉展览,确切时间不得而知,1875 年已有明确记载。

[2]《论西人花会》,《申报》1887 年 5 月 13 日。

[3] 工部局关于跑马厅的有关规定如下:"一、此场归西董办理。二、除赛马日及西董悬牌禁止入内之时,则各西人均可入内游玩。三、各车只准由龙飞桥至抛球总会门口,或至其准到之处。四、大小马匹不准在此场训练。五、除西人与各会之庸仆外,华人一概不准入内。六、如欲用此场地,应先向抛球场西董禀准。"参见《公共租界工部局巡捕房章程》第二十五项,1903 年印制。

查公共租界卫生处，年耗吾华人所纳之税至二百万元，其一切卫生设施对于西人及华人显有区别。即以宰牲检验为例，对于西人食用之肉品检验，惟恐不力，由兽医检验，将肉类分为甲乙二等，西人专食用甲等者，而对于华人食用之肉品，则雇佣一二不学无术之西人苦力，于猪肉上滥盖蓝印，敷衍了事。或并此种蓝印而无之，其于牲畜之有无疾病，当然毫无鉴别能力。此种肉品于卫生上极不可靠。敝局（市卫生局）查知后，即去函质问，旋经该处函复，略谓实行宰猪检验，须加以长时间之考虑云云。[1]

为了保持其英国特色，英国人自己不学习中文，也鄙视其他西方人学习中文，更不允许其在上海出生的子女学习中文。租界早期，英侨为了避免其子女受中国仆佣和中文环境的影响，通常将他们送回英国读书。后来，他们在租界开办全英式学校，教材、教师、教学语言、校规全是英式的，学校庆祝英国的节日，不习汉语，不过中国节日，根本无视中国习俗。他们要求自己的子女首先得做一个地道的英国人，然后才是上海的英国人。有的学生回忆，上海英国学校教室的墙上贴着英国风景画，挂着英国国王和王后的肖像，学校的教学目的就是要向这些儿童灌输英国的生活方式。英国在上海的公司喜欢招聘在英国本土长大的英国人，而不喜欢在上海长大的英侨，认为来自英国本土的人没有受过中国人的不良影响，比较纯正。[2]

近代上海外侨社会在大部分时间里，是英国习俗与传统占上风的社会。一个北欧人说，在上海，"英国的习俗和传统占据着主导地位。我们其他人，美国人，北欧人，甚至在很大范围内还有德国人，都在不知不觉地照搬。许多人成为纯粹的英国习俗崇拜者和模仿者"[3]。这样，英国人对中国人的歧视，大体上就变成整个租界西人对中国人的歧视。

表面混处，实质分处。在上海租界，欧美人无论在商业上还是在社会上，都

---

[1] 《禁售公共租界猪肉》，《申报·上海特别市市政周刊》1928 年 11 月 15 日。
[2] 张和声：《孤傲的"上海人"——上海英侨生活一瞥》，《史林》2004 年第 6 期。
[3] [挪]石海山等著：《挪威人在上海 150 年》，上海译文出版社 2001 年版，第 29 页。

很少有机会在平等的条件下接触中国人。相反,他们从远处看中国人,从低处看中国人,从丑处看中国人。他们平常所接触、认识的中国人,主要是仆人、保姆、司阍、马夫、高尔夫球童和网球球童、店员、苦力之类,还有满街都是的人力车夫。这些人社会地位低下,缺少文化,缺少教养。外国人几乎不认识传统的士绅阶层,甚至更少了解处于上升阶段的中国城市资产阶级。[1]这样,他们对中国人的了解,便沿着日行日远的路线前进。他们津津乐道中国人在习俗方面如何与西洋人不同:

> 中国人通过向左而不是向右转动钥匙来锁门;进入一个房子时,他们脱掉他们的鞋袜,而不是摘掉他们的帽子;问候朋友时,他们摇动彼此的手,而不是他自己的手;他们弄干湿伞是把伞柄朝下,而不是朝上;缝东西的时候他们从被缝的东西向外推针,而不是朝着被缝的东西推针;他们在饭前吃甜点,而不是饭后;上茶时他们把碟子放在茶杯上面,而不是下面;为了使自己凉快他们喝热的饮料,而不是冷的饮料;在洗澡之后他们用湿毛巾擦干自己;为了表示哀悼他们穿白色的衣服,而不是穿黑色的;在建造房屋时他们先造屋顶;他们的罗盘指向南方,而不是北方。[2]

著名记者斯诺初到上海,对中国人的许多习俗也颇为诧异:

> 在我看来,他们都是一个模样,是一个没有什么个人特征的庞大的人群,但有色彩、行动,充满了矛盾。他们书写从右到左;他们是姓在前,名字在后;同人打招呼,不是招手,而是挥手,好像是让人走开;告别时不握手,而是把双手拢在衣袖里;削苹果皮是刀口冲外,而不是冲内;锯木板时,把

---

[1] Rasmussen, *What's Right With China*, pp.154—155. Huskey, James Layton, *American in Shanghai*: *Community Formation and Response to Revolution*, *1919—1928*, The University of North Carolina at Chapel Hill, Ph.D. 1985.

[2] Thomas Steep, *Chinese Fantastics*, (New York: The Century Co., 1925), pp.18—19. *China Weekly Review*, "No book on China is widely" than Chinese Fantastics. Huskey, James Layton, *American in Shanghai*: *Community Formation and Response to Revolution*, *1919—1928*, The University of North Carolina at Chapel Hill, Ph.D, 1985.

锯齿向内拉，而不是向外锯；发纸牌是从右到左；先吃饭，后喝汤；还有，他们想要说"是"时却说"不"！[1]

西方人绘声绘色地描述中国仆人如何狡诈，如何收受所谓回扣：

> （中国仆人）一般来讲都很忠诚，而且非同寻常地能干和勤奋。但是不管怎样，外国人毕竟还是可挤出奶的母牛。所有的家庭日常用品，包括饮料和烟草，都要从中国商人那里买。账单到月底交给你。通常是男仆或者厨师负责采购。他从零售商处按百分比提钱。你都难以想象他们是那么善于找到各种各样货物列入账簿让你支付。这在英语叫 squeeze，这是一个所有中国人都知道的词。但是，回扣比例是根据主人的地位与收入来确定的，对此仆人们了解得很清楚。经理被提取的回扣要高于副经理，而副经理又高于助理。……在中国还活跃着各种各样上门推销的商贩，大多数是销售古玩、丝绸和其他中国产品。男仆让商贩进屋，也可从做成的买卖中提取一定百分比的回扣。这叫做"门钱"。[2]

所述或许不无根据，但是他们从所接触的极其有限的仆人来类推所有中国人，那就是一叶障目、不见泰山。

他们从心底里鄙视中国人，对以出卖那有限的体力拉车糊口的人力车夫，一开始多少还有些同情怜悯，到后来则熟视无睹，无动于衷。鲍威尔等人的回忆表明，[3]许多美国人到达上海滩海关码头，初见人力车，或者第一次乘坐人力车，多少都会感到震惊，然而过不了多久，许多人便学会了接受和适应。一本英文上海指南记述了这种变化过程：

---

[1] ［美］埃德加·斯诺：《复始之旅》，载《斯诺文集》第一卷，宋久、柯南、克雄译，新华出版社 1984 年版，第 18 页。
[2] ［挪］石海山等著：《挪威人在上海 150 年》，上海译文出版社 2001 年版，第 31 页。
[3] 1917 年 2 月，鲍威尔从上海虹口码头上岸，拎着行李，行进在泥泞不堪的路上，两辆黄包车紧跟上来，招呼他上车，鲍威尔不忍心坐在这种由人拉着跑的车上，没有坐，自己步行去了旅馆。参见［美］鲍威尔：《鲍威尔对华回忆录》，邢建榕等译，知识出版社 1994 年版。

开始他倾向于激烈反对人拉的交通工具,或者如果他坐人力车,轻轻地坐在座位上,怀着帮助苦力前行的念头,可能的话把一只脚悬在车的侧面,但是,不久他就沉溺于享受这个方便的小马车,或者如同一个热情的妇女称之为"成人的婴儿车"的车子了,几乎不再把拉车的苦力看作人了。[1]

对于印度巡捕殴打人力车夫,上海人称"吃外国火腿",这些洋人也毫无同情心,反而有兴趣欣赏其幽默的一面:锡克巡捕走近苦力,"他开心地笑着,雪白的牙齿闪着光,用力抓住苦力的耳朵,直穿过笑着的人群,把他带到离街道更远的地方,在那里用长筒靴无情地踢打苦力,以此作为结束"[2]。

马路上的小汽车与人力车

更有甚者,有的洋人非但对中国病人、穷人毫无同情心,甚至还会让人力车夫拉着他们赛跑取乐:

去学校的路上,我每天骑车都经过一个麻风病患者旁边,他始终站在同一个地方,脖子上挂着一个薄铁皮做的小盒。有些人自己并不富裕,但

---

[1] Elsie McCormick, *Audacious Angles on China*, (New York: D. Appleton and Company, 1923), p.51; Mary Ninde Gamewell, *The Gateway to China: Pictures of Shanghai*, (New York: Fleming H. Revell Company, 1916) pp.98—99. Huskey, James Layton, *American in Shanghai: Community Formation and Response to Revolution*, *1919—1928*, The University of North Carolina at Chapel Hill, Ph.D. 1985.

[2] Maurine Karns & Pat Patterson, *Shanghai: High Lights, Low Lights, Tael Lights*, (Shanghai: The Tridon Press, 1936), pp.20—31. Huskey, James Layton, *American in Shanghai: Community Formation and Response to Revolution*, *1919—1928*, The University of North Carolina at Chapel Hill, Ph.D. 1985.

出于同情心也往小盒里放一枚小铜钱。那人微微一笑表示感谢。而我兜里有的是银币，骑车过去时却对他不屑一顾。我和女友们还坐着那种现在到处可见的、由身材矮小的中国苦力拉着的黄包车赛跑。我们总是打赌看谁先到达目的地！每次我们乘坐人员配备齐全的轮船游江时，我们往往坐在垫子上又是喝饮料，又是吃各种东西，而那十二名船员在风小无法张帆的时候，却必须用粗缆绳为我们拉纤。我们的朋友在巡捕房做事，职位很高，因而有权享受这种待遇。船上某些客人甚至还在责怪船走得太慢！当时我们中没有一个人想到给这些满头大汗的可怜船员哪怕一杯饮料喝，这些事使我至今想起来内心都感到震撼。——我们遭到憎恨有什么奇怪？他们怀疑地看待我们的基督教又有什么稀奇？[1]

上层外侨如此拒绝了解中国，地位不高的下层英侨，益发贬低华人以显示其高人一等。为西人效劳的印度巡捕，更加以歧视、欺压中国人为能事。

以英国人为核心、以欧美人为主体(在后来加上脱亚入欧的日本人)的外侨社会，对占租界人口绝大多数的中国人的歧视、鄙视、漠视、矮视、丑视，必然激起中国人对外侨社会的仇视、敌视。这是 20 世纪初民族主义在上海持续高涨的重要原因。

3. 跨种族婚姻与混血儿问题

所谓跨种族婚姻，指的是那些宗教、种族或族裔背景不同或曾经不同的人们之间的婚姻。[2]在国际人口流动日益频繁的时代，跨种族婚姻与混血儿问题，成为不同种族、不同文化接触交流中的突出现象，也成为研究不同种族、不同文化交流的绝好题目。不同的生活方式、不同的伦理观念、不同的价值观念，

---

[1] 石海山等著：《挪威人在上海 150 年》，上海译文出版社 2001 年版，第 32 页。
[2] 这是美国研究跨种族婚姻专家阿伯特·戈登(Albert Gordon)的定义，参见黄虚峰：《美国多元文化主义背景下的异族通婚》，《华东师范大学学报(哲学社会科学版)》2002 年 9 月。

通过跨种族婚姻,会得到淋漓尽致的展现,其间的差异、矛盾、冲突得以充分展开,异质文化相互理解、调和、融合的方式也会得到全面展现。

本书关注的主要是近代上海中国人与欧美白人之间的婚姻。同属黄种人范围的中国人与日本人之间的婚姻,本书未予讨论。

关于近代上海跨种族婚姻的直接研究成果不多。美国学者兰姆生在 1936 年写的《上海的中美跨种族婚姻》[1],利用美国驻沪领事馆的 1879 年至 1909 年期间婚姻登记档案,研究了那段时间上海中国人与美国人之间的通婚情况。但是相关的研究成果不少。早在 1928 年,吴景超就研究了中美跨种族婚姻问题[2],讨论了早期华侨在美国与白人通婚情况。20 世纪 80 年代以后,随着中国人与欧美人通婚的增多,这方面的研究成果也多了起来,代表作有宋李瑞芳的《中美通婚研究》[3],论文有宋李瑞芳、黄滋生的《美国华人的异族通婚》[4],叶文振、杜擎国的《试析在美华人异族通婚的原因和问题》[5],黄启臣的《从澳门的华洋通婚看中西文化的交融》[6]。这些成果,为分析近代上海中国人与欧美人之间的婚姻问题提供了有益的借鉴。

近代上海跨种族婚姻概况

在中国人大面积与欧美白人接触以前,双方都有悠久的文化传统,在文化上都很自信。鸦片战争以后,中国人虽然在战场上失败了,但是内心深处的文化优越感并未失去。来沪的英国、法国、美国等国白人,更以文化上优等民族自居。两者相遇,从总体上说,双方都是排斥与对方通婚的。在英国人和许多其他欧洲人的圈子里,都有一条不成文的规定,某人如果与中国女子结婚,就会立即被开除出去。这可能受到英国人观念的影响,认为欧亚混血儿从父母双方继

[1] "Sino-American Miscegenation in Shanghai", by Herbert Day Lamson, *Social Forces*, Vol.14, No.4(May, 1936), pp. 573—581.
[2] 吴景超:《中美通婚的研究》,连载于《生活》杂志第四卷第 7、8、9 期,1928 年 12 月至 1929 年 1 月。
[3] Betty Lee Sung, *Chinese American Intermarriage*, Staten Island, NY: Center for Migration Studies, 1990.
[4] 宋李瑞芳、黄滋生:《美国华人的异族通婚》,《华夏》1989 年第 4 期。
[5] 叶文振、杜擎国:《试析在美华人异族通婚的原因和问题》,《华侨华人历史研究》1994 年第 4 期。
[6] 黄启臣:《从澳门的华洋通婚看中西文化的交融》,《珠海潮》2000 年第 3 期。

承的恶劣品质往往多于优良品质。[1]

上海英侨社会对于与华人的婚姻持坚决反对意见。1908 年，英国驻华公使发出一份秘密函件，严厉抨击与华人联姻，威胁将那些胆敢违禁者永远逐出英国人圈子。20 世纪 30 年代之前，上海外国人妓院、按摩院、游泳俱乐部、音乐餐馆，均严禁中国人入内。工部局巡捕尽力阻止白人妇女到华人开设的歌舞厅卖唱。直到上海白俄妇女增多，不少人卖笑妓院，这种情况才有所改变。

相对于英侨上层来说，英侨下层在婚姻方面的禁忌较为宽松，出现一些下层英侨与华人结婚的事例。1927 年英国巡捕帕克与一名中国女子结婚，据说帕克是在巡捕房没有什么提升可能性的人。1934 年上海警察局给 6 个中国女人颁发结婚证书，男方均为英国人。

相对于英国人，上海美国人在与中国人的婚姻上禁忌似乎少一些。1862 年 3 月，美国人华尔娶上海买办杨坊的女儿杨彰美为妻，这在同治初年的上海是很著名的事件。[2]根据美国驻沪领事馆的记录，从 1879 年到 1909 年的三十年间，登记在案的男方是美国人、女方是亚洲人的跨种族婚姻共有 34 例，其中有 8 名日本籍女士，其余 26 例是中国妇女，没有一例是白女黄男的记录。30 年 26 例，平均每年不到一例。这 34 位同亚洲女人结婚的美国人职业分布如下：海员，11 人；警察，2 人；水手，2 人；海关职员，3 人；工程师，1 人；传教士，1 人；另外 14 人职业不详。[3]著名的圣约翰大学校长卜舫济，是美国人，娶的妻子便是中国人，叫黄素娥，他们于 1888 年结婚。黄素娥是圣公会华人老牧师黄光彩的女儿，后来担任上海圣玛利亚书院首任校长。

综合上述情况，笔者估计，在 1843 年开埠以后至 1949 年的 106 年中，发生在上海的中国人与欧美白人之间的正式婚姻，不会超过 100 例。

---

[1] [挪]石海山等著：《挪威人在上海 150 年》，上海译文出版社 2001 年版，第 31 页。

[2] 这一婚姻维持时间很短，同年 9 月，华尔即在与太平军的战争中毙命。据说，华尔死后遗赠其妻子 5 万两银子。参见郝延平：《十九世纪的中国买办：东西间桥梁》，李荣昌等译，上海社会科学院出版社 1988 年版，第 228 页。于醒民：《上海，1862 年》，上海人民出版社 1991 年版，第 202、212 页。

[3] 这些数据见见"Sino-American Miscegenation in Shanghai", by Herbert Day Lamson, *Social Forces*, Vol.14, No.4 (May, 1936), pp.573—581。

笔者在上海档案馆查到一些零星的跨种族婚姻材料,罗列如下:

马丁(H.A. Martin)的父亲,英国爱尔兰人,娶寓沪广东妇女谭氏,结婚时间不详,1909 年生子马丁,住华山路 214 号。[1]

美亚(Anna M. Meyer)的父亲,德国人,娶李阿妹,结婚时间不详,1911 年生女美亚,住古拔路 148 弄 20 号。

林巴(Limbach),德国人,在青岛娶妻高氏,结婚时间不详,1913 年生子华德,1915 年迁来上海。林巴后任同济大学教授。

范思乐(Isaiah Fansler),美国人,原为驻华美国海军士兵,娶妻唐玉淑,中国人,1939 年结婚。[2]

姚润德,中国人,在瑞士娶一瑞士籍女子,1944 年结婚,回上海,1945 年离婚。[3]

加西亚(Francisco Garcia),英国人,娶王爱珍,宁波人,结婚时间不详,住辣斐德路,1946 年生一子,1947 年离婚。[4]

莱姆生(Charles Alverton Lamson),美国人,娶李全乡,朝鲜人,1946 年在上海结婚,住大名路,1947 年离婚。[5]

罗尔夫·西门(Rolf Simon),无国籍,持外侨居留证,为牙科医师,娶妻宋爱丽,浙江海盐人,1947 年在上海结婚,住兆丰路。[6]

谭伯英,中国人,娶妻赫德(H. Schenke),德国人,结婚时间不详,生有一子一女,住愚园路。[7]

从总体上说,近代上海中国人与欧美白人之间的跨种族婚姻,数量不多,但从时间上看,呈逐渐增多趋势,这与外侨人数增多有关,也与不同种族之间了解增强有关。

---

[1]《为马丁呈请准予取得中国国籍一案抄同原呈请查照由》,上海档案馆民政处档案,卷宗 Q119—3—98。
[2] 上档,Q185—3—15723。
[3] 上档,Q1—6—436。
[4] 上档,185—3—10169。
[5] 上档,Q185—3—11946。
[6] 上档,Q185—3—16494。
[7] 上档,Q131—6—430。

影响跨种族婚姻的社会文化因素

跨种族婚姻的障碍，首先在于不同种族之间的文化隔阂。

莱姆生论文中说，有位美国男士年轻时娶了一位中国妻子，他的女同胞在提及他时说："当他想到自己的孙子辈将与中国人毫无二致，他该是多么的痛苦呀。"这位女士的话反映出一个人对自己种族、家族持久不衰的忠诚意识。[1]有一位美国记者，是忠实的犹太教徒，在上海期间与一个曾在英国生活多年的中国女士结婚。这位记者根据自己的婚姻经历，就白种人歧视中国人的问题谈了自己的看法：

> 即使外国人发现与中国人结交是非常有利而且必要的，他们仍然会一如既往地歧视中国人。原因是：对于此类异族婚姻的夫妻双方而言，他们的社会关系圈子主要被局限在妻子的亲属方面。在社交生活中，当丈夫日渐频繁地目睹歧视与屈尊俯就行为，他随之而来的对妻子亲属的愤恨就与日俱增、日益明显，以前的旧交情也会因此而日渐淡漠，直至走向破裂。因为妻子的异种族身份，这些外籍丈夫的某些社交联系无法持续，导致其社交网络里只剩下生意场上的客户。于是，这些外籍丈夫就发觉自己越来越严重地被束缚在妻子的亲属圈子里，妻子的兴趣爱好和社交圈子都变成了自己的。[2]

就跨种族婚姻的夫妻双方而言，在社交生活中，中国妻子的中国朋友比白人丈夫的白人朋友更乐意容忍、接受对方。对于这样的夫妇，妻子一般或多或少有外国文化背景，即使这样，她们仍然发觉自己无法融入外国人的圈子里，于是被迫融入不太排外的中国社交圈子里。白种人一般不会对跨种族婚姻的夫妇很友好，是为了避免被误认为他们认可这种婚配形式。任何一个种群的、高素质的单身汉，出于利益需要在社交生活中都可能会被认可、接纳，但如果他娶

[1][2] "Sino-American Miscegenation in Shanghai", by Herbert Day Lamson, *Social Forces*, Vol.14, No.4(May, 1936), pp.573—581.

了一个外种群的妻子,他在社交方面就不会那么受欢迎了。在白人种群中,一旦某个成员犯错误做了整个种群成员都不满意的事情,这个种群就会利用自己的控制力,采取各种社交手段对成员的错误行为进行抵抗、阻止,这个成员和整个群体之间的关系就会疏远。

近代上海的跨种族婚姻方面,如果说男外女中的相对比例不算很高、但绝对数字还有一些的话,那么女外男中的情况就极为罕见。因为如果某位美籍女士嫁给中国男士或者与中国男士订婚,不管这位男士是多么完美、多么有教养,其他美国人通常的反应就是:"她为什么要嫁给一个中国人呢,难道她在美国就找不到一个更合适的人选吗?"或者说:"这对他们的孩子是不公平的。"[1]

这种情况,与在美国华侨的跨种族婚姻恰恰相反。在美国,发生的与中国人有关的跨种族婚姻,几乎是清一色的男中女外。1876 年,旧金山已经有四五个中国人娶了美国妻子。1885 年,旧金山有 10 家男中女美的家庭。1908 年至1912 年,纽约有 10 个白人嫁给华人,这些都是男中女美,而没有一例是男美女中。研究这一问题的吴景超说:

> 美人有娶华女为妻的吗? 在我搜集的材料中,没有遇到这样的事体过。当然,我们知道外国人娶中国人作妻子的事很多,但这些事实,都是在中国发生的,在美国则未见过。只有几年前,有一位华侨,在好莱坞的电影公司中当女演员,与一位美国男子发生恋爱了,这位男子始终没有娶她。他后来对别人说,我与这个中国女子作朋友,那是可以的,至于夫妻一层,万谈不到。即使我肯,我的母亲必不肯,我的朋友,也一定不赞成的。[2]

这一矛盾反映的是同一个实质,即如果移民人口与本地人口相比只占极小比例的话,首先冲破跨种族婚姻禁忌的往往是男性。

---

[1] "Sino-American Miscegenation in Shanghai", by Herbert Day Lamson, *Social Forces*, Vol.14, No.4(May, 1936), pp.573—581.
[2] 吴景超:《中美通婚的研究(中)》,《生活》杂志第四卷第 8 期。

跨种族婚姻障碍的国际因素

在 19 世纪，英美两国的意识形态和国家政策，对于跨种族婚姻均持排斥或禁止态度。

19 世纪中后期、20 世纪前二三十年，美国曾有 11 个州禁止美国人与中国人结婚，包括亚利桑那、加利福尼亚、密苏里、俄勒冈、得克萨斯、犹他、弗吉尼亚等。这些州，有的是在美国南部，对于有色人种一向是仇视的。他们反对黑人，连带地也反对黄种人。还有一些州是在美国西部，因为华侨众多，曾闹过排斥华工风潮，所以对华人也没有好感。1899 年，在广东，美国女传教士哈尔佛生和中国人蓝子英准备结婚。有人怀疑这位执意嫁给一个中国人的美国女子患了精神病，遂呈请美国副领事派医生检查。这本身就是跨种族婚姻的偏见。[1]

英国有些学者曾从社会学角度讨论这一问题。1892 年，有个日本人写信给英国著名学者斯宾塞，问他对于异族通婚的意见，他复信表示自己的看法，信中提到美国禁止华侨入境的问题，他认为这个办法好极了，"因为假如美国让华侨自由入口，结果只有两条路可走：第一便是在一国内，造成黄白两阶级，彼此不通婚；第二便是通婚，生下许多不良的杂种。这两条路，无论走哪一条，结果都是不好的"。[2]斯宾塞的意见影响很大，到 20 世纪二三十年代，欧美许多人还赞成这一看法。

欧美国家的这些政策、舆论，对于居住在上海的欧美人自然有重要影响。

中国方面，对跨种族婚姻也是不大支持的。清廷学部在 1910 年奏请禁止留学生与外国人结婚，认为中国留学生与外国妇女结婚，有三大弊端，其一是影响学业；其二是外洋女子用费奢侈，中国学生经费有限，负担不起；其三是有了家庭以后则家室之累重而学问之念轻，最大的害处是留学生"易有乐居异域厌弃祖国之思"，造成人才外流。[3]

---

[1]《晚清时期的家庭变革》，载李默编：《百年家庭变迁》，江苏美术出版社 2000 年版。
[2] 吴景超：《中美通婚的研究（上）》，《生活》杂志第四卷第 7 期。
[3] 散木：《闲话晚清以来的中外通婚潮流》，《书屋》2002 年第 2 期。

非正式婚姻情况

上面所说的是正式婚姻,数量不多或者说很少,但是中外非正式婚姻还是相当多的。由于上海外侨社会男多女少,到 20 世纪初期,成年妇女人数通常只有成年男子的三分之一,外侨中有许多没有成家的独身男子,他们有很多机会与中国妇女接触,这使得欧美白人与中国妇女不可避免发生许多非正式婚姻联系。不只在上海,宁波等在租界早期,就已经出现欧美人与中国女佣生了孩子的情况,英国人娶中国小妾是很平常的事。1857 年,那位日后成为总税务司、当时是英国驻宁波领事馆译员的赫德,就与宁波女子阿姚同居,共同生活了八年,先后在 1858 年或 1859 年、1862 年与 1865 年生了三个孩子,这三个孩子日后都被赫德送往英国去了。阿姚出身低微,具体情况不详,但是良家女子,她与赫德结合,是经过买办或其他人介绍的。赫德的同事郇和,刚到中国不久就买了一个中国姑娘为妾。赫德在英国驻宁波领事馆的另外一个同事密妥士,也有一位中国如夫人。[1]在海关工作的挪威人韩森说,他认识一位欧洲男子,于世纪之交前后在上海与中国女子结婚。这位中国女子爱好音乐,信奉宗教,并与传教士非常友善。

按照布鲁纳、费正清、司马富等人的说法:

> 西方人在中国所过的高等生活的必备条件之一就是享有中国女人。这种女人实际上是一种会走路的商品,任何外国商人照例可以通过他的买办买来。[2]

那时,外国人娶一个中国的妾要多少钱呢? 赫德说,大概四十来块钱就够了。[3]

寓沪美国人鲍威尔记述上海正式或非正式跨种族婚姻的情况:

---

[1][2][3] [美]布鲁纳、[美]费正清、[美]司马富编:《赫德日记——步入中国清廷仕途》,中国海关出版社 2003 年版,第 198 页。

上海可以说是一个男人的城市，外国人十有八九也是单身汉，因此，各色各样的友谊关系不可避免地发展起来，造就了无数的国际婚姻。这些国际婚姻，连驻扎在上海的美国海军陆战队官兵都有份。有一次我问陆战队的随营牧师，这些婚姻是否美满？他回答道："和其他的婚姻一样。"我想，他的回答多少带有一些嘲讽。[1]

可以认为，近代上海的外国人，特别是欧美单身男性商人，与中国妇女有非正式婚姻关系的相当普遍。按照布鲁纳等人的说法，外国商人中的很多人在户口登记表上是单身，"教会人士们不经手商品，也没有买办，所以，很快就学会了把他们的夫人带到中国来"[2]。

但是关于此类事情的资料很少。为什么很少？赫德日记的内容很能说明问题。赫德日记出版了，然而，晚年赫德在整理日记时，将他在宁波与阿姚同居的内容全部删除了，致使日记空缺一大段。赫德日后对这段经历讳莫如深，在公开场合从未承认他是那三个混血儿的父亲，尽管他一直付给抚养费，也很喜欢他的混血子女。

混血儿现象

与中外正式婚姻、非正式婚姻相关联，出现了混血儿现象。

这一现象在 19 世纪后期已经比较突出。1882—1891 年的上海海关报告已经指出：

近几年来，欧亚混血人所占的比重越来越大。根据他们个人赞同和采用的是外国人还是中国人的习惯，可划分成几部分人。从整体上说，外国人同这一类人相处得最好。听说，保守的中国人因为有祭祖的规矩，与混

---

[1] [美]鲍威尔：《鲍威尔对华回忆录》，知识出版社 1994 年版，第 61 页。
[2] [美]布鲁纳、[美]费正清、[美]司马富编：《赫德日记——步入中国清廷仕途》，中国海关出版社 2003 年版，第198 页。

血人交往是困难的,这就使这些人被排除在中国人雇佣的范围之外。有一次一位中国人是这样同我讲这个问题的:"当我家里过节时,我怎样才能不邀请我的混血种朋友? 怎样才能禁止他到我祖先的祠堂里斟酒? 如果我不回礼,我怎么能接受这样的来访? 我又能以什么样的方式对我的朋友的祖先表示适当的敬意?"我认识两部分欧亚混血人中一些很优秀的人,在我看来,欧化的欧亚混血人是最能干的。他们中有几位在这里的地位很高,很有信用,很有能力。受雇于外国人的许多混血人,都得到他们雇主的赞赏。其中也有成为害群之马的,这只说明每种人里都难免有败类。[1]

欧亚混血儿在上海受到了双重歧视,欧洲白人蔑视他们,中国人也不承认他们,即使双方都出身于受教育人家,情况也是如此。[2]中国人骂人最厉害的一句话是"杂种"。所以中国人对混血儿的歧视也是根深蒂固的。哈同夫人罗迦陵便是位混血儿,生于 1864 年,其父亲罗路易是法国人,其母姓沈,福建闽县人。可能因为混血儿的缘故,罗迦陵对自己的身世一直讳莫如深,"她父母结合的历史,知者不言,言者不知"[3]。

从档案材料看,一些上海混血儿在很长时间里是没有申请国籍的,身份比较尴尬。上文提到的马丁,出生以后,一直在上海生活、读书、工作,但一直没有到英国驻沪领事馆登记户口。通常,如果父母都是英国人,出生以后就会到领事馆登记。马丁娶妻卢氏,亦为中国人,因此,马丁申请加入中国国籍。1946 年,中国实行国民身份证制度,马丁到上海有关部门去申请领取国民身份证时,遭到拒绝,因为从姓氏上看马丁为外国人,属于侨居上海,应该申请"外国侨民居住证"。但是从家庭情况看,应领国民身份证,于是,马丁请求有关部门予以批准。此事经有关部门调查核实后,批准入籍。[4]美亚的情况

[1] 徐雪筠等译编、张仲礼校订:《上海近代社会经济发展概况(1882—1931)——〈海关十年报告译编〉》,上海社会科学院出版社 1985 年版,第 22 页。
[2] [挪]石海山等:《挪威人在上海 150 年》,朱荣发译,上海译文出版社 2001 年版,第 31 页。
[3] 李恩绩:《爱俪园梦影录》,三联书店 1984 年版,第 22 页。
[4] 《为马丁呈请准予取得中国国籍一案抄同原呈请查照由》,上海档案馆民政处档案,卷宗 Q119—3—98。

与此类似，其父为德国人，母为中国人，出生以后一直生活、工作在上海，但是一直没有在德国领事馆登记，也没有登记中国国籍，1945 年才申请加入中国国籍。马丁、美亚的父母亲是如何结婚的，记载不详，他们为何没有到外国领事馆登记，原因也不清楚，但是从长期没有登记户口这一情况来看，有一点可以肯定，即他们在文化认同方面是比较尴尬的。他们的父亲都是西方人，母亲是中国人，如果按照国籍从父的惯例，他们应该获得英国、德国的国籍，但结果却不是这样。

混血儿既不为白人社会所接受，也遭到中国人歧视，他们的教育自然成了问题。为了解决这一问题，还在 1870 年，邦妮夫人就在虹口为欧亚混血儿开设了一所学校。走读生学费一季度 12 元，寄宿生一季度用外国食品者 50 元，用中国食品者 30 元。这个费用是相当昂贵的，由此也可以看出这些混血儿父亲的经济实力。1871 年，在上海经营房地产业的英国富商汉璧礼为学校提供一座有 10 个房间的房舍，并筹银 1000 两以辅助学校。这时，由吉尔夫人管理学校，有 12 名寄宿生和 20 名走读生。1882 年，汉璧礼要求把学校交给工部局，条件是学校只供欧亚混血儿使用，名称应为"汉璧礼欧亚混血儿学校"。经过交涉，工部局同意每月支付 80 元予以资助，后来增加到 100 元。学校定名为欧亚书院。工部局董事会表示，不准备承担任何与混血儿学校有关的责任，但也不希望此校关闭，因此愿意每月捐银 100 两以维持之。1882 年 3 月 24 日，捕房督察长报告，租界有 7 名欧亚混血儿童，他们的父亲或已经死了，或已经离开上海，而他们的母亲却无能力让他们受教育，因此他建议把他们送往欧亚书院走读，学费大约每月 20 元，他要求工部局提供这笔款额。工部局董事会表示，工部局没有这方面的基金，建议设法取得私人捐助来教育这些孩子。1889 年，欧亚书院和一所新建立的独立的幼儿园合并。翌年，学校由工部局接管，后改称汉璧礼养蒙学堂，混血儿仍是学生主体。

汉璧礼养蒙学堂早期男女同校，1914 年分为男校和女校，男校称汉璧礼男童公学，女校称汉璧礼女童公学。两校虽非专门为混血儿所专设，但是混血儿仍占很大比例，课程设置也有很明显的跨文化特点。汉璧礼男童公学所设语言

汉璧礼学堂的混血儿童

课程就有汉语、英语、俄语、法语、印度语等,凡上汉语课、俄语课的学生都必须在这种语言方面有些基础,凡把法语作为学习科目的学生都可以去上法语口语课,印度语课包括果鲁穆奇语(旁遮普语)和乌尔都语。每一门语言都用其本国籍的教师来讲授口语。[1]

从 19 世纪 90 年代开始,上海租界一些西童公学也吸收少量欧亚混血儿入学,这引起一些英国侨民的不满。

1897 年春天,博易律师事务所向工部局董事会反映,他们收到租界内侨民就学务委员会提出的一份请愿书,表示欧洲儿童的家长反对欧亚混血儿童和他们的孩子一起进校就读,要求将欧亚混血儿从学校排除出去。有些学校迫于社会压力,已经将一些欧亚混血儿开除出去,但是还有三家领取工部局补助的学校,他们都允许欧亚混血儿童进校就读。董事会对此不了了之。

除了读书,欧亚混血儿的就业、参加俱乐部与租界其他团体组织也受到一

---

[1] 上海租界志编纂委员会编:《上海租界志》,上海社会科学院出版社 2001 年版,第 477 页。近代来上海的印度妇女很少,据推断,大多数长期定居中国的印度男人大概与中国女人发生关系,遗憾的是缺乏这方面的证实资料,混血儿学校教授印度语,大概与这类混血儿有一定数量有关。参见[法]克洛德·马尔科维奇:《中国的印度人社团(1842—1949)》,彭晓亮译,载熊月之等编:《上海的外国人(1842—1949)》,上海古籍出版社 2003 年版,第306 页。

定歧视。1903 年，一位已在宁波工作的欧亚混血人来信，要求公共租界工部局雇用他的女儿（也是混血人）为维多利亚疗养院见习护士，董事会经过讨论，参照了卫生官的意见，最后表示"此类申请人对此职务不合适"。1918 年，欧亚混血人参加万国商团也一度成了问题。英国籍的欧亚混血人要求参加万国商团，万国商团的轻骑队、炮兵队、工兵队、机枪队及英侨"乙"队均表示愿意接纳欧亚混血人，但是英侨"甲"队对此加以拒绝，苏格兰队也决定不改变他们队的规章，拒绝接纳这些人。西童公学校友会将此问题向工部局董事会提出，董事会的处理意见也比较含混，愿意接纳固然好，不愿意接纳也听之任之。

近代上海，究竟有多少欧亚混血儿，无法估算。如果说跨种族婚姻的资料很少，那么混血儿问题的资料更少。资料少，这本身就是一种文化现象，是非常值得探讨的问题。

4. 诤 友 与 益 友

中外居民之间，除了疑忌、误解与歧视，也有深入的接触、深刻的理解、深厚的友谊。

一般说来，来沪西人中，传教士对于了解中国社会、中国文化的热情，较之商人要高些，与中国人接触也多些，特别是那些通过行医、慈善、教育、译书实行间接传教的传教士。非传教士的外侨中，包括日本人，也有一些人对中国人比较友好、在文化交流方面作出了重要贡献。

这些人的名字可以排出一长串，比如开办徐汇公学的意大利传教士晁德莅[1]，上海西医业的拓荒者雒魏林[2]，在儿童教育方面作出重要贡献的美国

---

[1] 晁德莅(Angelo Zottoli, 1826—1902)，意大利耶稣会士。1846 年来华，在上海徐家汇传教。1849 年江南发生大水灾时，收容无家可归的难童 12 人，供给膳宿衣着。一面教书，一面传教，始创徐汇公学。次年徐汇公学正式建校时，任院长。升为司铎，任教十余年。所培养学生中，有马相伯、马建忠、李问渔等，在近代教育界、翻译界、思想界都很有名气。

[2] 雒魏林(William Lockhart, 1811—1896)英国传教士，擅外科医术，为英国皇家外科学会会员。1838 年来华，1843 年 12 月到上海，次年在大东门外开设上海第一家西式医院中国医馆。1846 年迁麦家圈(今山东中路一带)，后改称山东路医院，为今仁济医院前身。仁济医院在引进西医、施种牛痘、救死扶伤方面，厥功甚伟。

传教士范约翰夫妇[1],在女子教育方面作出重要贡献的美国女传教士海淑德[2],予中国左翼作家许多帮助的内山完造[3]。其中有些人因为努力帮助中国人,还引起了一些外国人的不满,担文就是一个典型。

担文(William Venn Drummond, 1842—1915),一作丹文,英国律师,19 世纪 70 年代前期来沪执业,先后任连厘律师事务所合伙人、工部局法律顾问,1878 年以后独立开设律师事务所,并与多位律师开办联合律师事务所。他在上海从事律师工作长达 40 年之久,是清末外国律师中声名最为卓著者,其中,最引人注目的是为中国当事人据理力争。在担文来华 20 年之际,中国官绅对他有过这样的评论:"担文律师在华年久,熟习情形,华人出资延其办案,有时尚知顾全大局,据理力争,讼案往往赖以得伸。"[4]这使得他在中国的商民中享有很高声誉。一个突出的事例,是他承担福星轮被撞事件的法律事务,为上海轮船招商局及福星轮的死难者成功地获得赔偿作出了艰苦的努力。[5]

在长期的律师生涯中,担文能够比较公正地为中国居民提供法律咨询和法律服务,从而引来了一些英国商人的嫉恨。这在担文能否担任英国在华高级法院署理律政司的问题上爆发出来。

[1] 范约翰(John Marshall Willoughby Farnham, 1830—1917),美国人传教士,1860 年来沪,在沪南陆家浜创办清心书院。1864 年在大南门外桑园清心堂捐设水龙头。1875 年负责主编从福建迁上海的《小孩月报》,是中国第一份儿童画报。1880 年中国圣教书会成立时任秘书。1882 年在闸北宝山路建造长老会堂。1890 年基督教上海方言社召开年会时,当选为委员,其妻为司库。1891 年创办《中西教会报》,并担任上海清心书院院长,长达 24 年之久。
[2] 海淑德(Laura Askew Haygood, 1845—1900),美国女传教士,1884 年由监理公会派遣来华,在上海监理公会办的女校任教。1890 年创办中西女塾,为 19 世纪上海最著名之女校,同年继林乐知为监理公会妇女部主任。1890 年回美募款,1896 年再度来沪,从事女子教育与妇女解放事业。
[3] 内山完造(1885—1959),日本冈山县人,1913 年由大阪参天堂派到上海推销眼药,1917 年开设内山书店。他结识了大量中国文化人士,与鲁迅、郭沫若关系尤为密切,介绍日本作家、记者与中国左翼人士相识,并经销中日进步书籍,举办版画讲习会及展览会,组织上海童话协会等。曾掩护过鲁迅、郭沫若、周建人,秘密营救过许广平、夏丏尊、章锡琛脱离险境。1942 年日军占领上海后,奉命接收别发公司与中美图书公司,改组为内山书店有限公司。1945 年关闭内山书店,除将一部分中洋纸赠予许广平外,全部资产分配给店内职工。1947 年被国民政府遣送回国。1950 年发起组织中日友好协会,被选为理事长,曾六次访华,后病逝于北京。
[4] 《光绪三十年四月三十日收南洋大臣刘坤一文》,台湾近代史所藏档案《钦命总理各国事务衙门清档》。
[5] 1875 年 4 月 4 日,上海轮船招商局所属福星轮在北洋水域与怡和英籍澳顺轮相撞,福星轮当场沉没,造成中国官员、普通乘客和船员 63 人死亡,价值 20 万两银子的货物损失,这是中国近代史上第一次重大的海难事件。事发后,担文受轮船招商局的委托担任原告福新轮的法律代理人,将澳顺轮告上法庭。由于作为被告的澳顺轮是一艘英国船,所以此案由英国高级法院审理。在经历了两次海事法庭调查后,法院于同年 5 月 20 日正式开庭审理此案。当时担文与埃姆斯为原告方律师,另外两位英国律师为被告方律师。辩论过程很复杂。经过担文等人的努力,法庭最后裁决被告赔偿招商局 42000 两,并支付受难者家属抚恤金共 11000 两。参见陈同:《变迁社会中的上海律师》,香港中文大学博士学位论文 2005 年。

1894 年，英国在华高级法院有意聘用担文署理律政司，英国在华商会上海分会致函英国驻沪总领事哈南，请他代电英国驻北京公使，"请缓派担文为上海律政司"，并写信给担文，将他们的看法告知他。1 月 24 日该商会召集董事特别会议，专门商讨有关担文任命的问题，主持这次会议的阿加利银行经理坎普贝尔提出以表决的形式通过决议，将上海分会的意见传递给英国政府的相关部门，以阻止这一任命。他认为，担文署理律政司会损害英国在沪乃至在中国的利益。参加会议的有 60 人。其中，兆丰洋行经理霍克说：

> 此次会议强烈反对提议担文署理律政司，因为这样会损害在华英国公民的利益，而本商会的主要目的就是要维护和促进这一利益。……就资格来说，我应该忽略现时政府的从业人员，而十分密切地关注那些影响英国利益的法律顾问。在这方面，担文有什么样的资格呢？在此我并不想就他作为一个律师的能力提问，他毫无疑问因敏捷、锐利而声誉卓著，但这还不够。就任何一个给英国当局提供意见而影响英国利益的人来说，如果他不能从英国的观点出发处理事务，那么我们就有权希望他公正地去解决这一问题。然而在长时间里，每当本地利益与英国居民利益发生冲突时，担文总是认同于前者。这就是我们要制止任命担文的一个充分的理由，大家大概都会同意这样说。[1]

据说会上有十多人举手赞同阻止对于担文的任命。结果，担任律政司这一职务的不是担文而是另一位英国律师。

消息传出，上海的中国商民颇为震动，钱业、茶业、丝业、洋行业、装船业、土业等行业的重要成员联名上书上海道台聂缉椝，表示他们的忧虑，并寻求解决办法。聂缉椝在上报南洋大臣刘坤一的文书中说：

---

[1] "Mr. Drummond's Appointment", 26 Jan., 1894, *The North-China Herald*，转引自陈同：《变迁社会中的上海律师》，香港中文大学博士学位论文 2005 年。

担文的署缺与否姑且不论,而此次公会之举动实与华人大有关碍。查中国自与各国通商以来,于交易一端,华人往往有受亏情事,历年来稍能与之抗理者全恃有律师得为华人秉公申诉。现该公会所议若行,将来华人与有英人交涉案件,凡为律师者万不敢替华人秉公申诉,据理剖析。是则华人之屈抑此后将永不得伸,中国商务之利益必日见败坏,大局关系诚非浅鲜。为此,公同具陈,叩求转禀南北洋商宪,咨请总理衙门照会英国驻京公使,并电咨我国驻英大臣与英国外部计议,俾不致有损中国利益。[1]

总理衙门给英国驻华公使去信,表示华洋商人涉讼向延律师代剖,以期两得其平,假如担文律师因为代华人秉公办案而任职受阻,"使华人受屈者不敢再延律师亦再代华人剖晰,殊非会审公平之道",要求英国妥善处理此事。当然,中国官绅的态度最终并没有改变律政司的人选。

中国通

上海外侨中,有一些人对中国文化很有研究,比如艾约瑟与伟烈亚力。

艾约瑟(Joseph Edkins,1823—1905),英格兰人,毕业于伦敦大学,1847年被伦敦会立为传教士,翌年受派来上海,协助麦都思传教。1856年麦都思离任回国后,继任墨海书馆监理,主持该馆编辑出版工作。1875年获爱丁堡大学神学博士学位。除19世纪60年代去天津、北京开辟教区,80年代在北京被总税务司赫德聘为翻译外,一直在上海活动。曾与李善兰等合译《格致西学提要》《光论》《重学》等书。他曾应总税务司赫德之嘱,历时五年,翻译、编写《西学略述》等西学启蒙课本16种,由总税务司署印行,1886年出版。李鸿章为其作序,称"其理浅而显,其意曲而畅,穷源溯委,各明其所由来,无不阐之理,亦无不达之意,真启蒙善本"。曾纪泽称赞此书:"探骊得珠,剖璞呈玉,遴择之当,实获我心,虽曰发蒙之书,浅近易知,究其所谓深远者第于精微条目益加详尽焉能耳,

---

[1]《光绪三十年四月三十日收南洋大臣刘坤一文》,台湾近代史所藏档案《钦命总理各国事务衙门清档》。

实未始出此书所纪范围之外,举浅近而深远寓焉,讵非涉海之帆樯、烛暗之镫炬欤!"[1]他对中国的宗教、语言都颇有研究,著有《中国的宗教》《中国的佛教》《中国在语言学方面的成就》等英文著作。

伟烈亚力(Alexander Wylie, 1815—1887),英国传教士,1847 年受伦敦会派遣来沪,协助管理墨海书馆译书,1862 年回国。1863 年作为大英圣书公会代理人再度来华,1868 年参加江南制造局翻译馆工作,1877 年因患目疾回英。

他在中西文化交流方面有三大贡献:

其一,翻译科学书籍。他是墨海书馆翻译科学书籍最多的人,合作者有李善兰、王韬等,所译书籍包括《谈天》《西国天学源流》《续几何原本》《数学启蒙》《代数学》《代微积拾级》《重学浅说》,这些书在近代西学东渐史上,都有重要的地位。他还编辑、出版了近代上海第一份中文期刊《六合丛谈》。江南制造局翻译馆初创时,他与徐寿合译过《汽机发轫》。

其二,编写《中国文献记略》。这是他向西方介绍中国典籍的英文著作,19世纪 60 年代出版。此书按照中国图书分类的方法,以经史子集的顺序,介绍了2000 多部中国的典籍。书中的材料主要取自《古今图书集成简明目录》。书中评论了 140 多种已经译成西文的中国书籍,书后列有 13 种大型丛书的目录,附有书名与人名索引。此前,理雅各、王韬曾将中国的四书译成英文,介绍给西方。像伟烈亚力这样系统地将中国文化典籍的以提要的方式介绍给西方,这是第一次。这为西方人了解中国文化提供了一把钥匙。此书出版后,西方学者评论它"确确实实是唯一一本有关中国文献的指南"。

其三,研究中国文化。伟烈亚力对中国科学史下过很深功夫,撰写过《中国算学笔记》《中国指南针》《北京的元代天文仪器》《中国典籍关于日食月食的记录》《中国的石棉》等英文论文,发表在《北华捷报》等报刊上,向西方介绍中国的科学技术成就。他对中国的民族史、社会史、宗教史也下过一定功夫,发表过《故犹太人在中国》《西安府的景教石碑》《居庸关的古代佛教石碑》《中国秘密社

---

[1]　[英]艾约瑟编:《西学略述·曾纪泽序》,总税务司署光绪十二年版。

会》《科举考试》《汉代以后的民族志》等文章。

诤友之言

有些外侨在中国生活既久,对中国了解既深,对中国存在的弊病看得较透,进而提出尖锐的批评,呼吁中国进行变法。其中以花之安、林乐知最为典型。

花之安(Ernst Faber,1839—1899),德国传教士,1865 年受派来华,起先在香港、广东活动,1885 年赴上海,1898 年移居青岛,次年病逝。他在所著《自西徂东》一书中,[1]用很大篇幅、从诸多方面批评了当时中国社会的弊病,涉及吸食鸦片,沉迷赌博,自甘堕落;尊男卑女,妇女缠足;崇信鬼神,好事偶像,相信风水,缺乏科学;奢侈浪费;肮脏混乱;虚伪欺诈;缺乏同情心,不善待癫狂之类残疾人;刑罚酷烈;虐待犯人;贪污受贿。

书中有不少段落,至今读来依然令人汗颜。比如,书中批评当时部分中国房屋、城市肮脏混乱:

> 竟有卑污浅陋,厨房与卧室相连,牖户不通,风气无从疏散,此非借以却病,适足以染病耳。[2]

> 城市街道,多有仅容五尺者,其逼小者更不够五尺。且秽污满地,行人偶感其气息,易生疫病。其逼窄者,毂击肩摩,小民相撞,恒至詈骂斗殴。况有建醮及神像巡游等事,往往士女杂沓,匪人乘机抢夺,无从追问。是知道路之狭隘喧阗,实不如广阔洁净之为佳也。且小民徒求利己,贩卖什物,占踞官街数尺,阻碍行人;且任意堆积,秽污狼藉。[3]

> 恒见街上男女,面垢皮污,不思洗濯,衣霉裤臭,尚且曳娄,不知秽气薰蒸,夏日辄乘汗孔透入,多致风湿之病,且地土俾湿,房室逼仄,墙壁尘污,椅桌垢腻,不思洒扫,以至苍蝇遍地,秽气逼人,无怪省城病人多于乡落也。

[1]《自西徂东》最早连载于自 1879 年 10 月至 1883 年的《万国公报》上,1884 年在香港正式出版,中华印务总局印刷。上海书店出版社 2003 年将其标点出版,本书所引《自西徂东》资料,均见此版。
[2] [德]花之安:《自西徂东》,第 5 页。
[3] [德]花之安:《自西徂东》,第 52 页。

又街道上所食之瓜皮蕉壳，任意抛掷满地，马粪狗矢等类，人恒懒扫，臭秽不堪，更有淤泥之积塞，渠道不修，垃圾之堆积，门前成埠，而烂瓮尿缸，又复遍布通衢。[1]

书中批评当时中国社会虚伪欺诈，首先是官场诈伪。

在上位者，不能真诚以立心，清正以率属，以至幕僚吏胥，皂隶兵差，相率效尤，士农商贾，游艺猎食之徒，无不竞诈伪以愚人，借骗术以惑世。盖在上者，受属员之礼物，故下寮每迎揣上意，而广进苞苴。揆厥由来，非刻剥百姓，奚以得此。至于吏胥皂隶兵差，朋比为奸，互相作弊，借官势以作威，从中索诈，或因微小之事，而声势虚张，或挟平日之嫌，而插赃跳害，或捉影捕风，造假票以恐吓，或无中生有，强附会以欺凌，其在畏法乡愚，鲜不为其蛊惑，即在怀刑庶士，亦难与其争锋。而且两造相争，是非每为颠倒，一事偶失，刑罚任其把持，总之钱财到手，理曲亦属无妨，东道不通，轻枷反为重罪，其诡诈实多端矣。[2]

其次是士农工商各行各业各个阶层都有严重诈伪：[3]

士，欲以文章通显，科场试院，倩枪替者有人，带篮本者亦有人，甚至钱神作弄，关节潜通，幕友家丁，从中舞弊，所以虎榜高登，竟属多金之子，黉宫捷步，非尽饱学之儒。

农，彼其批田而耕，当其领批之时，非不立明每亩输租若干，而纳时多无信实，幸而时岁丰收，或不至过于拖欠。倘遇水潦稍有不均，风雨间有不调，动辄多生枝节，声言减租，纵于田禾无碍，亦必巧言以欺业主，其美者归己，其恶者输租。

---

[1] [德]花之安：《自西徂东》，第144页。
[2] [德]花之安：《自西徂东》，第141页。
[3] 以下关于士农工商医诈伪的资料，参见[德]花之安《自西徂东》，第141—143页。

工，工匠建造楼房，修葺铺户，动于工价之外，多索肉食，名曰"犒工"，稍不如意，则怨詈时闻。不知犒赏乃东人之盛惠，岂能藉以为词，无如口腹是求者，竟相沿以为例，而且浮开工数，以欺主人，滥用灰泥，以饱己橐。即遇英明东主，亦必多方掩饰，百词辩驳，斯其诡诈之心，为何如哉。倘若连工包料，任他所为，其诈伪愈不堪问，虽订立合同之际，凡砖瓦木石，未尝不言明上等之材料，迨至落成相验，竟多错杂不均，此时举以问之，彼反大言以争辩，无他，彼拜诈伪之鲁班为师。汩没其心已久。

商，借贸易为生涯，常思垄断，藉负贩以图利，每尚诈虞，曾亦思市肆行中，虽各物有上下之别，然务必货真价实，交易而退，乃能各得其所。盖时价不同，将本求利，曷怪其欲少获蝇头，惟是公道取财，人皆欢悦，其财乃大，不谓诈伪者。或杂假货，以为射利之阶，或开浮价，以为渔财之术，以至鱼目混珠，碔砆乱玉，徒知肥己，不顾损人，然此可骗人于一时，财利必难多获。况有识者，不受其骗，其何以获利哉。又有金银一项，尤易作伪。夫小民买卖，以银易货，此理之常，而奸巧人，始则杂低伪以相欺，继则混铜铅以相骗，其在卓识者，或不受其蔽蒙，倘遇乡愚，鲜不为其所害，尝见蚩蚩小民，终岁劳苦，始得馀粟馀布，易银以作度岁之资，乃一经诡诈欺瞒，黄金变为废铁，洋蚨反作铅铜，此时此际，度活不能，而浅见者，遂因财而丧命，此诡谲害人，深感痛恨矣。

医，与人治病，先怀谋利之心，有等病本轻，而诡言难治，借恐吓以要挟，令人请其包医，彼遂从中勒索，惟藉丸散疗人疾病，即或不然，亦必声价自高，遇人延诊，则假妆忙样，纵清闲无事，亦必迟之又久，而后出门，其立志甚为卑鄙，明医果有如是耶。至若街头卖药，尤为医等之下流，试观谬捉牙虫，全凭煽骗，诡除眼瘼，一味诈诬，然此不过诳取钱财，而尤未伤乎风化，乃世竟有一等可恶劣医，常在通衢大道，票贴街招，有名曰："兴阳久战膏。"有名曰："双美如意丹。"有名曰："花柳保宁丸。"有名曰："搽痔解毒散。"固已启人淫佚之渐。又自标榜曰："包下私胎。"是令狂童淫妇，有所恃而不恐，皆此鄙陋者，有以滋其弊矣。

花之安总结诈伪的害处：

嗟夫，一人诈伪，则害己害人，而类于魔鬼，已入地狱之门，一家诈伪，则骨肉离索，而有败伦灭纪之患，一国诈伪，则离心离德，君不能信其臣，将不能用其兵，在下者亦不能信赖其上，由是上下相蒙，国事必至偾坏，而不可复救，今试问中国在朝之臣僚，忠诚无伪者几人乎。在野之士庶，诚笃无诈者又几人乎。至于吏胥衙役，只顾私囊，不守公法，真有为鬼为蜮之形，上无以对朝廷，下无以对士庶，而尤不可以对上帝者，其浇风不能转移，已有岌岌殆危之势矣。[1]

林乐知（Young John Allen，1836—1907），美国传教士。1859 年受监理会派遣来华，次年抵上海。1864 年任上海广方言馆英文教习，后任上海公共租界工部局译员。1868 年至 1871 年任《上海新报》编辑。1868 年在上海主编《教会新报》（后改《万国公报》）。1869 年兼任江南制造局翻译馆翻译。1876 年，清政府为表彰其贡献，授予他五品顶戴官衔。1882 年创办上海中西书院。1900 年，监理会决定合并苏州博习书院、宫巷中西书院和上海中西书院，扩建为东吴大学。林乐知为董事长。后病逝于上海。

林乐知在上海活动 47 年。他在文化方面的作为，可分四个方面：

（一）办报。先办《教会新报》，后改《万国公报》，那是戊戌前后中国最有影响力的报纸。

（二）办学。1864 年至 1881 年他在广方言馆教书，其时他是雇员，虽有影响，并不十分突出。他在教育方面的主要业绩，是创办了中西书院。他筹款、造房，拟定章程，聘请教习。那是上海第一所面向富庶家庭、中西并重的新式学校，造就人才甚多。此外，他还倡议创办了中西女塾，支持经元善创办中国女学堂，让他的女儿到中国女学堂担任教习。他是上海提倡女学的积极人物。

（三）译书。他在江南制造局翻译馆译书 8 种，多为史志交涉方面，如《四裔编年表》《列国岁计政要》等，其中最重要的是《西国近事汇编》。他还为广学会

---

[1] ［德］花之安：《自西徂东》，第 143—144 页。

译书、编书十余种,其中最有影响的是《中东战纪本末》《文学兴国策》。

(四)政论。以上三项,林乐知做得都相当出色,影响都很大。但是林乐知最突出的一点,是他对中国的积弊和变法问题所提出的政论。这不但表现在他主持的《万国公报》,发表了难计其数的此类文章,更体现在林乐知本人著述中。最突出的是《中外关系略论》与《中东战纪本末》。

《中西关系略论》1875年写成,翌年发表。林乐知从世界大背景入手,以中西比较的方式,具体指出中国较英美等国的落后之处以及落后的程度,提出中国处理中西关系应该注意的若干重大问题,提了许多变革的建议,诸如中国欲求富强,必须发展工业、商业,造铁路,通轮船,开矿,采煤,办电报局、公信局,改良教育,培养人才。对于中国落后方面,他批评得相当尖锐。他的笔墨重点落在三个方面:迷信、鸦片、科举。他以科学与迷信对比,认为科学兴则迷信灭,科学衰则迷信盛。"格致之理明,而风水之说不待辨而自息矣。"懂得雷电的道理,就不会相信雷公之说,懂得磷火的原理,就不会相信鬼火。对于鸦片之害,林乐知不但一般地说明了鸦片对人体健康、对国家经济、对社会风气的破坏作用,而且试图从中西文化的差异方面,说明这个问题:"东人性近于静,迷于鸦片者恒多,而静中之物,鸦片之累为最深。西人性近于动,迷于酒者恒多,而动中之物,酒之累为最重。"这种将人们的嗜好与文化特性加以综合考虑的论述方法,虽有些片面,却依然能启发人们的思考。对于中国科举制度,林乐知批评的着眼点是学问与实事的关系。他认为,科举制度的最大弊端是一个空字,言大而夸,不切实际,结果导致国家败弱。他认为,这与中国多年来形成的今不如古、尊祖法古的历史观、文化观有直接关系:

> 外国视古昔如孩提,视今时如成人;中国以古初为无加,以今时为不及,故西国有盛而无衰,中国每颓而不振;西国万事争先,不甘落后,中国墨守成规,不知善变,此弱与贫所由来也。[1]

---

[1] [美]林乐知:《中西关系略论》卷二,第20页。

这些见解,如果发表在辛亥革命前后或者五四时期,那一点也没有什么了不起,那时持这种意见的新派人物多得是。但是,林乐知发表这一意见的时间是 1876 年,是戊戌变法的二十年以前。那时,《盛世危言》《新政真诠》《变法通议》《仁学》,统统都还没有影子。相反,我们在《盛世危言》等书中倒能看到林乐知见解的影子。

《中东战纪本末》是一部大书,出版于 1896 年。在这部书本,林乐知对当时中国国民性进行了相当系统、细致而深入的批评。他从八个方面进行讨论:

其一,骄傲。中国的声名文物,历史上确实曾经远远超过周围的东夷西戎南蛮北狄,这酿成了中国尊己轻人之弊,直至今日,有告以他国之善政者,仍然不是说"戎狄何如",便是说"中华不尚"。

其二,愚蠢。读书人少,旅游人更少,多数人不明世界大势,即使是受过教育的儒生,亦缺乏天文、地产、物理等方面的常识。

其三,胆怯。行事不思进取,不敢冒险,即使遇到日月薄食、风雷之变,亦不敢研究其理,而奉为神明,相率儆戒。

其四,欺诳。不说实话,互相欺骗,任意铺张,凭空杜撰,遇到战争,军书旁午,尽成官样文章,欺上瞒下,支离掩饰。

其五,暴虐。法庭之上,正常刑讯之外,别作非法刑具,甚至草菅人命。军中将帅之待部曲,有如草芥,对伤兵病卒,既无军医专治,对死去之人,更乏善后措施,新鬼烦冤,旧鬼号哭。

其六,贪私。人各顾己,不顾国家,无论事之大小,经手先欲自肥,甚至军火要需,敢以煤炭代药,豆粒充弹,终酿败亡之祸。至于官吏之盘剥百姓,将校之克扣军饷,更是司空见惯。

其七,因循。做任何事情,只知拘守旧章,不愿因时变通。

其八,游惰。空费光阴,虚度日月,京官有逐日藉词乞假者,地方官员甚至有在军务倥偬之际演戏举觞者。

林乐知认为,这八大弊端,互相联系,互相影响,骄傲必入于愚蠢,愚蠢则流于怯懦,怯懦必工于欺诳,暴虐则忘仁爱,贪私必昧于公廉,因循则难于振作,游惰又怎能忠敬!

对于林乐知的批评,同时代的王韬给予很高的评价,认为这些都是十分善意的批评,"务欲牖我之聪明,祛我之鄙惑,增我之识见,其有益我中国非浅鲜矣。"[1]

林乐知作为一个外国人,对中国国民性的缺陷作了那么不留情面的批评,他不怕中国人不理解而反感吗,不怕他的中国朋友难以接受吗? 他当时是怎么想的呢? 他在书中有一段自白:我作为一个美国人,寄籍中国近四十年,经历过太平军的战争、英法联军战争、中法战争和最近的中日战争;我曾环游地球三次,到过各大国京城,于世界各国新政有所考察;在中国,我曾南至广东,北至蒙古,于中国风土人情,留心多年,对中国目前处境,有感于怀,不得不说:

> 仆于中国诚知之深而爱之至也,不谓自初来以迄于今,中国内治外交,无一事出人头地,而且江河日下,岁月骎骎,流极既衰,日本难作,向不甚以荣名显者,到此而竟以辱名显;向不甚以上等称者,到此而竟以下等称。呜呼噫嘻,寄籍之久,关心之切,如鳏生者,尚忍代为讳疾忌医,而坐视沉疴之中于膏肓哉!

他在此书序言中也表达了自己的心迹。他说,胜负本为兵家常事,关键是如何对待胜负,得当,负可变胜,不当,胜亦会变负。甲午战败,创巨痛深,正是中国幡然变法、转弱为强的契机。他,作为一个美国人,译编此书,正是为了促进中国的变法:

> 余美国人也,而寓华之日多于在美之年,爱之深不觉其言之切。且余传道之士也,爱本国之人而冀其永言配命,自求多福,即推四十五邦之福,冀广诸四百余兆之民,语不厌其冗长,心弥觉其郑重,今为此书,又岂有私意哉![2]

---

[1] 王韬:《中东战纪本末·序》,手迹影印,《中东战纪本末》前附。
[2] [美]林乐知:《中东战纪本末·译序》,《中东战纪本末》前附,广学会 1896 年版。

当时的士大夫并没有曲解这位西儒的良苦用心,对他的逆耳之言也没有表示反感。孙家鼐的评价可作为一种代表:

> 林乐知先生人品端方,学问深邃,愚亦久闻其名。寄来《中东战纪》、《文学兴国策》二书,流览一过,其于中国之病源,可谓洞见症结,此中国士大夫所不能知、知之而不敢言者,林牧师皆剀切指陈,在国家可谓忠荩之臣,在朋侪可谓直谅之友,能不钦之敬之、爱之重之![1]

益友之德

外侨当中,由了解中国而热爱中国、帮助中国者不乏其人,前述内山完造应该算一个。最典型的是傅兰雅、雷士德与路易·艾黎。

傅兰雅(John Fryer, 1839—1928),英国人,1861 年受教会派遣来华,在香港任圣保罗书院院长。1863 年赴北京,任京师同文馆教习。1865 年到上海,任英华书院校长,次年兼任《上海新报》主笔,撰写时论文章。1868 年 5 月,脱离教会,受聘为江南制造局翻译馆编译,任职达 28 年。译书之余,兼任上海广方言馆教习、《格致汇编》主编,并参与创办格致书院,担任益智书会总编辑,编写科学入门书籍。为晚清来华传教士中传播西学最著者。1896 年辞职赴美国加州大学任教。1911 年,捐资创办上海盲童学校。1928 年,命其子傅步兰到上海,在曹家渡又办一所盲童学校。同年,在美国病逝。著有《中国教育名录》《中国留美学生获准入学记》等。

傅兰雅 1861 年来华,先后在香港、北京教书,1865 年到上海,直到 1896 年去美国。他在上海首尾达 31 年之久,一生中最宝贵的年华都是在上海度过的。

---

[1] 孙家鼐:《覆龚景张太史心铭书》,《万国公报》第 91 册,1896 年 8 月。"直谅之友",语出《论语·季氏》:孔子曰:益者三友,"友直,友谅,友多闻,益矣",泛指正直、信实的朋友。这年广学会年会曾谈到孙家鼐的反映:官书局主管孙家鼐和他在上海的亲戚龚太史,就这本书的优缺点作的一次讨论。这次讨论非常有意思,这位主管对该书作者作了这样的赞语:"作者非常熟悉中国的一些缺点,中国学者不是没有看到这些缺点,就是不敢讲他们的想法。林乐知博士对这些缺点描述非常详细,他讲时就象自己是中国的一个忠诚臣民,朝廷的一个真正朋友,为此,他应该受到尊重、厚爱和崇敬。"参见《广学会年报》,第九次(1896 年),《出版史料》1990 年第 3 期。

他在上海所从事的文化工作,可以分为以下几项:

(一)译书。傅兰雅是江南制造局翻译馆最重要的译员。他在那里工作28年,译书77种,占全馆译书三分之一以上。他对翻译馆擘画最多。翻译所用西书,多由其从英国订购;译书计划,他提供了许多意见。他在翻译过程中,与徐寿等人共同确立了一整套译书原则。译名的确定,新名的创造,中西译名对照表的编成,他都起了主导作用。

除了为江南制造局译书,他还挤出时间另外译书,包括为益智书会译书。据统计,傅兰雅一生共译书129种,涉及基础科学、应用科学、军事科学、社会科学等各个方面。这些西书,相当一部分有比较高的学术价值。他所翻译的化学系列、国际法系列书籍和政治学书籍,都是19世纪中国所译西书中最有学术价值的部分。

(二)教书。傅兰雅是上海最重要的外语培训班英华书院的创始人,他是首任校长和教习,一切重要规章制度均出自他手。这个学校,不知道培养了多少像郑观应这样的粗通西文的人才。傅兰雅是格致书院最主要的西学教习,也是最重要的西人董事,从创办到制订教育计划、安排教学课程、聘请专家来校讲学,他都作了很大努力。

(三)编书。主要是编教科书。傅兰雅是益智书会总编辑。这个机构成立于1877年,其主要工作是编写教科书。傅兰雅独自编写了42种,包括《格致须知》和《格物图说》等丛书,还有几十种教学挂图和图说。傅兰雅单独翻译的一些西书,经益智书会认可,也被列入了教科书。其中影响较大的是卫生学方面的译作,《化学卫生论》《居宅卫生论》《延年益寿论》和《治心免病法》,是晚清介绍化学卫生、环境卫生、营养卫生、心理卫生的开风气之先的译作,在当时影响相当广泛;《孩童卫生编》《幼童卫生编》和《初学卫生编》,则是19世纪末各种学校进行卫生教育的必读书。这些新式教科书,从形式到内容,对晚清教育界影响都相当广泛。

(四)编辑报刊。从1865年至1868年,傅兰雅当了三年编辑,负责上海第一家中文报纸《上海新报》的编辑工作。从1876年至1892年,傅兰雅断断续续编了16年的《格致汇编》,那是中国第一家专门性的科学普及杂志。

（五）捐建上海盲童学校。1911 年 3 月,已定居美国的傅兰雅捐银六万两,创建上海盲童学校。学校最初设在北四川路,1912 年正式开学。这是中国第一所正规盲童学校。1915 年,因原址逼仄,迁至爱丁堡路(今虹桥路)。为了开展中国的盲童教育,他编写了《教育瞽人理法论》一书,介绍欧美等国盲人教育情况,美国免瞽会的发展,盲文及其学习方法,预防、医治幼儿眼病的知识。为了帮助上海的盲人教育,他命儿子傅步兰在美国学习盲童教育,然后将他派到上海。傅步兰后来担任上海盲童学校校长。

1915 年,已经退休的傅兰雅,在美国家中接待赴美参加博览会的黄炎培,说了一番颇为动情的话:

> 我几十年生活,全靠中国人民养我。我必须想一办法报答中国人民。我看,中国学校一种一种都办起来了。有一种残废的人最苦,中国还没有这种学校,就是盲童学校。[1]

他在中国办盲童学校,派儿子到中国教育盲童,就是为了报答中国人民。

傅兰雅知识广博,勤奋好学,为人随和,诲人不倦。在 19 世纪后期的上海,他是公认的西学大师。南洋水师学堂举行西学考试,他两次前往主持。南洋公学创办,他是总教习的首位人选(后未成功)。人们遇到有关问题,总爱向他请教。他所在格致书院,成为解答西学问题的咨询中心。他与中国西学专家徐寿、华蘅芳是好友,与王韬是同事,郑观应是他的学生,谭嗣同是向他求学的后辈。与他在西学方面进行交流切磋的中国学者多得不可胜记。

雷士德(Henry Lester, 1840—1926)是英国商人。成千上万英美商人中,他特立独行,卓尔不凡。

雷士德于 1840 年 2 月 26 日出生于英国南安普顿,青年时在伦敦的一所大学攻读建筑学,1867 年来沪,成为进入上海最早的建筑师之一。他在工部局工

---

[1] 黄炎培:《八十年来》,文史资料出版社 1982 年版,第 74 页。

作 3 年,合同期满后,加入房地产行业,主要业务是建筑设计和地产买卖,不少有名建筑的设计出自其手,如招商局码头、字林西报大楼、电力公司大楼等。1878—1883 年任法租界公董局董事、副总董,公共租界工部局董事。他投资房地产,渐成上海地产大户。他在上海南京路上占有的地产,1896—1899 年居第三位,仅次于沙逊家族与汉璧礼,1924—1933 年升到第二位,共有地皮 8 块,面积 35 亩余,仅次于哈同,超过了沙逊家族。20 世纪 30 年代,雷士德是上海炙手可热的巨富,总资产超过 1400 万两白银。

与一般富商比起来,雷士德似乎有点怪异:

他生活俭朴,不尚奢华。不置豪宅,连一般的花园洋房也不住,而是长期居住在英侨总会的单身宿舍里;不买轿车,上下班坚持搭乘电车或安步当车,尽管在上海滩高档轿车是高贵身份的标志。终身未娶,日常生活极其简单,据说多年不曾买过一条领带或一件衬衫,专靠一个同事把自己穿旧不用的衣物接济他。虽为上海总会最老会员之一,但极少踏进总会酒吧间,除非在圣诞之夜,那是总会做东免费款待会员的。每天下班前他的例行公事是检查所有办公室的电灯是否关好。他像一个只知春播秋收、终年劳碌、从来不肯进城消费的农夫,又像一个勤勤恳恳、恪尽职守的管家,一点也不像腰缠万贯的富豪。

假如他将多年赚取的钱财,建豪宅,买名车,花天酒地,一掷千金,那么,他在历史上的地位,就是哈同第二。

假如他将多年赚取的钱财,建公司,扩产业,席卷而去,遗传子孙,那么他在历史上的地位,就是无数冒险家中的一员,是沙逊第二,没有什么耀眼之处。

但是,他没有这么做。

1926 年,他在生命的最后阶段,做出了惊世骇俗的决定:将所有遗产留在上海。他在遗嘱中,规定其资产捐赠用于以下目的:少量遗产赠予个人;现金赠予一些慈善团体,以照顾盲人、贫民、需要救济的和无处栖身的儿童;赠予华人医院一大笔资金,以维持他们为贫民免费服务;一笔较小的资金赠予另一医院,以帮助所有国籍贫民;用于圣三一教堂附属学校的重建。他的遗嘱特别规定,除了上述用处之外,余下的全部资产建立雷士德基金,用于承担下列任务:其一,建立四年期的奖学金，帮助上海儿童进入达到大学预科水平的上海学校；其二，捐赠建立能容纳 300 人以上的雷士德学校，对中外学生开放，特别对中国学生；其三，捐赠建立雷士德医药研究院(现医药工业研究院)和雷士德工程研究院(原址现为海员医院)，用以吸收任何国籍的学生，特别照顾中国学生。根据他的遗嘱，接受赠款的单位有虹口华德路圣路加医院、忆定盘路中国盲人院、董家渡穷苦小姊妹会、虹口黄包车夫会、南市穷苦精神病院。根据其遗嘱，5 万两银子被用于建立雷士德奖学金，面向在上海就学的所有国籍、无论宗教信仰的 14 岁以下的男女学生。

他捐助、关注的对象，主要是贫病幼弱群体，受惠的主要是教育、医学、慈善、儿童、穷人、病人。以他的捐款建立的雷士德工业职业学校和雷士德工学院，培育了近千名学生，闻名遐迩。

他热爱中国，热爱上海。他在遗嘱中深情地写道："在将近六十年中，我主要和永久的定居处一直在中国的上海，现在如此，以后也将如此；很久以前，我就选择中国作为我的户籍。"

路易·艾黎[1](Rewi Alley，1897—1987)是新西兰人，参加过第一次世界大战，立过战功，1927 年来到上海。他在工部局工作，历任消防处小队长、消防处工厂督察长，负责检查租界工厂的防火措施。他在上海首尾 11 年，直到 1938 年离开。

朴素的人道主义情怀，使艾黎对中国劳动人民的悲惨处境心生同情。

首先，上海社会巨大的贫富差距，让艾黎感到无比吃惊："除外国人居住区一般生活水平很高外，城市里似乎到处都有乞丐。我每日吃住所在的地方，有着豪华的俱乐部、时髦的汽车、训练有素的仆役。但是，我整天的工作和感情生活，却是消磨在绝大多数中国人居住的街巷里。那里一家人只住小小一间房，街巷两边摆着一排排的马桶。"[2]上海工人工作环境之恶劣，特别是缫丝业童

[1] 关于路易·艾黎与上海城市关系的研究，参见拙文《近代上海城市集聚与文化洪炉效应——以路易·艾黎为个案》，《上海社会主义学院学报》2023 年第 1 期。
[2] 《艾黎自传》，外文出版社 2003 年版，第 37 页。

153

工所受的折磨,更让他难以置信:许多孩子不过八九岁,每天要在煮茧的大槽前站 12 小时。他们手指红肿,两眼布满血丝,眼皮下垂。工头手里拿着 8 号铁丝做的鞭子,在一排排童工背后来回走动。不少童工因遭工头痛打而哭叫。[1]

其次,许多工厂的环境污染,让艾黎无法容忍:搪瓷厂里锑中毒,制作电池铅板时的铅中毒,是两大工业公害。"那些日夜站在抛光盘前的孩子,他们疲惫不堪,手脚上沾满了金刚砂粉、汗水和金属粉末,真是可怜!他们在无盖的铬缸旁操作,周围没有排除含毒水气的装置。伤口腐蚀到肉里,手脚上有一个个铬孔,在那种糟糕透顶的劳动条件下几乎是治不好的。"[2]由于安全措施很差,事故经常发生。一家赛璐珞厂里没有适当的排气装置,空气中充满粉末,极易引起火灾,一次事故竟死了 90 人。锯木厂里,电锯没有防护设施,一个工人的身体被拖进机器,从头到脚被劈成了两半。[3]

再次,罪恶的包身工制度,令艾黎永难忘怀。一些包工头是地痞流氓,秘密社团青帮的成员。他们把妇女从贫困的农村地区买来,运到包工头家里,让她们在纱厂劳动,与开妓院的地痞联系,选面貌较好的女工,送入妓院。

以督察工厂安全生产为职志的艾黎,亲历这些恶劣的工作环境与频发的事故,目不忍视,痛心至极。他曾与有关单位磋商、交涉,要求改良工作环境,改善工人待遇,避免或减少事故,尽管也有所改善,但收效甚微。

艾黎利用假期,到中国各地旅行、考察。中国的壮丽河山、悠久文化,令艾黎着迷、欣慕;随处可见遍野哀鸿,时常发生的旱涝灾害,令他震撼、同情;帝国主义对中国的野蛮侵略,反动军阀和地主资本家对劳动人民的残酷剥削,令艾黎愤怒;中国人民勤劳善良的品格、敢于斗争的精神,则令艾黎钦佩。

艾黎起初来到上海,并没有久住的计划,但在华一段时间以后,上海以及全国各地社会惨状的刺激,驱使他定居下来,为改变这些不平等、不人道状况,尽自己一份力量。于是,他由朴素的人道主义,上升为崇高的国际主义。经宋庆龄等人引导,艾黎参加了由美国左翼记者史沫特莱(Agnes Smedley)、德国左翼

[1][2]《艾黎自传》,外文出版社 2003 年版,第 38 页。
[3]《艾黎自传》,外文出版社 2003 年版,第 40 页。

学者汉斯·希伯(Hans Shippe)、美国医生马海德(Shafick George Hatem)等人组织的国际性马克思主义学习小组，并成为主要成员。他们深入大街小巷，调查并揭露广大贫民悲惨生活状态。他们支持中国共产党与进步人士所开展的革命斗争。艾黎在自己的寓所，隐蔽、保护遭受追捕的中共地下党员；秘密装设电台，以便共产国际中国组织与正在长征的红军保持通信联系。他用自己的汽车、后来用工部局消防队汽车，帮助中共地下党转移人员、传送情报，帮助宋庆龄处理许多具体事务，包括秘密转移武器。他还跋涉于西安、太原、北京与上海之间，帮助中共地下党兑换货币，购买紧缺药品与医疗器材。1938年5月，艾黎正式辞去待遇丰厚的上海工部局工业督察长职务，全身心地投入"工合"运动。从1938年至1942年，他奔走大半个中国，将各地工合组织发展到1500个，援助了20多万失业者和难民，产品供应军需与民用。20世纪40年代，他在甘肃省山丹县创办培黎工艺学校，培养了一批能吃苦、讲实干的技术人才。1949年后居住北京，主要从事写作，向全世界介绍和宣传新中国。1987年12月27日，艾黎在北京逝世，邓小平为他题词："伟大的国际主义战士永垂不朽。"

艾黎是路见不平拔刀相助的勇士，近代中国极端的贫富两极分化，帝国主义的野蛮侵略与掠夺，反动当局的残暴与腐败，让他接受马克思主义，毅然走上革命的道路，为中国人民的革命与建设事业，奉献了毕生的精力与才华。正是在近代上海城市集聚与文化洪炉的强烈作用下，艾黎改变了人生轨迹，改变了政治信仰，让自己的生命绽放出特别的光彩。

五、 求真择善与跟风趋时：西物·西医·西餐

　　租界西人将其在母国的生活方式带到上海,将其在西方的生活用品、科学技术、风俗习惯带到上海,其中许多方面与中国原有一套很不相同。中国居民在诧异之余,在审视、比较、思考,也在一些方面见贤思齐,择善而从,比较突出地表现在西物、西医方面。效法西方也有跟风趋时之处,从看上去声势颇大到后来复归于起点,西餐即一例。

1. 西物输入, 至广且速

　　上海开埠以后,西方物质文明输入是多方面的,从生产工具、军事器械到日常生活用品,从坚船利炮、洋火、洋皂到电灯、电话、煤气、汽车、自行车、电风扇、留声机,不胜枚举。下面仅就照明、自来水以及一些市政设施的引入作一讨论。

　　照明方面。开埠以前的上海,居民的照明用品,在室内是油灯,所用之油主要为豆油或菜油,在室外,有钱人家行路用灯笼,内燃蜡烛。一般居民、客商行路则在黑暗中摸索。个别繁盛之处设有所谓"天灯",但所照范围极为有限,故入夜以后便漆黑一片。西人寓沪以后,始用火油灯。火油灯较之豆油灯,价廉,光亮,一盏火油灯可相当于四五盏豆油灯。所以洋人使用于前,华人便继用于后。到 19 世纪 70 年代中期,上海已有五六家由广东人开设的商店,专门制造、出售玻璃火油灯。到 80 年代初,上海城市店铺皆改蜡烛为火油灯,渐而乡镇大户、会计之房、读书之案,无不灿列玻璃之器,而火油之用遂滥。租界辟设之初,

清末上海街头随处可见路灯、自来水等西来之物

西人燃点街灯的燃料也是火油,街灯远近疏密相间,悉以六角玻璃为之,遥望之灿若明星。

火油灯较之豆油灯,其优越性不言而喻,但是由于火油易于起火等原因,上海道台曾在19世纪80年代发布告示,禁止县城居民使用。内称:火油最易引火,点用之时,稍不得法,立时火焰飞腾,扑灭不及,屋物顷刻成灰,邻居同为焦土,使用火油,实属贪小失大,害己损人,要求此后"不准再用火油点灯,亦不得将整箱火油收藏屋内,致有不测之险",倘有不知自爱,定即从严惩办。[1]这种因噎废食的禁令,自然遭到人们的抵制,没有产生什么实际的效果。

从19世纪60年代中期,上海照明进入煤气灯阶段。1864年3月,上海第一家煤气公司大英自来火房开张,厂址初设汉口路,后迁新闸路。1865年10月8日,这家公司制成煤气灯,在高易洋行及其他洋行内试用。12月18日,大英自来火房在南京路正式点亮第一盏煤气灯。此后,英美租界其他主要街道陆续

[1]《禁用火油点灯示》,《申报》1882年3月18日。

装上煤气灯。到 1881 年,英美租界内已有煤气路灯 489 盏,其中英租界 351 盏,美租界 128 盏,静安寺路 10 盏。

英美租界大英自来火房成立后,法租界紧随其后。1865 年 1 月 16 日,上海法商自来火行成立,厂址在八仙桥,1866 年 8 月 15 日,法商自来火行试装煤气成功。到 1867 年 3 月,法租界公馆马路、科尔贝尔路、辣厄尔路、孟斗班路、洋泾浜沿岸马路一带均装上了煤气灯。

煤气灯较之火油灯、豆油灯,更加光亮、便利,使用时只要拧转开关,点亮即可,而不用像火油灯那样要不断向灯盏内添油。租界普遍点上煤气灯,这给上海城市面貌带来很大变化。入夜以后,火树银花,光同白昼,上海成了名副其实的不夜之城。时人有词咏叹道:

> 凿地为炉,积炭成山,辉耀四溟,爱玲珑百窍,一齐吐焰。周围三十里,大放光明。绛蜡羞燃,银蟾匿彩,海上如开不夜城。登高望似战场,磷火点点凝青。休夸元夕春灯,有火树银花顷刻生。看青藜悬处,千枝列炬,黄昏刚到,万颗繁星,雪月楼台,琉璃世界,游女何须秉烛行!吾何恐,恐祝融一怒,烈焰飞腾。[1]

煤气灯起初主要用于洋行和街道,后来行栈、铺面、茶馆、戏楼以及居家,竞相使用。这为夜市繁荣提供了必要的条件,使上海的夜景变得分外美丽。19 世纪 70 年代,上海人评沪北十景,其中之一就是"夜市燃灯"。喜欢舞文弄墨的文人见此旷古未见的洋玩意,浩叹不已,不知道写了多少诗词歌之咏之:

> 电火千枝铁管连,最宜舞馆与歌筵。
> 紫明供奉今休羡,彻夜浑如不夜天。[2]

---

[1] 滇南香海词人:《洋场咏物词四阕·调倚沁园春》之一,《申报》1872 年 9 月 4 日。
[2] 古月山房薪翘氏:《沪北十景》之九,《夜市燃灯》,《申报》1873 年 2 月 7 日。诗中"电火"指煤气灯而非电灯,此时上海还没有出现电灯。

西域移来不夜城，自来火较月光明。

居人不信金吾禁，路上徘徊听五更。[1]

竿灯千盏路西东，火能自来夺化工。

不必焚膏夸继晷，夜行常在月明中。[2]

活火燃千朵，明星炯万家。

楼台春不夜，风月浩无涯。

欲夺银蟾彩，真开铁树花。

登高遥纵目，疑散赤城霞。[3]

谁知铁树竟开花，谬语当年信不差。

凿地金莲生万朵，烛天银粟照万家。

辉光灿烂欺明月，烟焰迷离夺彩霞。

一路笙歌常彻夜，楼台为尔更繁华。[4]

申江好，地火最光明。

漏转铜龙夸不夜，花开铁树照深更。

比月更澄清。[5]

1882年，上海租界的照明设施又跨上一个新台阶，电灯开始问世。同年4月，上海电光公司创办。7月26日，该公司在英美租界装成弧光灯15盏，包括电光公司门内外两盏，虹口招商局码头四盏，礼查旅馆附近四盏，公家花园内

［1］ 鸳湖隐名氏：《洋场竹枝词》第二首，《申报》1872年7月12日。
［2］ 海上逐臭夫：《沪北竹枝词》，《申报》1872年5月18日。
［3］ 芷江：《洋场四咏·地火》，载《沪游杂记》，第49页。
［4］ 《洋场咏物诗·地火》，《申报》1872年8月12日。
［5］ 袁祖志：《望江南》，载黄式权《淞南梦影录》，上海古籍出版社1989年版，第142页。

外三盏,美记钟表行门前一盏,福利洋行门前一盏。是晚 7 时,15 盏电灯一齐放明,据说每盏电灯亮度可抵烛炬两千个。这是上海第一次亮起电灯,故人们对其赞叹不已。报载:

> (是晚天气晴和,各电灯点亮后)其光明竟可夺月。美记钟表行止点一盏,而内外各物历历可睹,无异白昼。福利洋行亦然。礼查客寓中弹子台向来每台须点自来火四盏,今点一电灯而各台无不照到。凡有电灯之处,自来火灯光皆为所夺,作干红色。故自大马路至虹口招商局码头,观者来往如织,人数之多,与日前法界观看灯景有过之无不及也。[1]

随后,上海电光公司在工部局支持下,逐渐将英美租界街道的煤气灯置换为电灯。到 1897 年,上海两租界基本普及电灯。

电灯之原理,今日中学生皆能言其详,但在一个世纪以前的上海,人们对这个新事物可是莫名惊诧:

> 泰西奇巧真百变,能使空中捉飞电。
>
> 电气化作琉璃灯,银海光摇目为眩。
>
> 一枝火树高烛云,照灼不用蚖膏焚。
>
> 近风不摇雨不灭,有气直欲通氤氲。[2]

煤气、电灯都是舶来品,在上海推广过程中,曾遇到意想不到的阻力。对于煤气灯,"其最可笑者则云地火盛行,马路被灼,此后除衣履翩翩之富人,脚着高底相鞋,热气或不至攻入心脾,若苦力小工,终日赤足行走马路者殆矣云云。又该厂设在今垃圾桥南塊,一般苦力相戒无蹈其地,以为该处路面必较他处为尤

---

[1] 《电灯光灿》,《申报》1882 年 7 月 27 日。
[2] 龙湫旧隐作,参见黄式权《淞南梦影录》卷四,第 144 页。

热也"[1]。这是由于对煤气制造原理一无所知而产生的误解。

电灯出现之时,也遇到过与煤气相似的命运。一个小小的灯泡,开关一揿,竟会发出炽眼的亮光,真是莫名其妙!"国人闻者以为奇事,一时谣诼纷传,谓为将遭雷殛,人心汹汹,不可抑制。当道患其滋事,函请西官禁止。后以试办无害,谣诼乃息。"[2]世人为什么会将电灯与雷殛联系在一起呢?报纸没有记载。笔者揣度,人们很可能是将电灯之"电",与自己信奉的雷公电母连在一起了,未经天公允诺,擅自取电照明,自然会遭雷殛。此外,还有一些人表现出对电灯的另一种不理解。他们不知道电灯发光的原理,以为"电火"也是火,与炭火、木材之火无异,故有人伸出长长的旱烟杆在电灯上点烟。电灯在租界使用以后,上海道台也曾经发出华人禁用电灯令,理由是电灯有患,如有不测,焚屋伤人,无法可救。

电灯较之豆油灯、火油灯乃至煤气灯,其优越性显而易见。十几年以后,上海华人终于起而使用电灯。1898 年,南市马路善后工程局委托英商怡和洋行,筹备南市外马路安装电灯事宜,同年电灯开始启用。再后来,电灯与时俱进,霓虹灯也出来了,并且成了街市繁华的象征。

饮水方面。上海远山近海,居民用水一向取汲于黄浦江。城内河渠浅狭,居民皆乘涨潮时汲取。其时,黄浦江已水质浑浊,很不宜于卫生。城内河渠两岸堆积许多垃圾及其他不洁之物,民用污水亦倾入河中,水质很差,"每值潮汐涨而未满、退而未尽,担夫争水,水仅没胫,其色如墨,故饮之者非浸淫而患湿,即薰蒸而成疾,流毒何可胜言!"[3]除了居民自担用水,上海出现了一批专门以担水为生的担夫。光绪初年,城内就有 400 多名担夫。每到担水时分,担夫、居民竞相担水,加之城内街弄狭窄,前挤后拥,左碰右撞,溢出之水,使得街弄泥泞不堪,尤其是郑家木桥、打钩桥北之珊记码头、老闸等取水要道,更是人挤路滑,"城门口及大街小巷,虽晴天暖日,而足下无异于大雨时行,甚至有年老病人被撞遭滑而一跌至毙"[4]。

西人来沪以后,每苦于饮水之不洁而思改良之。1860 年,旗昌洋行在外滩

[1] 姚公鹤:《上海闲话》,上海古籍出版社 1989 年版,第 16 页。
[2] 胡祥翰:《上海小志·路灯》,上海古籍出版社 1989 年版,第 9 页。
[3] 《论沪城改用自来水》,《申报》1883 年 3 月 29 日。
[4] 《于自来水见西人克肩大任说》,《申报》1882 年 2 月 15 日。

开凿了第一口深水井,供洋行内部使用。1872 年,租界建成第一座小型水厂。1875 年,西商在杨树浦建成一座自来水厂,有沉淀池、过滤池、水泵、皮龙等设备,其业务为用木船载水分送到贮水池及向过往船舶供应过滤水,并用水车向用户家里送水。从 1870 年开始,英租界开始筹备兴建大型自来水工程。1880 年,英商上海自来水有限公司正式成立。1881 年 8 月 8 日,该公司开始在虹口铺设自来水管,次年 2 月铺完,随后在英租界主要道路铺设管道,提供洁净自来水。1902 年,法租界也创办了自来水厂。

英商上海自来水公司

自来水较之河水,清洁卫生,取用方便,优越性不言自明。当然,在初用时,价格较昂,到 1894 年以后才比较便宜。但自来水流入县城,也颇费了一番周折,阻力主要来自三个方面:一是误解。人们祖祖辈辈都是从河里挑水、井里提水,从未见过从铁管子里流出白花花的自来水。自来水在制作过程中要添加漂白粉之类的消毒剂,有些异味,这更加深了人们的疑忌心理。有的说,在水管上有两龙相斗;有的说,水管与煤气管接近,有煤毒进入水中,因此"华人用者甚鲜,甚至谓水有毒质,饮之有害,相戒不用"[1]。二是保守。"守土者以事出西

---

[1] 胡祥翰:《上海小志·水道》,上海古籍出版社 1989 年版,第 8 页。

人，其管又系西人掌之，以西人而行西法，多一事不如少一事。"考其心迹，明知使用自来水有利无弊，但因此事创自西人，又系西人管理，若骤然师法，恐怕要引来"以夷变夏"之讥，于是，借口"地非租界，畛域宜分"，拒绝使用。[1]三是出于生计原因。自来水出现以前，上海有不少人以担水为生，从河里担水送到各家各户。19世纪80年代初，上海县城有担夫400多人，租界有担夫2000多人。人们担心，自来水推广以后，这些人的生计将遭到严重威胁，因此反对使用自来水。

以上三点当中，最值得予以同情理解的是第三点，其余那些误解、阻力都是不难克服的。针对人们的疑忌、误解，自来水公司免费向水炉、茶馆赠水，并请有关方面对水质进行化验。化验报告说，水质极度清洁，适宜于生活和制造用途，水的质量，比之伦敦和世界其他城市不相上下。[2]上海地方政府则在《申报》上刊登告示，说明社会上所传有关自来水的谣言，均属不确，并说明使用自来水有益于健康，食水澄清，居民可免灾疫。为了解决原有担夫的生计问题，自来水公司表示，担水夫如愿意为公司工作，均可雇佣他们改挑自来水，可划定地段，以挑水多少支付工钱。于是，自来水在上海逐渐推广。1897年，华界亦创办了自来水公司。

市政设施方面，洒水车、垃圾车、洋水龙、大自鸣钟在19世纪70年代以前，都已传入上海。洒水车是在马车上架一方木柜，可储水数十担，柜后横一铁管，遍凿细孔，其管上通水柜，内设枢纽，用的时候拨动枢纽，水即从孔中喷出。驱车疾行，每车水可洒半里多路。对于土路、砖路、砂石路来说，洒水车对于控制尘土飞扬、保持城市清洁有重要价值。垃圾车是在马车上架一大木柜，数名夫役随后，每日两次，将街道上的垃圾装走。洋水龙是救火专用器具，用皮管数十丈，使管尾浸入水中，发动机器，能吸水从口喷出，势如骤雨洒空，滂沱四注，从而扑灭火焰。所用吸水装置，开头是用人力转动，后发展为机器带动。大自鸣钟最早出现在法租界公董局楼上，离地八九丈，高出楼顶，势若孤峰，四面各置钟盘，报时报刻。其他酒精灯、显微镜、烧杯、天平等科学实验用品，缝纫机、自

---

[1]《论沪城改用自来水》，《申报》1883年3月29日。
[2] 上海市公用事业管理局编：《上海公用事业》，上海人民出版社1991年版，第124页。

来风扇、火柴、肥皂、洋伞、牙刷、牙粉等日常生活用品,也都在 19 世纪六七十年代时纷纷传入上海。

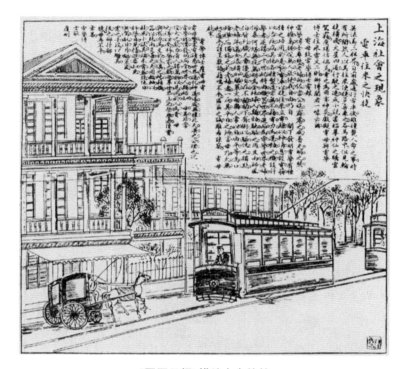

《图画日报》描绘电车快捷

2. 西医推广,势如破竹

头痛医头,脚痛医脚,生理解剖,取样分析,这是西医的方法。辨证施治,阴阳五行,上病治下,左病治右,这是中医的方法。西医将人体视为一个可以分解为许多部件的机器,每个部件都可以拆开、修理、更换。中医将人体视为一个彼此联系、互相影响的整体,表里一体,虚实相通。西医最得西方古典科学重具体、讲实证的精神,中医最得中国传统文化重整体、讲联系的神韵。

西医自明末开始传入中国以后,由于与中医在治疗环境、治疗器械、治疗方法、治疗原理方面存在巨大差异,道路崎岖,风波不断,挖眼炼药、蒸食小儿之类的谣言久传不衰。鸦片战争前后,西医在广州附近与南洋一带取得较好进展,在外科手术、眼病治疗、牛痘疫苗等方面,均有上佳表现,但是在内地,往往与教案夹缠在一起,疑忌甚多甚深。

上海的情况则比较特别。自1844年上海第一家西医诊所仁济医局开设以后,华人社会对西医甚少疑忌,接受较快,公济医院、同仁医局、妇孺医院、同济医院、广仁医院、广慈医院次第开设,到1909年,上海已有西医院13所,知名医生56人,这在全国城市中首屈一指。西医救治人数大幅度上升。据其不完整的病历纪录,仁济医院从1844—1856年的13年间诊病人总数为15万人,1860年一年有16113人,1861年有38069人,就诊者"历年递增,数量甚巨"[1]。仅上海的仁济、体仁、同仁三所教会医院,在19世纪70年代,每年诊治病人,就多至十万人次。

西医传入上海,上海居民在开始时也有观望,也有疑忌,但是由于上海人口结构的特殊性,即多为移民,且相当部分为难民,特别是小刀会起义与太平天国农民战争期间涌入上海的难民,贫疾交加,这正是西医藉以扩大影响的良机。健康欲望、生存欲望,驱使病人不顾世俗对西医的成见,接受西医治疗。世人从一次次鲜明的事例中,认识了西医的价值。下面是无数例证中的一个:某君于1873年9月,忽患虚寒症,上吐下泻,汗出如雨,片刻之间,衫裤已如水浸。请来中医,谓为寒痧,实九死一生之症,束手无策。病急乱投医,请来一位精通西医的黄春甫医生,"取西国药水,方服二匙,而喉间觉如开锁者,寒痧咯出",又用了一些药,竟彻底痊愈。[2]到了六七十年代,西医在上海已普遍被接受:

> 自中国通商以后,西医之至中国者,各口岸皆有之,非徒来医西人,而且欲医华人。但华人不识西国药性,不敢延请西医,故初时华人均不肯信西国医药。于是西医邀请中西商富,先集巨资,创立医馆;次集岁费,备办药材,以为送医之举。初则贫贱患病、无力医药者就之,常常有效;继则富

---

[1] 统计数及引文均见王尔敏:《上海仁济医院志略》,《基督教与中国现代化国际学术研讨会论文集》抽印本,第27页。
[2] 《论西国医药》,《申报》1873年12月16日。

贵患病、华医束手者就之,往往奏功;今则无论富贵贫贱,皆有喜西药之简便与西药之奇异,而就医馆医治者,日多一日,日盛一日也。[1]

服务于同仁医院的吴虹玉自述,他在为医院进行募捐时,通常都很顺利,华人士绅都很支持:

医院事工一开始便得国人财政上的大力资助,因其为真正行善,极切合国人务实之心理。无论我至何处募捐,人们均表同情与热忱,对我优礼有加。我与医院结缘,前后约30载,其间我从未受人粗鲁对待,无论中外。[2]

不惟如此,在光绪年间,上海知识分子已开始从理论上比较中西医异同,最为突出的是郑观应。他认为西医与中医的医理、医法不同,得失互见,但总体说来,西医比中医高明得多。他从研究生理结构、探明病因病理、以脑为人体中枢、医疗器具精细、用药精当五个方面,说明中医远不能及西医:

窃谓中西医学各有短长:中医失于虚,西医泥于实;中医程其效,西医贵其功。其外治诸方,偁扁鹊、华陀之遗意,有中国失传而逸于西域者,有日久考验弥近弥精者。要其制药精良,用器灵妙,事有考核,医无妄人,实暗合中国古意,而远胜于时医,亦不必曲为讳饰矣。[3]

西医传入,上海人相信西医,如同上海人经过比较、鉴别以后,很快用煤气灯、电灯取代油灯、用自来水取代河水一样,那是求真尚善、见贤思齐的结果。这很可贵,更为难能可贵的是,上海一些有识之士在相信西医的同时,并没有将中医全盘否定,没有将中医一棍子打死,而是采取具体问题具体分析态度,认为

[1]《书上洋虹口同仁医馆光绪三年清单后》,《申报》1877年12月22日。
[2]《吴虹玉牧师自传》,朱友渔整理,徐以骅译,上海中山学社主办《近代中国》第七辑,第303页。
[3] 郑观应:《盛世危言·医道》,载夏东元编:《郑观应集》上册,上海人民出版社1982年版,第523页。

中西医各有所长,中国医学应该中西兼采。最突出的人物是李平书。李平书三世知医,其祖父、父亲均习医。李平书研究过传统医典,能悬壶行医,也研究过译成中文的《全体阐微》等西医书籍、读过日本人辑的《脚气类方》之类书籍,能照方开药,治病救人。李平书说:

> 余尝涉猎西医译籍,屡思沟通中西医。以谓中医主气化,西医主血轮,显分两途,于是宗西医者每以气化无形可睹为妄,不知气化虽无形,而征诸病证确有可据,但言气化者纠缠阴阳五行,愈讲愈晦,致为西医诟病。至体功之学,中不及西之征实,余故欲以《内》《难》《伤寒》诸书为根底,以《全体阐微》为参考,研究体功、气化、血轮,然后考定病名,博求方治,庶几冶中医、西医于一炉。[1]

中西医之间的论争,从晚清一直持续到民国,日本一度禁绝中医,中国在1929年也曾有废止中医案。时至今日,中西医各有短长、中西医结合可以相得益彰,已经成为世界共识,李平书在1905年即提出中医、西医各有所长、各有所短的见解,并努力冶中医、西医于一炉,不能不佩服他眼光远大,思想深刻。

西医既有深厚的文化底蕴,又有立竿见影的技术特征,集科学与技术于一体的学科,具有显效性特点,其效果如何在短时间内便可验证。煤气灯、自来水等也具有这一特点,亮与不亮、洁与不洁、方便与不方便,立刻可以证明,这点,与明末清初耶稣会士传来的测算天象的历法异曲同工。在不同文化交流中,属于物质层面、技术层面,阻力最小,最易交流。诚如汤因比所说:"在商业上输出西方的一种新技术,这是世界上最容易办的事。但是让一个西方的诗人和圣人在一个非西方的灵魂里也像在自己灵魂里那样燃起同样的精神上的火焰,却不知要困难多少倍。"[2]

---

[1] 李平书:《且顽老人七十岁自叙》,中华书局聚珍仿宋版线装本,1924年,第440—441页。
[2] [英]阿诺德·汤因比:《历史研究》(节录本),上海人民出版社2010年版,第50页。

3. 西餐引进，风行一时

西人吃西餐，华人吃中餐，各与其生存的环境、气候、物产、人种有关，各有其悠久的历史，其间本无高下优劣之分。但是，西人来沪以后，西餐挟西方文化之优势，身价陡增，日益成为高雅、高贵、气派的象征，其间演变颇堪玩味。

西人来沪，保持原有的西餐习惯，吃面包，吃牛肉，喝牛奶，喝咖啡。1855年，英商霍尔茨面包房开办。1858年，制造面包等食品的埃凡洋行开办。1881年，法租界就有三家面包店，所用面粉全从美国旧金山运来。此前，一英国人已在上海开了一个奶牛场，有奶牛168头，每天可生产1000公升鲜奶。与西餐配套的西人爱吃的各种蔬菜也被引进上海，诸如蕹菜、色拉菜、包心菜、芦笋等。时人记载：上海北郊外，多西人菜圃，有一种不识其名之菜，形如油菜而叶差巨，青翠可人，脆嫩异常，以沸水瀹之，入以醯酱，味颇甘美。蕹菜则茎肥叶嫩，以肉缕拌食，别有风味。[1]

对于西餐，上海人最初的反应是好奇：

> （英国驻沪领事最初居住的地方）竟成为全城民众所瞩目的地方，最初的几天，竟有大批的居民，男女老幼都有，川流不息的走进这所房子来参观，而且都是非常之富于好奇心，对于洋鬼子的吃、喝、剃须、洗手、阅书、睡觉，都要仔仔细细的观察。[2]

上海人在想，这些洋人为什么每顿饭要吃那么多？为什么吃了肉还要吃牛奶？为什么用刀叉而不用筷子？

随着上海人对西方文明理解的越多，接受的东西越多，对西餐的评价也就越高。不知道从什么时候开始，上海人管西餐叫"大菜""大餐"，一个"大"字，突

---

[1] 王韬：《瀛壖杂志》，第18页。
[2] [美]霍塞：《出卖上海滩》，越裔译，大地出版社1941年版，第7—9页。

出了当时上海人对西餐的欣慕心理。19 世纪 70 年代，就有人以竹枝词咏西人饮食，描述菜肴种类、西餐用具、烹饪方法，称西餐为"大菜"：

牛酥羊酪作常餐，卷饼包面日曝干。留得中华佳客到，快叫捧上水晶盘。

银刀锋利击鲜来，脯脍纷罗盛宴排。传语新厨添大菜，当筵一割已推开。

自注：宴客设大菜，一割即命撤去，再易他馔。

筵排五味架边齐，请客今朝用火鸡。啤酒百壶斟不厌，鳞鳞五色泛玻璃。

自注：用火鸡为最珍重，非上客不设也。[1]

西人居家吃西餐，总会里供应西餐，还在南京路、虹口、洋泾浜上的二洋泾桥、三洋泾桥等地开设了一批西餐馆。

人类饮食文化中，本有尝新求异的特点，新的菜肴品种出来了，即使不是出于西人，也会有人前去尝新，何况这新奇的菜肴是与令人羡慕的西方文化联系在一起的呢！在 19 世纪 70 年代，已经有中国人吃西餐的记载。1878 年 5 月，俞樾弟子王廷鼎在沪逗留，上海县令莫祥芝便邀他到徐园游玩，享用"夷馔"即西餐。[2] 县令作为一县之长，通常是传统道德的化身，县令邀客吃西餐，这不是一般的举动，在一定程度上表示上海社会对西餐已经有较高的认同度。

1880 年，著名的一品香西餐馆在福州路开张，此后普天香、同香楼、一家春、海天春、同然春等西餐馆纷纷开张。供职于申报馆的黄式权记载 1883 年上海年轻人争尝西餐的情景：

西人肴馔，俱就火上烤熟，牛羊鸡鸭之类，非酸辣即腥膻，盖风尚不同，故嗜好亦异焉。近日所开一家春、一品香等番菜店，其装饰之华丽，伺应之周到，几欲驾苏馆、津馆而上之。饮膳则有做茶、小食、大餐诸名

---

[1]《沪北西人竹枝词》，《申报》1872 年 5 月 29 日。

[2] 王廷鼎：《紫薇花馆北征日记》，参见《清代日记汇抄》，上海人民出版社 1982 年版，第 326 页。

色。裙屐少年,往往异味争尝,津津乐道,余则掩鼻不遑矣。[1]

《图画日报》描绘中国人吃西餐

此后,上海西餐馆迅速增加,到 1909 年前后,环福州路一带就有数十家,[2]其中见于《上海指南》的比较著名的西餐馆就有 17 家,除了上述诸家,还有岭南楼、品香春、三台阁、普天春、海国春、四海春、万年春、玉楼春、浦南春等[3]。1909 年,上海文人朱文炳作《海上竹枝词》,其中以相当篇幅描述西餐的价格、礼节、上菜程序、菜肴内容、饮料、小费、餐具使用等:

海上风行请大餐,每人须要一洋宽。主人宴客殷勤甚,坐定先教点菜单。

[1] 黄式权:《淞南梦影录》,上海古籍出版社 1989 年版,第 132 页。
[2] 《大菜间请客之热闹》,《图画日报》第四十六号第七页,参见环球社编辑部编:《图画日报》第一册,上海古籍出版社 1999 年版,第 547 页。
[3] 参见商务印书馆编:《上海指南》,1909 年版。

主人独自坐中间，诸客还须列两班。近则为尊卑者元，大清会典可全删。

大菜先来一味汤，中间肴馔辨难详。补丁代饭休嫌少，吃过咖啡即散场。

纵饮休云力不胜，劝君且漫点香冰。白兰地本高粱味，红酒何妨代绍兴。

点菜还须各自书，今朝例菜问何如。免教搜索枯肠遍，不过猪排炸板鱼。

寿头最怕请西餐，箸换刀叉顶不欢。还可照人敷衍过，要他点菜更为难。

老饕大嚼态豪粗，客气恒多慨向隅。只有西餐无尔我，各人自食不偏枯。

大餐宴客气豪雄，选色征歌兴不穷。谁料滑头场面好，一般妙手是空空。

堂倌清洁善逢迎，小帐家家尽一成。寄语客人签字去，须将公馆记分明。[1]

这在一定程度上说明，关于西餐的知识正广泛受到社会的关注。

清末上海，吃西餐已成为开洋荤、见世面、讲排场、赶时髦的代名词。包天笑记述：

> 这时从内地到上海来游玩的人，有两件事必须做到，是吃大菜和坐马车。大菜就是西菜，上海又呼为番菜，大菜之名不知何所据而云然？吃大菜的事，我们没有办到，因为祖母不许。她知道吃大菜不用筷子，只用刀叉，恐怕小孩子割碎了嘴唇。况且祖母和母亲，都是忌吃牛肉的，闻到牛肉味儿，要起恶心。[2]

包天笑还记述他们一班文人在上海租界吃西餐的种种情况，包括西餐种类、价格、时人吃西餐时的心态：

> 番菜馆那边更多了，有一家春、岭南春等等，这时上海的番菜，每客一元，有四五道菜，牛排、烧鸡、火腿蛋，应有尽有，有一道菜，名曰红酒清果煨

[1] 朱文炳：《海上竹枝词》，载顾炳权：《上海洋场竹枝词》，上海书店出版社 1996 年版，第 190—191 页。
[2] 包天笑：《钏影楼回忆录》，大华出版社 1971 年版，第 31 页。

水鸭,我们常吃,说是大有诗意。上海的番菜馆有两派,一派是广东派,一派是宁波派,我们所吃的都是广东派,所以猪脚必称"猪手",牛舌必称"牛脷",我们讨论过,这脷字不见经传也。……

最可笑的,有一次,我们谈到福州路的番菜馆,不是广东式的,就是宁波式的。但他们的招牌上,都是写着"英法大菜"。真正外国大菜,究竟好到怎么样,我们要去尝试一回。我说:"外国人吃饭,有许多臭规矩,不像中国人的随便。"倚虹说:"不去管它,闹笑话就闹笑话。"于是我们闯进去了,在近黄浦滩一家西餐馆,是有一个外国名字的,不记得了。这个大菜馆,十块钱一客,在当时上海要算最贵的了。中国人请外国人吃饭,有时也便在此,……至于餐味,我们莫名其妙。有一碟是两小块红烧肉,配以两个很小巧的马铃薯,这在我们家庭中,不值五分钱耳。[1]

民国时期,上海西餐馆更多,南京路上有七重天、大东、东亚、新新、新都、沙利文、吉美、马尔士、义利,西藏路上有金谷、爵士、大中华,福州路有大西洋、中央、印度咖喱饭店;静安寺路上有国际饭店、金门、西青年会、新沙华、飞达、大来、来喜;霞飞路上最多,单俄国人在这里开的西餐馆据说就有二三十家。那么多西餐馆开张,正是上海社会对西餐热衷的标志。

西餐在用料、餐具、食用方式等方面与中餐颇为不同,先前,人们只是以中餐为基点看西餐,认为西餐怪异,及至西餐风行以后,人们已站在比较中立的位置上,将西餐、中餐进行比较,并在一定程度上认为西餐合于卫生之道:

番菜馆为外国人之大餐房,楼房器具都仿洋式,精致洁净,无过于斯,四马路海天春、一家春、一品春、杏林春皆是也。人各一肴,肴各一色,不相谋亦不相让,或一二人,或十数人,分曹据席,计客数不计席数。饮馔则有做茶、小食、大餐诸名色,中外名酒必备。[2]

---

[1] 包天笑:《钏影楼回忆录》,大华出版社 1971 年版,第 417—418 页。
[2] 池志澂:《沪游梦影》,上海古籍出版社 1989 年版,第 158 页。

做过广东布政使的姚觐元在 1884 年应邀到一品香吃西餐，认为西餐"味甚佳，而直亦不昂"。[1]《图画日报》载文认为，西餐馆菜肴清洁，鲜美可口，布置舒适，赏心悦目：

> 铺台单之洁净，花草增妍；看壁画之鲜明，禽鱼欲活。新藤椅坐来适意，何致背痛腰酸，而风扇之招凉，电灯之焕彩，犹其小焉者也……鱼虾汤格外鲜腴，加以胡椒之辣；猪牛排非常松脆，佐以番薯之甜。勃兰地小饮开怀，只觉心清神爽，而加非茶之解渴，锡加烟之消闲，犹其后焉者也。[2]

晚清《申报》曾载文认为西人宴客礼节朴实，优于中国人宴客礼节：

> 即如西人请客，约定时刻，日间则十二点钟居多，晚间则七点钟居多，客之来者则言来，不来者则言谢，初不作含混语。其来者皆按时而至，无或先后，主人则略早片刻，亦俟客至。客有逾所约之晷刻者，则诸客皆先入座，不久俟，且不得以此怪主人也。华人不然，有待客至二三时而尚未到者，酒清人渴，肉干人饥，殊不足以示敬意而践约信，是西人之俗优于中国者也。
>
> 席间为饮酒食肉，不谈公事，间有祝颂或笑谈，盖西人以此为行乐地，非办公之所也。华人不然，每至席间，或主或客，谈公事刺刺然，言之不休。此等习气官场中尚少，生意场中最多，此又西俗之优于中国者也。[3]

担任出使法国大臣的上海人刘式训更认为，西人用餐礼节比较真诚，符合人性：

---

[1]　姚觐元：《弓斋日记》，载《清代日记汇抄》，上海人民出版社 1982 年版，第 341 页。
[2]　《大菜间请客之热闹》，《图画日报》第四十六号第七页，载环球社编辑部编：《图画日报》第一册，上海古籍出版社 1999 年版，第 547 页。
[3]　《原俗》，《申报》1887 年 2 月 10 日。

　　中国宴客,主人必竭力劝酒进馔,不问客之能饮能食与否,甚有以曾灌醉某友自夸者。西人宴客,必专诚备好酒好馔,及入坐后,饮否食否,及饮若干食若干,均听客自便,绝不强劝。彼以为饮食逾量可致病,客自知其量,必能如量而止,若强之使饮使食,是逼之使病,岂主人所以待客之道!然自中国之客视之,不免嫌主人怠慢少殷勤矣。中国主客间,尚虚气,非主人殷勤劝进,则客或不下箸,是主人劝进不怠,非好为之,实客使之然也。[1]

中国人吃中餐,西方人吃西餐,均其来有自,各有渊源,本无高下轩轾之分。近代上海一度崇尚西餐,贬低中餐,与时人崇尚西医,引进电灯、自来水形似而实异,不是择优从善,而主要是跟风趋时。诚如晚清人慨叹:

　　各省人士之至沪者,往往不喜中国菜而喜大餐,故各大餐馆之生意,皆非常兴盛。抑中扬西,亦吾国人好尚变迁之一端也。[2]

看上去两者好像都是取法西方,但实质并不一样。求真是出于内心的认同,跟风是出于盲目的附从,求真的结果能扎根,跟风的结局则如漂萍,所以时过境迁,人们还是会回到内在的认同上。现在,中国真正喜西餐而厌中餐的毕竟极少。曹聚仁就说:“在上海,只要是番鬼佬的菜式,都叫做‘大菜’,凡是‘大菜’,我都不爱吃;却也并不是怕刀叉割破我的舌头。我是土老儿,觉得什么大菜都不好吃。”[3]但是电灯之取代油灯,自来水之取代河水,西医之深入人心,已是牢不可破,不可逆转。这就是择善而从与跟风趋时的区别。

[1] 刘式训:《中西礼俗异同杂志》,载《泰西礼俗新编》卷五,1905年版。
[2]《大菜间请客之热闹》,《图画日报》第四十六号第七页,载环球社编辑部编:《图画日报》第一册,上海古籍出版社1999年版,第547页。
[3]《一枝香———一品香》,载曹聚仁:《上海春秋》,上海人民出版社1996年版,第247页。

六、 外语热与洋泾浜外语

近代上海外国机构多，外资企业多，外国人多，外语书籍、报刊、文件资料多，与外国业务联系多，特别是与英语世界联系多。与此相一致，懂外语比不懂外语的，就业机会多，工资待遇好，社会地位高。这样的社会环境，导致上海人学习外语热情高，动力足，人数多，持久不衰。诚如《申报》一文所云：

> 凡在通商口岸或以经商为事，或以工艺糊口，皆须与西国商人往来晋接，苟非娴习西国语言文字，则遇事动多扞格，势不能攸往咸宜。于是家有子弟者，欲其有所成就，除令出就外傅肄习中国书籍外，必使之兼习西国语言文字，俾他日可藉此以自立。上海为通商大埠，客籍之寄寓者最多，有志西学者亦较多于他处。[1]

在 19 世纪 60 年代，上海懂得西文的人还不算很多，到 19 世纪 80 年代已经所在多有。1886 年《申报》介绍上海人懂得外语的情况：近来中国之人日与西人群聚而错处，问答而往还，风气所阗，浃洽愈深，大非二十年前可比，华人之解西语者，所在皆有。[2]学外语、教外语蔚成风气：

> 西人则受一廛而设塾者，通商各口岸无地无之，其传教之人，又各就教

---

[1] 《论西国学堂教习华童之善》，《申报》1894 年 2 月 2 日。
[2] 《论华人之习西学尚未得法》，《申报》1886 年 11 月 29 日。

175

堂开塾教授,苟月费洋蚨数翼,则春风桃李即可著录门墙。俺皮西提,授之以口,温多跌里,记之于心。其中颖悟者,数月之间,即已得其大要。即鱼鲁无知之辈,学得几句别禽话,记忆弗忘,则亦如状元两字,一生吃著不尽,人亦何惮而不习西语西文哉![1]

近代上海外语热,突出表现在学校外语教学兴旺、外语培训班发达、洋泾浜英语使用广泛。

1. 学校外语教学兴旺

重视外语教学是近代上海学校的重要特点,无论是教会学校、租界所办学校、外侨社团所办学校还是中国官办学校、民办学校等,无不重视外语教学,特别是英语教学。

美国圣公会主教文惠廉在 1846 年创办的一所男童学校,所开设课程中就有英文课。此课开设具体时间不详,但不迟于 1858 年。这年,该校女教师费烈娣(Lydia Fay)在给文惠廉的报告中,介绍她给学生上英文课的情况:我和杨先生分担英文教学工作,他上午,我下午,我的课程包括语法、作文和阅读,孩子们还与我一起阅读圣经,并背诵了上述有关章节,同时他们还把整部圣经新约中文版译成英文,"在背诵了一课后,我把中文课本搁在了一边,用英语问他们若干问题。当他们用我亲爱的母语对答如流时,我感到喜悦和满足,而过去那些年的辛苦,那时我对他们终究能否掌握英文尚有怀疑,似乎便成了短短的一刻"[2]。

1849 年创办的徐汇公学很早就设立法文课,1900 年起规定法文为必修科,1904 年起规定外文可在法文、英文中任择一种,并在程度较高的学生中,直接以

---

[1]《华人子弟不宜只习西文西语说》,《申报》1886 年 12 月 17 日。
[2] 徐以骅:《教育与宗教:作为传教媒介的圣约翰大学》,珠海出版社 1999 年版,第 4 页。顾卫星:《晚清学校英语教学研究》,苏州大学 2001 年博士学位论文,第 12 页。

英文或法文教授算学、物理、史地等科。该校以教授法文和拉丁文闻名上海。学校以法文和宗教课作为主课，有一门不及格便不能毕业。学生毕业时，要求对法文能读会讲。此校毕业的马相伯、李问渔，均精通法文、拉丁文，蔡元培等曾专门向马相伯请教拉丁文。

1874 年成立的圣芳济学校，开设的外语课程有英文、法文、拉丁文等，高级班设有希腊文等。1905 年，学校派 4 名学生赴英国剑桥大学参加公开考试，其中 3 人获及格文凭，圣芳济于是声名大振，以后逐年均有应试及格者。

1881 年创办的中西书院，专收富裕人家子弟，就英文而言，第一、二年着重文法训练，以后循序渐进。由于学生年龄悬殊、学识程度参差不齐，学校分别对待，将同一年级的学生分为特等、头等、二等及三等，英文学习方面的要求也因此而有所不同。特等生程度最高，其科目有《华英通用要语》、文法、习学翻译、拼法等；头等生程度略次，科目有读《英华要语》并问答白话、习学翻译并用小字典、读拼法书等；二等生程度更次，科目有读《华英要语》并问答白话、读拼法书等；三等生要求更低，科目有认字拼法、笔述拼法等。[1]

1886 年由法租界创立的法文公书馆，实行法国学制，除国文外，全部用原版法文教材。

1888 年，日本人在上海设立开导学校，用日文教学。1907 年，此校被改为日本寻常高等小学校。此后，日本人在上海设立的学校越来越多，到 1942 年有 17 所，包括小学、中学、女学、商业学校等。[2]

1891 年由英美租界创办的工部局男校与女校，只招收寓沪外国人子女，教员均为外国人，用英语教学，并实行剑桥考试制度。

1892 年开办的中西女塾，是近代上海最著名的女子学校，从一开始就极其重视外语，所用教材除了国文外均用英文教科书，"连中国的历史、地理课本也是美国人编写、在美国出版的，而且还由美国老师授课"[3]。学校也允许学生

[1] 梁元生：《林乐知在华事业与〈万国公报〉》，第 61 页。
[2] 参见陈祖恩：《寻访东洋人》，上海社会科学院出版社 2007 年版，第 128 页。
[3] 薛正：《我所知道的中西女中》，载《20 世纪上海文史资料文库》第八册，上海书店出版社 1999 年版，第 177 页。

专攻西文。其英文第一年从初级开始,逐年提升,第二、三年教浅显文法,第四年教文法,第五、六年教作文法、作论,第七、八年教作文作论、读英文《万国通鉴》,第九、十年是英文名家书、作论。从第三年至第十年都要读英文《圣经》。[1]学校非常重视提升学生英文程度,专门设有表情法课作为选修课:

> 凡高中学生英文成绩优良的,可以选修。内容近于朗诵,有点像表演独脚戏,教材都是欧美文学作品,如长篇诗歌和戏剧片断,学习年限三年,毕业前夕举行公开表演会。[2]

1903 年创办的震旦学院,在外语教学方面自有特色,马相伯回忆:

> 我办震旦时有一事可以告世人的,就是我的教授法的特点。那时一班外国人在中国教我们青年的外国语文,简直有些颠顸。譬如,他们教英文,一开始就教文句,而不教拼法,弄得学生摸不着头脑。我却从拼音字母教起,使他们渐渐可以独立地拼读外国语文。那时他们教英文所用的课本,大都是英国人教印度人用的,浅薄鄙俗,毫无意义。我却选些英国极有价值的文学作品,如莎士比亚等的著作,藉以提高学生的英文程度。[3]

1907 年创办的同济德文医学堂,设德文、医学两科,德文科是医科附设的预备学校,学制年限是德文三年,医科五年。此校以医学水平高、重视德文而出名。

国人所办的学校,也相当重视外语,南洋公学(后发展为交通大学)、复旦大学对外语教学都抓得很紧。南洋公学在 1898 年设立译书院,专事翻译,1901 年附设东文学堂,教学日语。交通大学在 1910 年开设西文科,为学生补习外语,所设立外语科目有英文、法文、德文、拉丁文。学校还成立一个英文大会,规定

[1] 《全地五大洲女俗通考》,1904 年第十集第十九章,载朱有瓛、高时良主编:《中国近代学制史料》第四辑,华东师范大学出版社 1993 年版,第 301—302 页。
[2] 薛正:《我所知道的中西女中》,载《20 世纪上海文史资料文库》第八册,上海书店出版社 1999 年版,第 179 页。
[3] 《我所见闻的马相伯先生》,载《马相伯先生年谱》附录,参见《中国近代学制史料》第 4 辑,第 404 页。

全校学生一律为会员,全校为一总会,各班设立分会。英文大会的职责是举行英文演讲,以增进学生英文程度。总会每学期组织一次由全校学生参加的英文演讲会与英文辩论会,获胜者,由校长奖以金牌。每年 8 月的某星期日上午,还进行一次英文作文竞赛,由英文科科长命题,评等给奖。分会的活动至学期结束时,评奖一次,凡演讲和会话均有进步者,校长给以实物或名誉奖励。学校还规定在英文课及用英文教授各课时,误用国语一语者,专科生罚铜元二枚,中学的二、三、四、五年级学生罚铜元一枚,初年级学生免罚。[1]

许多中小学也很重视外语。著名的梅溪书院,1884 年就设有英文、法文课程。

2. 广方言馆的外语教学

近代上海学校中,广方言馆是上海地方政府创办的第一所重在外语教学的学校,很有地方特色。

还在 1861 年,流寓上海的苏州翰林冯桂芬便提出,在上海设翻译公所,选颖悟文童,住院肄业聘西人课以西国语言文字,并习经史算学。1862 年京师同文馆成立以后,江苏巡抚李鸿章奏请仿例照办。1863 年 3 月 11 日,他在由冯桂芬起草的《奏请设立上海学馆》折稿中,详述了在上海设立此类学馆的必要性:一、设立外语学馆是研究外国的需要。二、设立外语学馆是上海与洋人交涉的需要。在上海,各国均设有翻译官,遇中外大臣会审之事,皆凭外国译员传述,难保无偏袒捏架情弊。欲绝此弊,只有中国自己培养外语人才。三、原有通事不可靠,须另育新人。四、京师虽已设同文馆,上海仍有再设外语学馆的必要。因为上海为洋人总汇之地,书籍较富,见闻较广,是培养外语人才比较理想的地方。[2]李鸿章特别指出,外语学校要聘西人教习,学生学成以后,凡通商督抚衙门及海关监督需添设翻译官,即于学馆中遴选。

---

[1] 交通大学校史编写组:《交通大学校史》,上海教育出版社 1986 年版,第 94—95 页。
[2] 《署理南洋通商大臣李奏请设立上海学馆摺稿》,参见《广方言馆全案》,上海古籍出版社 1989 年版,第 107 页。

广方言馆在 1863 年开办,1905 年停办,历时 42 年。学校初拟招生 40 人,聘西教习 2 人。馆中选派通习西语西文之委员董事 4 人,常川住馆,每日西文教习课读时,充当翻译。每月初一、十五课试西学,初八、二十四课试其他课程。肄业学生,三年期满,能翻译西书全册而文理斐然成章者,可由有关当局,咨明学政,作为附生。通商、督抚衙门及海关监督添设翻译官时,可于其中遴选。其精通西语西文、才能出众者,由通商督抚奏保调京考验,授以官职。

广方言馆先后聘请 23 名外文教习,其中美国人 2 名,英国人 1 名,法国人 4 名,其余都是中国人,所教课程包括英文、法文、德文等。首任英文教习为林乐知,首任法文教习为傅兰雅。

林乐知于 1864 年 3 月 28 日,被聘为英文教习,聘期六个月,每星期教六个上午,月薪银 125 两。六个月聘期满后,英文教习之职被留学美国归来的黄胜取代。1867 年,黄胜以孝养告退,林再次受聘担任英文教习,直到 1881 年为止。其间,他上午教书,下午译书。据他记载,广方言馆在 1864 年 3 月开学时,有 24 名学生,到这年 7 月,增加到 26 名。正式上课教习以前,有些学生已经粗知一些零星的外语发音。林一开始就教他们英语基本法则,进度很快,到 8 月,第一个班级的学生已学完《韦氏拼写书》,他已要学生默拼,朗读短句。1867 年 3 月,林乐知重返广方言馆教职时,第一天上课到了 33 名学生。他发现他们程度参差不齐,便将他们分为三个部分,第一部分学生语法基础比较好,第二部分较差,第三部分有一个尚可教育,另一个很差,林劝他立即退学。在教学中,林引导学生反复进行各种词组类型的练习,还向学生进行西方科学知识的教育。

江海关道和江南制造局总办,是广方言馆行政上的负责人,在学习业务上亦有具体管理措施。江海关道每个星期天下午都要对学生进行考试,方法是叫学生将简短的英文照会译成中文。这些照会都是道台最近一周从美国或英国领事馆收到的。由于这些照会同时附有一份中文译本,所以不懂外文的道台大人,也能对照领事馆的文件,检查每个学生的翻译水平。

从 1868 年开始,广方言馆先后 5 次共选送 28 名学生赴京师深造。他们在京师同文馆学习大多优良,高出同畴。1872 年岁试英文格致第一名朱格仁,是广方言馆送去的。1879 年大考,英文第一名汪凤藻,1898 年大考,法文第一、二、四、五名获得者周传经、徐绍甲、陈思谦、唐在复,都是上海广方言馆送去的。

送京的 28 人,后来大多在外交部门工作,其中有 8 人先后担任过出使大臣或驻外公使。他们是:汪凤藻、杨兆鋆、刘式训、陆徵祥、吴宗濂、刘镜人、唐在复、戴陈霖。近代外交人才中,纯粹由京师同文馆培养而位至驻外公使的学生仅五六人,而由广方言馆送至北京日后位至公使的有 9 人。[1]

这九个人概况是:[2]

汪凤藻,字芝房,江苏元和人,广方言馆最早一批学生之一,1868 年被选送京师同文馆,几年后任副教习,1891 年至 1894 年为出使日本大臣,先署任后实授,后任上海南洋公学校长。

杨兆鋆,字诚之,浙江吴兴人,1871 年被选送京师同文馆,1902 年至 1905 年为出使比利时大臣。

刘式训,字紫升,江苏南汇(今属上海市)人,1890 年被选送京师同文馆,1905 年至 1911 年为出使法国、西班牙大臣,1911 年免兼西班牙,改兼出使巴西大臣,1913 年至 1916 年为驻巴西、秘鲁公使。

陆徵祥,字子兴,上海人,1890 年被选送京师同文馆,1906 年至 1911 年为出使荷兰大臣,1911 年转任出使俄国大臣,1912 年、1915 年两度出任外交总长,1912 年一度兼代国务总理,1922 年至 1928 年为驻瑞士公使。

吴宗濂,字挹清,江苏嘉定(今属上海市)人,1876 年入广方言馆,1879 年被选送京师同文馆,后一度回广方言馆任教,1909 年至 1911 年为出使意大利大臣,1912 年至 1914 年为驻意大利公使。

刘镜人,字士熙,江苏宝山(今属上海市)人,1890 年被选送京师同文馆,1911 年为出使荷兰大臣,1912 年至 1918 年为驻俄公使,1919 年调任驻日公使,未就任。以后历任外交部条约研究会副会长、外交委员会副会长等职。

唐在复,字心畲,上海人,1896 年被选送京师同文馆,1913 年至 1920 年为

[1] 熊月之:《上海广方言馆史略》,载唐振常、沈恒春主编:《上海史研究》二编,学林出版社 1988 年版,第 196 页。
[2] 熊月之:《西学东渐与晚清社会》,上海人民出版社 1994 年版,第 347—349 页。

驻荷兰公使,1920 年至 1925 年为驻意大利公使。

戴陈霖,字雨农,浙江海盐人,1896 年被选送京师同文馆,1913 年至 1920 年为驻西班牙兼驻葡萄牙公使,1922 年至 1925 年为驻瑞典兼挪威、丹麦公使。

胡惟德,字馨吾,浙江吴兴人,1883 年入广方言馆,1902 年至 1907 年为出使俄国大臣,1908 年至 1910 年为出使日本大臣,1912 年至 1920 年为驻法国兼西班牙、葡萄牙公使,1920 年至 1922 年为驻日本公使,1926 年出任外交总长,并代理国务总理。

广方言馆学生在校时,就有翻译课程。他们与外文教习合译的西书,有些后来被正式出版。他们毕业以后从事教育、翻译工作的同时,所译书籍更多,其内容包括政法、经济、军事、历史、地理、外交、数学、冶炼和外文语法等各个方面。其中严良勋译的《四裔编年表》,被时人认为是了解世界各国缔造、更革及种族、政教争战大势的必读书。钟天纬译的《英国水师考》《美国水师考》,瞿昂来译的《法国水师考》,详细记载英、美、法国水师数目、费用、征调、管理、操练、俸饷等情况,是时人了解这些国家军队情况的必读书。

广方言馆许多学生离开学校后活跃在外交界和洋务企业界。除了上面述及的那些比较知名的人士,还可以举出许多,比如:朱格仁,字静山,任北洋大臣公署翻译;徐广坤,任中国驻神户领事;陈贻范,字安生,任外交部特派交涉员;杨书雯,字仲卿,驻加拿大总领事;瞿青松,字健人,任驻德国使馆翻译、外交部通商司帮办;周传经,字赞尧,外交部通商司司长;黄书淦,字丽生,驻荷兰使馆秘书;蔡祚来,字绥之,怡和洋行翻译;何六吉,字仲谦,驻西班牙使馆秘书;程福庆,字芝庭,琼海关监督;吴克倬,字汉波,驻古巴总领事;张其栋,字振伯,外交部条约司办事员;廖世功,字叙畴,外交部通商司办事员;龚渭林,字佩清,外交部主事;经亨咸,字子清,北洋海军医学校校长;宋善良,字椒临,驻西班牙使馆二等秘书;谈汝康,祝安,上海交涉署翻译;瞿昂来,字鹤汀,驻英使馆翻译;周诗蕴,字养纯,驻西班牙使馆随员。[1]

---

[1] 此段资料,可见《广方言馆全案》《同文馆题名录》《同文馆学友录》等资料,参见熊月之:《上海广方言馆史略》,载唐振常、沈恒春主编:《上海史研究》二编,学林出版社 1988 年版,第 204—209 页。

3. 圣约翰大学的英语教学

近代上海外语教学方面,影响最大的是圣约翰大学。

圣约翰大学 1879 年初创时,"英文之应用极少,学者仅资洋商之翻译,各科均用中国言语教授"[1]。时任书院监院的颜永京,看到英语学校吸引着越来越多的学生,向差会当局提出重视英语教育建议。[2]1881 年学校开始英语教学。1888 年,刚刚担任监院的卜舫济向教会提出大力推行英语教育的建议,从五个方面论述英文教学的重要性:

> 英语教学的重要性在于:一、华人研究英文,犹如西人研究希腊拉丁文,可以增进智慧。二、研究英文,可以铲除华人排外之成见。三、华人之研究英文,可以增进东西间之情感,并可以扩张国际贸易。四、研究英文,可以使华人明了基督教事业,培养人才,为社会服务;五、华人研究英文,至少在通商口岸已势在必行,教会学校应捷足先登。[3]

1890 年创办英文刊物《约翰声》。1896 年以后,圣约翰学生剧社用英语排演莎士比亚剧本,成立英语文学辩论会,藉以提高学生英文程度。

20 世纪开始,圣约翰校园英语气氛相当浓郁。英语不仅是教学语言,课程使用英语教学,课堂上师生的问答、师生之间、同学之间课外交谈也均用英语,校方给学生的通知单、饭厅门口同学张贴的集会和失物招领的布告之类,也无一不用英文,令初入其中的人,不由得会疑惑自己是否到了伦敦或纽约。[4]

一位圣约翰学生记述学校崇尚英语的风气:

---

[1] 《卜舫济记圣约翰大学沿革》,《中华基督教教育季刊》,1925 年,一卷二期。
[2] 朱有瓛:《中国近代学制史料》(第四辑),华东师范大学出版社 1993 年版,第 433 页。
[3] 《圣约翰大学五十年史略(1879—1929)》,参见熊月之、周武主编:《圣约翰大学史》,上海人民出版社 2007 年版,第 230 页。
[4] 苏公隽:《我所了解的圣约翰大学》,《纵横》1996 年第 11 期,载熊月之、周武主编:《圣约翰大学史》,上海人民出版社 2007 年版,第 238 页。

圣约翰大学

圣约翰学生与众不同的最大标志是他们地道的英语。本校因此而远近闻名,令人羡慕;圣约翰学生也因此趾高气昂,不可一世⋯⋯毫不夸张地说,一些学生甚至发展到对中文书刊不屑一顾的地步。在本校,中文演讲往往令人厌倦,中文告示也常常无人注意。在谈话时,学生认为他们用英语更加轻松自如,即便用中文交谈,如果不时时夹带几句英文,那将是不可思议的事。[1]

圣约翰学生非常重视英语学习。一学生自述其学习英语的刻苦情形:

我们的校园是如此幽静美丽,三面环水,宛如一个三角洲,在这样的环境下求学,恐怕是再理想也没有了。我为了力求英文程度的提高,运动玩耍的时间被化去不少,除白天上课外,晚上还需要开夜车,好在当时与我同室的刘君,他是我认为最用功的学长,因他的好学的精神鼓励了我学习的勇气,以后课程上的苦难都是靠开夜车去克服的。[2]

---

[1]《约翰周刊》1929 年 11 月 22 日,载熊月之、周武主编:《圣约翰大学史》,上海人民出版社 2007 年版,第 239 页。
[2]《约翰年刊》,载熊月之、周武主编:《圣约翰大学史》,上海人民出版社 2007 年版,第 239 页。

毕业于圣约翰附中的李肇源,对母校的英语教育称赞有加:"附中英文课对我的帮助更大,学习的课程有动物学、植物学、几何、代数、物理、化学,还有商业地理,都采用英文课本,我特别感激执教英文的两位老师。一位是许天福老师,一位是美国女老师 Ms.Brandy,她对我的帮助特大。记得英文课本是《金银岛》。她上课时,经常叫学生站起来念课文,时而纠正我们的发音。我们为了感谢她的教导,在她生日的那天开了 party。全班同学聚集在她住房的院子内唱歌、游戏。"[1]

语言学家周有光回忆圣约翰大学的英语教育:

校园语言用英语。一进学校,有如到了外国,布告都用英文。课程如自然科学和社会科学时外国学问,用外国的英文课本,教师大都是美国人,讲授用英文。只有中国课程如中国古文和中国历史,由中国教师讲授……教师指定的课外读物,常有《大英百科全书》的条目。我原来只听说《大英百科全书》,现在第一次使用《大英百科全书》,觉得进入了一个新的境界。一位英国教师教我如何看报。他说,第一,问自己,今天哪一条新闻最重要? 第二,再问自己,为什么这一条最重要? 第三,还要问自己,这条新闻的背景我知道吗? 不知道就去图书馆查书,首先查看《大英百科全书》。我照他的方法看报,觉得知识有所长进,同时锻炼了独立思考。[2]

我 1923 年进圣约翰大学学习,除了中国文化课以外都是用英语上课的,当时我们都很反对,说是"殖民地教育"。现在看,用英语教材有好处。国外的科技先进,如果用中文教材,也要参考国外课本,先要消化,然后翻译、出版,就晚了好几年,于是我们就落后了。[3]

我们的英文教师都是教会学校毕业的,中学生能用英文演讲比赛,英文不过关不能毕业。[4]

---

[1] 李肇源:《良好的英文教育》,《新民晚报》2005 年 2 月 26 日。
[2][3] 《"双语时代"与"双文化时代":访语言学家周有光先生》,载熊月之、周武主编:《圣约翰大学史》,上海人民出版社 2007 年版,第 240 页。
[4] 《周有光百岁口述》,《文汇报》2008 年 5 月 3 日。

日后留学美国的张仲礼对圣约翰英语教育评价很高:

> 圣约翰的英文学习和训练,给我出国留学带来了很大的方便,可以直接进入专业学习阶段。不像有的学校毕业的学生,英文没有过关,到了美国一下子不能适应,说不来,听不懂,还要先花半年、一年去读语言。我们已经习惯了,语言上占了优势。[1]

严格的英语教学,使得圣约翰大学毕业生在赴欧美留学的竞争中具有较大优势。1907年至1908年,有30名圣约翰大学学生前往美国留学,有十多名前往英国留学。1909年清华学校招考留美预备生,录取9人,其中7人来自圣约翰大学。1910年,在上海举行庚子赔款奖学金考试,录取31名,其中26名来自圣约翰大学。[2]

4. 外语培训班长盛不衰

在上海外语教学中,形形色色的外语培训班是一支重要的力量。

在19世纪60年代中期,上海已有外语培训班出现。1864年6月30日,洋泾浜复和洋行内设立大英学堂,专教中国十岁以上至十三四岁的幼童学习英语,每月修金为英洋5元。1865年英商在石路上开办了英华书馆,这是上海最早一批外语培训班和夜校。此后,这类学校如雨后春笋。仅1873年至1875年,在《申报》上做招生广告的就有15所。有竹枝词说得好:"英语英文正及时,略知一二便为师。标明夜课招人学,彼此偷闲各得宜。"[3]

近代上海究竟开设过多少外语培训班不得而知。这些培训班大多是日校兼夜校,上课时间因季节不同而有所不同,其周期也不完全一样,有的规定每期

[1]张仲礼口述、施扣柱整理:《我的学校生活与教研生涯》,《史林》2004年增刊。
[2][美]杰西·格·卢茨:《中国教会大学史,1850—1950》,曾钜生译,浙江教育出版社1987年版,第471页。
[3]颐安主人:《沪江商业市井词》,载顾炳权编:《上海洋场竹枝词》,上海书店出版社1996年版,第105页。

三个月,如英华书馆,但大多数无明确周期规定,而是言明按月或按季收费。

这些学校的教习,多以西人为主,华人教习为辅。有些招生广告特别说明教习懂得中国多处方言,说明在上海就读这些学校的学生来自许多地方。也有些教习是懂西文的华人,如黄梦仙、何乃昭、潘辉庭、李芳春、袁松涛。教授的课程是以英文为主,兼教其他与涉外业务有关的知识,只有个别学校教法文、日文。英华书馆兼教的课程有写信、翻译、司账簿事、地理、算法等。麦开洋文书塾兼教关于报关单、提货单、栈货单等项知识。宋长记、保昌洋行、信和洋行等兼教关于天球、地球、行海和算术知识。这些知识,都是与外商打交道时最为需要的。

这些学校的收费标准并不一样,英华书馆、信和洋行英文学塾均是每月银5两,可能是最高的。麦开洋文书塾是日班每月4元,夜班每月2元。黄梦仙夜校每月收银2元,自称"修金格外相宜",西人未四洒蒙、华人宋长记收费方式是到馆面议,得利洋行等则声明是"束脩不拘"。像英华书馆、黄梦仙夜校这样的收费标准,在同光之际应该说是不低的。当时普通工人的工资,如江南制造局的工人,不过每月8元,让他们花四分之一的收入去读夜校,不大可能。由此可以推想,这些学校的学员,主要是在洋行中工作的、收入较高的员工。他们需要学习这些知识,也能负担得起学费。许多培训班设在洋行,也从一个侧面说明这类教育与洋行的互相依赖的关系。

这些学校存时长短很不一样,有的旋开旋辍,有的办了多年,这从《申报》上招生广告的连续性可以看出。有的开了停,停了又开。葛理在信和洋行所办的英文学塾,就因他去日本而暂停,回来以后再开。

周期短,方法活,见效快,教学内容涉外而有针对性,学生年龄不受限制,是这类学校的共同特点。这种短平快式的教育,是近代上海社会的特产。

下面以英华书馆与上海同文馆为个案,来看一下外语培训班的具体情况:

(1) 英华书馆

英华书馆亦称英华书院、英华学塾,由寓沪外侨和上海绅商于1865年共同发起创办,由汇川、李百里、太丰、怡和、公平等几家洋行共同资助,招收对象最初规定年龄从 10 岁到 13 岁,后来年龄不限。教授英语和汉语,兼及其他课程,学费每年 50 两银。

1865 年 7 月 12 日起,英文《北华捷报》和中文《上海新报》同时刊载英华书馆招生启事,《上海新报》的启事连载了两个月,内称:

> 启者:现中外交易者众,欲使其更易广益,故必当学英话为要。向有人愿为此而无其机。今有外国列位,定意开一书馆,有聪明才干者主其事。大英言语文字及一切学问,皆详细指教。连有中国书塾,亦附开出,请本地秀士为师,预备幼童后日成人,皆有学问可观。书塾修金及一切文具,每年要银五十两,皆年年先付。学生入塾,年纪自十岁以上,至十三岁止。读书年数,以久为贵,因此书塾须望有最好名声,故谨开条列,务望守之,不日而开起。倘有来学者,务望先期来订,请至汇川、李百里、太丰三洋行内东家面议,或到怡和、公平洋行及麦家圈慕维廉、虹口汤先生暨中国绅士方性斋、周翠涛、陈竹平三先生可也。[1]

傅兰雅是这个学校的第一任校长,他就任以后,当年招收学生 10 名,分为日夜两个班级。第二年,书馆有 22 个日班学生,20 个夜班学生。这些学生的年龄在 10 岁到 18 岁之间。学生来自上海、广州、厦门、苏州和宁波,全部是富家子弟,包括商人、银行家和买办。他们的家庭都已迁移到上海,有的是因为经商的关系,有的则是因为太平天国战争。因学生所操方言差异悬殊,南腔北调,无法实施统一教学,傅兰雅便按照方言系统,将他们分班教学。书馆从上午 9 时开始上课,上午为英语课,下午为中文课,傅兰雅上午教英语,下午则与学生一起学中文。到 1867 年,书院已基本正规化,订有完整的校规,规定了学校规模、上课时间和对学生的奖惩办法。具体内容如下:

---

[1]《上海新报》1865 年 7 月 12 日。

一、习业生徒以二十五名为率。

二、每日九点钟至一点钟,英国先生教习英书;两点钟至五点钟,上海、广东两师教习中国诗书文艺,该童放学仍应在家诵读夜书。

三、每逢礼拜日,不需来学。递年正月、七月,自初一日起放假半月。

四、凡来学者必先交三月之修金银十二两五钱,其书纸笔墨,皆由馆中供给。

五、每年以正月十六日、四月初七日、七月十六日、十月初七日为进馆之期,倘有过期进馆者,亦作三月计。

凡来学,如能读过中国书文者更妙,为其于英国文理更易精通,最易翻译。

六、馆中房屋宏巨,倘有远来之徒,许其在馆餐宿,不取租资。

七、学童每日进馆或迟,抑或有事耽搁,终日不能进馆,必请父兄写明缘由,暂存馆中,三月后交还,以作该馆无旷课之据。

八、此馆每于三个月考校中外书一次,凡名列头等者赏给物件。

九、馆中学童之父兄,平日可来馆看子弟所作功夫,及考校规矩,外人欲来观看,亦不禁。[1]

英华书馆时办时续,校址也几经变易[2],最初设在石路即今福建中路上,以后几易其址,1873 年至 1876 年在新大桥南下塅大英公馆西面,1877 年在圆明园路 9 号,1882 年在圆明园路 10 号,1900 年前后在武进路。其学费亦因时而变,1865 年至 1875 年是每月 5 两,1876 年 2 月起改为每月收洋 4 元。1880 年改为专学英文每月收洋 3 元,兼学算学、记账的每月 5 元。1882 年恢复每月 5 两,每年 60 两。20 世纪初是每月 6 元。常设课程有英国话、英文信、翻译、司账、地理、算法等,分日班、夜班两种。馆中开有中文课程,聘中国教习授课。学

---

[1]《上海新报》1867 年 5 月 11 日。
[2] 关于英华书馆变易,周根源《记英华书馆始末》有所记述,参见《上海文史资料存稿汇编》第 9 册,上海古籍出版社 2001 年版,第 243 页。

习中文的,有中国学生,也有外国学生。所知西文教习有傅兰雅、蓝林,中文教习有张楚葵、郭庆培。上海许多买办、商人在此校读过书,郑观应曾在此校的夜班学习两年,教师便是傅兰雅。

英华书馆停办时间不详,20世纪初年还在继续招生,并以学校历史悠久而自豪。

(2)上海同文馆

1893年春天,一所以教习英语为主的新式学校上海同文馆开设,创办人为布茂林。

布茂林(Charles Budd,生卒年不详),英国伦敦会传教士,1883年春到福建龙岩传教。1887年应台湾巡抚刘铭传之邀,到台湾教习西学堂。先是刘铭传以台湾为海疆冲要之区,通商筹防,动关交涉,但其地无通外国语文之人,取才内地又多所不便,而台湾正在兴办机器、制造、煤矿、铁路等企业,迫切需要懂得西方科学技术的人才,于是,1887年4月在台北设立西学堂,招收20多名青年学生,聘请布茂林等为教习,教授英文、史地、测绘、算术、理化、制造等学问,另聘汉教习二人,兼课中国经史文字。[1]每日以巳、午、未、申四时,专心西学,早晚则由汉教习督课国文。台北西学堂在1892年停办,布茂林先前已经离开,1891年应聘为广东同文馆英文教习。广东同文馆创立于1864年,是与京师同文馆、上海广方言馆(开始名为上海同文馆)齐名的中国三大同文馆之一。除了教书,布茂林还曾经与著名学者傅兰雅等一起,由上海格致书院山长王韬推荐,被湖广总督张之洞聘请编纂《洋务辑要》一书。这是西学书籍的汇编,凡74册,分疆域、官制、学校、工作、商务、赋税、国用、军实、刑律、邦交、教派、礼俗十二门。参与编纂的学者还有瞿昂来、叶瀚、陈庆年、钟天纬等。

1893年4月13日,《申报》刊登招生广告,内称:"英国教师布茂林先生,前教国家学堂,现到上海开设同文馆,教授英文西学,凡绅商子弟欲就业者,请至

---

[1] 刘铭传:《台设西学堂招选生徒延聘西师立案折》,《刘壮肃公奏议》卷六。

江西路第四十二号洋房内面订可也。"此后几个月,布茂林在《申报》《新闻报》连续刊登广告,介绍其上海同文馆教学内容为"凡一切英文、算学暨诸式课艺,无不尽心循诱",如果商务中人欲专习英文,亦可随意讲求,[1]按需讲授。远处学生,可在学校餐宿。教书从上午九点到下午四点,课程以翻译公文为重。下午五点至七点另教授一班,延一中文教习教授中文官话、四书五经、诗文论赋。对于这班学生要求"须略明文义者方可就学"[2]。学生按程度分班授课。授课教师,除了布茂林,还有英文副教习二名,中文教习一名。16 岁以下报名要有父兄或亲戚陪同。

上海同文馆的学费,视教学难度不同而有所差别,分别为每月五、六、七元。这种收费标准在当时还是比较高的。那时,普通工人的工资,如江南制造局的工人,不过每月 8 元,让他们花如此高的价格去读夜校,不大可能。由此可以推想,这些学校的学员,主要是在洋行中工作的、收入较高的员工。他们需要学习这些知识,也能负担得起学费。

馆址初设江西路四十二号,有宽敞洋楼数间。1895 年初迁至四川路 58 号。

上海同文馆何时停办,不详,1911 年仍在招生。

上海同文馆教学内容因时而变。初办时,课程以翻译公文为重。与翻译公文相呼应,布茂林在同文馆内专设一翻译公所,接办从官商文件、信札、合同到机器制造、交往礼仪、水陆兵法、万国公法等各类西学翻译业务。他自述:

> 余自创设同文馆后,即在其中增一翻译公所,以备官商文件、信札、合同翻译之用。自上海以至各省官商士庶,如欲知外国金银矿开石提金、机器织布诸机器价值若干、马力若干、若何位置、若何运用等事,本馆无不熟悉,译出务令各人一目了然。倘各省大宪欲将西国谋求治国情形,以及体例、制造、礼仪、水陆兵法、万国公法等书翻看者,本馆定如期速办。馆中现

---

[1]《教习英文西学》,《申报》1893 年 5 月 1 日。
[2]《教习英文西学》,《申报》1893 年 5 月 16 日。

> 有中西翻译名手四人,足敷所用。且余曾在诸大宪衙门充当翻译,翻书甚多,故无论中西各件,均可照办无误。[1]

上海同文馆起初仅开设日班,后为了适应那些白天无法就读的学生、或白天读了晚间仍想继续学习的学生需要,自 1897 年起,增开夜班。

1900 年以后,鉴于各口岸中外衙署、铁路矿务各局及洋行、律师所用翻译通事,虽通英话,反昧官音,故从本年起礼延精熟官音之中国教习一位,教授官话。1902 年清廷实行新政以后,同文馆便强调:"方今科举变通,西学盛行,维新圣旨业已见诸明文。自今而后,中朝士子欲为廷献者无不由此而进矣。本教习有鉴于此,是以悉心传授各种西学,使学成之后,皆可赴乡闱各试。"[2]

教学内容,起初偏重英文,后来扩大到算术、历史、地理等为主,再后来扩展到普通科学、经济学、论理学(即逻辑学)。

学校对于学生管理,相当注意。每个学生都有成绩单,单上书写中英两种文字,记载学生勤惰优劣,以便学生父兄了解情况。学校也欢迎家长到校询问学生情况。布茂林还将英国的教生制度引入同文馆。所谓教生,就是选拔优秀学生,充当助教,帮助管理学生,适当教点低年级的课,酌付报酬。

上海同文馆教学成就颇为出色,其 1904 年告白称,经此校培养出来的人才颇不乏人,"计由海关、邮政、电报诸局业考取者约百余名,外则如洋行司事、买办及翻译与写字等职为数不少"[3]。以此足见本馆教习纯良,格外较别校不同。

著名学者、出版家王云五就是上海同文馆的学生,其西学基础开始是在这里打下的。他 1904 年入馆,布茂林对他格外垂青,让担任教生,额外借书给他,从多方面提高其西学水平。王云五心存感激,终身难忘,多次深情地回忆他的同文馆生涯。他写道:

---

[1]《翻译公所》,《申报》1893 年 9 月 9 日。
[2]《同文馆启》,《申报》1902 年 2 月 4 日。
[3]《同文馆启》,《申报》1904 年 8 月 6 日。

同文馆是一位英国老师布茂林 Charles Budd 先生私人所设。他来中国多年,在北京同文馆[1]当教习。后来该校停办,他来上海,自己创办这所学校,沿用同文馆的名称。其所设学程固以英文为主,但是历史、地理,普通科学以及经济学,论理学无所不教,甚至愿学拉丁文的学生,他说也能教。据说各科目的程度,原按照英国的中学校,以能投考英国剑桥、牛津等大学校为准。按程度分为五级,我初入该校插第二级,读了三个月,布先生说我的程度可入第一级,问我愿升级否。我当然认为求之不得的机会。该校虽设五级之多,而除布先生一人唱独脚戏外,只有一位助教,实即是英国式的教生 Monitor。教生的任务是每星期以六日的上午帮布先生教第三级以下诸生的一部分功课,还可在每日下午布先生教第一级时随班听讲。我升入第一级约四个月左右,由于原任教生的黄君应某省高等学堂英文教习之聘,我幸而被布先生拔充教生,以承其乏,这是下一年的事。[2]

担任教生,除了无需缴付学费外,每月领津贴 24 元,还可随时向布先生请教作文等知识。这位布先生对王云五可谓厚爱有加,他那不下千册的图书,任王云五借阅。那些书,绝大多数是英文名著,其中还有一些是外国人所著有关中国的书籍,这对于开阔王云五的视野,提高王云五的英文程度,大有裨益。王云五很有感慨地说:

> 我的家庭并不是书香世家;纵然大哥破天荒中了秀才,他所有的旧书想也不会太多,而且大都存在广东的老家。我们在上海的家里只有父亲购藏一部同文书局版二十四史,算得是唯一有用的图书,此外简直没有什么可供阅读。我自己从十四岁以来虽也零零星星买了一些书,可是都属于中等程度各科的自修参考读物。自从有了每月二十四元的收入,我除以其半

---

[1] 当为广东同文馆。
[2] 王云五:《岫庐八十自述》,台湾商务印书馆 1967 年版,第 30 页。

数送给母亲零用外,所余的半数十二元,当然大部分用以购书,往往从北京路旧书店选购一些由归国的外国人拍卖下来的二手书籍,毕竟为数无多。现在有了利用布先生私藏名著的便利,仿佛是乡下人进城,见着什么都心喜,有仿佛像过屠门的人都想大嚼一顿。因此,我就常在他的书室里盘桓,把每本书都翻阅一下,得了他的同意,每隔几日必借一本回家阅读。[1]

在布茂林的引导与支持下,王云五读了马可莱的《英国史》、亚当·斯密的《国富论》、斯宾塞的《社会学原理》与《教育论》、戴雪的《英宪精义》、孟德斯鸠的《法意》、达尔文的《物种原始》、埃克曼的《哲学》、柏拉图的《对话》、休谟的《人类理解研究》、约翰·穆勒的《代议政府》与《自由论》、卢梭的《社会契约论》、克莱尔的《法国革命史》、培根的论文集、富兰克林的自传、雨果的《可怜的人》等,涉及哲学、政治学、法学、经济学、教育学、文学、历史学等众多学科,眼界大开,知识日丰。他日后能成为学贯中西的大学者,与这段读书生活大有关系。

包括英华书馆、上海同文馆在内的各色各样的培训班,有的延续多年,有的旋办旋停,有的停而复办,此伏彼起,蔚为壮观,背后反映的是上海持续不衰的学习外语热与西学热。与外语热、西学热联系在一起的,则是更多的就业机会与发展空间。诚如《申报》所云:

> 上海地方开设西馆以教西学者颇不乏人,有西人为之师者,有华人为之师者,或在日间,或在晚间,开门授徒,俨然道貌。……华人之为师者则直道听而途说,如掮客然,略读一本司扑林,即自矜为能知西语,能识西文,而觍然抗颜为人师,一月得其两元之修,而实无所准益。即从之学者,亦不辨滋味。[2]

> 上海为通商大埠,客籍之寄寓者最多,有志西学者亦较多于他处,故租界中教习西文学塾竟有数十处之多。为之师者,或为西人,或为华人,不一

---

[1] 王云五:《岫庐八十自述》,台湾商务印书馆 1967 年版,第 30—31 页。
[2] 《论中国之仿西法但得其似而不得其真》,《申报》1886 年 4 月 6 日。

其格,而所教者大都系英文。盖英国商务最广,驾乎诸国之上,故贸易场中皆用英文,而寓居租界中之子弟有志西学,或为经商起见,或为学艺起见,则必择西国通行之文字而学焉,故所学者皆属英文,而为之师者,亦必榜于门首,大书"教习英文"字样。夫以学塾如此之多,学西文者如此之众,似其所成就者必有可观矣。[1]

外语好不好,直接影响一个人的前途。上述王云五的例子是个典型。是上海同文馆的学习,提升了他的英文程度,开阔他的学术视野,开启了他求知的门径。郑观应、穆藕初是另外两个典型。郑观应是近代中国著名的买办、思想家,写过影响深远的《盛世危言》,他并没有进过正规的外语学校,其外文基础是在英华书馆打下的,他在那里上了两年夜校,傅兰雅是他的老师。穆藕初先前不懂英文,在 1897 年开始进英文夜校学习,两年时间,英文文理已清顺,能浏览英文报刊,1900 年考进海关工作,仍坚持在晚间上夜校,日后又到美国留学,归国后成为著名企业家。外语培训班在郑观应、穆藕初成长的道路上,都起了重要的作用。

正因为如此,懂外语在当时的上海社会生活中常常成为人们自我夸耀的资本:

> 上海洋场,五方杂处其间,人数之众多无出其右,而日与西人相习,往往能作西语,识西文,以是诩诩自鸣得意者正不知其凡几。或当大庭广众之间,宴会聚谈之际,内有一二人能操西语,则彼此格磔钩辀,互相问答。在门外汉闻之,似乎入彀,或且有不胜艳美者。[2]

> 但能略解数字,即自以为知西文,出而骄人,日游戏于马路,与夫茶烟室馆,呼朋引类,口衔雪茄烟,昂首作得意状,偶有气触之者,则且以西人之势压制之。[3]

---

[1]《论西国学堂教习华童之善》,《申报》1894 年 2 月 2 日。
[2][3]《论中国之仿西法但得其似而不得其真》,《申报》1886 年 4 月 6 日。

5. 洋泾浜英语与洋泾浜汉语

洋泾浜英语是不通中文的西人与不通英文的买办、仆人乃至中国商人之间沟通的语言,英文作 pidgin-English。Pidgin 的词源,学术界一般认为是 business 的汉语谐音,pidgin-English 意为商业英语。这个词本身就是洋泾浜英语。此语起源于广州,可能 17 世纪已经出现,上海开埠以后,随着北来的西人进入上海。洋泾浜原是上海县城北面的一条小河,英、法租界相继辟设以后,成为两租界的界河。洋泾浜两岸及其桥上,逐渐成为商品贸易的场所。一些口操蹩脚英语的翻译人员,成为牵合中外商人、促成交易的重要中介。从事这项活动的,开头是随洋行从广州到上海的买办,多为广东人,尤其是香山人,后来逐渐本土化,形成上海露天通事,规范了上海的 pidgin-English,洋泾浜英语由此形成。[1]

洋泾浜英语是一种混合语言,其特点:一是词汇较少,往往一词多义,如 my 除了其本义之外,还是 I, we, mine, our, ours 的同义词,Makee 涵盖 make, do, cause, become 等意思,Plopa 至少代表 proper, good, right, correct, nice 五个词的意思,"How fashion?"至少代表下面三句话的意思:what for? why? What is the meaning? 二是音序简化,一般只有三个元音,即"[i][a][u]",辅音系统也大为简化,所以 sheep 与 ship 一概读作 sip,knife 读为 naifoo,English 读为 Inkeli,sorry 读作 solly。三是语法简单,没有数、性、格、人称、时态、语态等词形变化,有不少是按照汉语词序来表达的,如 Long time no see you(很久没有见到你了),就是一个典型的例子。[2]

洋泾浜英语形成较久,语源复杂,包括英语、葡萄牙语、印度语、广东话等,如 Maskee(没关系)、compado(买办)、joss(偶像)源于葡萄牙语,Junk(舢板)、tiffin(午餐)源于印地语,taipan(大班,即经理)来自广东话。同治年间,出身于上海广方言馆的杨勋曾作《别琴竹枝词》百首,将洋泾浜英语编成顺口溜,好记,

---

[1] 参见周振鹤:《别琴竹枝词百首笺释》,载《随无涯之旅》,三联书店 1996 年版,第 296 页。
[2] 参见周振鹤:《别琴竹枝词百首笺释》,载《随无涯之旅》,三联书店 1996 年版,第 298 页。

也颇有趣。其中有的将英文读音与中文含义联系起来，比如：

> 清晨相见谷猫迎（谷、猫迎，good morning），
>
> 好度由途叙阔情（好度、由途，how do you do）。
>
> 若不从中肆鬼肆（肆鬼肆，squeeze，敲诈），
>
> 如何密四叫先生（密四，mister，先生）。

"谷猫迎"是读音，"清晨相见"是说这句话的场景。"肆鬼肆"中用"鬼"字，而不用"贵""归"等字，隐含这个词的贬义。

> 请看频呼六克西（六克、西，look-see，请看），
>
> 为夫的是唤娇妻（为夫，wife，妻）。

以"为夫"作为 wife 的读音，而不用"威府""慰抚"等同音词，也是为了便于记住 wife 的含义。

有些中文字只有用上海方言读才与英文读音相近，而用北方官话去读则相去太远，比如：

> 烟丝好似拖碑哭（拖碑哭，tobacco），
>
> 海作高来六作低（海，high，高；六，low，低）。
>
> 法司为一有为先（法司，first，第一），
>
> 好袜处伊问几年（好袜处，how much，多少）。

在上海话中，"六"读音近 lo，"袜"读音近 mu。

其时，上海人将英语的一些单词，编成歌诀，成为洋泾浜歌诀，颇便记诵。比如：

> 来是康姆去是谷（康姆，come；谷，go），

廿四铜钿吞的福(吞的福,twenty four)。

是叫也司勿叫拿(也司,yes;拿,no),

如此如此沙咸鱼沙(沙咸鱼沙,so and so)。

红头阿三开泼度(开泼度,keep door),

自家兄弟勃拉茶(勃拉茶,brother)。

爷要发茶娘卖茶(发茶,father;卖茶,mother),

丈人阿伯发音落(发音落,father-in-law)。[1]

英美人与中国佣人沟通,通常使用的就是洋泾浜英语。爱伦·库恩(Irene Kuhn)记得她有一次去参加鸡尾酒会,听到女主人把管家叫到她面前说:"Boy, go topside; cachee one-piece blow rag, puttee stink water, bring my side."意思是:"仆欧,上楼去拿块手帕,在上面洒点香水,拿来给我。"[2]

上海外国侨民,除了与买办和仆人接触之外,很少与中国人交往。他们与仆人的交往,既不平等,也不深入。美国人鲍威尔回忆,他在上海时,家里雇了两个女佣,一个厨师,一个男仆和一个苦力。他们都住鲍威尔房子后面的一个地方,"但我们从来没有去过"。但是遇到紧急情况,外国人有时也会对中国人施以援手:

一次乡下发生风潮,那个男仆有 65 个乡下亲戚逃来上海,他就带领他们住进我的汽车间,直到事情平息后才回去。后来我听说,他的 65 位亲戚,每个都给过他的好处,以感谢他的患难相助。[3]

外国人与中国帮佣沟通,洋泾浜英语是唯一的交流工具,但是这种语言只能作极其简单、肤浅的交谈,无法做其他事情。

---

[1] 汪仲贤:《上海俗语图说》,上海书店出版社 1999 年版,第 2 页。此歌诀需以宁波话或上海话发音才押韵。

[2] [美]爱伦·库恩(Irene Kuhn),《受命冒险》,载张和声:《孤傲的"上海人"——上海英侨生活一瞥》,《史林》2004 年第 6 期。

[3] [美]鲍威尔:《鲍威尔对华回忆录》,知识出版社 1994 年版,第 55 页。

洋泾浜英语尽管使用比较广泛，有一定实用价值，但是在上海外侨上流社会中，还是被视为粗俗的标志。所以一般欧美人与中国商人、买办打交道，首先试探性使用的是正规英语，不得已才使用洋泾浜英语。如果不知底细，一开始就使用洋泾浜英语，会被视为不礼貌。

据英国人戴义思的《上海模范租界居住三十年生活忆旧》介绍，常住上海的西方人不但与华人大班、佣人要说洋泾浜英语，西人相互之间谈话也时常夹用洋泾浜英语，以至于刚到上海的英国人常常听不懂。此书最后一章专门介绍洋泾浜英语在上海使用的情况。旗昌洋行大班金能亨精通流行在中国沿海地区洋泾浜英语中的各种行话，19世纪70年代回到美国后，他给旗昌洋行一些买办写信，仍用这种洋泾浜英语。1876年11月，当时上海旗昌洋行的经理福士为了一次在华业务上的需要，去信给金能亨，请他要求买办陈竹坪垫款约一万英镑。福士信中说道："我确信，凭您一封洋泾浜英语的信，就足以使他就范。"[1]斯诺夫人回忆，她初到上海，与美国副领事谈话，彼此说的都是洋泾浜英语。她认为："洋泾浜英语是当时整个中国沿海通行的混合语，新来的人都喜欢它。"[2]

洋泾浜英语如此有用，学习洋泾浜英语就不只是那些不懂英文的仆人、买办，与这些仆人、买办打交道的外国人也要了解。1917年上海别发洋行出版的英文《中国百科全书》(Encyclopedia Sinica)中，特立Pidgin English条目，对洋泾浜英语的来历、使用范围、规则、词汇特点作了介绍。内称洋泾浜英语是一种非正规的行话，它是一种商业英语，词汇有限，词语顺序在一定程度上是按照中文顺序，常有发音错误，极少量的英文词汇被赋予很多的用处，表达很多的意思，"I cannot"在洋泾浜英语中就变成"My no can"，"It is not my affair"变成"No belong my pidgin"[3]。1920年出版的英文《上海手册》[4]，将洋泾浜英语

[1] 刘广京：《英美航运势力在华的竞争(1862—1874)》,邱锡荣、曹铁珊译,上海社会科学院出版社1988年版,第34页。
[2] [美]海伦·斯诺：《旅华回忆——海伦·斯诺回忆录》,华谊译,世界知识出版社1985年版,第8页。
[3] *The Encyclopedia Sinica*, by Samual Couling, Shanghai: Kelly and Walsh, Limited, 1917. p.437.
[4] Rev. C. E. Darwent, *Shanghai: A Handbook for Travellers and Residents to the Chief Object of Interest In and Around the Foreign Settlements and Native City*, Kelly & Walsh, Limited, 1920.

置于卷首,认为对于来沪旅游者来说,懂得洋泾浜英语是至关重要的。1945 年 11 月专门为美国飞虎队出版的英文《上海指南》(Guide to Shanghai for US Flying Tigers Personnel),也特别介绍洋泾浜英语的特点、主要词汇和使用时应该注意的地方。

还在 1876 年,伦敦就出版过查尔斯·莱兰德(Charles G. Leland)编写的《洋泾浜英语歌谣集》(Pidgin English Sing-Song),以歌谣形式记录了外国下层侨民所使用的洋泾浜英语的基本特征。[1]为了帮助英国人记得那些洋泾浜英语词汇,英国人将洋泾浜英语编成诗歌,押韵易记,与杨勋的《别琴竹枝词》相映成趣。

下面是其中的三首:[2]

Pidgin English poem	中文大意
A yellow taxi comes in view.	一辆黄色出租车迎面驶来,
The weary chauffeur asks, "Where to?"	面带倦容的司机问想去何处。
What would result if you replied,	回答的结果可能是,
"Make walkee chop-chop Broadway side?"	快快快! 百老汇那边径直开去!
You'd wander down Fifth Avenue,	你想漫步第五街上,
To look at frocks as women do	去看一看女士上装,
Or try on hat to spend your cash on—	或试一试帽子以花费些许铜钱,
"Wantchee more better, proper fashion."	得到的结果是:想得越多越时尚!
When we go home, I wonder whether	回国时分我遐想,
We'll lose our pidgin altogether?	洋泾浜英语是否全忘光?
I'd like to keep a little bit.	很想保留那么一丁点,
I find I'm rather fond of it.	我发现我早已被迷上。

---

[1] 邱志红:《洋泾浜英语小述》,《清史研究》2005 年第 2 期。
[2] Pidgin English poem. Tales of Old Shanghai, http://www.talesofoldchina.com/shanghai/cultures/t-pidgin.htm.

英国人还将洋泾浜英语单词编成辞典，以利于英国人学习、使用。下面是辞典的一部分：[1]

All-plopa-quite right

blong-is, are, belong to, etc.

Bottom-side-downstairs

Bym-bye-later

Can do Can you do, or Yes, I can do it.

Catchee-Have, get, bring, e.g. "My look-see one piecee man.catchee chow-chow'-I saw a man eating."

Chop-stamp, inscription, carved seal

Chop-chop-chop, quickly

Chow-chow-food, to eat

Cumshaw-gratuity, sometimes a present

Dlinkee, to drink

Finishee-completed, done, finished

How fashion? -what for? why? What is the meaning?

Inkeli-English

Largee, largey, largo-much, great Likee-to like

Look-see-look, appear like, see

Makee-make, do, cause, become

Maskee-never mind

Melican-American

More betta-better

Muchee-very, sometimes muchee-muchee

My-my, me, I, sometimes we, our, ours

---

[1] Pidgin Lexicon, Tales of Old Shanghai, http://www.earnshaw.com/shanghai-ed-india/tales/t-pidg04.htm.

Naifoo-knife

No can-not good, I cannot, impossible

No can do? –Can you not?

Number one-very good

Olo-old

One piecee, a, an, one

Pay-to give, bring, deliver, transfer

Side-place, country

Smellum-water-perfume, cologne

Solly-sorry

Talpan-boss, important foreign businessman

Talkee-tell, say, inform, ask

This side-here

Tiffin-lunch

Tinkee-think

Too muchee-very, excessive

Topside-upstairs, on top

waifo-wife

Walkee-to go

What for? -why?

What fashion no can? Why not?

What-side-where?

洋泾浜英语使用不当,也会闹出一些笑话。兹举几例:

其一,某天下午,一位驻上海的苏格兰官员去拜访其朋友,按响门铃,与男仆用洋泾浜英语对话。访客问"主人与太太是否在家",男仆回答:"不在,外出了。"又问是否知道他们到哪儿去了,男仆回答:"太太上身什么都没穿,先生下身什么都没穿(实际是穿着苏格兰短裙,光着膝盖),必定去跳舞去了。"[1]这种说法,会让听者一头雾水。

其二,某日,上海总会大厅的司阍接到一位外国女士的电话。女士问:"你是司阍吗? 我想知道我丈夫(my husband)到了没有?"话还没有说完,司阍就回答:"没到,太太,husband 没有到。"女士问:"这怎么回事,我还没有告诉你我丈夫叫什么名字,你怎么就知道他没有到?"司阍回答:"我怎么不知道,太太,任何时间都没有一个叫 husband 的人来到这里。"[2]

其三,某日,一个苦力从马背上摔下来,他一边从地上爬起来,一边用洋泾浜英语说:"我想爬在他身上,他想爬在我身上。"[3]

就常识而言,洋泾浜外语是不同语言族群最初接触时的普遍现象。试想,两个完全不懂对方语言的人初次接触,比如,一个讲汉语,一个讲英语,或一个讲日语,一个讲俄语,在没有任何以往的知识可以支撑、没有任何工具书可以借助、没有任何翻译人员可以帮忙的情况下,那么,他们怎么交谈呢? 那一定是将对方零星、片断的语言纳入自己的语言系统中,一定是从比较具象的事物开始,然后进入比较抽象的内容。甲指着天上的月亮说:"这是月亮。"乙说:"This is the moon。"以后,甲说"这是 Moon",乙说"This is 月亮"。由此生发开去,逐渐演变为洋泾浜外语。在文化位势对等的情况下,洋泾浜外语应该是一对一对产生的,而不是一个一个产生的。俄日接触,应该既有洋泾浜俄语,也有洋泾浜日语。中英接触,应该既有洋泾浜英语,也有洋泾浜汉语。

对那些必须与中国人打交道的外国雇员来说,汉语也是必要的技能。一个

---

[1] [挪]石海山等:《挪威人在上海 150 年》,朱荣发译,上海译文出版社 2001 年版,第 31 页。

[2] The Hall Porter at the Shanghai Club answers the phone. Female Voice: "That belong Hall Porter? Well, my waThe North-China Heraldee savvy, s'pose my husband have got, no got?" Hall Porter: "No, missy, husband no got." Female Voice: "How fashion you savvy no got, s'pose my no talkee name?" Hall Porter: "Maskee name, missy, any husband no got this side anytime." Pidgin Jokes, Tales of Old Shanghai. http://www.earnshaw.com/shanghai-ed-india/tales/t-pidg02.htm.

[3] A coolie who was thrown off a horse, on arising from the ground, said, "My waThe North-China Heraldee go topside he; he waThe North-China Heraldee got topside my." 参见 Pidgin Jokes, Tales of Old Shanghai. http://www.earnshaw.com/shanghai-ed-india/tales/t-pidg02.htm。

在上海海关工作的挪威人回忆自己学汉语的情况：

> 北京官话,对于在海关的外籍职员来说,是必修课,而且他们必须经过三级考试：两年后的 C 级证书考试,四至五年后的 B 级证书考试,以及六至七年后的 A 级证书考试。如果在规定的时间内拿不到相应的证书,那么就会停止晋升。如果始终拿不到 A 级证书,就永远不可能提升为一个港口城市的海关税务司。在学校里,每组八名学员,由大约同样多的国籍组成。在我那一组,有法国人、美国人、英国人、一个白俄罗斯人、一个瑞典人和我这个挪威人。中国教员的人数和学员一样多。早晨八点钟,各个教员来到自己的学员面前开始上课,以后根据课程表,每小时交换一次教员,直至午餐。午饭之后,我们可以自由活动,随意做一些自己想做的事。然而其目的大致是让我们进行自学……学员们都住在各自的屋子里,而教员在我们中间走动。还有一间大屋子,那是餐厅和娱乐场所,可供举行友好的聚会。我们每人都带着自己的仆人,工钱由我们自己付,而炊事人员和大管家的工资则由海关支付。[1]

有人学汉语,就会出现洋泾浜汉语现象。清末出版的《上海日夜》记载：

> 一个洋人问他的佣人阿王：Te-kut meh-zz mah che de, ah?（Te-kut meh-zz,上海话"迭个么司"即"这个东西",che de 上海话"几钿"即"多少钱",全句意为：这个东西买多少钱? 啊?）
>
> 阿王回答：Ng pah loh se de。（上海话,五百六十钱）。[2]

这一问一答,其实就是洋泾浜汉语。

近代中西接触中,一定还有很多洋泾浜汉语现象存在,只不过因为文化位

---

[1] [挪]石海山等：《挪威人在上海 150 年》,朱荣发译,上海译文出版社 2001 年版,第 36 页。
[2] *Shanghai by Night and Day*, Shanghai Mercury, Limited,无出版年代,纪事止于 1902 年,p.91。

势并不对等,所以洋泾浜英语的现象比较突出,洋泾浜汉语的现象被淡化了。

外语培训班的特点是业余、速成、低门槛,洋泾浜英语的特点是简单、有效、非正规,两者都是为了适应中西人群在未经充分准备的条件下、不期而遇的应急措施,是一种带有应急意义与过渡意义的文化现象。这在正规教育体系中,属于不伦不类,不上流品,与此相联系的往往是嗤之以鼻、贻笑大方等贬义词。其实,这种不伦不类、不上流品、嗤之以鼻、贻笑大方的文化行为与产品,正是中外混杂的上海社会自组织、自发明、自创造的积极表现,恰好证明了上海社会超强的文化交流、文化适应与文化创新能力。郑观应之成才,穆藕初之留学,王云五之成功,都有外语培训班的重要推助;难计其数商人的奋斗生涯中,洋泾浜英语都有不可磨灭的功勋。

七、 协商与合作

上海开埠以后,华洋关系既有矛盾、斗争的一面,也有协商、合作的一面。对于矛盾、斗争的一面,以往的研究成果较多,本书在相关章节中也有所讨论。对于协商、合作的一面,以往的研究成果比较少,而这方面倒是近代上海华洋关系中的一大特色。

1. 造桥、防病: 有限的市政合作

在第一批通商的五个城市中,就口岸开辟而言,最为复杂的是广州,福州其次,宁波更次,上海开埠最为顺利。

在上海,尽管 1848 年发生了青浦教案,但那是在上海近郊土地上发生的传教士与山东水手的冲突,上海外侨并不认为那是与上海当地居民的冲突。上海外侨在圈建跑马场时,与土地主人发生一些矛盾,外侨认为那是福建商帮、广东商帮挑拨离间的结果,不能把责任推到上海人身上,"界内界外所发生的一些纠纷,大多是福建帮和广东帮所引起的。我们没有发现过出乎我们意料之外的事"[1]。小刀会起义期间,1854 年 4 月,上海也曾经发生清军与西人武装的"泥城之战",但那仅是为时两小时的军事摩擦,很快就平息下去。从总体上说,开埠以后的 20 多年中,无论是官方还是民间,上海人与西人相处都还是比较和谐

---

[1] 上海社会科学院历史研究所编:《上海小刀会起义史料汇编》,上海人民出版社 1980 年版,第 753 页。

的。西方人对上海也感觉颇好。英国领事、传教士不止一次说道：

　　上海人，几乎是跟广东人完全不同的种族，而上一世纪来华的外侨，却只跟广东人十分相熟。大部分居留在上海的外侨，对古代吴国的历史，是幸运地一无所知的，但是他们不久就发现吴国人民（上海人）和南越国人民（广东人）是截然不同的。上海人和广东人，不但口语像两种欧洲语言那样地各不相同，而且天生的特性也是各不相同的。广东人好勇斗狠，上海人温文尔雅；南方人是过激派，吴人是稳健派。[1]

　　1848年，英国领事认为，"一般上海本地人与外侨之间业已形成一种融洽无间的谅解"[2]。

　　上海的生活条件比广州要满意得多。有广大的空间足供愉快的生活，又没有商馆的限制，并且还有前往四乡去的充分自由。各项条约规定的外国人不得超越短程距离远入内地乡村，应由地方官和各领事协议决定一节，在上海是作最广义解释的；在英国领事的倡议下，游历的范围规定为游历者可以在一天内往返的路程，这就可以远达运河交叉处的乡村。在以后几年中，游历的范围约定为三十英里的距离。在广州的外国商人只有冒着不断的挑战式的侮辱，才能越出商馆限定范围之外，只有冒着被殴打和可能受伤的危险，才能到甚至极短距离的乡村里去；在上海，虽然是一个外夷，但是在他的每天生活中都可以作一些增进健康的散步，并不会对他的四肢和感情上有什么危害，并且他还可以带着枪和他的"猎犬"在一个钟头的散步里捉一只雉鸡，或十分钟内捉一只鹧鸟。传教士不像在广州时那样要自己冒着自己生命的危险向中国兄弟宣讲福音；在1855年我们发现香港和其他五个口岸总数八十五名基督教传教士中，三十四名是在上海的。

_____

［1］　上海社会科学院历史研究所编：《上海小刀会起义史料汇编》，上海人民出版社1980年版，第753页。
［2］　上海社会科学院历史研究所编：《上海小刀会起义史料汇编》，上海人民出版社1980年版，第752页。

这种传教的自由同官吏和该县人民都建立了很大的友情;这种友情就是在叛乱和秩序失常的年月中还是一直维持的。[1]

上海地方政府在治安、市政建设方面,还与租界当局进行一定程度的合作。

第一,资助租界巡捕费用。1854 年 10 月 17 日,通过协商,议定巡捕费由上海地方政府负担三分之一。[2]1855 年 1 月 4 日工部局鉴于经费透支,决议请求领袖领事立即向中国政府索取他们已答应支付承付的每月 500 元津贴,用于维持到 1 月 12 日为止为期 6 个月的工部局捕房经费。随后,上海道台如期支付了经费,包括捕房津贴 3000 元,另加加强租界防御力量的经费 1000 元。[3]1856 年,上海道台补助租界巡捕房费用 5500 元。[4]1861 年 10 月,工部局与上海道台就建立虹口捕房问题达成协议,道台愿意就此捐献一笔款项,数额与已从该区居民收得的金额相等。[5]1863 年,上海道同意每年给租界 4000—5000 两津贴,作为资助巡捕的费用。之所以要资助巡捕经费,是因为在上海道台看来,维护租界地区的治安,上海地方政府有着义不容辞的责任。

第二,在租界华人税收方面进行合作。1854 年工部局成立以后,鉴于租界内华商使用租界码头,决定对其征收码头捐,每家每年征收 50 元,实行不久,因遭到华商和上海道台的反对而停征。租界当局多次向上海道台交涉,1857 年上海道台同意每年统一捐钱给工部局,抵充租界内华人的码头捐,1858 年定为 2000 元,此后不断增加,1863 年为 4000 元,1864 年 6000 元,1865 年 8000 元,1866 年 10000 元,1867 年增加到 14000 元。[6]1860 年,太平军攻克苏州、杭州,江南震动,迁居上海租界的华人增加到 30 万,两年后增加到 50 万[7]。为了筹措军饷,上海道台与租界磋商,要求对租界内华人征收各种货物税,遭到拒绝。

[1] 马士:《中华帝国对外关系史》,上海书店出版社 2000 年版,第 400—401 页。
[2] 马长林:《上海公共租界的开辟和早期工部局职能考察》,《上海研究论丛》第 7 辑。上海租界志编纂委员会编:《上海租界志》,上海社会科学院出版社 2001 年版,第 335 页。
[3] 《工部局董事会会议录》第一册,上海古籍出版社 2001 年版,第 578 页。
[4] 上海租界志编纂委员会编:《上海租界志》,上海社会科学院出版社 2001 年版,第 335 页。
[5] 《工部局董事会会议录》第一册,上海古籍出版社 2001 年版,第 627 页。
[6] 上海租界志编纂委员会编:《上海租界志》,上海社会科学院出版社 2001 年版,第 324 页。
[7] 上海租界志编纂委员会编:《上海租界志》,上海社会科学院出版社 2001 年版,第 368 页。

英美租界同意,中国政府放弃对英美租界华人征税,将租界内华人房捐的一半让给上海地方政府。同年,上海道台与法租界议定,从 7 月 1 日起,法租界内华人税收全部归法租界,但要将增加的房捐收入与上海道台对分。[1]1873 年 4 月至 1874 年 3 月,上海道台向英美租界捐助码头捐 10500 两。[2]1899 年 3 月,两租界与上海道台在码头捐方面达成协议,自该年 4 月 1 日起,码头捐所得,上海道台分得 50%,其余部分,公董局得四分之一,工部局得四分之三;征收费用,上海道台负担一半,其余一半由两租界分担。[3]上海道台之所以要代租界内华人缴纳码头捐,因为在他看来,租界无权向中国商人征收捐税。对于租界华人,上海道台既有管理权力,也要分担义务。

第三,联合禁止赌场。1864—1865 年,上海道台与两租界在禁止开设赌场问题上进行合作,共同禁止在上海开设赌场。赌场多开设在租界,租界的行政费用,很大一块来自赌场,同治初年每月达 5000 两。1864 年春,署上海道应宝时与英国领事、租界当局商量联合禁止赌场,没能完全达成协议。同年夏天丁日昌接任上海道台以后,经与外国领事、两租界当局一再磋商,英美租界态度比较积极,法租界一开始不予合作,到 1865 年,终于达成联合禁止赌场的协议。

第四,联合进行洋泾浜疏浚和造桥工程。洋泾浜是英美租界与法租界的界河,也是租界西面华界地区通往黄浦江的一条重要河流,由于倾倒垃圾,河泥淤塞,航道不畅。1864 年,工部局开始制订疏浚洋泾浜的计划,翌年,工部局与道台联系,希望获得支持,道台慨然允诺。1866 年,道台允支疏浚工程总经费 4000 两银子的一半,即 2000 两。工部局计划在洋泾浜与黄浦江交汇处建造一座新桥,道台亦允支其经费的一半。工部局在洋泾浜的山东路、福建路、江西路口造桥或修桥,道台均分担了费用。[4]

---

[1] 上海租界志编纂委员会编:《上海租界志》,上海社会科学院出版社 2001 年版,第 368 页。
[2] 上海租界志编纂委员会编:《上海租界志》,上海社会科学院出版社 2001 年版,第 325 页。
[3] 上海租界志编纂委员会编:《上海租界志》,上海社会科学院出版社 2001 年版,第 326 页。
[4] 马长林:《上海公共租界的开辟和早期工部局职能考察》,《上海研究论丛》第 7 辑。

第五,其他市政工程合作。1856 年英租界扩建外滩 30—40 英尺,上海道台资助了一笔钱[1]。1866 年,英美租界、法租界共同办理消防事务,上海地方政府也予以资助,费用由租界、保险公司、中外商家、上海道台共同承担。[2]

第六,预防传染病与卫生管理方面进行合作。传染病是不受行政区划限制的。近代上海租界在预防传染病方面,机构健全,设备先进,华界时常会寻求租界的帮助,租界也需要华界的合作。

1911 年 8 月初,上海闸北松盛里一带突发疫情,染疫病人出现头痛、眼白满布红丝、两腋及腿弯处均起核子现象,极似鼠疫症状。病人被送往华界中国公立医院治疗。由于鼠疫的发病期通常是在春秋之际,其时正值盛暑,按常规是不会有此疫发生的。华界医院化验设备不及租界医院先进,遂请租界医院予以协助。华界医院将接连两天所采该类病人血液送交工部局卫生处复验,该处有化验瘟疫微生虫的专门实验室。工部局卫生处医官经过仔细化验、试验,确定

工部局卫生宣传活动

[1] 《工部局董事会会议录》第一册,上海社会科学院出版社 2001 年版,第 590 页。
[2] 上海租界志编纂委员会编:《上海租界志》,上海社会科学院出版社 2001 年版,第 335 页。

为烈性传染病鼠疫,并出具证明书。根据这一诊断,华界当局展开了积极的预防和救治措施,工部局也采取了相应的预防措施,包括对染疫房屋进行消毒、对染疫地段进行隔离、限制人员流动等,终于有效地控制了疫情。[1]

食品卫生管理方面,租界与华界也有一定程度的合作。1926年,留美归来的防疫专家胡鸿基受聘主持华界公共卫生事宜,他请求租界有关部门予以支持,希望提供租界有关公共卫生方面的资料。公共租界公共卫生处积极配合,提供了完整的资料,包括公共卫生处的各种法规、告示、证书等,还协助培训华界有关官员,帮助他们学习相关业务。此后,公共租界与华界还就两界食品经营场所实行互惠发照问题、传染病信息共享、屠宰场卫生检验、乳场卫生管理等问题进行了一定程度的合作。[2]

2. 联合镇压太平军

自租界实行华洋杂处以后,华人便成为租界居民的主体,华人绅商在租界的利益日见加大。至于租界的洋商,其商业伙伴本来就多为华商,彼此有许多共同的利益;此外,租界西人与华界有多方面的联系,单传教士在华界所设的教堂便有多座,诸如南门外有法国传教士的董家渡天主堂,县城里有英美两国不同差会的教堂六座。基于在上海城市你中有我、我中有你的共同利益,租界西人和华人官僚绅商,在面对来自上海以外的威胁时,不止一次地进行合作。

小刀会之役以后,经过几年的恢复与发展,上海汇集了江南众多富商名绅,集聚了江南地区的大量财富,有了600多名英美侨民,六七十家洋行,上海关税收入稳定增长,成为清政府重要的财政来源,其时江苏军饷每月需银40万两,其中四分之一以上靠江海关提供。上海已经成为中外利益相互交叉、中外共同关注的城市。

从1860年至1862年,太平军多次进攻上海,上海官绅与寓沪西人先后两

[1] 彭善民:《公共卫生与上海都市文明(1898—1949)》,上海人民出版社2007年版,第92页。
[2] 参见陆文雪:《上海工部局食品卫生管理研究(1898—1943)》,《史林》1999年第1期。

次联手镇压。

第一次发生在 1860 年。

这年 3 月,太平天国将领忠王李秀成率军自芜湖进攻浙江,很快攻占了省城杭州。5 月,太平军击溃设在南京附近的清军江南大营,挥师东征,连克常州、无锡和当时的江苏省城苏州。作为江南财富汇聚之地的上海,成为太平军进攻的下一个目标。

面对着太平军进攻,由于当时上海清军兵力单薄,上海地方官绅谋求西人的救助。上海租界当局应允了上海地方官绅的请求。1860 年 5 月 26 日,上海出现由英国公使卜鲁斯和法国公使布尔布隆联合发布的公告,表示将保护包括租界与华界在内的整个上海城市的安全:

> 上海为各国通商口岸,本城华商与各国侨商有极广泛的关系。如果上海成为内战的舞台,则商业定将受到严重损害,而华洋人士之但求安居乐业者也必蒙受重大损失。为此,本人与法(英)国对华远征军总司令阁下一致同意,我国海陆军方面采取形势所必需之措施,以便保护上海居民,不使其遭受屠杀抢劫,并阻止内部暴动,同时,上海城区亦在保护之列,不使其蒙受任何外来之攻击。

英法联军在上海各地布防,分别进驻董家渡天主堂、上海县城的东西南北各个城门、法租界等地,黄浦江上的炮舰和护卫舰也集结待命。

8 月中旬,李秀成指挥太平军在攻占嘉定、松江等地之后进攻上海县城,被守卫县城的英法军队击退。

第二次发生在 1862 年。

1861 年年底至 1862 年年初,太平军连克奉化、慈溪、台州、宁波、杭州,军威大振,李秀成部署进攻上海。太平军由乍浦北上,连克奉贤、南汇、川沙等厅县,西南方向的太平军离上海城亦仅十来里。清廷各处防军,闻风溃走。租界西人外主中立之说,内忧太平军至则贸易受损,愿意帮助清廷但又不愿主动提出,以便讨价还价。英国驻上海代理领事巴夏礼让人向应宝时等江浙士绅传话说，"官无可言者，为语诸绅，忍弃上海乎?"为人机敏、与上道台衙门、英国驻上海领事衙门、寓居上海的江浙绅商都很稔熟的应宝时[1]，将滞留在沪的刑部郎中苏州人潘曾玮[2]，介绍给团练大臣庞锺璐[3]，希望庞与洋人联络，庞表示为难。潘与同人讨论，有人认为借师夷人名声不好，有人担心后患无穷。潘曾玮想到了正在上海的苏州人冯桂芬。[4]冯桂芬表示此事可行[5]。潘曾玮将冯桂芬意见转告于另外两位著名士绅——吴云[6]与顾文彬[7]，吴云将众绅意见转告于江苏巡抚薛焕，薛表示默许。于是，寓居上海的江浙士绅潘曾玮、吴云、应宝时、顾文彬四人与英国领事巴夏礼多次晤面，商谈借师助剿问题。[8]巴夏礼表示愿意助剿，但需经过与官方正式交涉。

冯桂芬等在与薛焕等取得一致意见以后，写了一份《江浙绅士为借师助剿呈苏抚》信，表示现在情况危急，上海贸易不通，饷源骤绌，如果旷日持久下去，将更为困难，因此提请"借师助剿"。他们在信中特别提出，"借师助剿"是于史有据的，也是得到外国领事支持的:

[1] 应宝时(1821—1890)，浙江永康人，字敏斋，道光二十四年举人，咸丰三年考取国子监正学录，改就本班，分发江苏，成为上海道吴煦门生。他在团练大臣庞锺璐督导下，协助上海知县刘郇膏办理团练，对抗太平军，论功超擢直隶州州同。他为人机敏，与上海道台衙门、英国驻上海领事衙门、寓居上海的江浙绅商多稔熟，日后成为李鸿章办理外交的得力人员，1866 年任上海道台，1869 年升江苏按察使，署江苏布政使。
[2] 潘曾玮(1819—1886)，字宝臣，吴县(今苏州)人。其父潘世恩(1769—1854)为乾隆五十八年状元，授修撰，曾任江西学政、工部尚书、体仁阁大学士、军机大臣、武英殿大学士等职，门生故旧遍天下。潘氏家族满415科举高第，做官的很多，潘曾玮在朝廷、地方的关系很多，上海地区庞锺璐、李鸿章、冯桂芬等，都与潘家有密切关系，所以，应宝时特别要找潘曾玮商量会防事宜。
[3] 庞锺璐(1822—1876)，字宝生，江苏常熟人，进士出身，官至编修、内阁学士。1860 年因父死在籍守制，奉命为督办江南团练大臣。6 月，太平军攻克苏州、常州以后，庞以常熟、昭文(今属常熟)等地为基地，组织团练，抵抗太平军。9 月 16 日，常熟、昭文等也被攻克以后，潜往上海，1862 年回京供职，1862 年迁礼部侍郎，典湖南乡试，督顺天学政，先后调户部、兵部、吏部侍郎，升左都御史，署工部尚书，升刑部尚书。
[4] 冯桂芬(1809—1874)，江苏吴县(今苏州)人。道光进士，授翰林院编修。1860 年太平军攻克苏州时，避居上海。主张由英、法军队代守上海，参与江浙官绅与英法美等国领事共同成立会防局的工作。后成为李鸿章的幕僚。1861 年在上海写成《校邠庐抗议》，力主学习西方，提议在上海设立外语学校。1863 年，协助李鸿章创办上海广方言馆。后在上海敬业书院等处讲学，重视经世致用之学。著有《校邠庐抗议》等。
[5] 李滨:《中兴别记》，载太平天国历史博物馆编:《太平天国资料汇编》第二册下，中华书局 1979 年版，第 863 页。冯桂芬:《沪城会防记》，《显志堂稿》卷四，第 19 页。
[6] 吴云(1812—1884)，浙江归安(今吴兴)人，自奋于学，屡困场屋，凡六试始籍于学官，应省试，不中，乃讲求经世之学，旁及金石书画。1844 年，援例以通判分发江苏。后任宝山、金匮知县，代理苏州知府。道光末年因事落职，入陆建瀛幕，帮助改革盐政。咸丰年间居住上海，晚年定居苏州。
[7] 顾文彬(1810—1889)，字蔚如，号子山，晚年号艮庵。江苏元和人。道光进士，曾任刑部郎中、武昌盐法道、宁绍台道等官职。擅书法、诗词、音律，收藏法书名画甚丰，为著名收藏家。著有《过云楼书画录》等。
[8] 冯桂芬:《沪城会防记》，《显志堂稿》卷四，第 20 页。

绅等伏考汉用浑邪,唐资回纥,皆借外国兵力以成大功,于古有征,于今为便。因思英、法二国,自去秋与中国通和以来,极为见好,其早经驻沪之领事、兵头于防匪查奸等事互相照会,无不尽心。日前英国参赞大臣巴[夏礼]屡与绅士接见,倾谈之次,邀其调集西兵,助同中国官军保守上海,克服宁波,次及苏州、江宁等处。巴参赞深识大体,亦以贼氛肆毒,民不聊生深为叹恨。惟云事关中国大计,必得抚宪大人据实陈奏,巴参赞亦一面禀商英宪,以便赶紧议办。[1]

列名的有宗人府府丞温葆深、詹事府詹事殷兆镛、湖北盐法道顾文彬、刑部郎中潘曾玮、翰林院编修徐申锡、侍读金日修。附名其中的地方官有候补知府吴云、候补知州应宝时。声明同意而没有列名的有:团练大臣庞锺璐,以事非团练不便列名;中允冯桂芬、编修潘遵祁抱病在沪,向来不参与公务,不便列名。诸人多是江浙士绅。

1862 年 1 月 12 日,上海中外会防会议在英国领事馆正式举行。会议由英国领事麦华陀(Walter Henry Medhurst)主持,出席的有英国驻华海军司令何伯(Hope,Admiral Sir James,1808—1881)、英租界义勇队司令韦伯(E. Webb)、法国驻沪领事爱棠(B.Edan)及其助手日意格(Prosper Marie Giquel)、上海道台吴煦、候补知州应宝时、刑部郎中衔盐运使潘曾玮、按察使衔湖北盐粮道顾文彬、商董杨坊、地方名士龚孝拱等。会议议定了《防剿事宜》七条。江苏巡抚薛焕在此七条基础上又加了一条,改成《筹议借师剿贼章程》八条,上奏朝廷。章程内容包括:说明"借师助剿"是中外双方共同利益所在,外国军队是应中国商民请求才发兵会剿的;助剿范围以巩固上海为根本,也包括收复宁波、袭取苏州、会攻南京;会剿步骤、协调机构以及善后事宜。其中特别说到两点,一是镇压太平军之后,将以南京、苏州等地的太平天国财富,与外国"酌定成数,分稿中

---

[1] 《江浙绅士为借师助剿呈苏抚》,载太平天国历史博物馆编:《吴煦档案选编》第二辑,江苏人民出版社 1983 年版,第 171 页。

外兵勇,庶足以昭信赏";二是设立中外会防公所,以便联络。[1]

1862年1月13日,上海官绅在洋泾浜边的源通官银号里正式成立会防公所,一称中外会防局。上海道台吴煦委派潘曾玮、顾文彬、应宝时、吴云四人主持,英法方面也派员到局办公。会防局的功用,主要有四,即征集捐款,供应洋军;采访情报,提供消息;租雇洋船,运兵运械;购办军火,接济战防。具体地说,会防局在上海的西、南、北三面有关大小十一条口,各设侦探,密切观察太平军动向,随时禀报;在上海东边濒临黄浦江面,直至吴淞口,派船多艘,来往逡巡;在上海通往内地河流的有关桥闸处,添设闸板,加以铁链锁截,由英国派小轮船在有关地方防卫;在上海县城之西门、南门等有关地段,因人口稠密,比较难以防守,只得相度地势,开凿深壕三千余丈,起建炮台二十余座;因各处难民源源涌来,在南门外搭厂赈济。[2]会防局还添练炮勇,随同西兵四出攻击,并支应夫船粮草实物,以利军行,嗣又雇备轮船,迎接李鸿章率领的淮军。

英、法两租界采取了防御措施。英租界在界内设立三道永久性防线:第一道为护界河(即泥城浜,在今西藏中路),由英军守备;第二道为沙克里路(今福建中路),由义勇队及巡捕防守;第三道为界路(今河南中路),也由义勇队及巡捕防守。法租界仿效英租界,建立了义勇队,严密防守,拘留所有没有许可证的中国武装船只,拘捕形迹可疑之人,规定运送柴草之船只不得靠岸,将街头游荡和行乞之华人强行送去修筑公事,禁用火器,禁放鞭炮。租界还贴出告示,略云:上海为本镇驻守之地,有来攻打者,痛剿不赦。[3]

1862年2月下旬以后,英法军队、"常胜军"等,在高桥等地主动袭击太平军,太平军在洋枪洋炮面前节节败退。1862年4月,李鸿章率淮军到沪,整兵筹饷,太平军的威胁已实际解除。未及二年,太平军被彻底镇压,会防局亦逐步撤除。[4]

---

[1] 赵烈文辑:《上海会防局资料及其他》,载《太平天国史料丛编简辑》(6),中华书局1963年版,第168—169页。
[2] 《上海中外会防局开办章程》,载《太平天国史料丛编简辑》第六册,中华书局1963年版,第169—170页。
[3] 李滨:《中兴别记》,载太平天国历史博物馆编:《太平天国资料汇编》第二册下,中华书局1979年版,第864页。
[4] 李鸿章:《上海裁撤会防局折》,载《李鸿章全集》第一册,第341页。

3. 东 南 互 保

事件缘起

1898 年以后,华北地区掀起反帝爱国的义和团运动,1900 年进入高潮。1900 年 6 月,英、德、俄、法、美、日、意、奥组成八国联军,从天津向北京进攻,血腥屠杀义和团。以慈禧太后、载漪为代表的一部分统治者,由于在对待光绪皇帝、对待康有为、梁启超和己亥立储等问题上,与英、日等帝国主义有着严重的分歧,结下了很深的仇怨,也由于轻信了义和团刀枪不入的神话,想借义和团的神力,雪恨消怨,抵御外侮,毅然对外宣战,要求普天臣庶,"各怀忠义之心,共泄神人之愤"。结果,中国再次惨败,团民遭殃,清政府被迫签订了丧权辱国的《辛丑条约》。

就在清廷对外宣战,京津地区战火纷飞,尸横遍野之际,以上海为中心的东南地区却免于战火,中外相安。这是实行东南互保的结果。

东南互保是由多种因素综合作用的历史产物。

此议首先是由阻止英国对长江流域的占领而引起的。长江流域是英帝国主义觊觎已久的地方。义和团运动在中国北部兴起以后,英国担心长江流域也掀起反帝风暴,于是想出兵占领。1900 年 6 月 15 日,英国驻上海代理总领事华仑(Pelham Warren)在获得英国政府授权以后,通知两江总督刘坤一、湖广总督张之洞,他们"将要受到帝国海军的援助"。英国海军部命令增派兵舰到南京和汉口,想造成武装占领的既成事实。

刘坤一、张之洞对此均表示反对。张之洞向英国总领事表示,长江以内上下游,由他与刘坤一力任保护之责,必可无事,英国水师千万不要开入长江,若英水师入江,内恐民间惊扰生事,外恐各国援例效尤,转为不妙。刘坤一也坚决反对英派兵入江,电令上海道设法阻止。空口反对,当然无济于事,刘、张于是在外交和内政两个方面进行了努力。

对外方面,张、刘一面致电中国驻英、美、日等国公使,要他们向所驻各国说明目前长江沿海一带,各督抚力任保护之责,诸国洋人均可毋庸顾虑,特别请美国出面"与各国切商保全东南大局,不可遽派船入江"[1],一面嘱咐正在上海的铁路督办大臣盛宣怀和上海道余联沅等,加紧与各国驻沪领事联系,妥筹保护办法,并照会各处外国领事,要求洋人暂停携眷进入内地,戒勿外出游玩打鸟,免为小事致生枝节。[2]

对内方面,张、刘札饬所属各地,注意保护洋商洋教士,凡洋人与华人发生交涉,"务宜诸从宽恕,化大事为小事,化小事为无事,以冀相安"[3]。

东南互保的实现,与帝国主义之间的矛盾有一定关系。英国原想独占长江流域,但是俄、法对此不满。英国将要出兵长江的消息传出第二天,俄国就用茶船载兵 150 名侵入汉口,后为英国所阻退出。其他列强也表示将派兵舰侵入长江流域。法国表示,如果英军在上海登陆,法军也将登陆。英国政府害怕加深与其他列强的矛盾,只好改变进军长江的初衷。[4]

在此情况下,一个既能保住长江流域、又不开罪于列强的东南互保的计划,经盛宣怀等人的努力,酝酿成熟。6 月 20 日,盛宣怀电告刘坤一:各领事并无占吴淞之意,"自吴淞以迄长江内地,公应饬沪道告知各国领事,自任保护,勿任干预"[5]。

6 月 21 日,清廷对外宣战上谕秘密传到上海。权衡再三,张之洞、刘坤一、盛宣怀等决定继续实行互保方针。用刘坤一的话说:"时事至此,身何足惜!保守东南,实顾全局,一涉猛浪,祸在眉睫。"[6]

张、刘一面命令所属各地不准传发宣战诏书,一面加速与各国领事密商议约。6 月 24 日,盛宣怀致电时任两广总督的李鸿章与刘坤一、张之洞等,谓必须在正式奉到开战之旨以前,与各国驻沪领事订约,承诺"上海租界准归各国保护,

[1] 中国史学会主编:《义和团运动》第三册,上海人民出版社、上海书店出版社 2000 年版,第 330 页。
[2][3][5] 中国史学会主编:《义和团运动》第三册,上海人民出版社、上海书店出版社 2000 年版,第 328 页。
[4] 中国史学会主编:《义和团运动》第三册,上海人民出版社、上海书店出版社 2000 年版,第 241 页。
[6] 刘坤一致张之洞电函(光绪二十六年五月二十七日),载谢俊美:《东南互保再探讨》,《档案与历史》1986 年第 2 期。

长江内地均归督抚保护,两不相扰,以保全商民人命产业为主"[1]。刘坤一接电后,意尚犹豫,经张謇陈说利害,于是电询张之洞是否可行,张之洞表示同意,请刘"即刻飞饬上海道与各领事订约",并派道员陶森甲迅速赴沪与议此事。刘意乃决,电令上海道余联沅与各国领事紧急会商。李鸿章也赞同张、刘意见,表示两广断不服从关于对外开战的命令。张謇记其事:

> 与眉生(即何嗣焜)、爱苍(即沈瑜庆)、蛰先(即汤寿潜)、伯严(即陈三立)、施理卿炳燮(为刘坤一幕僚)议,合刘、张二督保卫东南。余诣刘陈说后,其幕客有沮者,刘犹豫,复引余问:"两宫将幸西北,西北与东南孰重?"余曰:"无西北不足以存东南,为其名不足以存也;无东南不足以存西北,为其实不足以存也"。刘蹶然曰:"吾决矣"。告某客曰:"头是姓刘物"[2]。

参加联络工作的,除了张謇和上文提到的何嗣焜(盛宣怀同乡、南洋公学总理)、沈瑜庆、汤寿潜、陈三立、施理卿(刘坤一幕僚,浙江绍兴人),还有赵凤昌(张之洞幕僚)、顾缉廷、杨彝卿、沈曾植等人。

6月26日,上海道余联沅、道员陶森甲(张之洞代表)、沈瑜庆(刘坤一代表)与各国驻沪领事在北浙江路会审公廨举行会议,盛宣怀以两江、湖广两总督共同聘请的帮办名义出席,经过谈判,当日议定了《东南保护约款》和《保护上海城厢内外章程》。

东南互保内容与实施

《东南保护约款》共9条,主要内容是:上海租界归各国共同保护,长江及苏、杭内地均归各督抚保护,两不相扰;长江及苏、杭内地各国商民、传教士产业,均归两江、湖广总督切实保护;长江内地,中国兵力已足使地方安静,各口岸

---

[1] 《盛京堂(宣怀)致张之洞电并致李中堂刘制台》,载中国史学会主编:《义和团运动》第三册,上海人民出版社2000年版,第332页。

[2] 张謇:《自编年谱》,载刘厚生:《张謇传记》,上海书店1985年影印本,第96页。

已有各国兵轮,仍照常停泊,但必须约束水手人等,不可登岸;各国以后如果不经中国督抚商允,竟至多派兵轮驶入长江等处,以致百姓怀疑,借端启衅,毁坏洋商、教士人命产业,事后中国不认赔偿;吴淞及长江各炮台,各国兵轮切不可近台停泊及紧对炮台之处,兵轮水手亦不可在炮台附近地方操练,彼此免致误犯;上海制造局、火药局一带,各国兵轮勿往游弋、驻泊及派洋兵、巡捕前往,以期各不相扰;各国传教士及游历洋人,遇偏僻未经设防地方,切勿冒险前往。

《保护上海城厢内外章程》共 10 款,主要内容是:租界内华人以及产业,应由各国巡防保护,租界外洋人教堂教民,应由中国官妥为巡防保护;"地方流氓土棍,遇有聚众滋事,或抢劫伤人,无论华洋地界,均须一体严拿,交地方官从重严办";租界、华界均需添办新扩各种筑路、挖河工程,务使闲民有事,生活有资;请中外各银行及钱业互相通融缓急,务使钱行可以支持;租界、华界均需添募巡捕,加强巡逻,租界周围,由中国军队搭盖棚帐,常川驻守。

这两个章程,从内容上看,达到了刘坤一、张之洞等人预期的目的,既遏止了英国及其他国家对长江流域包括上海的侵占,也不开罪于这些国家,有效地维护了长江流域局势的稳定。其中有些内容,有的国家曾表示不能接受,如《东南保护约款》第五款规定:"各国以后如不待中国督抚商允,竟至多派兵轮驶入长江等处,以至百姓怀疑,藉端启衅,毁坏洋商、教士人命产业,事后中国不认赔偿。"这一条完全是针对外国的。不少国家开始不同意。日本认为这条不合国际公法,中国驻日公使李盛铎坚持原议说:"议内此条最重,如此款不行,他款虽允无益。"[1]这一条原则后来还是坚持下来了。

从章程草拟过程,可以看出刘坤一、张之洞等人颇费心力。上海道等原拟草案中,本无关于制造局一条,刘看后,急电加入关于制造局一条,即《东南保护约款》第七条:"上海制造局、火药局一带,各国兵轮勿往游弋驻泊,及派洋兵巡捕前往,以期各不相扰。此局军火专为防剿长江内地土匪、保护商民之用,设有

[1] 中国史学会主编:《义和团运动》第三册,上海人民出版社、上海书店出版社 2000 年版,第 342 页。

督抚提用,各国毋庸惊疑。"这一条关键是上一句,完全是针对外国而言的,至于下一句,纯粹是官样文章,因为制造局的军火,既可用于"防剿",也可用于反对外国。事实上,当时制造局武器弹药源源不断地运往北方,其中自然有相当一部分是用于抗击八国联军的,所以"洋人颇以接济北路军火为憾"[1]。

在中外互保协议即将签字的时候,出了一件意外的事情。外国领事向刘坤一、张之洞送来浙江巡抚刘树棠将奉旨开战的电文,张、刘大为吃惊,因为浙江一旦开战,互保垂成之局将顷刻瓦解。他们火速派员前往浙江向刘树棠陈说利害,要他不得轻举妄动。在此压力下,刘树棠向各国领事撤回宣战电文,并表示歉意。[2]

就在议订《东南保护约款》那天,荣禄向沿江各处督抚寄来清廷对外宣战的明旨,这对互保约款的订立和实行是极大的障碍。盛宣怀急电苏州、镇江、江阴、南京、安徽、芜湖、九江、南昌、武昌、汉口、襄阳、龙驹寨、西安、太原、保定、长沙、成都各电报局,要他们对宣战诏旨"不准传抄,如有泄漏,惟该局员是问"[3]。互保约款订立第3天,即6月28日,宣战诏书已在上海等地轰传开来,盛宣怀电询刘坤一、张之洞是否坚持原议,刘、张当即表示无论北方事情如何,仍照所议办理,断不更易,一切后果由他们两人一力承担。上海各国领事见刘、张态度未变,乃照会上海道余联沅维持所议,互保约款在事实上开始实行。

《东南保护约款》订立以后,盛宣怀电告两广总督李鸿章,同时,刘坤一、张之洞分别致电福建、浙江等处督抚,认为他们"似可一律照办",共保大局。李鸿章表示全力支持,山东巡抚袁世凯表示愿采取同样态度进行中外互保,闽浙总督许应骙照此精神与俄、英、美、日等国订立了《福建互保协定》。四川、陕西、河南等省督抚表示赞同,这样,中外互保的范围便由原来的东南、华中等处扩大到南起两广、北迄山东、西至四川共10多个省的广阔地区。

---

[1] 《盛宣怀致刘坤一电》,光绪二十六年七月初七日,《历史研究》1981年第1期,第182页。
[2] 谢俊美:《东南互保再探讨》,《档案与历史》1986年第2期。
[3] 《盛宣怀致刘坤一电》,光绪二十六年七月初七日,《历史研究》1981年第1期,第176页。

4. 文化合作：格致书院与中国女学堂

上海租界与华界，寓沪中西人士，不但在市政建设、预防疾病方面有所合作，在文化事业方面也有所合作。最典型的是格致书院与中国女学堂。

格致书院是由英国驻沪领事麦华陀倡议创办的。倡议之初，他就揭橥中西合作的旗帜。

麦华陀(1823—1885)，是著名传教士麦都思之子，1839 年随父来华，1843 年任英国驻沪领事馆翻译，1848 年至 1859 年在厦门、香港、福州、汉口等地任职，1868 年署英国驻沪领事，1871 年起实任，直至 1876 年退休回国。1873 年，他倡议在上海设立一所专供中国人讲求科学技术的学校，其设想要点有六：一、院名为宏文书院；二、设院目的是为了华人了解西方各门科学；三、院中置备西书和机器；四、书院将延请博物之西士在院讲论西学，以供众闻；五、经费拟由中西人士捐助；六、此举系仿照西人公会所，既可为念书之所，且可为众人聚谈结友之处。[1]

麦华陀所倡议的宏文书院，后来被定名为格致书院。

经过将近一年的准备，1874 年 3 月，《申报》刊出格致书院章程，凡十五条，对书院宗旨及各项内容作了更为明确、具体的规定，特别强调了其中西合作的特色。其第二条写道："立此书院，原意是欲中国士商深悉西国人事，彼此更敦和好。"第四条写道："设此书院一切造赀，拟由中外士商捐成，约在一千五六百金之数。"第六条是："此院限以百人为满，如满数外仍有人欲来者，须得数中两人举荐方可。"第十二条写道："随时请有西人来院讲解机器各法，并西国各论。"

1874 年 3 月 24 日，麦华陀邀集一些西方在沪人士开会，商议创设格致书院之事，决定成立董事会，并选出麦华陀等四人为董事，推举招商局总办唐廷枢为

---

[1] 《宏文书院》，《申报》1873 年 3 月 25 日。

华人董事。从1874年4月6日,至1875年10月格致书院基本建成,董事会先后开过九次会议,就增设董事、劝募款项、征集图书仪器、择地建屋等事进行讨论。筹款主要由麦华陀、唐廷枢负责,征集、购置图书仪器主要由傅兰雅负责,择地建屋由徐寿负责。

1876年6月22日,格致书院正式开幕。书院坐落在公共租界内的北海路,甚为宽敞。内设书房、知新堂等,置备中西文各种格致书籍和格致器具,诸如地球仪、自记风雨表、电报与电线、温度表,各种化学实验器皿,还有西方用新法制造出来的各种日用之物,如针、鱼钩、金纽扣、银纽扣,等等。"格致书院"匾额由北洋大臣李鸿章亲笔题写。开幕之日,中外人士200多人前往参观,轰动一时。后来,院内又添建博物馆,陈列各物。书院事务由中西人士组成的董事会管理。历任西人董事有麦华陀、傅兰雅、伟烈亚力、福弼士、敬妥玛、担文、玛高温。傅兰雅是英国人,时任江南制造局翻译馆译员,翻译西书甚多。伟烈亚力是英国传教士,著名汉学家。福弼士(1840—1908)是美国商人,1857年来华,为旗昌洋行老板,热心科学事业,1873年至1874年任亚洲文会会长,曾撰专著,详细介绍中国、朝鲜等地植物情况。担文是英国人,上海著名律师。敬妥玛是英国人,格致书院地基是由他经手购定的。历任华人董事有唐廷枢、徐寿、华蘅芳、王荣和、徐建寅、李凤苞、徐华封、张焕纶、王韬、赵元益、李平书等,或为知名文人,或为富庶绅商。书院开张以后,日常事务多由徐寿负责。1884年,徐寿逝世。次年,从香港返回上海的王韬受聘为监院。1897年,王韬逝世,院务由赵元益接管。戊戌政变以后,书院逐渐趋于冷寂,1913年停办。

格致书院是上海中西绅商在文化建设方面合作的典型。它是外国人倡议创办的,但又不是教会学校或外侨学校。有不少中国士绅与议其事,但又不完全由中国人管辖。中国官员对它有一定影响力,但它又不完全听命于中国政府。它是亦中亦西、亦官亦民的特殊学校。这在书院经费来源和教学管理方面,表现得尤为明显。

书院开办经费凡6929银两,1521洋元,其中80%以上由中国官员绅商捐助,这说明对于格致书院的开办,中国官员绅商表现了很高的热情。但是这笔经费不包括书院内陈列的各式仪器的置办费用,那是麦华陀等人通过各种渠道募集而来的,价值20多万两,运费也是外国商人资助的。中国官员绅商捐助的经费可分两部分,其中一部分可能是政府的款项。直隶总督李鸿章、两江总督李宗羲捐款都在千两以上,上海道台捐了2000两,可以认为,这些实质上是官款,但在当时又不是以政府名义出现的。事实上,晚清很多事情很难分清官与民、政府与个人的界限。李鸿章已调天津任直隶总督,但上海的事他还照管,江南制造局的很多事还是他说了算。格致书院的捐款有一部分来自天津,可能主要由于李鸿章的关系。格致书院日常活动经费,也有一部分来自上海官绅的捐助,唐廷枢、徐润、郑观应等34人,每人每年捐助6洋元。这笔经费被称为"常捐",所以就经费而言,是中、外、官、民各种成分都有。

书院开办经费有一部分来自租界西人与外国洋行,他们共捐助1343银两、271银元,占总数不到20%。其中,英国驻华公使威妥玛捐助100两,祥生洋行捐助333两,怡和洋行、琼记洋行、汇丰银行、旗昌洋行、太平洋行、公平洋行、仁记洋行、祥泰洋行、老沙逊洋行、履泰洋行、法兰西银行各捐助50两,太古洋行、宝顺洋行、新宝顺洋行、李百里洋行、丰裕洋行、长利洋行、隆茂洋行、复升洋行、公立洋行、马立师洋行、公道洋行、广南洋行、麻法特洋行等各捐助10两至25两不等,数目不大,但涉及单位不少,说明对于创办格致书院,租界西人支持面还是比较广的。

书院的管理权在董事会。董事会由中外人士共同组成。从董事会活动实际情形来看,书院正式成立以前,以外国人为主,书院成立以后,中国董事确有一定发言权。不但徐寿、王韬等人有发言权,而且自19世纪80年代中期以后,上海道台等人对书院事务也有很大影响力。无论是教习的聘用,还是课程的安排,都是由中外董事共同商定的。

格致书院的科学仪器都是西方国家捐赠的。格致书院筹办之始,董事会便发函到英国,向各界呼吁捐助科学仪器及机械。公函写道:

现在拟于中国上海,设立格致书院,其意欲令中国便于考究西国格致之学、工艺之法、制造之理。盖中国地大人众,地产宝物,尚未开动。各种有利于人之西法，尚未通行。可见此书院之设，令中外各等人获益不少。上海又为中外贸易之薮，最宜于此开院。院中董事，以捐本处中外人之银两。今因欲此院更能开辟，故请西国所有制造家、通商家与好善家相助此事，或送或借各种机器与器具，或其小样，或其图，或格致之器，或人物花卉之图象，或造成之各物。凡有益于中国人者，俱可寄来。另备解说用法等事，并送器者之姓名、住处，便于翻译华文，列入目录书中。现译华文之格致书，并中国旧传各种有益之书，均须院中便人阅看。又拟讲明格致之事，所以格致堂内，须备各种物件，如能寄送最佳。[1]

英国各界反应颇为热烈，一批热心中国和东方学问的人士，推选司第分孙等八人为赞助董事，负责此事。恰巧，英国科学博物馆正要扩建，拟将原有机器退还原捐人，另置各式最新科学仪器。事为麦华陀所知，遂致函该馆，要求将原有机器转赠上海格致书院，最后取得成功。这是格致书院所置机器中最重要部分。至1875年底，从英国方面共募得各式仪器价值现银20万两左右。为了置放这些仪器，格致书院特建一大铁房。此铁房系向英国订做，长200尺，宽50尺，高40余尺，窗户均嵌玻璃，用规银一万四千余两。这在当时上海，堪称煌煌巨制。英国以外，其他国家亦有捐赠，比利时政府赠送了全副精致的化学仪器。

这些科学仪器和各式物品，共分十类：一、生长之物；二、食品之生料熟料；三、手工制造物及服饰等物；四、造屋之物料器具；五、工艺所用机器及汽机、水机、热机；六、水陆运输器具及开矿挖泥、起水通电、建桥筑塘各器；七、摄影及绘制各种图画之器；八、枪炮药弹水雷及各种战守器具；九、各式天文、地理、山川胜迹绘图照片；十、其他物品。

格致书院从1877年开始举办科学讲座，1879年开始招收学生。几十年中，讲座时断时续，学生时少时多。作为中外合办的传播科学知识的机构，格致书院一直注意邀请中外学者来院开办讲座。1877年，美国传教士狄考文在格致书

---

[1] 参见《万国公报》第357卷，1875年10月9日。

院讲解、演示电的原理,当场进行铁丝导电等实验,并用电引燃爆竹。这是书院举办的第一次科学讲座,慕名前往听讲的有 50 多人,反应相当热烈,"观者无不赞美,无不欣悦"。西人董事之一、英国学者傅兰雅,曾为书院设计一套内容相当全面的西学课程提纲,包括矿务、电务、测绘、工程、汽机、制造共六类,每类下面又设置几门到几十门课程。例如:电务一类,便设置了数学、代数学、几何、三角、重学略法、水重学、气学、热学、运规画图法、汽机学、材料坚固学、机器重学、锅炉学、配机器样式法、电气学等课程。这样,六大类包括了上百门课程。他还制订了由浅入深、循序渐进地学习这些课程的顺序。从 1895 年夏天开始,每星期六晚,傅兰雅在格致书院讲授西学,从学者通常有三四十人。傅氏所授课程,便是依照上面所述提纲。在傅兰雅以前,有徐寿、华蘅芳、白尔敦、玛敦阿,在傅兰雅之后,有傅绍兰(傅兰雅之子)、陆仁堂、栾学谦、秀耀春(英国传教士)、来门义尔等中西教习,在院授课。

中国女学堂是上海中外绅商合作的另一个范例。

中国女学堂一名经正女塾,1898 年创办,主要创办人是经元善(1841—1903)。他是浙江上虞人,自幼随父在沪读书、习商,青年时继承父业,担任慈善机构同仁辅元堂董事,以后在上海从事赈济和各种商业活动,为工商界著名人物,历任机器织布局会办、上海电报局会办、总办等职。他极富爱国心和同情心,对于救助贫弱、振兴教育满腔热情。1893 年,他在上海城南高昌庙附近创办了一所经正书院,向学生教授中西各学。他认为,光有普通的学堂还不行,还应兴办女学,"有淑女而后有贤母,有贤母而后有贤子",中国欲育人才,谋富强,必须重母教,兴女学。当时上海已有几所女学,如圣玛利亚女校、中西女塾等,都是外国教会办的,经元善决定自办一所。

1897 年 10 月,经元善会同严信厚、郑观应、康广仁、梁启超等人,发起创办中国女学堂。11 月 15 日与 21 日,他两次邀集在沪各界人士近五十人,在著名西菜馆一品香聚会,商量创办女学事宜,与会者和明确表示支持者有中国士绅严信厚、郑观应、张焕纶、张謇、汪康年、康广仁、沈毓桂、邹瀚飞、何丹书、陈季同、钟天纬、赵元益、狄楚青等，也有一些寓沪西人，如中西书院院长林乐知、英国传教士李提摩太、《新闻报》主人斐礼思，还有署名"文汇西报主人""字林西报馆主人"的两位英国人。

同年 12 月 1 日，经元善夫人与其他赞成兴办女学的士绅夫人、小姐十余人，在城南桂墅里集会，再商有关女学事宜。12 月 6 日，经元善夫人等人邀请中外妇女 122 人，在张园安垲第集会，具体讨论女学创办问题，盛况空前。

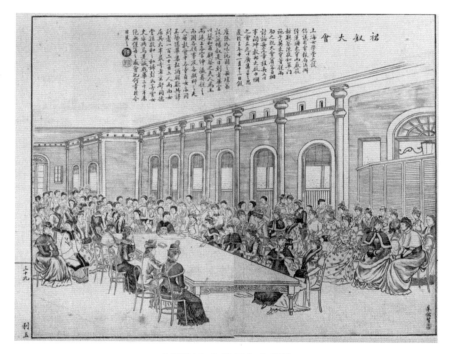

中西妇女共议创办女学堂

值得注意的是这次出席会议的人选：

出席会议的 122 人中，中西妇女约各占一半。[1]其中，中国妇女有：盛宣怀夫人、女儿，经元善夫人，沈敦和两位夫人，梁启超夫人，赵元益夫人，陈季同夫

---

[1]《女学集议初编》载有 122 人名录，但没有注明国籍及集体身份，有些人只注明"文娘娘""万娘娘"之类，但从一些著名人物的排列来看，可以知道名单是中外分开排列的，外国妇女为 65 人，中国妇女为 57 人。载虞和平编：《经元善集》，华中师范大学出版社 1988 年版，第 202—203 页。

人,张叔和两位夫人等;外国妇女有:西班牙驻沪领事夫人、瑞典驻沪领事夫人、江海关税务司夫人、传教士林乐知夫人、慕维廉夫人、艾约瑟夫人、中西女塾校长海淑德、著名律师担文夫人、工部局董事威金生夫人、《新闻报》老板斐礼思夫人、巴黎赖夫人、毕德思小姐、山安文小姐等。

会议讨论了办学计划,草拟了女学堂的简明章程。在会上发言的也是中西兼顾。首先发言的是西女客李德夫人、卢医女士与范娘娘[1],然后,西班牙领事夫人、瑞典领事夫人、江海关税务司夫人均表示愿意捐款,经元善夫人、梁启超夫人等,均有发言。发言所用语言,中西均有。会议结束时,英国人李德夫人表示:"今日此会,中外一家,诚为欢畅,中国欲创此未有之举,如欲我等众西妇女襄办一切,当效微劳,且不敢稍存私意。"美国人范太太言:"今日我代诸西姊妹致谢诸华姊妹,惟愿学堂一事即日奏功,且其间如有我西人可为进言筹议之处,不特我一人颇愿襄助,即诸西姊妹当亦无不乐从云云。"[2]

会议以后,为了讨论如何兴办女学,中西妇女又两次集议。先是大律师担文夫人在张园设茶筵,款待中西妇女,然后,西班牙总领事夫人于 12 月 30 日在领事馆邀请中西女士各 20 余人,复议此事。[3]

1898 年 5 月 31 日,中国女学堂正式成立,校址在城南高昌庙之桂墅里。林乐知的女儿林梅蕊受聘担任西文总教习。到年底有学生 40 余人,翌年初学生总数增至 70 余人。因为来学者众,学校又于 1898 年 10 月在城内淘沙场增设分塾,延请教习二人,其中一名是西人,到年底亦得学生 20 余人。1900 年秋,经元善因反对"己亥立储",被指明缉拿,逃离上海,女学堂不久停办。

中国女学堂虽然历时不久,也不清楚其经费有多少是来自西人赞助,但是从其酝酿、筹办到具体经营,可以很清楚地看到,上海欧美侨民中的上层妇女是予以积极支持的,这所女学堂其实是中西合作的结果。

---

[1]《女学集议初编》,载虞和平编:《经元善集》,华中师范大学出版社 1988 年版,第 199 页。
[2]《女学集议初编》,载虞和平编:《经元善集》,华中师范大学出版社 1988 年版,第 205 页。
[3]《西儒林乐知助兴女学论》,载虞和平编:《经元善集》,华中师范大学出版社 1988 年版,第 193 页。

5. 宴会与舞会：待客之道

对于一个国家来说,外交活动最能凸显国家主权意识。对于一个城市来说,外事活动最能凸显城市主人意识。近代上海是个开放型城市,与世界联系广泛,迎来送往,外事活动频繁。租界存在的时代,上海政出多头,如何进行外事活动? 谁是上海主人? 在接待共同客人时候,华界与租界如何处理相互之间的关系? 研究这些问题,有助于了解近代上海社会特点,有助于了解租界与华界对于上海代表权的认同问题。

近代上海外事活动从接待主体来看,可以分为独立接待和联合接待,也可以分为官方接待和民间接待。1900 年 9 月,八国联军总司令、德国陆军元帅瓦德西路过上海,在跑马厅检阅各国驻沪军队与万国商团,那是公共租界单独接待的,下面述及的美国陆军部长来沪等,则是租界、华界联合接待的。1922 年爱因斯坦过沪、1924 年泰戈尔来访、1933 年萧伯纳过沪都是民间组织接待的。本书讨论的,主要是租界、华界共同接待的官方的外事活动。

道台主动联络来宾

在外事活动中突出本区域地位,是近代上海外事活动中一个重要特点。

晚清中国的国门是逐渐开放的,外交观念也是逐步形成的。第二次鸦片战争之后,始有总理衙门、南北洋通商大臣等负责外交的机构,20 世纪之初,才有外务部之设。然而,上海中外混处,对外联系广泛,无日没有外事活动,因此,上海地方官员从开埠之日起,便与外事紧密地联系在一起,也较早地产生了近代外事意识。

主动与来沪的外国客人联络、交往,是上海地方官员近代外事意识的重要表现,也是他们突出华界地位的重要手段。凡是租界有外国贵宾来访,上海地方官员总是设法与其联络,尽地主之谊。

1873 年 3 月 13 日至 4 月 5 日,俄罗斯三皇子阿列西士公爵(Grand Duke

Alexis)来上海访问,下榻英租界琼记洋行俄罗斯领事馆,连日游览上海各处,到外滩一带观看水龙晚会,又去南京、九江等处游览。阿列西士是英美租界的客人,但是上海道台设法联络、款待。4月1日,上海道台邀请他到会审公廨观看审案,同时,指派英美租界会审公廨谳员陈福勋不止一次地进行礼节性拜访,代表上海道台向他致意。阿列西士颇为感动,派俄国领事至会审公廨致谢,并赠送金表一块。

1890年4月8日,英王第三子康脑脱公爵和其夫人普鲁士公主玛格丽特,到世界各地旅游,途经上海,两天后转赴日本。在沪期间,英国人在上海总会设午宴招待他们。晚上,上海道台龚照瑗与江南制造局总办聂缉椝等在天后宫设宴款待,宾主还一起欣赏了中国戏剧与杂技。晚宴后,外滩和黄浦江上的航船彩灯通明,消防队举着一长排火炬在公爵等人面前列队通过。[1]

最为突出的是接待英国王孙。

1881年11月22日,英王孙爱尔伯、季遐起兄弟及其随从经日本来上海。此二王孙皆在皇家水师兵舰上习练,随船至各地游览,先至日本,再至上海,然后去宁波、香港等地。他们不是以英国使节名义出访的,但各地还是隆重接待。

对于英王孙来访,英美租界西商原拟请其至跑马场观看赛马。拟定中的赛马凡六次,包括跳浜等节目,西人、华人均参加。这些节目均已准备停当,但是二王孙到吴淞后,不想接受上海中西官商隆重接待的礼仪,而是径乘西商游艇赴

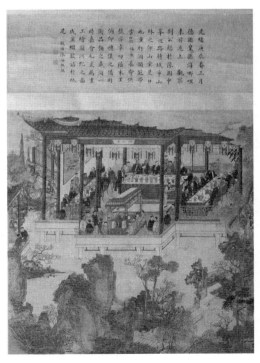

上海道台宴请外宾

[1] 徐雪筠等译编、张仲礼校订:《上海近代社会经济发展概况(1882—1931)——〈海关十年报告译编〉》,上海社会科学院出版社1985年版,第28页。

浙江嘉兴、桐乡等处打猎游玩。[1]西人颇为失望，但是西人赛马的欢迎节目还是举行了。

12月2日下午，英王孙从浙江返回上海，住在英国领事馆。晚宴后至圆明园路外国戏园即兰馨戏院看戏，同行的有英国水师提督查尔斯（Lord Charles Scott，R.N.）、史蒂文孙（Stephenson R.N.）等。

英王孙不是代表英国的使团，也不是中国政府邀请的来宾，上海地方政府完全可以置之不理。但是上海道还是设法参加接待。英王孙还没有到达上海的时候，上海道刘瑞芬就决定派法租界会审公廨谳员翁秉钧、水利局总办张志均、西门巡防局委员朱璜、会防局委员谢国恩、北门巡防局委员金汝霖、程启孝六人参加接待。英王孙没上岸，参加接待自然也就落空。

英王孙回上海以后，上海道又设法联络。12月3日上午10时，上海道刘瑞芬、上海县知县莫祥之、英租界会审公廨谳员陈福勋等前往英领事馆拜会。英王孙推托出猎劳顿，没有会见。其实，他们是出门游览、玩撒纸游戏去了。[2]当晚，刘瑞芬在豫园萃秀堂内之仰山堂设宴招待，邀请英王孙和英国皇家海军的高级官员，结果，英王孙和其他高级官员均未出席，只是委派了一名英国驻沪副领事和另外二人前去应付。参加此宴会的，华官13人，西人3人，四面围坐，所用桌子系用6只八仙桌拼成，陈设华丽。大门上搭彩牌楼，门外并立沪军亲兵数十名，咸执洋枪迎迓，兼奏西乐，观者无数。[3]

英王孙和皇家海军高级官员之所以没有出席道台的宴会，是因为他们觉得道台的邀请是不合礼仪的，按照中外条约协定，道台的品级只是与领事同级。刘瑞芬原来安排的宴会是在中午，后来发现自己在外事方面的失礼，赶紧予以补救，改为邀请英国皇家海军提督出席晚宴，但是英国提督已经另有安排。上海道台原先准备的是比较大的宴会，预备外宾的人数是24人，结果只来3人。《北华捷报》评论，上海道台犯这样的外事错误，已经不止一次了。[4]

---

［１］《皇孙来华纪略》，《申报》1881年11月25日。

［２］《请宴续闻》，《申报》1881年12月6日。

［３］《皇孙来沪》，《申报》1881年12月4日。

［４］ The British Princes, *The North-China Herald*, 1881年12月6日。

上海道台在外事礼仪上尽管考虑得不是很周到,但是他在上海来宾面前尽力凸显上海地方政府的地位,有强烈的上海主人意识,则是非常清楚的。

道台举行舞会

上海道台在 1897 年,破天荒地举办了一场盛大的舞会。

1897 年 11 月 4 日,上海道蔡钧为配合慈禧太后万寿庆典,在上海洋务局举办盛大舞会,地点在静安寺路、泥城路 63 号。舞会共发出请柬 600 封,均红笺金字,封以华函。实到 500 余人,多系在沪外国人、清朝官员、社会名流,包括各国领事、水师兵官、英法练军,西人各衣其本国之服,有法领事白藻泰等偕其眷属,比国领事福来侯之女公子,法国兵船管驾官细蒙,中国官员有道台蔡钧、上海知县黄承暄等。

上海地方政府为这次舞会进行了精心的准备。

> 由马路直至行辕门,悬挂明灯数千盏,大小相间,颇极辉煌,更有电气灯照耀行辕内外,宛同白昼。进门以内,有斗篷房、饮食房、迎送房,亦无不窗明几净,陈设一新,其栏杆与各门,均扎各国旗帜,及绣幔彩绸不等。跳舞场安设内院,上有天花板,下有硬木板,院后又有坐客厅。所备大餐,肴香酒冽,皆极丰美。

舞会共计举行 20 场,直到半夜两点钟结束。

这次舞会是中外交往史上划时代的事件,是中国妇女生活史上的划时代的事件,英文《字林西报》、中文《经世报》和《时务报》都作了详细报道。为了展示当时人对这次舞会的重视、赞赏、评论,这里不避冗长,将《经世报》的报道抄录如下:

> 以中国大员而设舞会娱宾,此为嚆矢。是岂仅寻常酬应已哉,直以中外为一家,力扫一切歧视他族之见,故能以西人之所尚,除中国之官气,毅

然行之,不以危难。夫中国妇女,守不出闺门之训,跳舞一节,西国每传为盛事,华人则独诧为新奇。即游历外洋之华官,亦且于采风问俗之余,不以舞会为然,无他,狃于不习故也。以视蔡观察之创行此事,谓非极有胆识者乎! 中国士夫,束身名教,非尽不达世情,惟不与西人交接,终不免有畛域之分。今得蔡观察力开风气,吾知中外之情,自此益通,即西国文字语言,亦视为必不可少,其在西人,亦可戢其轻视华人之见,与中国益敦辑睦,然则蔡观察之此举,所关不亦巨哉! 用将所见是会情形,详叙如左[1]:

洋务局前为花园,路平如砥,有纵有横,悬灯三千盏,奇型异制,光怪陆离。顾而乐之,不啻仙境。正屋外长廊环抱,坐椅罗列,所悬灯彩,与电灯相辉映,令人目为之眩。电灯,系园中设机自造,日后可以久用。入门导引之官,有凤夔九太守仪、及翻译各官,法语传来,克尽礼意。入更衣所更衣毕,即导余于观察之前,观察立厅门中,同列者有陈敬如副戎季同,黄蔼堂大令承暄,个欢然行相见礼。西人素苦拘行华礼,今仿西礼,握手问好,自觉情意更亲。既入厅形长方,长约五十迈当,宽与高均约十五迈当。地板以蜡磨光,可以为鉴,盖为跳舞而预备也。环顾四壁,绣彩缤纷,画屏如幛,鲜花盆景,娇艳动人。华人尚红,而此更金碧辉煌。加以电光烛光,光彩越发,绚烂可知。盖至是而会中人心目俱开矣。是时,客未至齐,承陈副戎雅意相陪,导入内室,缘梯登楼,盖以移时,只有妇女辈或一二熟审之贵客可入耳。楼梯层级,稳贴毡毹,缓步而上,如履锦茵,楼厅周围,洞房不一,中有客座,为华式,椅披坑褥,皆上品花绣红缎,虽不若西式之便,然俗尚不同,不可强也。况细视之,亦觉可喜。旋又导谒观察瀛眷,自夫人以下,皆华服鲜衣,致敬尽礼。陈副戎有女公子辈亦在座,能操法语与余谈,其间更有一室,备官眷起居。俯视厅中,历历在目。第于窗前悬旗以障之。迨余自楼而下,复至厅中,见有一室,纯以鲜花及绸缎为之,又设有平台一座,则奏乐西人在焉。旁有烟房亦精雅,大门左为观察公事房,对面室中,则备有

---

[1] 即如下。——作者注

茶点美酒,更有憩息房数间,时客渐踵至,往来自如,无不快乐。各国领事、水师兵官,陆续毕集,英法练军,亦戎服而至。西人如法如英如奥如德如日本,各衣其本国之服,参错其间,或朴素无文,或煊赫有耀,或体态婆娑,足解人颐。其时西国妇女之靓装艳服,华官之缎套花衣,益觉辉映焕发。最可观者,为西人黑衣上之宝星,或累累如贯珠,异常璀璨,其得自中国者则绘列双龙,其大如碟。法国哥美忒兵船管驾官细蒙,胸前佩挂荣光宝星,人尤艳之。五方人士,荟萃一堂,其盛有出于言思拟议外者矣。当蔡观察与陈副戎之在欧洲也,此等盛会,固已屡见之矣,今乃行之于中国,且由观察一人为东道主,盛情胜事,不意身亲见之,观察其亦快意当前,兴高采烈也乎!客至者约五百人,从未有如此之盛者,势不能将客之名姓,一一遍举,用特以尚能记忆者言之,则有法领事白藻泰等之偕其眷属,比国领事福来侯之女公子等,又法国兵船管驾官细蒙等。西人跳舞至夜半二下钟始毕,客乃散。是会也,实缘皇太后万寿圣节,藉申庆贺而示怀柔。所发请帖,几近六百,红笺金字,封以华函。与会之客,极感蔡观察之盛情,且望他时在兴是举。[1]

对于这次舞会的起因,《经世报》也作了介绍:

万寿圣节,举办茶会舞会,以伸庆贺而示怀柔,嘉定吴抱清观察宗濂,于光绪十九年冬,即建此议(见本报第三册),上之故出使英法义比大臣龚仰蘧星使,星使韪其议,值甲午岁东临构衅,警报频仍,事不果行,逾年方欲举办,令英文参赞马格理筹度请柬事宜,而星使适病,屡濒于危,此议遂寝。论者憾之。今蔡和甫观察下车伊始,于恭逢皇太后万寿之日,大会西宾,得未曾有,固宜载之我国岁纪,以昭盛举。此时尊俎雍容,圣寿胪欢于中外,他日冠裳联络,邦交永固于东西,当于此会基之矣。[2]

---

[1][2]《上海道蔡观察柬请西人跳舞恭祝万寿纪》,《经世报》第12册。

关于这次舞会,值得注意的有以下几点:

其一,舞会的起因。表面的原因是慈禧太后的生日。其实,这是借口。慈禧太后是 1835 年出生,到 1897 年,不逢十,也不逢五,是个小生日。以往的小生日,都是不讲究的。起因是 1893 年,担任出使英国大臣龚照瑗的随员的吴宗濂,提议在上海举办舞会,联络中外感情。后来因为中日甲午战争与龚照瑗去世,没有成功。1897 年,蔡钧接任上海道以后,想起了这个主意。

其二,舞会使用的主要是西方礼仪。这表现在:1.携带女眷;2.握手礼;3.演奏西方音乐,舞会特请西乐一班,由班首斐纳指挥演奏。4.吃大餐(西餐)。

其三,垂帘观舞。女眷的处理。西人偕同女眷而来。中国官员的女眷,按照中国规矩,向来是不能参加公共社交活动的,现在也破例参加了。但是,作了巧妙的变通。主办人在舞会中专辟一室,以备官眷起居,"于窗前悬旗以障之"。这些女眷,自道台夫人以下,皆华服鲜衣,致敬尽礼。其中,洋务派官员陈季同之女能操法语,与西人侃侃而谈。

对于这次舞会,西人很有感慨,评价很高。《字林西报》发表文章认为,通过舞会可以看出上海道台,很了解西方情况,可以看出他敦友谊、谙西例、重交涉。

以后,上海道台又举行过多次舞会。比如,1898 年 4 月中旬,普鲁士亨利王子,作为德国海军舰队的一位司令,来上海访问了一个星期。在沪期间,江苏巡抚奎俊、布政使聂缉椝、上海道蔡钧在洋务局为他举办了欢迎舞会。[1]

参与接待格兰特

在接待外宾时彰显各自民族自身特色,是上海外事活动另一特点。这突出体现在接待格兰特活动中。

1879 年 5 月 17 日,美国卸任总统格兰特偕妻、子一行抵达上海,在沪逗留一周,5 月 23 日离沪赴天津。格兰特在沪期间,上海租界当局、上海地方政府都进行接待,也都在接待时突出各自的特点。

---

[1] 　徐雪筠等译编、张仲礼校订:《上海近代社会经济发展概况,1882—1931,海关十年报告译编》,上海社会科学院出版社 1995 年版,第 90 页。

格兰特(Ulysses Simpson Grant, 1822—1885), 为美国南北战争中联邦军总司令, 1869年至1877年连任两届总统。他于1877年4月4日卸任后, 开始环球旅行, 先后游历英、法等欧洲国家和非洲、印度等地, 然后来到上海。

迎接格兰特的仪式是英美租界工部局负责, 华界、法租界共同参加的。在格兰特来沪的两个月前, 工部局就成立了一个接待委员会, 由工部局总董立德(Robert William Little)总管, 负责安排整个接待工作。格兰特抵达上海以前, 接待委员会就发出传单, 公布欢迎礼仪: 第一, 欢迎仪式在金利源码头举行; 第二, 停泊上海黄浦江各水师船只的水手及团练兵排列码头两旁, 随后护送总统; 第三, 总统到时先发一号炮; 第四, 欢迎之人不准随意行走, 只能坐在事先准备好的椅子上等待。

5月17日下午1时半, 格兰特一行乘兵舰抵达吴淞口, 炮台鸣炮二十一响以示欢迎。下午3时, 格兰特抵外滩金利源码头, 海关及停泊黄浦江各船皆悬挂美国国旗。欢迎仪式在金利源码头栈房举行。中国沪军营、西人商团、炮兵及美国兵船水手在岸边负责警卫。栈房两侧排列约850个座位, 上海道台刘瑞芬及文武各官坐在前列, 然后是各国领事、英美租界与法租界董事。栈房内外油漆粉刷一新, 屋中遍列盆景花卉, 铁杆上缀以冬青, 四周悬挂红绸; 墙壁上挂有"敬贺格兰特"英文横幅, 旁边围以冬青及各国国旗; 屋顶上挂五色彩画, 地上铺以越席, 洁净无尘。停泊在黄浦江里的美国、英国、法国、中国轮船招商局的船只, 皆悬挂美国国旗以致敬。

格兰特一行换小船上岸, 入栈, 欢迎代表、工部局总董立德与格兰特先后致辞。西国官商男女数百人, 尽摘帽声诺者三, 声如雷动。随后, 立德指引中国官员及各西人与格兰特一一相见, 上海文武各官, 包括道台、海防分府、上海县令、租界会审公廨同知、洋务委员、右营参将、上海守备等。数分钟后出栈, 格兰特登马车赴美国领事馆。途中, 格兰特所乘之马车, 因马匹受惊, 丝缰忽断, 无计可施, 只得将马牵走, 由西商团练兵排班拉车而行。皆站立路旁致敬。马路两边观者数万人。晚上, 租界点燃煤气灯, 万灯齐明, 耀如白昼, 灯光排成"敬贺格兰特"英文字样。当晚, 美国驻沪总领事设宴为格洗尘。以后, 格兰特连日游览外滩，在汇丰银行楼上观赏水龙会，参加元芳洋行、英国按察使、旗昌洋行、法兰西银行分别为他举行的宴会。5 月 21 日晚，公共租界上海总会举行专场舞会，欢庆格兰特来访。西方男士、女士各 100 多人参加，主客相和而舞。格兰特偕妻、子等参加，但坐观而不舞，工部局总董立德发表演说，格兰特致答词。[1]

整个欢迎仪式是很西方式的，礼炮、国旗、煤气灯、英文横幅、欢迎晚会、舞会，都是西方的迎宾礼。

在接待格兰特的过程中，上海地方政府和士绅有三项活动值得注意：

其一，道台拜访格兰特。格兰特下榻美领馆后，署上海道刘瑞芬偕文武官员前往拜访，西人麦克莱（R.H. Maclay）当翻译。[2]刘瑞芬称阁下此番来沪，"实属有光沪渎，欣佩无穷，想来时一路平安"。格兰特表示虽然出来已有两年，但甚有兴味。[3]

其二，士绅邀请看戏。上海丝钱两业公会在大观园为格兰特举行专场演出，格兰特婉谢，命其公子及美国领事参加。大观园中张灯结彩，烂如琼宫。格兰特公子一行抵达以后，升炮奏乐，以示欢迎。丝钱两业董事，衣冠出迎。先演赐福加官财神，公子令命赏钱 3600 文；次演《金山寺》《双摇会》两剧，公子又命各赏钱 3600 文；再演《四杰村》，公子命赏钱 20 元。西人有妇女参加观看，丝钱两业董事也预先安排了一些妇女，领有通行证，前往观看。[4]

其三，设宴款待。5 月 21 日，刘瑞芬在豫园萃秀堂设宴款待格兰特。格兰特乘坐专门为他定制的绿呢黄脚五鹤朝天之八人大轿。前有洋枪队 22 人护卫。随行西官七人，皆乘四人大轿。这天，新北门悬灯结彩，提标右营兵及淮军 40 名站班迎接。格兰特由香花桥旧教场过邑庙前而入东园门，进萃秀堂。刘瑞芬迎出门外。一路皆铺红毡，鼓乐升炮，堂内古玩罗列，奇花满前，并有象牙雕成的佛像 16 尊，约长 4 寸许，尤为奇丽。宴会设在仰山堂。桌子用方桌九张，拼成大席。宴会所用酒菜，以中为主，参用西例，中西兼备，菜分满、汉、洋三种，

［1］《舞会纪盛》，《申报》1879 年 5 月 23 日。"General Grant in Shanghai", *The North-China Herald*, 1879 年 5 月 27 日。
［2］"General Grant in Shanghai", *The North-China Herald*, 1879 年 5 月 27 日。
［3］《接纪总统在沪情形》，《申报》1879 年 5 月 20 日。
［4］《纪美公子观剧事》，《申报》1879 年 5 月 22 日。

酒有中西数种。

道台请客,究竟吃些什么菜呢？据记载,共有 37 道。第一道是汤,为燕窝鱼翅羹,鱼有甲鱼、鳕鱼、萨门鱼、炸鱼,其他主菜有烤鹅、烤鸭、烤乳猪、烤羊腿、牛肉、白斩鸡、火腿、竹笋、白蘑菇、鸡粥、油爆虾,另有蜜饯枇杷、甜点、杏仁糕、豆糕、瓜子、杏仁、核桃等。最后上的是水果、茶、咖啡。[1]由此可见,菜肴极其丰盛,其中咖啡主要是为了满足外宾的需要。

上海地方政府和士绅的接待,可谓以中为主、兼顾西方。晚清上海县城,没有政府接待外宾的专用广场和宾馆,豫园是上海事实上的公共活动场所,庙会、花会等喜庆活动都在那里举行。接待地点选择在豫园,突出了华界的特色。轿子、中餐、佛像、传统戏剧,这些都是中国特色。安排妇女陪同西人妇女看戏,则是主人对客人的破例照顾,因为直到这时,中国官方应酬都是没有妇女参加的。

联合接待达夫提

19 世纪中后期,上海地方官员与租界在接待外宾方面的合作,基本上是礼节性、参与性的,多以租界为主。到 20 世纪初年,情况有所变化,上海地方政府开始与租界联合接待外宾。这以接待美国陆军部长达夫提为典型。[2]

1907 年 10 月 8 日,美国陆军部长达夫提(William Howard Taft)[3]抵沪访问。这次接待,上海地方政府与租界联合举行。达夫提作为美国总统特使,到菲律宾马尼拉处理问题,顺道访问上海,参加中国青年会新楼揭幕典礼。其时,达夫提已经当选为美国下任总统,尚未上任,因此,上海租界、华界对于他的来访,都很重视。10 月 9 日,达夫提离沪赴香港。

达夫提访问上海只有一天,但是意义很大。

这天下午两点钟,中国青年会举行欢迎会。在主席台上就座的,除了达夫提,美国和公共租界方面的有:中国美国协会主席、中国青年会执行主席马士

[1] "General Grant in Shanghai", *The North-China Herald*, 1879 年 5 月 27 日。
[2] 当时中文报纸按照中国习惯,将陆军部长译为"兵部大臣"。
[3] 也译作"塔夫脱",后于 1909—1913 年担任美国总统。

(H.B. Morse),美国驻沪总领事田夏礼(Charles Denby),上海大美国按察使衙门首任按察使(即美国设在上海的法院)威尔弗雷(L.R. Wilfley),沃克(A.J. Walker)牧师;中国方面的有:两江总督端方代表唐露园,江苏巡抚代表、上海道瑞澂,上海地方士绅朱葆三等。租界、上海地方政府两方面大体相当。

会议议程也是中西合璧。首先,王阁臣观察致欢迎词。其次,路义思宣读两江总督、江苏巡抚及各处贺电。再次,两江总督代表唐露园、江苏巡抚代表瑞澂致词。随后,中国美国协会主席、中国青年会执行主席马士演说,授受钥匙,达夫提作"青年会的宗旨及利益"演说。最后,红礼拜堂大牧师华君宣布散会。[1]

在以往接待格兰特等人时,租界、华界的招待宴会是分别举行的,互不牵扯。这时,开始了中西人士共同参加宴会的历史。10月8日晚上,寓沪美国人举行宴会,在礼查饭店招待达夫提一行,主客共有230人,各个国家均有,据说上海从未举行如此大的宴会。宴会厅里高悬中美两国国旗,主客分为七桌,中外混席而坐。第一桌37人,有达夫提,马士,美国驻沪总领事,还有瑞澂、萨镇冰、朱葆三。第四桌有威尔弗雷、唐露园、邬挺生,第五桌有田夏礼、沈敦和等。上第一道菜时,乐队奏《哥伦比亚友情》与《中国皇帝》。达夫提发表长篇演说,阐释美国门户开放政策,评论美中关系,褒扬美国人在上海的贡献。[2]值得注意的是,当时中国还没有国歌,[3]所以乐队奏的是《中国皇帝》。《中国皇帝》不知道是何等乐曲,但从名称上看,似在突出中国的意义。

接待达夫提,也开创了上海官、绅共同接待外宾的先例。

10月8日下午4点,中国官绅在愚园举行欢迎仪式。会议由32个会馆、公所共同组织,会场布置极为华丽,彩旗飘舞,灯笼摇曳,鲜花斗艳。门口两名英国巡捕检查入场券,室内各处均用五色彩绸装扎,到会者中西人士300余人,女宾中有天足会女学生二三十人,服饰绮艳。4点10分,达夫提偕其夫人到会,中国海军乐队奏美国国歌,进门后,有人摄影。欢迎仪式开始,首先由沈敦和用英

---

[1] 《欢迎美国大臣开会详纪》,《申报》1907年10月9日。
[2] "Secretary Taft's Visit to Shanghai", *Journal of the American Association of China*, November, 1907, p.17.
[3] 1911年才有国歌《巩金瓯》,歌词是:"巩金瓯,承天帱,民物欣凫藻,喜同胞,清时幸遭。真熙嗥,帝国苍穹保,天高高,海滔滔。"

文致欢迎辞,其次由南洋大臣代表唐露园用英文致辞,再次由上海道瑞澂用中文致辞,由翻译译为英文,随后由两名女学生上台,向达夫提敬献礼品,为精致的银觥一具。达夫提接受礼品以后,发表演说,略谓此行得到如此优待,不胜欣幸,可见中美之间的友谊。翻译将其译为中文。演说完毕,达夫提登楼用茶,乐队奏乐。乐队也是中西均有,除了水师提督萨镇冰带领的海军乐队,还有工部局西人乐队、振华军乐两组。[1]

这次欢迎仪式,是租界绅商出面,所以地点不在县城,而是在地处租界的愚园。天足会二三十名女学生参加接待,则是上海社会风气开放的体现。

以后,华界、租界联合接待外宾,越来越多。比如:

1922 年 3 月 8—12 日,第一次世界大战期间的法军总司令霞飞(Joseph Jacques Cesaire Joffre)上将访问上海,法租界与华界、公共租界联合接待。霞飞抵达上海时,淞沪护军使何丰林、淞沪警察厅厅长徐国梁等,与法国驻沪总领事与法租界公董局头面人物一起到车站迎接。法租界组织的欢迎会,有华界、公共租界官员、绅商参加。外交部驻上海交涉员在交涉员公署举行的欢迎会,也有法国总领事、法租界公董局、公共租界头面人物参加。公共租界请霞飞检阅万国商团的操演,法租界、华界的官员也都出席了。[2]

1922 年 10 月 14 日至 21 日,德国哲学家杜里舒(Hans Driesch)应中国讲学社之邀来上海讲学,14 日抵沪,当晚,江苏教育会等团体在卡尔登饭店设宴欢迎,德国驻华公使代表威铃汉姆、德国驻沪领事梯尔以及郭秉文、蒋百里、张君劢等出席。

1922 年 12 月 31 日世界著名物理学家爱因斯坦(Albert Einstein)来上海,前往码头迎接的有上海有关方面人士及寓沪犹太人、日本人、德国人的代表,翌日即 1923 年元旦上午在杜美路九号出席犹太人为他举行的欢迎仪式,下午应犹太青年会和学术研究会邀请,在工部局议事厅演讲相对论原理。

1924 年 4 月 12 日至 19 日,印度著名诗人泰戈尔访问上海,郑振铎、徐志摩

[1] "Secretary Taft's Visit to Shanghai", *Journal of the American Association of China*, November, 1907, pp.13—16.
[2] 参见郑祖安:《霞飞元帅来到霞飞路》,载《海上剪影》,上海辞书出版社 2001 年版,第 273—279 页。

等接待。其间,寓沪日本侨民曾为他举行欢迎会。

1929 年 1 月 8 日至 9 日,美国海上大学旅行团教授、学生一行 42 人由洛思教授率领访问上海,国民党中央党部宣传部代表谢福生、西侨青年会代表李启藩、全国青年协会代表宁约翰、环球中国学生会代表朱少屏及南洋、沪江等校代表前往新关码头欢迎。旅行团成员分赴交通大学、中西女学、中华书局、商务印书馆、沪江大学、《申报》《新闻报》等处参观访问。

1933 年 12 月 7 日,无线电发明家意大利人马可尼(Marchess Guglielmo Marconi)夫妇抵沪,意大利驻华公使鲍斯克里夫妇陪同。有关学术团体代表方子卫、交通大学校长黎照寰、意大利驻沪总领事尼龙等 20 多人到车站迎接。马氏下榻华懋饭店。8 日,上海各学术团体代表在交通大学举行欢迎大会。马氏为交通大学即将兴建的无线电台树基,作为来华纪念。9 日,上海各无线电公司举行无线电展览会,以欢迎马氏光临,市长吴铁城参加开幕典礼。11 日上午,马氏到真如参观国际无线电台;中午,意大利公使鲍斯克里宴请马氏一行,虞洽卿、王晓籁等出席作陪;晚,太平洋联会在礼查饭店为马氏饯行,孔祥熙主持,王正廷、黎照寰、虞洽卿等出席,意大利公使鲍斯克里亦应邀出席。12 日,马氏离沪回国。

这些接待都是中外合作进行的。

近代上海,自 19 世纪 60 年代以后,城市重心就移到了租界,在市政建设、市政管理现代化程度方面,租界均强于华界。在对外联系与交往方面,租界也大大多于华界。在租界西人看来,上海的繁荣主要是他们的贡献,他们是上海的主人。叶凯蒂的研究表明,在谁是上海的主人这一问题上,西人和华人在各自绘制的上海地图上,有明显的争夺。[1]在西人所写的上海城市指南、上海史著作中,如兰宁、库寿龄所写的《上海史》中,也都有突出租界、渲染西方人贡献的倾向。通过上述几个案例,我们可以看到,作为原地主人,上海地方政府,不愿意在租界面前甘拜下风,因此千方百计地突出其主人的身份。尽管有的时候

---

[1] [美]叶凯蒂:《从十九世纪上海地图看对城市未来定义的争夺战》,《中国学术》第 3 辑,2000 年。

在礼仪方面考虑得不是十分周到,对于国际上有关外事礼仪也可能了解得不那么清楚,但是其用意是非常清楚的。

6. 狂欢的理由:开埠 50 周年庆典与早期华洋关系

1893 年 11 月 17 日,为上海开埠 50 周年纪念日。

50 年间,上海由人口 20 来万的普通海滨县城,变成近百万人口的中国第一大城市,成为中国对外贸易中心。其中变化最大的是租界所在区域,原先是溪涧纵横、杂草丛生的一片荒滩,一变而为道路宽阔、纵横交错、楼宇栉比、人烟凑集、市面繁华、设施先进、管理有序的现代都市。

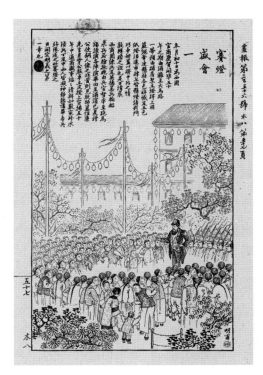

租界西人认为这是开埠通商和租界成功管理的结果。在以基督教文化为主流的西方文化中,50 年称"Jubilee",是难得一遇的盛大节日,有狂欢含义。上海开埠 50 周年,变化如此巨大,租界当局认为这是上海发展道路上的一个里程碑,当然要隆重庆祝。

上海开埠 50 周年

租界部分华人认为,自己是这块土地的主人,路是他们修的,房子是他们盖的,商业繁荣、税收增加都有他们的份,租界也是中国人天下,所以他们当然要庆祝。

于是,十里洋场,万人空巷,门悬锦旆,户缀珠灯,庆祝上海开埠 50 周年。

这在后人看来有些不可思议,但当时情况就是如此。

庆典筹划

庆典活动由租界行政机构工部局发起和主持。

1893 年的工部局总董为麦格雷戈(J. Macgregor),副总董施高塔(James L. Scott),总办为韬朋(R.F.Thorburn)。麦格雷戈自 1888 年担任工部局董事、1889 年被推为总董,庆典活动主要在他领导下进行。不料,在各项活动都筹备得差不多的时候,他突然病逝。其后,施高塔继任总董。韬朋自 1878 年就担任工部局总办,一直到 1896 年。

对于开埠 50 周年庆典,自 1893 年年初,工部局就着手筹备,多次召开董事会,召开纳税人特别会议,专门成立了由麦格雷戈、施高塔、阿德勒(M. Adler)、格雷通(F.M.Gratton)、慕维廉等 42 人组成的"上海租界 50 周年庆典委员会",组织了由贝尔太太、马歇尔太太等 11 人组成的"女士辅助委员会",也向租界纳税人征集过庆典方案。最后形成的方案是:

庆典日期定为 11 月 17—18 日两天,海关及相关机构放假,届时举行赛会游行、名人演讲、军事演习、文艺演出、儿童游园等活动,夜晚在主要街道张灯结彩、燃放烟火;

在英国定制纪念章,其中 600 枚银质、100 枚铜质,银质的授予工部局职员与捕房中的欧洲籍成员,铜质的授予捕房其他成员;

发行纪念邮票;

外滩公园装置喷泉,并作为永久性纪念物安放在那里;

用于庆典装饰用的经费不超过五千两白银,从工部局基金中支出;

联络租界华人会馆和法租界共同庆祝。

讨论庆典方案时,曾有人提出定制金质纪念章和供发售用的纪念章,被工部局董事会所否决。其时,租界正在杨树浦一带修建一条道路,有工程师提议将其作为上海开埠 50 周年的纪念物,命名为"开埠 50 周年大道",亦被董事会否决,表示筑路归筑路,庆典归庆典,两不相涉。为了防止纪念邮票被少数人一抢而空,工部局指令书信馆在头几天出售邮票时,限制每人购买的邮票面值不得超过 5 元。

庆典盛况

经过精心准备,到 11 月 16 日,以外滩、南京路为中心的英美租界被装饰一新。在外滩,自外洋泾桥(今延安东路)起,沿浦滩向北,过外白渡桥往东,至外虹桥(今虹口港)止,马路两旁,竖立五色木杆,一律彩旗高悬,随风飘扬。木杆上用麻绳牵连悬挂五色灯笼,不下万盏。黄浦江中各兵船及各商船桅杆均扯五彩旗帜。南京路口搭有极大牌楼一座,缀以青松柏枝,悬灯数百盏,高出云表。顶上装以电光灯,灯之四围绘以彩画,光彩夺目。洋泾桥及外白渡桥堍,各搭单牌楼一座,亦扎松柏悬灯。虹口地方之德国领事馆、日本领事馆、礼查饭店、三菱公司,以及招商局北中两栈、怡和之顺泰、公和祥、华顺等码头各铺号,均结彩庆贺。外滩之招商局内外,以及二三层高楼洋台,均悬五色灯彩,高扯龙旗,以待中国官员莅看。门首搭有彩棚,陈设一新。所悬之灯,有"万寿无疆""普天同庆"字样。江海关面前及屋顶之大自鸣钟旁及周围,高悬黄色龙旗,正面装有拼成英文字样的煤气灯,上海总会第一层洋台装有圆形煤气灯一盏,两边装蜘蛛式煤气灯二盏,第二层装方式及荷花、莲蓬等煤气灯。鸿安公司、汇丰银行、万泰洋行等各洋台,均装极大英文煤气灯。麦加利银行第一层洋台,装有长式英文煤气灯,第二层两边悬挂绸绢扎成狮子、仙鹤、白鹿、白象灯光四盏。太古洋行、英国领事馆、南京路各洋行均燃灯结彩。[1] 石路口之大生南货店于石库门外搭有竹牌楼一座,遍扎彩绸,高悬红灯,十色五光,令人耀目。广成昌烟店扎有寿字灯一盏,大如户限,共可点烛四十八支。升大马车行门前扎成圆式走马灯一盏,大逾寻常,约可点烛数百支。邵万生南货店门首,装成英文自来火一行,其四祥南货店则用玻璃灯扎成牌楼,殊觉玲珑奇巧。

11 月 17—18 日,上海天高气爽,阳光明媚,微风吹拂,万旗飘动。

17 日上午 9 点一刻,庆祝活动正式开始。租界万国商团及各国兵轮水手共

---

[1] 《通商五十年盛会详志》,《新闻报》1893 年 11 月 18 日,第 2 版。

千余人,在外滩会齐,由南京路迤逦而西,至跑马场操演,内有兵头数人,策马前行,并有炮架四座,西乐一班,巡捕房总巡戎服挂刀,督率中西各捕沿途维护治安。各兵均在围场中作对垒势,颇觉如火如荼,胜负一分,乐声大作,观者如堵。

11 点一刻,操演结束,参演队伍整队而回,仍由跑马厅过泥城桥,走南京路,至五云日升楼门首,有西人惠尔生高架照相器具,在茶馆楼上拍照。嗣后,队伍回至外滩,至英公司行门首,重复排齐阵式,站立两旁,此处已预先搭台一只,旁置椅位,等候慕维廉牧师演讲。

11 点三刻,在外滩巴夏礼铜像前,举行广场演说。开埠初期即来上海的英国传教士慕维廉身着公服,高立凳上,演说开埠五十年来历史。闻其语者,或点首,或摇头,不一而足。

12 点,演讲毕。停泊浦江之各兵轮及岸上之团练兵,鸣炮 50 门,团练兵等鸣枪三次,隆隆之声,震耳欲聋,并有人自炮中放出灯盏、鱼龙等物,直达九霄云外,随风飘去。炮既放毕,各兵从汉口路一带散去。

下午 2 点钟,有西国各幼童偕往跑马场中跳舞为乐,并由工部局赏赐食物,各幼童皆欢喜而散。外滩公园内之水池中,时有五色水自下射上,溅玉跳珠,无异银河倒泻。

下午 4 点至 7 点,200 来名西国儿童在兰心戏院观看工部局乐队专门为上海开埠五十年举行的演出。

在上海的中国商帮以广帮势力最大,最有钱,也最热衷集会、游行之类比较张扬的活动。广帮的游行极引人注目:只见金顶煌煌者二人,手持令旗,策马前行,如军营之武弁,后有逍遥伞、万民伞二顶,玻璃伞灯、绢制八物伞各一,纸灯十余对,粗细乐队各一班,童子军负弓腰箭,高坐马上,军士 30 余名,身穿红马甲,或执藤牌,或持木棍,宝盖一顶,上书“广帮瑞狮”四字。一狮头巨如圆桌,沿途跳舞,锣鼓声喧。路旁店铺所扎灯彩,以广成昌烟店所扎之“寿”字灯,其大如户限,可点烛 48 支,其余鲤鱼、金鱼等各色鱼灯,共七八十条,各以绢制成,五光十色。有童子演哪吒闹海、水漫金山、枪挑小梁王、荡湖船等剧,极巧穷工,惟妙惟肖。会中人均穿绸服,五色花马甲,花鞋红辫绳。报称,“粤东多豪富之商,其所制灯彩,自能独出冠时,驾乎各帮之上"。

宁波帮的游行也很有特色。他们以九连灯十串,均作蝙蝠式,以船灯一艘,以黄杨木雕成,以数人抬之,有陆地行舟之象。有大龙头一条,数十人擒之而行,盘旋天矫。

傍晚以后举行的游行赛会,是庆祝活动高潮。5点三刻,暮色催人,工部局即将灯杆上所悬之灯燃着,各行号亦次第燃点,霎时万烛齐辉,恍惚琉璃世界。俄而电光照耀,更觉异样光明,整个租界,摩肩接踵,拥挤难行。

租界西人兴高采烈地进行庆祝游行。初则青白色纸扎龙灯一条,继以英界洋龙装成旗灯,并立西童两名,身穿红衣,头戴铜帽,手持号角,作救火会员模样。皮带车十辆,亦扎成灯彩,旁插流星九龙,随路燃放。美租界洋龙龙头扎成奇灯,法租界洋龙扎冬青柏枝,缀以明灯,插以彩旗。西乐一班,30余人,西商50余人,水手60余人,随队歌唱。

中国各会馆公所游行队伍傍晚时在虹口海关公所会齐,晚间8点钟开始游行。

游行队伍凡分五起:

第一起为洋货帮。先有报马一匹,次有大旗三面,高与楼齐,上书令字,旗尖上悬灯三盏,旁有中西巡捕为之照料。继之以高脚灯,又大锣两面,鸣声铿然,锣后亦悬灯两盏,随后高灯,均书万寿字样。又有马灯及用纸扎成之光头和尚一口,其九连灯以玻璃为之,一人掮一串,每串五盏,共十余串。狮灯之后,则有锣鼓一班,响声震耳,有俊童三名,各骑白马,缓缓而行,随后即五彩灯笼,或用纸糊,或以绢扎,各尽其妙,并有玻璃巨灯一盏,以数人舁之,俄而鸣锣击鼓,丝竹之音,扬扬盈耳,龙灯一架,蜿蜒而来,光耀夺目。

第二起为广帮。先有大灯两对,继以排灯,有"预祝万寿""通商大庆"字样,一人扮作武弁,手持令旗,策马前行,又锣灯一对,掌扇灯一对,伞灯、彩灯、人灯,其孔雀灯则以二人舁之,又有十余岁之幼童扮作将军模样,骑马而行,后随童子百余人,或执小灯,或执刀叉,作出场形状,后有似家将者,舁有野兽甚多,又台阁十座,均用俊俏幼孩装扮,如哪吒闹海、水漫金山、枪挑小梁王等戏剧,颇觉惟妙惟肖。又有鱼灯大小共七八十条,均以绢扎成,种类不一,继以绸旗八面,粗细音乐各一班,其乐人俱戴丹阳凉帽,一式整齐。又有狮灯、龙灯、宝盖万民伞,并以纸扎成之人物灯,以及彩旗联句等类,殿之以大旗。

第三起为广肇公所。广肇公所虽然也是广东人的同乡组织,但其时在上海多独立活动,不与其他广东人合在一起。这支队伍最前面的高举"广肇公所"字样牌灯,继以五色小灯数十盏,俱用纸绢雕刻而成,颇为精巧。又有宝盖灯、伞灯,一狮头巨如圆桌,一人以首套入,沿途跳舞,锣鼓声震耳欲聋。随后有鱼灯数盏,丝竹一班,万寿灯一对,末后马十二匹,先有四人扮作福、禄、寿、喜等样,余则扮作八仙模样,皆勒马缓缓而行。其扮何仙姑者,青年妙质,杏脸桃腮,凤鬟雾鬓,令观者啧啧称羡。

第四起为丝业公所。前导为起码牌灯两对,有"四海永清"字样,锣灯一对,随后有灯伞十六顶,每伞四顶,即间以聚宝盆灯、六角亭灯、龙船灯、蝴蝶灯等类,内有清客细乐一班,共 20 余人,均在乐器上悬挂小灯一盏。

第五起为宁波帮。领头即"预祝万寿"牌灯一对,"通商大庆"玻璃灯一对,随后是九连灯十串,均作蝙蝠式,继以船灯一只,系以黄杨木雕成,末后乃大龙头一条,以数十人擒之而行。

游行赛会队伍自虹口新关总会前空地上出发,走文监司路,经百老汇路,过外白渡桥,入英租界,穿北京路,转角走河南路,过老巡捕房,向西过福州路,直达泥城桥,往北至中泥城桥,接入水龙会。然后,由水龙会前导,先有西国乐人数十名,继以救火拆屋器具架一,架上扎龙灯一条,置有一批救火器具,后随英、法、美及各洋行火龙五条,皮带车十辆,均各扎成灯彩,旁插流星九龙,随路燃放,上烛霄汉。又有西兵轮水手音乐一班,随以华商各会,由南京路逶迤而东,至外白渡桥堍折而往南,沿外滩一带而至洋泾桥。

游行队伍经过外滩时,大自鸣钟正响十下,江中停泊之各兵轮均开放电火灯,照至岸上,几同白昼。外滩公园至新关南首一带之草地上,分作三处,开放烟火,随时燃放,花样不一,各尽其妙。

18 日上午 10 点钟,赛会继续举行。中国会馆公所赛会队伍由虹口海关公所会集,排齐游行迎赛,至乍浦路下,至天潼路绕至百老汇路、文监司路上段,转折至河南路,过桥,抵北京路,再转至浦滩,沿滩,转折至四马路,再达湖北路,到大马路直下,至浦滩,过外大桥,转至海关公所,至下午3点半钟结束。

为了保证庆典的安全,租界巡捕房作了周密部署。西、中、印巡捕倾巢而出,逡巡弹压。巡捕房对虹口等案件高发地区和容易滋事之人作了重点监控。虹口捕房黎副捕头,恐虹口一带之小窃小流氓及无父母管束之童子乘间滋事,因饬包探唐宝荣、江阿三出其不意将阿虎友及东洋阿荣等数人一并拘入捕房,押至19日清晨释放。

庆典活动得到多方面的支持。英国驻香港总督罗宾生(W. Robinson)、英国海军上将弗来孟督(Sir Edmund Fremantle)等特来上海祝贺。英国驻华公使、汉口英租界等发来贺电。为了配合庆典,《北华捷报》在11月17日特地发表题为《上海:过去与现在,1843—1893》长文。

法租界当局对于这次庆祝活动也给予了一定的支持,派人参加了游行,法租界一些地方也张灯结彩了,尽管灯彩不是那么多。

对于庆典活动,《新闻报》专作庆典歌以咏其事,词曰:

> 圣朝盛德隆万古,四海九州聚商贾。
>
> 中外通商五十年,鼓轮飞棹来申浦。
>
> 小春十月阳始生,回首当年乍订盟。
>
> 利益均沾民共乐,西商额手庆升平。
>
> 升平景象谁为最,共说前宵水龙会。
>
> 正值千秋圣母辰,纵横万国倾冠盖。
>
> 万盏琉璃夹道排,果然锦绣满天街。
>
> 酒晋南山寿冈极,旂扬东海福无涯。
>
> 笙歌十里参差起,锦祎千重斗华靡。
>
> 景星络绎庆云堆,珠宫贝阙难为比。
>
> 两岸光摇江水红,长空天矫似垂虹。

爆竹声喧锦旆舞，天花乱射蛟龙宫。

蜃楼海市何堪数，不辨银花与火树。

万家空巷斗新装，联翩共踏春城路。

红男绿女各纷纷，挥汗如雨气如云。

衣香鬓影薰人处，隐露霓裳月色裙。

翩翩裙屐恣遨游，疑是控鸾引鹤俦。

几家少妇临江阁，几辈娇娃倚翠楼。

西宾亦各携佳偶，联步同行齐拍手。

飞觞醉月兴更豪，旷观不觉凭栏久。

金鼓频催玉漏残，异国宾客各尽欢。

归途杂沓人声乱，锦簇花团着意看。

摩肩击毂相征逐，全吾不禁天恩渥。

天下今朝等一家，嵩呼聊代华封祝。[1]

双节同日：巧合与托词

赛会上，中国商帮揭橥的标语有一条是"预祝万寿"或"万寿无疆"，是就慈禧太后生日而言的。1893年11月17日，合中国农历是光绪十九年十月初十，这一天按照中国的习俗是慈禧太后59岁生日。

慈禧太后出生于道光十五年十月初十（1835年11月29日），她掌权以后，每年十月初十那天，从皇帝到百官都要庆祝，但只有逢十俗称整生日才举行大庆，平常生日的庆祝规模都比较简单。比如，光绪十年十月初十（1884年11月27日），慈禧太后五旬万寿大典，便颇为张扬，大赏天下，皇室近支贝勒、王大臣、京外实任文武一二品大员、老亲，都有赏赐，所有王公及京外文武官员现任议降议罚及以前有革职留任及降职罚俸之案者概予宽免，光绪五年以前各省人民所欠国家钱粮全行豁免。光绪九年十月初十，即慈禧太后49岁生日那天，庆祝规

[1]《通商五十年盛会续志》，《新闻报》1893年11月19日。

模就很小。

慈禧太后打算在其六十大寿,即光绪二十年举行盛大庆典,因此,光绪十九年的活动便是为庆典作准备,主要有三项:一是抓紧颐和园修葺工程,二是举行恩科考试,三是要求百官捐款报效。到 7 月 17 日,朝廷京省各官应报效银 120.69 万两。慈禧太后 59 岁生日这天,京城里也没有举行大的庆祝活动,只有光绪皇帝诣慈宁宫行礼而已。在上海,上海道台聂缉椝、上海县令黄承暄与等文武官员,循例于黎明时分,至上海县城亭桥浜万寿宫,齐集排班,望阙各行三跪九叩之礼。[1] 除此之外,官方没有举行什么特别的庆祝活动。晚间,这些官员均先后出城,至黄浦江边参加庆贺通商盛会,"从西官商之请也"[2]。

由此可见,11 月 17 日这天,上海租界中国商帮所揭橥的"万寿无疆"标语,只不过是为了防人口实的临机托词,双节同日为这种应变提供了条件。游行赛会中有一个细节,很能说明这个问题:11 月 17 日上午,宁波人朱阿宝所开之朱万兴漆匠铺,一开始所悬的旗帜只有一种,即英国旗帜,而没有像其他商店那样既悬英国旗,又挂龙旗,结果,"见者咸目为汉奸"[3]。不知道这位朱阿宝,是听了别人的闲言碎语,还是因为从众心理的驱使,反正到了傍晚时分,"又将龙旗一面,扯在中间,两旁则均用英国旗号,见者始不便指斥"[4]。

突出上海繁荣

租界主持庆典,其主题有一个极为突出之点,即强调上海巨变,上海繁荣。

《北华捷报》在 50 年庆典专号中,对上海开埠后城市变迁有专门论述。开埠之初,上海城市人口 15 万,到 19 世纪 90 年代达到 35 万,增加的 20 万人多与贸易有关。开埠通商吸引了大批中国人来上海,给他们提供了谋生手段和就业机会。租界大部分地区居住的是中国人。伴随着商业的繁荣,上海出现了许多同乡和行会组织,即会馆和公所,按其财富和社会影响力,其时上海最重要的是

[1]《朝贺盛仪》,《沪报》1893 年 11 月 17 日。
[2]《万寿无疆》,《新闻报》1893 年 11 月 18 日。
[3]《灯会详记》,《字林沪报》1893 年 11 月 17 日。
[4]《灯会续记》,《字林沪报》1893 年 11 月 18 日。

钱业公所,其最为富有,与官方有密切关系,它控制金融市场,其业务范围也不限于本地,可称得上上海第一行会。此外,依据财富和影响力,还有丝业、洋货、药业、茶叶、山西汇票、广肇公所、洋药、皮货、米业、纸业、烟草业、服装业、手工业、剃头业、裁缝业、铁业、珠宝业、木业等。[1]

关于繁荣,西人认为这是引进西方文明的结果。《字林西报》刊登的西人在庆典中使用的标语,清楚地表达了这一看法。这些口号是:

1. 请看五十年的成就;

2. 上海誉满全球;

3. 所有东方港口都分享母亲港庆典的欢乐;

4. 上海的缔造者,你们所做的比你们所知道的还要好;

5. 感谢五十年来上海缔造者的辛劳;

6. 有朋来沪不亦乐乎;

7. 繁荣上海。

慕维廉所作的演说,也反映了上海西人这种看法。

慕维廉(William Muirhead),英国传教士。1847 年受伦敦布道会派遣来华,同年 8 月 26 日到达上海,以后长期在上海活动,是上海西人中著名人物。他还在世时,1899 年 11 月,工部局董事会便决定把整段与百老汇相连的熙华德路以及其延长路段改名茂海路(Muirhead Road,今海门路),以表示对他的崇敬。

1893 年租界西人筹备开埠 50 周年庆典活动时,慕维廉被推选为庆典筹备委员会委员,并代表寓沪西人发表演说。

慕维廉的演说分三个部分。

首先,他对工部局总董麦格雷戈在不久前去世,表示沉痛的悼念,回顾了麦格雷戈对租界建设的贡献。

其次,介绍西方人每逢五十年举行庆祝活动的来历,说明这是来源于古代犹太人,他们每五十年就庆祝一次,表达对生活的喜悦和欢乐。这已经成为西

---

[1] 《北华捷报》1893 年 11 月 24 日。

方人的一个习惯,几年前上海租界的英国人就为英国女王五十诞辰举行庆典。西方男女结婚五十年,称金婚,也会举行一个活动,庆祝他们的结合,庆祝他们在一起度过那么多愉快的时光。

慕维廉在演讲中简介了上海的地域特点,回顾了西方人与上海联系、上海开埠的历史,从明末耶稣会士来到上海、道光年间郭实腊等乘阿美士德号访沪,到鸦片战争以后上海开埠、租界辟设、工部局建立。慕维廉介绍了上海租界的种种特点,包括公家花园之美丽,林荫大道之漂亮,洋行建筑的典雅,领馆、银行、总会、商场、商业、治安、司法、路灯、自来水、卫生防疫设施、汽船、电报、电话、纺织厂、缫丝厂、码头、铁路、税收、医院、学校、万国商团、救火队、巡捕,赛马、足球、戏剧,诸多方面无不显示出租界优越特点。[1]

慕维廉以一过来人身份,历述上海的变化,强调西人对于租界建设的贡献。最后,慕维廉表示相信,上海未来的五十年一定会比这五十年更美好。

儿童游园会以 200 名儿童在跑马厅大看台上合唱《庆典之歌》拉开序幕。《庆典之歌》系专为这次庆典所作,由缪勒(Ven. Archdeacom Moule)作词,克劳普顿(F.L.Crompton)配乐,维拉(Commdr.Vela)指挥,工部局乐队伴奏。歌词凡五段,其旨趣与慕维廉演说一致,预料租界的下一个五十年将更加美好。

《新闻报》论说写道:上海开埠以前,洪涛滚滚,既鲜商旅之往来,亦无轮船之停泊,虽有城垣,亦不过弹丸小邑。开埠以后,"泰西各国航海来华者日盛一日,年盛一年,浸假而荒落者变为热闹矣,浸假而榛芜者变为繁盛矣,浸假而行旅客商共来于沪渎矣,浸假而轮船战舶汇集于浦江矣,迨至久而安之,几令人莫辨其为何洲何国,而但指之曰洋人,但指之曰外洋商人,可见中国与洋商其和好之处,固已诈虞悉泯,畛域无分矣,习而安之,故淡而忘之也"[2]。《新闻报》认为,一些中外商人之所以都对通商五十年表示庆贺,就是因为开埠通商对中外都有益处,商人得益尤其明显:

---

[1] 《慕维廉演说》,*The North-China Herald*,Nov.24,1893.
[2] 《万寿圣节适上海通商五十年庆贺记》,《新闻报》1893 年 11 月 17 日。

　　(庆贺通商,中西商人)无不兴高采烈,色舞眉飞,以为此五十年中,言乎上,则皇华遣使,樽酒言欢,坛坫增玉帛之光,谈笑释兵戈之气,雍容揖让,缔邦交者有年。言乎下,则轮舶往来,商贾群聚,交易而退,无诈无虞,联民志者有年。言境内,则民无暑雨祁寒,身忘为客。言外洋,则天无烈风暴雨,海不扬波,相与敦和好、庆升平者又有年。而上海尤为通商之大埠,入出之要衢,各国之总会,尤不可以草率简略,虚此良辰。于是,中西官商争相踊跃,预剧巨款[1],悬灯结彩,以志庆忱。而我中国之巨商硕贾,凡设号于租界内者,亦皆门悬锦旆,户缀珠灯,以申敬意。其浦滨一带,彩棚高架,上矗云霄,赤帜分飞,下临江渚,映以自来火、电灯光,并中国各色彩灯,鳞次栉比,高低不一,真觉十色五光,城开不夜,而巨舰艨艟,纷纷装缀,花团锦簇,如万道长虹,腾跃于沿江上下。洋场十里,灯火万家,尤觉光摇银海,如山阴道上,应接不暇,较他处庆贺更为增色,在各国和好之佳会,亦我国升平之景象也。[2]

　　《新闻报》表达的是部分华商的心声,他们从上海开埠通商中分享到巨大的物质利益,许多人是不名一文来到上海,一二十年后摇身一变,成为颇富资财的买办,或各行各业的小老板、大老板。

　　以在上海的广东香山人而论,随着上海开埠,他们北来上海,当买办,兴实业,相当一些人成为上海工商界成功人士。比如:方举赞(1820—1906),15 岁到上海,进打铁铺当学徒。满师后在上海各洋商船厂做工,逐步以拆卖外商船厂旧机器、旧船零件积累了一定资本。1866 年,与打铁工孙英德合伙,在英商虹口老船坞对面开办近代上海民族机器工业第一家工厂发昌号,当时仅是一家锻铁作坊,从洋商船厂包揽一些零件加工业务。1873 年前后,发展为发昌号铜铁机器车房。19 世纪 80 年代已成为民族机器工业中自行造船的规模最大的机器厂。徐润(1838—1911),1852 年到上海英商宝顺洋行当学徒,1856 年升为买办

---

[1]　"预剧巨款"之"剧",原文如此,疑为"醵"之误。
[2]　《万寿圣节适上海通商五十年庆贺记》,《新闻报》1893 年 11 月 17 日。

间副账房,1861 年升为副买办。兼营宝源各货号,经营丝茶、烟叶及鸦片。1863 年后,投资房地产业,1868 年脱离宝顺洋行,自设宝源祥茶栈,很快成为上海有名的富商。捐资得郎中、道员等官职。1873 年受李鸿章委派为上海轮船招商局会办。以后曾在上海创办同文书局,石印二十四史及《图书集成》。19 世纪 90 年代,他在上海既富甲一方,又能沟通中外,联络官商,是个能够呼风唤雨的头面人物。唐廷桂(1827—1897),1849 年被推举为旧金山华商公所的总董。因维护华人利益,成为当地知名人物。1861 年回国。1870 年进入英商怡和洋行,经理怡和洋行轮船公司在天津的业务。1873 年接替其弟唐廷枢在上海怡和洋行买办的职位。1881 年先后投资上海荣泰驳船行、上海申光电灯公司及中英合资中国玻璃公司等外商企业。还促成把自来水引进上海县城,设立中国工艺学校,开办慈善机构。唐廷枢(1832—1892),幼学于香港教会学堂,16 岁进拍卖行当职员。19 岁后在香港政府机关任翻译。1858 年抵沪,先后任江海关副大写、正大写及总翻译,开始与怡和洋行往来。1863 年 9 月任怡和洋行买办,一度掌管怡和洋行金库,先后附股于怡和洋行所属香港火烛保险公司、谏当保险行,公正、北清两轮船公司,并任华股董事。1873 年脱离怡和洋行任轮船招商局总办,1876 年筹建开平煤矿。1876 年在上海创办宏远贸易公司,经营丝茶海外贸易。同年在上海办仁和水险公司,开华商保险业之先河。不久又在南北二市开办长源泰、长发栈以揽载货物;19 世纪 80 年代后主要活动于各地矿务、铁路。一生热心公益事业,在沪期间还常年资助《汇报》及上海英华书馆。唐廷桂、唐廷枢在 19 世纪八九十年代的上海,都是华商中的头面人物,曾作为华商领袖出面与公共租界交涉外滩公园禁止华人入内问题。

再以在上海滩颇负盛名的几个宁波商人来看:

叶澄衷(1840—1899),浙江镇海(今属宁波)人。出身贫苦农民家庭,6 岁丧父,从小失学,1853 年到上海,在一家杂货店当学徒。17 岁驾舢板于黄浦江上,贩卖外国轮船上所需杂货,某日拾得西人所遗忘的皮包,拾金不昧,伺还失主,并拒绝西人酬金。失主深为感动,乃邀请他协助经营五金业。此为其人生一大转机。几年以后,渐有积蓄,乃于 1862 年筹资在虹口开设一家老顺记,自立门户,出售五金零件、废旧铜铁等,又帮美孚石油公司推销火油,取得厚利。后在各商埠开设不少分店,又投资于金融、运输等业,开办上海纶华缫丝厂、汉口燮昌火柴厂等大型企业,终于成为有名的实业家。晚年热心慈善事业,捐款救济灾民,并出资创办上海澄衷学堂。1893年机器织布局大火发生后,他曾出面请西人消防队来救火,虽未成功,但西人特地在报纸上说到此事,意思是著名华商出面协调,可见他在当时上海的地位。朱葆三(1848—1926),浙江定海(今属舟山)人,14岁来上海,在协记五金店当学徒,因聪明能干,先后升任营业主任、副经理、经理等职,1878年自设慎裕五金号,经营进出口五金贸易。1890年后,任上海英商平和洋行买办,曾在银行、保险、轮运、水电、电车、煤矿、水泥、造纸、榨油、面粉、呢绒、绢丝、纱厂、铁厂、机制麻袋等民族资本企业投资,为上海华商中的著名人物,法租界公董局曾以他的名字命名了一条马路——朱葆三路,即今溪口路。虞洽卿(1867—1945),浙江镇海人。15岁到上海瑞康颜料行当学徒,满师后升跑街,1892年以后先后在德商鲁麟洋行、华俄道胜银行、荷兰银行任买办,同时期从事房地产经营并独资创设通惠银号,发起组织四明银行、宁绍轮船公司、三北轮船公司、鸿安商轮公司等,渐为沪上商界领袖。公共租界曾以他的名字命名一条马路为虞洽卿路,即今西藏路。

像这样的成功人士,在1893年前后的上海,可以举出一大批。至于那些略有资财、衣食无虞的小康之家,更是如过江之鲫,不可胜数。

方举赞、徐润、唐廷桂、唐廷枢、叶澄衷、朱葆三、虞洽卿这些人,在来上海以前,地位多不高,来上海初期,多为学徒,他们的才智是在上海得到充分发挥的,他们的命运是与开埠以后上海的繁荣联系在一起的。那时候,对于治外法权,对于西方对中国的侵略和压迫,他们有所感受,也有所反应,如法租界两次四明公所事件,就是上海宁波人与法租界当局的冲突,但是从总体上说,民族感情还没有上升为主义,更没有成为意识形态。

外国人自称上海人

时光流逝五十年。一些寓沪多年的西方人,已经把自己当成上海居民,自称"Shanghailander",直译是"上海人",而不愿意被中国人称为外国人。庆典期间,有寓沪西人致信《新闻报》馆,就自己仍被中国人称为外国人一事进行讨论,认为自己在上海生活多年,对上海贡献甚大,不应该再被视为外国人:

> 吾见中国人见我俱呼外国人,然吾在中国已二十余年矣。虽人皆以吾为外国人,而吾则相交已久,觉与本国无异。且吾知中国圣人曾有四海之内皆兄弟也一语,故我西人之在中国者,应与中国人和好如兄弟一般。现在明日为上海通商开埠迄今五十年,并非西人与中国开兵迄今五十年也。回思五十年以前,本埠租界中荒落情形何堪言状,今试观沪城之南雉堞巍巍然,蔀屋密密然,其间风气与五十年前无稍差异,独何以租界中马路如是其洁净也,房屋如是其繁多也,店铺如是其林立也,货物如是其云屯也,生意如是宽绰,人烟如是稠密,与沪南有过之无不及,是皆因中外通商和好,故有如是景象。[1]

信的落款是"中国人呼吾为外国人",言外之意是"我并非外国人,只是中国人呼我为外国人"。《新闻报》就此发表文章称:

> 自开埠以来,商务振兴,惟我上海为盛,此五十年中,利必均沾,益必同受,尔无我诈,我无尔虞,合中外如一家,诚不啻四海皆兄弟焉。[2]

文章希望"中西官商此后辑睦常敦,澄清永保,官与官交涉共剂其平,商与商贸迁,咸沾其益,工作日新而月盛,人民近悦而远来,沪上幸甚,天下幸甚"[3]。关于寓沪西人算不算外国人的讨论,虽然没有充分展开,但是很有意义。这是民族主义高涨以前,寓沪西人与上海华人互致友好情意的表示,也是开埠五十周年时上海中外关系相对融洽的标志。

---

[1]《照录西士致本馆书》,《新闻报》1893 年 11 月 16 日。
[2][3]《照覆西人五十年庆贺书》,《新闻报》1893 年 11 月 18 日。

这些寓沪西人表达的对上海热爱之情并非矫情之语。

1893 年,生活在上海的外国人约 4700 人[1],其中英国人最多,近 2000 人;葡萄牙人其次,600 多人;美国人第三,300 多人;其后是法国人、日本人、西班牙人、德国人,各二三百人不等;意大利、比利时、瑞士、荷兰人、奥匈帝国、挪威、丹麦、瑞典等国人,均不满百。这些生活在上海的外国人,特别是欧美人,政治上有治外法权保护,不受中国法律制约;从事鸦片、房地产、银行、洋布洋纱洋油洋货贸易,传教、办学、办报、行医;多有丰厚的收入,舒适的住宅,不止一个仆佣。许多资料表明,欧美人在上海,有更多的接受教育的机会,更好的施展才华的机会,更多的发财机会,获得比在其母国更高的社会地位。还在 1891 年,上海海关报告就已指出,有越来越多的西方人移居上海,其中,携家带眷或在上海建立家庭的已很常见,考其原因:

> 这部分是由于这里的生活条件越来越适于抚养家属这个事实,但主要的是由于近年来欧洲人发财的机会不多,要在欧洲获得和保持较高的收入愈来愈困难了。现在,在上海可以得到合适的、我称之为良好的中等教育的机会,这种机会或许比在语言和技艺方面的更好——在由属于不同国籍的人组成的、有坚强的教育机构的社会里,这种机会是可以预料到的。[2]

1886 年,《纽约时报》曾以很大篇幅,介绍欧美人在上海安全、有序、安逸、舒适、体面的生活[3]:

> 上海警队的组织相当完善,警力充足。警官包括欧洲人、印度和清国

---

[1] 此为估计数字。据统计,1890 年上海外国人为 4265 人,其中公共租界外国人为 3821 人,法租界外国人为 444 人;1895 年上海外国人总数为 5114 人,其中公共租界外国人为 4684 人,法租界外国人为 430 人,见邹依仁:《旧上海人口变迁的研究》,上海人民出版社 1980 年版,第 141 页。1893 年取此两年数字之平均值。

[2] 徐雪筠等译编:《上海近代社会经济发展概况(1882—1931)——〈海关十年报告〉译编》,上海社会科学院出版社 1985 年版,第 19 页。

[3] 本处所引《纽约时报》报道上海租界的资料,原载 1886 年 8 月 7 日《纽约时报》,译文见郑曦原编:《帝国的回忆:〈纽约时报〉晚清观察记(1854—1911)》,当代中国出版社 2007 年版,第 57~63 页。

人。欧洲人穿着规范的伦敦制服,印度人的警服介于伦敦和印度服装之间,而清国人的警服几乎与他们的传统服装没有区别。城市的主要市区用电照明,而郊区道路上使用汽灯。上海有一个组织良好的消防部门,配备了救火机。街道以碎石铺成,显得井然有序。

我们对一个城市还能有什么更多的要求呢?这里有很好的下水道,有清洁的供水系统和完善的照明系统,个人财产也受到了良好的保护,人们没有失窃和失火之苦,居民们可以在路况极好的街道上舒适地行走。在我们自己的城市中,又有多少可以吹嘘做到了这些呢?我想没有。而且,要特别提一句,这里的税也并不高。

《纽约时报》称外滩为"远东最美的风景",在外滩和黄浦江之间,是两排绿树和一片美丽的草地,总是保持得非常漂亮。仲夏夜的外滩公园,有乐队演奏,西国女士和孩童聚集在这里。几乎每个人都喜欢到那里去,有些女士还定期光顾。"这是一道美丽的风景,让居住在这个东方城市的人们无不露出心满意足的神情。"外滩的建筑美观辉煌,让居住在这个城市里的人感到无限的荣光。这个城市完全国际化了,她的街道呈现出世界上最独特的风景。住在上海的欧美人已经开始将上海视为自己的家园,过着高品位的生活:

无疑,经过十年的艰苦经营,上海的生活品位已经大大提升了。来到这里的洋人们,开始把上海当成自己的家,而不是像先前那样,要等着在此赚一笔钱后再回家娶亲。他们先就结婚了。如此一来,这里聚集了很多已婚的年轻人,他们再不满足于清国旧式的宴会,而经常发明或引进一些新的娱乐方式,来唤醒沉默的旧时代。

这里是家庭主妇充分获得休息的庇护所。我不知道,世界上还有什么地方可像大清国这样,家庭主妇们如此无所事事。在清国,你可以充分地使用仆人,一旦这些仆人们闯入了你的生活,一切就会像上了发条的时钟一样,井然有序地运转起来。仆人们忠诚可靠。你告诉他们去做一件事,就可以确信这件事一定能够做好。我相信,当来自太平洋彼岸的那些人们不能再拥有这些仆人时,一定会万分怀念他们。

　　上海市场堪称完美,难怪许多人都会带着这种印象离开。目前,凡是这个城市及其周围买不到的东西,都可由蒸汽轮船带进来。想吃日本的牛肉吗? 这难不倒上海。而"楚府羊肉"绝对是你在世界上任何地方所能吃到的最可口的佳肴。即使在 1 月份,青豌豆、番茄和生菜也可从广州运来,而所有热带的水果都可从香港运来。

《纽约时报》盛赞上海购物方便,品种齐全:离开外滩,向市中心走去,你会途经五花八门的各式商铺。在一些店里,你几乎能买到所有的商品,从缝衣针到一只锚链。这里也是"社交的天堂",赛马、骑马、舞会、宴会、看戏、打猎,应有尽有:

　　走过租界后,就到了跑马场。跑马场每年举办两届赛事。这里还有运动场和球场,远东最好的一条街道就从这里开始。整条街道不超过六英里,路面整洁、完美,街道两旁有漂亮的花园别墅。有些别墅,简直可以与美国罗得岛的新港相媲美。这条道路一直延伸到租界旁的徐家汇,再往前就变成清国狭窄的手推车道了。静安寺路的涌泉是行人们通常的歇脚处,几乎每个人都要在这个地方停下来,让他们的马歇口气。

　　这里几乎每个人都喂了一匹可以骑的马。一年中的这个季节,他们每周都要出外狩猎。如果天气舒适宜人,就非常适宜参加这项活动。按惯例,女士们也可以骑马参加。

　　美国国内的人们恐怕会认为,生活在上海的美国人大概不会有太多的社交活动。实际上,来到这里的女士们会发现,她们可参加的活动真是应有尽有。上海每个晚上都有舞会、家庭聚会或是富丽堂皇的宴会。这里还有歌剧。业余爱好者们拥有一个可爱的小剧院。1866 年,上海第一个现代剧场兰心戏院建成,1871 年被火焚毁,于 1874 年 1 月 27 日重新建成。这是一座颇为考究的戏院,楼座两层,戏台宽敞,设备精致。此外,打猎也是洋人十分喜爱的活动。长江下游沙洲之地,苇草丛生,野鸭、候鸟随处可见,都是洋人喜爱的猎物。英国人为了到长江和其他河湖里打猎,特别设计了一种华丽小船。每届春秋假日,风和日丽,便三五结伴,泛舟于上海附近的江湖水面上,出没于茂盛的芦苇中,一边打猎,一边休息。他们每个季度都会有三到四场演出。另外,还有巡回剧团每年都到上海来举行大型巡演。

"此间乐,不思蜀。"欧美人在上海生活得如此舒适滋润,自然会感激开埠,拥护通商,热爱上海,自然希望永做如此快活的"上海人"。

八、矛盾与抗争

1. 歧异与纷争：四明公所案件

两次四明公所事件，是上海开埠以后前六十年中华洋之间发生的最严重的冲突。对于四明公所的历史、四明公所事件的起因、过程、结果，以往有关上海法租界的论著中已经有了比较充分的论述，不再赘述。[1]这里主要从社会生活、文化冲突与城市管理体制角度进行讨论。

都市卫生与丧葬习俗的矛盾

四明公所在上海北门外，有联络乡谊、祭祀祖先的祠堂，停放灵柩的丙舍、墓地，还有赊材局及馆丁寓舍。1849年法租界建立以后，四明公所被划入。

四明公所早在1797年即已创立，至法租界设立时已有近五十年历史。那时，公所地在城外人烟稀少的地方，其墓地、棺材对于城市居民的卫生没有多大妨碍。但是划入法租界以后，租界当局要在这一带筑路、造房，卫生问题便凸显出来。公董局在1861年曾提出购买四明公所地基，然后平去坟墓，在上面开辟道路，因宁波同乡会抵制而未果。在1862—1863年的年度报告中，公董局董事会表示，为了消除这些坟墓，要不惜一切努力。以后的十来年中，公董局通过多种途径、提出多种理由，设法获得这块土地，都遭到宁波人的坚

---

[1] 参见梅朋、傅立德：《上海法租界史》，倪静兰译，刘惠吾主编：《上海近代史》第四章，唐振常主编：《上海史》第十一章，熊月之、袁燮铭：《上海通史·晚清政治》第八章。

决抵制。

两方面意见尖锐对立,各有各的理由。在宁波人看来,这些棺材停在这里,将来要运回宁波家乡,让死者魂归故里,这是自古以来祖上流传下来的规矩,也是生者对死者最起码的责任,怎么能没有这块地方呢?何况,这块土地公所已经拥有几十年,享有免除捐税等特权,你法国人凭什么想怎么样就怎么样呢?在法国人看来,至少有两点无法理解或接受:其一,死者的棺材一定要运回原籍,他们无法理解,在基督教文化中,死者处处皆可升天,没有魂归故里一说;其二,城市生活区中有那么一块丙舍、墓地,有碍观瞻,传染疾病,对居民健康有极大妨碍,他们无法接受。

两方面的差异,如果发生在势均力敌的两个群体之间,或许通过协商可以解决,或者置换土地,或者变更路线。但是当时双方并非势均力敌。至少,公董局并不认为上海宁波人是值得重视的对手。在宁波人方面,假如法国人态度在一二十年间首尾一贯,法国驻沪总领事与公董局完全一致,他们的态度或许也能有所松动,问题是,在1862年,法国驻沪总领事与公董局态度并不一致,曾同意四明公所要求,并发给"不得侵犯文证",表明"正式承认四明公所之产业具有神圣性质,永久不得让渡其主权,并不得侵及其完整与安宁"。这样,在宁波人眼里,这一些法国人与那一些法国人意见并不一致,以前法国人与现在法国人意见并不一致,努力的空间并不是完全不存在的。

一方面恃强凌弱,一方面据理力争,冲突随之发生。

1873年冬,公董局决定不顾一切阻挠,穿过四明公所筑路。宁波同乡会奋起反对。1873年12月26日,宁波同乡会致书于法国总领事,希望总领事那里有所松动,内云:

> 四明公所义冢,为贫苦在沪身故一时无力回籍者设,如贵国之有台基坟地也。……今被其穿冢筑路,无论马车震动,朽骨难堪,即行履所经,亦非所以保全善举。若谓起棺改葬,则与毗连之同仁辅元堂义冢情节不同。盖彼等类多路毙等棺,向无领主,各省不一,本无可考,不妨随地迁葬。董

等公所义冢则皆四明之人,非亲族即朋友,凡有子孙者日后皆须领归。且年久棺多,其中朽败者有之。设一播迁无人辨认,他日棺主问领何以交代?且亦有负贵国各前宪仁慈保全之苦心。而况前面有马路可行,冢地逼近城河,并非要道。为此环求法总领事大人恻隐为怀,俯念公所义冢不比辅元堂之可以迁葬,谕令公董局免筑冢地,以安幽冥而全善举,董等一府六邑存殁均感上禀。[1]

稍后,宁波同乡会又给公董局去信,说明四明公所难以起棺改葬,建议马路改道,绕过四明公所,并主动表示愿意承担绕道费用。[2]

应该说,宁波同乡会到此时还比较理智,有理有节。假如公董局慎重从事,惨案或许可以避免。不巧的是,当时公董局董事会正忙于选举事宜,没有人意识到这一问题潜在的严重性,只是一味要求四明公所起棺改葬。

宁波同乡会已经尽了最大努力,不料公董局对此断然拒绝,其理由竟是此事在上年已经决定,所拟建筑的道路已在地图上标明,法国人不能抛弃欧洲人讲究卫生的习惯,所以坚持迁墓筑路。这种态度,就是蛮不讲理。

4月28日,宁波同乡会20名董事联名再次呈文法国总领事葛笃(Ernest Gaudeaux),要求重新考虑。文中表示:

四明冢地系在未立租界之前,已历百余年之久,其中所葬棺骸不知凡几,若被穿冢筑路,不特朽骨抛残,即马车震动,地下幽魂亦多未安,凡为子孙者何忍漠视?前呈图并附策说,以必须新筑东西一条,拟请移开丈余,藉供驰骋,所有改筑经费,均由四明在沪之人并力措办。似此商求实为一举两得之计,为再环求法总领事大人俯鉴舆情,恩准履勘,谆劝公董局谕将冢地让出,改道另筑,以安幽冥而全善举。[3]

[1]《四明公所要求法国总领事阻止开路函》,《档案与史学》1997年第1期。
[2]《四明公所致法公董局函》,《档案与史学》1997年第1期。
[3]《四明公所呈法总领事葛笃函》,《档案与史学》1997年第1期。

　　与此同时,宁波同乡会写了一封内容相同的信给上海道沈秉成,请他出面调停。沈秉成表示支持宁波同乡会的要求。

　　宁波同乡会的要求义正辞严,其愿意承担因绕道而增加的费用的态度是积极而可行的,连总领事葛笃也认为这个意见可以考虑,并要求公董局重议此事,可是公董局一意孤行。

　　左一次请愿,右一次呈文,再三再四地退让,全然无用! 在忍无可忍的情况下,宁波同乡会奋起反抗。5 月 2 日,宁波同乡会派人赴公董局面晤总董瓦赞,要求次日与他再商公所事宜。瓦赞以次日为星期日,托辞不见。

　　公董局过于强横,也低估了宁波人反抗强暴的能力。

　　于是,双方发生暴力冲突。5 月 3 日,午后 1 时,以宁波籍为主的上海市民300 余人,聚集在四明公所周围,抗议示威。2 时半,一法国巡捕与群众发生冲突,事态扩大。一部分人聚集在金神父路一位法籍工程师佩斯布瓦的住宅周围抗议,佩斯布瓦竟向人群开枪,当场打死一人。这激起群众的更大愤怒。晚 7 时许,人们包围了公董局,向里面的洋人抛掷砖石。法舰水兵、英美租界巡捕、英租界商团和美国一队水兵,应公董局之请赶来镇压。晚 10 时,上海道沈秉成派兵赶至法租界,协同公董局将抗议群众驱散。这一天,上海市民被打死 6 人,伤 20 人,其中重伤 7 人,法租界被烧房屋 40 余间,马路上的树木与煤气灯杆亦有毁坏。

　　对于这次血案的发生,不必说华人社会,即使上海外侨社会也普遍认为是公董局理亏,但是,对于如何处理这一事件,无论是法国人还是英美侨民,都一致认为要强硬。他们担心,此例一开,以后中国居民与租界之间,动辄暴动,后果不堪设想。《字林西报》一篇文章写道:

　　　　洋泾浜北岸的居民对当前争论的问题并不完全同情于法租界公董局。这两条路线并无任何重要性,因筑路而致中国受损倒是实在的。若是早早让步或表示准备让步的意思,就可避免许多骚扰。但是我们当然也要说一说外国人的意见,对乱民的暴动表示让步是一个危险的先例;在发生了星期日晚上的事件之后,就不应该再谈什么让步了,除非秩序得到恢复,闹事者得到惩处。[1]

事后,上海道沈秉成与法国总领事多次协商,并与英、美、意大利、奥匈帝国、俄、德、葡、荷、丹麦、西班牙、比利时等十二国驻沪领事举行会议,同意各国领事提出租界洋商由地方官按约保护,华民不准私带军械擅入租界的要求,葛笃则表明今后法国人务必不能损坏四明公所之房屋,不得惊动亵渎该义冢坟墓。至于对于被法人枪杀的华人善后处理问题上,沈秉成与葛笃发生矛盾,最后分别禀告总理衙门和法国驻华公使,四年后达成协议:中国赔偿法国损失费37650两,由北京政府责成上海道支付;法国给被杀的七名中国人家属恤银7000两。

矛盾再次激化

对第一次四明公事件的处理结果,法公董局心存不甘。1885年,鉴于四明公所停棺太多,公董局曾要求解决,说是公所现厝有棺木2100具,对于环境卫生,将有严重影响,公所对此要求有所回应,一段时间里棺材只出不进。1890年夏,上海附近发生鼠疫,公董局要求对四明公所棺柩进行消毒,并清除这些棺柩,四明公所同意消毒,但不同意清除。

此后,卫生问题越来越突出,公董局对于清除棺柩的要求也越来越强烈。1897年,公董局决定强占四明公所。1898年1月6日,法租界公布《法租界管理章程》,其中规定"禁止租界边沿堆寄棺柩",要求四明公所在六个月内将所内寄柩搬迁净尽。对此要求,四明公所采取了合作的态度,至7月1日,公所所有棺柩3000余具中已有2500余具陆续迁出,并在公所迤西诸家桥另筑殡房。

事情至此,公董局如果采取协商的办法,清除棺材、保持卫生环境的要求或许可以解决。然而,此时的法租界管理体制,已经过渡到总领事独断的阶段,总

---

[1] 《字林西报》1874年5月5日,译文参见《上海法租界史》,第486页。

领事决定法租界一切大政方针,此时的总领事白藻泰又是一个"向来性情乖张、不听人言"的刚愎自用之人,[1]以前总领事与公董局意见不一,于事或可有所缓冲的局面不复存在。于是,双方矛盾渐趋激烈。

1898 年初 5 月,公董局藉口建造学校和医院,强行要求征收四明公所部分地产。这一要求,显然违反中法双方关于第一次四明公所处理的协定,理所当然地遭到宁波同乡会的拒绝。6 月,公董局通知四明公所,法租界决定征用四明公所土地,再次遭到四明公所的抵制。7 月 1 日,法公董局蛮横地要求公所交回部分地产,以作建筑学校、医院、屠宰场之用。宁波人以 1874 年法前总领事与前上海道达成协议为凭,对法公董局的要求予以拒绝。上海道蔡钧提出另觅一地赠予法方,并补助千金,为法公董局建造医院经费。这一建议被法租界拒绝,谈判陷于僵局。

7 月 16 日,法国殖民主义者决定强行占领四明公所。是日清晨,白藻泰亲率法军 80 余人至四明公所,携带武器把守四明公所;令法租界捕房出动全部巡捕,荷枪实弹,控制交通要道;然后派人强行拆除四明公所三面围墙各一段,冲入公所,将千余名工人逐赶出去。华人人声鼎沸,奋起反抗。法租界派人将四明公所四面守住,不准华人接近。下午,华人愈聚愈多,多由县城而来。法租界派人守住要道,亦不许西人走出界外,以免冲突。晚 8 时,愤怒的人群将十六铺法捕房围墙拆毁。法租界巡捕开枪镇压。

17 日清晨,以宁波籍为主的各界人士拥至法租界巡捕房举行示威游行,遭到法军武装血腥镇压。预作准备的法国水兵在十六铺新桥置炮一尊,用高压水龙向抗议人群喷水,继而开枪射击。上午 9 时,在四明公所一带,法兵再次开枪镇压抗议的人群。下午,法国军舰增派水兵 150 人上岸参加镇压。

两天之内,中国有 17 人被杀害,伤 20 余人。事件发生以后,上海各界义愤填膺,纷纷举行罢工罢市。17 日上午,公所总董方继善在安仁里鸣钟集会,数百名宁波人应声涌至,共约罢工罢市。轮船上的宁波籍水手一律上岸,被西人雇

---

[1]《六月十三日江海关道蔡钧函》,《上海法工部局强索四明公所义冢地交涉案》,台北"中央研究院"近代史研究所藏档案《总理各国事务衙门清档》,清字 806 号。

用的宁波人一律辞职,宁波人开设的店铺一律停闭。宁波商人比较密集的地区,商店一律罢市。愤怒的人们在法租界主要街道公馆马路一带抛砖投石,击碎路灯,致使法租界当晚一片黑暗。法租界八仙桥捕房玻璃窗被击碎,十六铺捕房墙垣被毁数尺。

事后,经江苏巡抚、两江总督与法国方面交涉,并经总理衙门与法驻华公使交涉,于 9 月 2 日达成协议:一、确定租界扩张原则;二、维持四明公所土地所有权;三、四明公所内不得掩埋新尸或停放棺柩;四、法方可以在四明公所地面上开筑交通上所需的道路。

两次四明公所事件,后次较前次规模更大,冲突更烈,死人更多,损失更大。考其原因,一是卫生问题越来越突出,二是法租界扩张租界的要求越来越强烈,三是法国驻沪总领事白藻泰过于蛮横,四是此时的上海道蔡钧也是一个态度强硬的人。几个因素凑在一起,于是冲突不可避免。事后不久,1899 年春天,在外国使团压力下,蔡钧即被撤职。

卫生关系市民安全

两次四明公所事件中,从城市生活角度看,卫生问题最值得关注,这也是法国人一直盯住四明公所不放的关键所在。

上海开埠以后,特别是 19 世纪 60 年代以后,城市化速度加快,人口增加迅速,人口密度加大,城市卫生问题也日益突出,流行病时有发生,1862 年流行鼠疫,1881 年流行天花,1884 年流行恶性疟疾,1885、1890、1895 年均流行霍乱。[1]这些说来就来的流行病令人谈虎色变,严重地威胁着城市居民的生命安全。疾病流行程度、危害程度与城市卫生状况直接有关,华人集中居住的县城、南市地区的发病率、死亡率都远远高于两租界。早期法租界的地面,紧挨着护城河北面,呈括弧状,疾病一旦流行,法租界首当其冲。四明公所就在法租界范围之内,其北边上一个地方,自 1865 年,就形成露天菜场,地点是在宁兴街,后

---

[1] 彭善民:《公共卫生与上海都市文明(1898—1949)》,上海人民出版社 2007 年版,第 31 页。

来干脆就被叫作菜市街,卖菜卖粮卖鱼卖肉杀鸡杀鸭,臭气熏天,污秽不堪。这本身就是一个疾病滋生点、传染源。在这样的氛围中,四明公所在卫生方面的危害性就极为突出,试想那里面停放万余口棺材[1]、装着死人、时时散发臭味、传染病毒,"棺木松裂血水流出者,秽气触人,最易致病"[2],怎不令素来以讲究洁净卫生出名的法国人胆战心惊!从这个角度看,法国人提出清除棺柩并非全无道理。

正因为如此,第一次四明公所事件中,当宁波人拒绝迁柩以后,法国人就表示:不能抛弃欧洲人的生活习性,"生人以无病安康为要,若在已故之人须在郊外幽寂之地方为妥",而人稠户密、市面繁盛之所,究非安魂定魄之地。如果从安祖角度考虑,"究不如迁至租界之外,俾旷野清静可妥先灵耳",并愿意在迁葬方面予以协助。[3]1890年夏天,上海附近传染病流行时,法租界公董局致函法国驻沪总领事:

> 现在,在这公所内又有许多的尸体堆放着;当此时疫流行的过程中,租界边沿有了这类秽物的存在,的确是公共卫生上一种长期的威吓。
>
> 我所以迫不获已,要用公董局董事会的名义,对于这在欧洲各国断难容忍的现象,提出抗议;用特请你将这抗议的意旨,转达中国当局,求他们严令所属,立将四明公所的棺柩大行扫除,并应在该公所的房屋和空地上,实施绝对消毒办法,不得延误。[4]

也正因为法国人所提要求有其合理性,所以总理衙门与法国驻华公使最后商定的解决方案中,包括关于四明公所内日后不得掩埋新尸或停放棺柩的规定在内。

---

[1] 关于此时四明公所停放棺材数,没有确切说法,《申报》称公所内"棺木多至万余",参见《论四明公所事》,《申报》1898年7月18日。

[2] 《法驻沪总领事葛笃致上海道邵友濂函(1885年9月22日)》,《档案与史学》1997年第1期。

[3] 《法公董局复四明公所函》(译稿),《档案与史学》1997年第1期。

[4] 《上海通志馆期刊》第1卷第3期,第709页。李瑊:《上海的宁波人》,上海人民出版社2000年版,第244页。

2. 误解与矛盾:《点石斋画报》案件

案件内容

1888 年,《点石斋画报》连续刊登三篇关于西方人如何对待尸体的图说。

第一篇是《缩尸异术》,说的是美国科学家名苦宇而,"制有药水,能将新死之尸缩成小体,长仅一尺五寸,阔一尺二寸,厚一寸三分,其坚如石,历久不腐,盛以木匣,颇便携带"[1]。画面正中是一长发高鼻洋人正在做缩尸之术。尸体放在一个形如浴缸的容器内,手术师正在向尸体头上倒药水。边上另一洋人,表情肃穆,怀抱已缩成一尺多长的小尸体,形如婴儿。窗外三人,正在张望,面露讶异之色,其中一中年妇女,似为死者亲人,以巾掩面,正在哭泣。作者调侃说,美国人的这种缩尸本事,比将大书缩成小书的石印技术还要奇绝!"昔女娲氏抟土为人,实为生民之始,乃古圣定其初生之形,而时医变其既死之格。此法一开,而新鬼虽大不足恃矣。"[2]

第二篇是《格致遗骸》,说英国苏格兰科学家发明了一种方法,将人的尸体熬油,制成碱屑,将骨头粉碎,作为肥料。画面分左右两面,两个车间,右边是一群洋人正在将一堆尸骨磨成细粉,其中一人腰系围裙,手持大铲,另一人在操作机器,密切配合;左边是两洋人立在锅灶前,一掌勺,一倒瓶,将尸骨熬油,一群女工,或坐或立,以已熬之骨油制碱。画者评论说:

> 西人尚格致,化朽腐为神奇,几令天下无弃物,乃至格无可格,而格及于人尸,谓熬成油可以造碱屑,其骨可以壅田。其说倡于英国士葛兰之某化士。洵如是,则中国之格致亦讲之素矣。知死者之体魄求安也,故停棺不葬有罪;知贪者之残忍尤甚也,故发冢盗棺必杀,粗之为条教,精之为仁

---

[1][2]《点石斋画报》卯集,第 31 页,吴友如画。

术，载在律书，亦治国之一端也。然则西人之格致亦可推及治国乎？曰可。尸毁迹灭则葬可以废，旷土既无而耕种之区益广，家贫亲死则尸可以卖，丧具既省而赢余之利且收，但使售碱者得求善价，力田者屡庆丰登，国富民裕而治道成矣。此则西人之格致也。[1]

　　第三篇是《戕尸类志》，说是西方人对自己尸体并不爱惜，但喜欢做些让人意想不到的奇异之事。法国有人以非常特殊的方式处理自己的头颅。巴黎城外一个人，自刎以前，将头拴在大气球上，自刎以后让大气球自动将头颅拖走，结果被拖到二百里以外的地方，挂在大树梢上。此人死前留一遗书，谓其死出于自刎，与他人无关。另外一个人更特别，遗嘱留 10 法郎作为验尸人茶金，要求在其自刎以后，将其尸体一块一块割碎，送到动物园去喂野兽。画面分两幅，一幅是一大气球悬在窗外，系在一大胡子的洋人头上。此洋人坐在椅上，手执利剑，正在自刎。另一幅是一群洋人，正在动物园里，以已割碎的人肉饲养动物。园中绿树掩映，鲜花吐艳，饲者神态自然，一派见怪不怪的安恬气氛。作者感叹：

　　大抵西人视既死之形骸本不甚爱惜，而于好奇之一念则至死不变。观法国某甲乙之事，虽精于格致者有不能得其命意之所在焉。

　　某甲向寓巴黎城外，一日同居者讶其杜门不出，呼之不应，破扉入视，见一无头尸横窗下，手握一书，乃甲亲笔，略言死出自刎，与人无干云云，因报官而姑敛（殓）之。阅数日，有邻人道经距城二百里某村，见树杪悬有人头，审视之，甲也。骇报公庭，取验良是，然不解其身首分离何至若是之远。迨细加考察，始悟甲于未刎之先，用轻气球系其首，再以线绾窗而缚于足，颈项一断，身重横倒，窗即趁势挽合，理或然欤？

　　又某乙者亦法国人，亦以自刎死，其怀中亦藏有遗嘱，曰：腰存法金十

[1]　《点石斋画报》卯集，第 49 页，艮心画。

佛郎克作为验尸人茶金,祈将尸身片片脔割,送往大花园饲兽,但愿各兽能赏吾肉之美则无憾矣。

兹二人者,推其好奇之念,虽摩顶放踵以为壅田之肥,浣衣之碱,当无不可。于此见士葛兰人之残毁尸骸,在西人视之未必以为不近人情焉。故连类而述诸篇。[1]

一个缩尸,一个煮尸,一个分尸,一个碎尸,海外奇谈,连篇刊载。文中明说是美国人、英国人、法国人,笔调严肃,配以生动画面。这引起欧美各国驻京使臣的重视。

处理经过

1889 年 1 月 15 日,德国驻华公使巴兰德(Max August Scipio von Brandt),代表美、日、英、西(日斯巴尼亚国)、俄、法、比等国公使,向总理各国事务衙门提出交涉,内称:《点石斋画报》刊载这些图说,很可能会引起严重的后果。以前中国已经流传过一些谣言,酿成一些案件,"如谓用童睛作照相之材,尸身作西国之药,藉端生事,击害纯良男女,几致重伤",这些皆悬念在心。现在又连续出来这些图画,处理不好,会闹出大事。

今看有此情形,本大臣暨美国、日本国、英国、日斯巴尼亚国、俄国、法国、比国各大臣皆有同心,不能不请贵王大臣详阅图说,并望妥速设法,免再有此等愚诈画报,致百姓误干庆咎,并临时变生大故也。兹将画报一本附呈贵王大臣,请即查照为荷。[2]

德国公使同时表示,此举并非为了要禁止华人画报,"惟欲作此图者,将伊

---

[1] 《点石斋画报》卯集,第 50 页,金桂画。
[2] 《上海画报载西人煮尸》,台北"中央研究院"近代史所档案馆藏《总理各国事务衙门清档》01—16/91—2。

等认咎之语宣入报中,并望地方官劝令该华人不得再有捏造之报"[1]。因事涉法国,法国驻沪总领事要求点石斋主人同时在画报上公开认咎。

总理衙门接函以后,相当重视,当即札知上海道处理此案。上海道龚照瑗转饬会审公廨委员蔡汇沧查办。蔡传讯点石斋斋主,谕令速遵登报,认咎更正。到会审公廨去见蔡汇沧的,是点石斋的"经事"即经理王奇英。王称:点石斋所绘画报,均系采摘各种新闻纸,从不敢凭空臆造。《缩尸异术》一图系据《申报》,十月间《格致遗骸》一图系据《沪报》。尽管不是凭空臆造,但点石斋主人表现得还是很合作,很快在《申报》《沪报》上登明误会,在《点石斋画报》上发表《画报更正》,然后再译成西文,分登《字林西报》《晋源报》两报告白。《画报更正》内容如下:

> 本斋向有画报,系仿照西人成式,一切新闻皆采自中外各报。去年八月间登有《缩尸异术》一节,十月间登有《格致遗骸》《戕尸类志》各节,虽系各有所本,嗣经确探,始知事出子虚,本斋正在登报更正间,适奉宪谕传知,合亟登报声明前误,以释群疑。[2]

1889 年 4 月 7 日,上海道龚照瑗禀复处理过程。4 月 17 日,总理衙门复函德国公使巴兰德,告以处理情况,并附有关报纸。4 月 19 日,巴兰德复函,对处理结果表示满意。

不合常规的处理方法

由上述处理过程,我们会发现一系列问题:

其一,北京方面的看法与做法。《点石斋画报》创刊于 1884 年 5 月 8 日,附属于《申报》,其老板为《申报》馆主美查,系寓沪英国侨民。从法律角度看,《点石斋画报》的法人代表是美查。处理《点石斋画报》案,本应先与英国驻上海总

---

[1]《上海画报载西人煮尸》,台北"中央研究院"近代史所档案馆藏《总理各国事务衙门清档》01—16/91—2。
[2]《点石斋画报》已集,第 7 页。《申报》1889 年 2 月 10 日也登有内容相同的《画报更正》。

领事馆联系。那么外国公使为什么要与总理衙门交涉呢？唯一的可能性是,德国驻华公使并不知道这份中文画报的主人是英国人,而想当然地以为是中国人。总理衙门也可能不知道画报的主人是英国人,所以直接要求上海道处理。

其二,英国的做法。对《点石斋画报》案提出交涉的"八国联军"中,英国公使也在其列。德国等国公使如果不知道《点石斋画报》的隶属关系,情有可原,难道英国公使也不知道《点石斋画报》的老板是英国人美查吗。如果知道,那么他为什么也夹在抗议队伍中起哄呢?

其三,上海道台的态度。身在北京的外国公使、总理衙门大臣可能不明白上海的情况,那么,上海道台对此是一清二楚的。在此以前,上海道台曾经参与处理过与《申报》有关的杨月楼案件、郭嵩焘案件,完全清楚处理《点石斋画报》案应该找谁。在杨月楼案、郭嵩焘案中,美查都是作为《申报》法人代表出场的。这次,上海道台为什么愿意接这个烫手山芋呢?

其四,美查的态度。如果按照治外法权,身为英国人的美查是不会愿意接受上海道台处理的。《点石斋画报》出事,上海道出面处理,那么美查为什么会接受处理?

这些矛盾,揆诸常理,都没法解释。但是放到晚清上海特殊的政治格局中,就比较容易理解了。

第一,与英国在远东的文化政策有关。德国学者瓦格纳对《申报》的研究表明,在 19 世纪 70 年代以后,英国政府并不支持和保护英国人在日本、印度等地的办报活动,也不支持美查等人在上海的办报活动。在 1879 年中国官员郭嵩焘与《申报》老板美查发生冲突以后,英国驻沪总领事达文波不但不支持美查,反而要求对《申报》予以严惩。美查作为个人是受治外法权保护的,但他的报纸是不受保护的。[1]

第二,与中国政府处理报刊案件惯例有关。自 1879 年郭嵩焘案以后,上海官府与西人负责的报纸之间,形成了处理有关案件的惯例,即报纸出事以后,中

---

[1] [德]瓦格纳:《申报的危机:1878—1879 年申报与郭嵩焘之间的冲突和国际环境》,载张仲礼主编:《中国近代城市发展与社会经济》,上海社会科学院出版社 1999 年版。

国官府便"设法追究华人主笔的个人责任,并不追究报纸本身"[1]。这条思路中外都清楚,英国政府也很清楚。所以,《点石斋画报》案发生以后,各方面(包括英国公使)都认为应该找上海道台处理。

第三,与《点石斋画报》存在状态有关。美查办报既然不受英国政府保护,便只能在夹缝中求生存,遇到麻烦自然理不直,气不壮。中国政府处理《点石斋画报》案,他只好放软档,推出华人经理王奇英去应付。

第四,处理结果发人深思。我们细读那《画报更正》,并不是认错道歉的文字,只是事件说明而已。这个"更正"并没有说明画报在由文到图的转换过程中,作者应负什么责任。那幅发表《更正》的画面也很有趣:一个人手持画报,怡然自得地在读报,与其说是道歉,还不如说在做广告。众所周知,文与图的传播效果是很不一样的。《点石斋画报》画所据的资料,原是简短的文字,并非图画。比如,《缩尸异术》一画所据的资料,是 1888 年 9 月 12 日刊载在《申报》上的一则很短的信息:

> 美国有一医士曰苦字而氏,善疗病,且能将尸体缩小,观者叹为奇绝。据闻经其缩后,尸长仅一尺五寸,阔一尺二寸,体坚如石,形色如常,并无秽气,且历久不衰。斯真不知用何药也。如此缩法,较近来各书局制缩印本更为奇绝。[2]

仅此而已,没有图画。到了《点石斋画报》的画面上,原文"据闻"二字不见了,呈现在读者面前的是生动的缩尸图景。这是一种艺术形式的转换,也是一种创作。但是,外国公使对此更正已表示满意。究其原因,一者,报馆老板也是西人;二者,资料来源也是西方的。因此,只得马马虎虎,草草了事。

值得指出的是,《点石斋画报》在发表上述更正仅 5 天之后,又在《申报》刊登"更正"的同一位置,发表一篇《画报告白》,内称:

---

[1] 马光仁主编:《上海新闻史(1850—1949)》,复旦大学出版社 1996 年版,第 67 页。
[2] 《缩尸》,《申报》1888 年 9 月 12 日。

> 画报之作,本取时间可喜可愕可惩可劝之事,倩妙手凭空结撰,加意描摹,使阅者如身历其境,目睹其人,信而有征,言者无罪,间采《申》、《沪》报新闻、足资笑柄者,亦复谑而不虐,艳而不淫,若此次之《金甲示兆》、《债台奇遇》等图,独出心裁,无滋口实,惟冀雅俗共赏之耳。[1]

将此告白与前述更正联系起来看,可以认为这是画者的有意辩白,意在说明在那一案件中,画者并无责任。

这样,晚清上海的一些报刊就处于一种非常奇特的境地:挂的是洋招牌,说的是中国话,中国官府想干涉,他就抬出洋老板;外国公使、领事要干涉,他就推给华人主笔。这些报刊有比较大的活动空间,比那些挂洋旗而逃税的中资企业还要特别、灵活,与同时期印度等殖民地的报刊也不一样。

在《点石斋画报》案件14年之后,上海在1903年发生过一个著名的案件,即"苏报案"。这里将两个案件处理过程作一比较。

"苏报案"发生在章太炎、邹容等鼓吹反清革命的激进主义分子与清政府之间,是纯粹华人之间的案件,因事在租界,所以外国驻华公使、外国驻沪领事、公共租界当局都参与了对此案件的处理。在一开始,清政府是想将章、邹等处以极刑的,但遭到外国领事抵制,没有成功。几经交涉,由上海道台委派的代表与外国领事联合组成的额外公堂进行审理,起初审判结论是章炳麟、邹容判为永远监禁。结果公布,上海领事团对此发生异议,中外对此相持不决。社会舆论亦对此大加攻击,要求将控案注销。工部局将章、邹囚禁于租界巡捕房,拒绝移交监狱。

此后,上海道台、外务部与各国驻沪领事、驻华公使之间进行频繁交涉,清政府意在重判,在"永远监禁"的意见被否决以后,曾提出监禁十年的主张,外国驻沪领事不允,认为太重。几经交涉,直到1904年5月21日审判期限截止时,清政府才无可奈何地同意章三年、邹二年的意见。

---

[1]《正月十六日一百七十八号画报告白》,《申报》1889 年 2 月 15 日。

其间,英国驻华公使曾同意清政府章、邹监禁十年的意见,但没有及时通知英国驻沪领事。英国驻沪领事比较坚决地反对清政府重判章、邹,曾提出"一犯禁二年,一犯即释放"相对轻判的意见,并一再以审判截止期限一到如果仍无中外都能接受的意见、即行释放相威胁。其他各国驻沪领事,多抱无所谓的态度,也有支持重判的。

对于章、邹的处理意见,清政府是依死刑——永远监禁——十年——五六年——章三邹二,一步一步后退的。清政府重判章、邹的最大阻力,来自英国领事与租界当局,其次是外国公使团。

《点石斋画报》案主要发生在外国人之间,外国领事、租界当局应该管,但他们不想管就可以不管,推给上海道台处理。"苏报案"主要发生在华人之间,英国领事、租界当局可以不管,但他们想管就可以管。这样,我们看到,晚清上海报刊在管理方面,并没有统一的管理制度,中国政府、外国领事都可以管,也都可以不管,管与不管,管到什么程度,都没有一定之规。这就使得办报人有较大的活动空间。这是晚清上海报刊繁盛的重要原因。

当然,对于一些案件,管与不管,上海地方政府、外国领事都是从本身的利益出发的,也受各自的文化背景、价值观念所制约。对于《点石斋画报》所说的那些奇行怪事,上海道台不一定觉得特别奇怪,以前尽管没听说过缩尸、煮尸、分尸、碎尸、熬骨这类事情,但关于洋人剜眼炼丹、剖心熬药的传说不知道听过多少;再者,《点石斋画报》如果有什么不妥之处,那受损害的反正是洋人,与他道台没什么妨碍,所以敷衍一下就是了。在"苏报案"问题上,从政治观念、价值观念方面看,英国领事、租界当局都站在章太炎、邹容一边,因为在他们看来,章、邹骂皇帝,骂清朝政府,那是他们的民主权利,并不犯法。从政治利益方面看,章、邹在租界被抓,英国领事为了维护所谓租界的权益,他们也不愿让清政府为所欲为。

3. 隔岸观火:机器织布局火灾事件

1893 年 10 月 19 日,位于杨树浦的上海机器织布局发生特大火灾,整个厂房化为灰烬,损失估计为150万两白银。这次火灾的具体原因、救火事宜,涉及现代企业安全意识、经营理念等诸多问题,特别是华洋关系与火灾的关系,很耐人寻味,很有上海城市特点。

特大火灾

上海机器织布局是近代中国开办最早的棉纺厂,创办人为李鸿章,实际负责其事的先后有彭汝琮、郑观应、经元善、杨宗濂、杨宗瀚等人,自1876年开始筹办,由于筹款困难等原因,筹建工作几度停顿,直至1890年才正式开车生产。厂址在杨树浦临黄浦江边,占地300多亩,其设备包括纱锭35000枚、布机530台以及配套的轧花机和动力机等全套机器。织布局年产布量为18万匹。开工的第一年,产销情况就相当不错,年终结算时,除去一切开支,盈利达20%。1892年,生产了400万码的棉布、100万磅的棉纱,雇用工人达4000人。1893年开始发放股息,红利高达二分五厘。开业初期的优厚利润,促使李鸿章等人进一步扩充该厂的生产能力。织布局拟订了向英国订购新式纺纱机及各种相应机器配件计划,就在这时,发生了大火。

织布局厂房分三层,下层西北端是清花机器间。清花机每分钟转一千四百转,棉花清好后即成松软的棉絮,引缠在卷轴上。大火就起于这个机器间。上午7时半左右,不知道由于一个什么硬东西碰着了锤子,而机器又转动得奇快,遂摩擦生出火星,松棉絮又最易燃烧,因此立即着火。工人见花子堆里烟雾弥漫,乃扒开看视,没想到火势猝发,顷刻冒穿屋顶,延及棉花间,遂不可收拾。其屋面系以牛毛杂以他物捣成,所以极易着火。局里本有小洋龙三架,小火龙一架,此处离黄浦江甚近,取水灌救,相当方便。没想到平时注意不够,皮带已有损坏,不甚灵捷,起水无多,火势甚猛,泼以区区之水,无济于事,反致皮带、洋龙被火烧坏。大火一直烧到下午5时,墙壁到处倒塌,厂中的木料、木筏、檐椽、窗门,无一寸未成焦土。

其时,具体负责局务的是杨宗濂(1832—1906)与杨宗瀚(1842—1910)兄弟,分任总办与会办。他们是无锡城内下塘人,同治初年在家乡办理团练帮助曾国藩、李鸿章打太平军,以军功升道员,以后分别在天津与台湾等地办理洋务,1890 年出任上海机器织布局总办与会办。织布局失火时,杨宗瀚在场,"情急之时,痛哭长号,几欲投火以殉"[1]。报载其现场表现:"中国总办屡欲跳火毕命,又欲投河自尽,此外别无办法想。幸有旁人拖出,一路行走,一路痛哭,涕泗交流,宛似小孩儿一般。"[2]事后,杨宗濂和杨宗瀚均被免职。

《字林西报》认为这次大火为 1879 年法租界大火后从来所未有,那次大火发生在 8 月 15 日,小东门外法租界陆家石桥顺兴八鲜行,正遇落潮,取水施救困难,大火延烧 5 个小时,焚毁房屋 991 间,估计损失 150 万两,灼伤数人。

救火会见火不救

火灾发生后,织布局有关方面曾想方设法请租界救火,但遭到拒绝。

失火、防火、救火是每个城市都会遇到的永恒问题。近代以前,上海县城的消防工作主要是由善堂承担的。那是一种慈善机构,消防是其职能之一。比如,1804 年设立的上海著名的慈善机构同仁堂内就设有手压灭火器械水龙,1847 年,上海城厢内外的济善堂、厚仁堂、果育堂等慈善机构都先后置办了水龙、水桶、水担、梯子等救火器械。

上海辟为通商口岸以后,特别是 19 世纪 60 年代以后,上海人口激增,房屋空前密集,火灾频频发生。1856 年 12 月 9 日,上海城内龙王庙附近发生火灾,延烧房屋 300 余间。1858 年,苏州河南岸发生大火,烧毁房屋 90 幢。1860 年 9 月 21 日,南京路发生大火,烧毁棚屋 150 间,南京路一半的繁华地段化为灰烬。[3]

火灾一个接着一个,防火、救火问题空前严峻。租界当局对此高度重视,率先将西方先进的消防制度与消防设施引进上海。工部局在各主要街道开井储水,以备不虞之患。1856 年,租界购进三台洋龙,并造了 6 口消防井。1863 年,

[1]《论织布局火焚事》,《申报》1893 年 10 月 22 日。
[2]《译文汇报洋布局被焚事》,《新闻报》1893 年 10 月 20 日。
[3] 参见王寿林:《上海消防百年记事》,上海科学技术出版社 1994 年版,第 10、306 页。

工部局从美国引进新型灭火机,停在外滩金利源码头,成立救火队。1866 年,工部局成立火政处,负责界内消防。火政处成立后,组建了一支由外国居民组成的义务性组织消防义勇队,一旦出现火警,队员立即携带消防水泵赶赴现场。后来又相继成立上海机队、虹口机队、金利源机队,以及钩梯队。这些组织均系义务性质。法租界也在同时期设立了类似机构。为了提高救火效率,公共租界和法租界均设有警钟楼和火龙间。公共租界设有两座警钟楼,一在汉口路外国坟山内,一在闵行路巡捕房中,另在河南路、吴淞路、爱文义路和苏州路等路段设有火龙间。租界采取分段报警措施,制订了相应的鸣钟悬旗灯规则。其规则是先鸣乱钟,表示有火警发生,稍一间歇,然后以鸣钟次数代表具体地段,继鸣一下为虹口河以东;继鸣二下代表虹口河以西、苏州河以北,日间悬美旗,夜间悬红灯一;继鸣三下代表苏州河以南,南京路以北;继鸣四下代表南京路以南、洋泾浜以北,日间悬英旗,夜间悬红绿灯各一;继鸣五下代表法界公董局之西;继鸣六下代表法界公董局之东,日间悬法旗,夜间悬绿灯一;继鸣七下代表泥城桥外、新租界一带,日间悬英旗,加红旒一条,夜间悬白灯二;继鸣八下代表浦江中及浦东一带,日间悬华旗,夜间悬红灯二。这样,整个上海地区的火警就被置

租界救火会

于严密监控之下,一旦发生火灾,消防队可以根据警钟数目迅速赶到现场,有效地控制火势。当时租界的消防制度、消防设施不光在上海,就是在整个中国都是第一流的,先进而有效,而华界的救火设施与组织,落后太多。所以织布局火起以后,会请求租界救火。

织布局期望租界救火会来救火,还因为以往华界失火时,租界救火会曾来相救。比如,1863 年 2 月 12 日,上海道台衙门失火,烧毁花厅,正在向大厅蔓延,幸亏租界救火队赶来,用水龙将大火扑灭。

织布局火起约在 7 点半钟,8 点钟即打电话照会四马路,其时织布局总账房潘纯穗约同翻译尤葛民、副账房沈希生三人,同坐马车,先至老巡捕房,面恳总巡捕头救火,捕头竟决意不允,以在租界之外不能往救助为辞。潘等一再恳求,捕头始允赴美捕房知照。美捕房云他们在八点钟时候已经知道织布局失火之事,如欲往救,则早已前去,但因不在租界之内,于捕房章程有所不便。潘等闻知,只得奔赴美捕房当面求救,无奈副捕头以老巡捕房麦总巡推诿。潘纯穗等涕泪俱下,再三恳请,副捕头始说出此事由救火会负责人俗称蓬头鬼的做主。潘等又奔赴蓬头鬼处,不料蓬头鬼已驾车他出。潘等遂请华人三名往寻,回答云无处可寻,并云其早已知道织布局起火之事,但碍难救助。潘纯穗等饮恨吞声,又往会审公廨谳员蔡汇沧处,托其转求洋人,蔡乃转告捕头,亦遭回绝。[1]这样,织布局潘纯穗等由老巡捕房而美捕房,而救火会,而会审公廨,四处求救,四处碰壁,几经周折,救火时机尽失。

织布局起火后,织布局的洋员、织部助理活林敦(Worthington)、著名买办、与西人交往密切的叶澄衷,都曾出面请救,也都遭到拒绝。[2]

当时报纸评论道,租界洋龙如肯赴救,则织布局被灾当不致如是之惨,况杨树浦新筑马路甚为宽敞,洋龙易于施展。

话说回来,租界方面也不是一点没有动作。当火炽时,十二图地保徐阿大瞭见红光烛天,鸣锣四出,苦无洋龙救应,只有捕房派华捕、印捕等十余人

---

[1] 《书西字报不救布局火灾论后》,《新闻报》1893 年 10 月 23 日。
[2] 《再译西报火会说》,《新闻报》1893 年 10 月 24 日。

前来弹压。一些印度巡捕从火场中抢救出一小部分布匹。其时东南角之轧花、纺纱等有 2000 多名女工,尚未知觉,仍在工作,一转瞬间,火已向南延烧,势如破竹,复向南首烧至黄浦滩,诸工人始由后门逃逸,时已四面皆火,司事等督同小工,将沿浦滩栈房内所储棉花,弃置码头上,火又延及码头。这场大火,没有人员伤亡,与捕房派华捕、印捕来维持秩序,让工人安全撤离,不无关系。

火灾发生后,社会舆论对火灾发生原因、租界见火不救,议论纷纷。

对于火灾发生原因,议论焦点有三:

其一,厂房建筑用料不当。纺织用房,防火为上,所用建筑材料都应考虑其防火性能。织布局恰恰在这方面犯错,其屋上多铺牛毛毡,更以柏油裹之,这些都是易燃之物,最足以引火。与此形成对比,工部局曾对戏院、丝厂棉纺厂等火灾易发单位的建筑物提出防火要求,规定需领有执照才可施工。

其二,局中防火设备形同虚设,工人缺乏消防训练。织布局本备有小洋龙等救火设备,但是"皮带已经损坏,不甚灵捷,非特无济于事,反致皮带洋龙被火烧毁"[1]。在使用这些救火设备时,由于平时绝不试演,"临时仓猝,至于龙头倒接,其仓皇之情形,殊足令人捧腹"[2]。对此,人们在事后批评:

> 吁! 火烛最宜谨慎,棉花又易肇火烛,身为局总者,苟能督率司事工役,不时操演,惰者斥之,坏者修之,亦何致临事仓皇,茫无头绪耶?[3]

其三,没有参加保险。参加火灾保险,是现代企业规避突发火灾的重要措施,尤其是像织布局这样的火灾易发企业。对此,织布局总办并不是不懂,先前,织布局也曾向保险公司投过保。可是,1893 年,总办认为每年花一二万两白银是拿钱打水漂,白花钱,因而没有续保。没想到,先前投保没出事,这年没投保出事了。对此,《申报》发表评论:

---

[1][3]《论织布局火焚事》,《申报》1893 年 10 月 22 日。
[2]《防火篇》,《申报》1893 年 12 月 12 日。

天下成大事业者不惜小费，堂堂织布局何等大事业也，保险之费，每虽多至一二万金而止，迩岁既已销售日旺，何必计及于此？乃以旁人所述，局中本已保险，期满后保险行以厂地堆积棉花纱布，危险异常，欲援照西国章程，酌加保费，局总以不愿出此，遂不蝉联。呜呼譆譆，使当日不计此区区，则事后照数索赔，犹可重张旗鼓，而今已矣，已无及矣![1]

织布局大火后，傅兰雅曾以"中国仿行西法，纺纱织布，应如何筹办，以俾国家商民均沾利益论"为题，要上海格致书院学生讨论。学生储桂生总结织布局的惨痛教训，在于火政未修，从提高消防意识、慎用建筑材料、机器与栈房隔离、演练消防技术等方面提出改进建议：

中国沪上织布局被焚一事，人皆谓未能保险之故，此后筹办者，当不至惜此小费，至害大局。即各处之续办者，亦必以此为前车之鉴。殊不知保险固宜，与其索赔于事后，不如谨慎于机先，必宜于局中专派一人，司察火种，时以小心火烛为戒，自不至日久生玩。房屋铺陈，概不用引火之物。机器工作，必使与堆货之厂远相间隔。且宜时时演操洋龙，以求熟悉。亦保全利益之一道也。[2]

另一名叫殷之辂的学生特别就厂房防火问题提出看法。他说：泰西无论何等公司，莫不勤防火患。除立救火会，备有各种机运水龙及灭火器具时加操演外，"造厂之初步，必预留隔火路，四面多装水管，通于各房，偶有失慎，不难立时扑灭。况造屋材料，多用铁质，即使有人故意纵火，亦难延烧。若棉花虽易引火，苟加意于此，亦何患之有哉！"[3]

［1］《论织布局火焚事》，《申报》1893年10月22日。
［2］储桂生：《中国仿行西法纺纱织布应如何筹办以俾国家商民均沾利益论》，载王韬选印：《格致书院课艺》，癸巳年秋季超等第三名。
［3］殷之辂：《中国仿行西法纺纱织布应如何筹办以俾国家商民均沾利益论》，载王韬选印：《格致书院课艺》，癸巳年秋季超等第一名。

对于租界见火不救,舆论抨击最为激烈。值得注意的是,批评租界与救火会的人群中也有一些寓沪西人。

10月23日,《字林西报》发表评论,从文明程度与实际利益方面,批评租界与救火会:

> 我们所有人都确信我们的文明高于中国文明,而且我们也试图给中国人这样的印象,我们到中国来不是完全为了自己的利益,而且热切地希望成为他们的朋友,并且在他们需要的时候帮助他们。……中国有句俗语:四海之内皆兄弟。我们一直觉得非常遗憾,因为星期三的事件(织布局大火)决策的错误,使我们失去了向中国人表示我们友好的机会。[1]

文章认为救火会无论如何,应该前去救火,最明显的理由有三:火灾实属意外,况当时局中经理之人,虽一味惊惶,惟既来敦请,则救火会中人应前往救火,此其一。局中人手足无措之时,得救火会前去救火,可以看出西人实有本领,此宜救者二。救火会中人如果勇往直前,扑灭火灾,可以让华人感到惭愧,此宜救者三。以前城南一油栈失火,西人曾前去帮助扑灭,事后,道台曾牵羊抬酒,前往致谢。所以无论从哪个方面说,救火会都应该前往救火。

有人致信《字林西报》编辑,对评论表示赞同,认为救火会应该尽力阻止大火的蔓延:

> 我又注意到您的评论,我很高兴看到您所持的立场,并且赞赏您敢于用清晰无误的词汇表达出来。今天稍晚的一些时候,我站在还在冒烟的废墟边,我发现损失要比我读到报道后想象的三倍还要大。看着那废墟,不可能会想到曾经做过一半的努力。火焰在跳跃,吞噬着周围的东西。大火一定是燃烧了几个小时。出于财产、几千人的就业、邻居(华人)的感受和

---

[1] *The North-China Herald*, Oct.27, 1893. p.652.

权利的考虑,应该试图有所作为。我相信是可以成功采取一些行动的。您说的太对了,这是一个因愚蠢而错过的绝好机会。[1]

《字林西报》抨击捕房与救火会的文章发表后,《新闻报》予以译载,在华人中激起强烈反响。一位署名"海上有心无力人"致信《新闻报》,谓:"读之令人发指,首领之忍心,及捕房之害理,竟至于此,极矣!"此人悬想,"西人固多喻利之徒,设当时而许以厚赂,贿以重金,或肯补救于万一"[2]。回顾历史,1875 年7 月,新北门内城垣口七星井处,也曾失火,火势甚烈,上海本地救火设施无能为力,经请求,英法两租界火龙径到城外沿河取水救熄,后酬以重金。这是西人重利的表现。[3]

《新闻报》批评西人见火不救是无情无义、伤天害理:

> 天下之事情与理而已矣。情属乎人,而理出乎天,无理则人之品不尊,无情则人之类不亲,其事若相殊也,而实相合,其意若相反也而实相成,故天理之极致必本人情,而人情所同然亦符天理。情也,理也,人也,天也,即所为仁也、义也,此人之所以异与禽兽者也。今织布局火灾一事,议论者纷如矣,在我华人则谓通商和好已五十年,本年租界之间中西同庆,独于布局火灾坐视不救,使中国百万金之巨款,一炬皆空。本埠西商事后转以为快,和好之意谓何矣? 此以情责西人,而西人无词也。西人之论则谓地在租界之外,格于成例,无可如何,且中国官商素日未相谆托,仓卒之际,人心不齐,无能为力,巡捕头至彼弹压,亦可告无罪于华人矣。此以理却华人,而华人亦无词也。[4]

有人援引基督教教义,批评西人见火不救有违基督教博爱精神:

[1] *The North-China Herald*, Oct.27, 1893. p.670.
[2][3] 《书西人首领忍心不救布局火灾后》,《新闻报》1893 年 11 月 5 日。
[4] 《答西士论织布局火灾事》,《新闻报》1893 年 11 月 24 日。

彼西人者善于言天矣,《摩西十诫》天所命也,其三章曰:爱人如己。试质诸西人之明理者,坐视不救之心与爱人如己之心合乎不合乎? 假使向无马路,远在他方,间以山川,陷于泥淖,则救人于井,力不从心,犹可言也。今固显然可救而恝然不救,明明与《旧约》相刺谬焉,是逆天理也。夫危险之事何人蔑有,亦何地蔑有,通商五十载,西人之凌侮华民也多矣,西人之侵占利权也大矣,吾君则减其税厘,隆其礼貌,体恤唯恐不至,保护唯恐不周,中国官民奉公守法,优待远人,每有交涉之端,无不降心相从,屈己而伸彼,至于通商大埠,则情好浃洽,欢若一家,上中下三等之人,自问此心于彼,无一相负,彼有危险我则保之,我有危险彼则听之,且从而窃笑之,有施无报,公义何存? 而彼乃毅然为之而不顾,是拂人情也。[1]

文章认为,捕房与救火会这次表现,将严重损害华人对西人的感情:“察之人情,揆之天理,吾得以一言蔽之曰:非我族类,其心必异,自有此举,而中国四万万之人从此寒心矣。”[2]文章诅咒这批没有同情心的西方人:“此等西人,吾恐投之豺虎,豺虎不食,投之有北,有北亦将不受矣,岂特华人切齿痛恨而已哉!”[3]

租界见火不救,给上海华洋关系蒙上了一道阴影。大火之后不到一个月,就是上海开埠50周年大庆。有些寓沪西侨担心华人因大火之事余怨未消,牵连庆典,致信《新闻报》,希望化解积怨,重归于好。《新闻报》发表文章,表示中国人气量很大,不会因为区区织布局之事,影响大局,希望“中西官商此后辑睦常敦,澄清永保,官与官交涉共剂其平,商与商贸迁,咸沾其益,工作日新而月盛,人民近悦而远来,沪上幸甚,天下幸甚”[4]。

4. 官民联手: 小车工人抗捐案件

晚清上海存在的三个相对独立的行政机构,公共租界、法租界、华界各自为

---

[1][2]《答西士论织布局火灾事》,《新闻报》1893 年 11 月 24 日。
[3]《书西字报不救布局火灾论后》,《新闻报》1893 年 10 月 24 日。
[4]《照覆西人五十年庆贺书》,《新闻报》1893 年 11 月 18 日。

政、互不统辖,但也互有联系。在处理内政、外交事务方面各有特点。这种特殊的政治格局,使得上海的政治运作呈现与众不同的特质,既不同于主权完整的中国内地城市,也不同于香港等城市。1897年发生的小车工人抗捐事件,就是显著的案例。

事件缘起

小车即独轮车,又称羊角车、鸡公车、江北车,始见于汉代,在近代以前,普遍使用于长江以北的农村,同治初年开始在上海出现。其车身不长亦不阔,一人在后推行,便于在城市中走街串巷;颇能负重,能载货四五百斤,载人五六个,价格便宜,市民乐意使用,因此其数量迅速增多。小车始行于城南,惟庸工坐之,继行于城北,则士商坐之,后则妓女亦坐之。"于是,洋场小车多至数千辆。"[1]随着小车运输业的兴盛,公共租界工部局从1870年开征小车执照捐,每车月捐初定200文。随后,法租界亦循例征捐,两租界还达成均分小车捐银的协议。至1874年,两租界捐照小车已有3000辆。以后更是日增月长,最多时有20000辆[2]。

行驶在上海街道上的黄包车独轮车

[1]《上海行车说》,《申报》1876年2月17日。
[2]《论小车夫加捐滋事》,《新闻报》1897年4月7日。

19 世纪 70 年代小车一度受到黄包车的挑战。黄包车于 1874 年由日本输入上海。比起小车,黄包车速度较快,乘坐舒适,因此,相当一部分小车乘客被争夺过去。1882 年,公共租界还剩捐照小车 1500 辆,比 8 年以前减少 700 辆。[1]但是,此后上海进出口贸易扩大,货物集散量增多,货运小车不断增加,成为遍布大街小巷的重要货运工具,到 1895 年有 42800 辆,1896 年为 50500 辆,1897 年增加到 57000 辆。[2]小车运输的商品有布匹、肥皂、煤油、茶叶以及各种日用品,南市一带的小车则以运输粮食为主。

小车是独轮,数百斤重量全压在一个轮子上,对砖石路面损坏颇大,1896 年工部局称每年用来修治道路费用多达十余万两。

小车的增多与路面保养成为尖锐的矛盾。租界当局便以增加车捐达到限制车数的目的。

还在 1888 年,小车工人就因加捐与租界当局发生过一次冲突。小车月捐在 1871 年为 200 文,到 1878 年增至 400 文,外加小费 35 文。1888 年 3 月,工部局与公董局决定将月捐提至 1000 文。小车工人奋起反对。他们聚集在县署前,要求知县与租界当局交涉。知县裴大中与上海道龚照瑗向工部局及英国领事多次交涉,无效。2000 多名小车工人汇集在会审公廨与巡捕房前,要求免增捐费,巡捕以暴力镇压,工人以砖瓦石块还击。经领事团出面调解,工部局与公董局宣布暂不加捐。这次抗捐,以小车工人胜利告终。

九年之后,1897 年 1 月 1 日,工部局致函会审公廨谳员,告以决定从 4 月 1 日起,小车月捐增加到 600 文,连同小费,每月共纳 635 文。3 月 9 日,公共租界纳税人年会上,通过了这项加捐的决议。[3]法租界也宣布对小车加捐。这又引起小车工人的反抗。

4 月 1 日,工部局执行纳税外人会议决议,开征小车工新捐。是日下午,租界内凡领有执照的小车工一律罢工,拒领新照,抵制新捐。租界当局派巡捕弹

[1] 1874 年公共租界有 2200 辆。
[2] 《工部局年报》1897 年,第 55 页。
[3] 《工部局年报》1897 年,第 54 页。

压,在北京路桥堍发生冲突。小车夫群起抗议。第二天,有少数车夫违约捐照,出车运货,遭罢工者群起殴打,巡捕出动弹压。有五六百名小车工人前往县署,以入不敷出,要求县令照会工部局取消加捐事宜,署知县黄承暄以此属租界之事、本县无法作主而婉拒。

4月4日,数千名小车工人聚集在外滩示威游行,队伍行进到广东路时遭巡捕镇压,有些人受伤。有两名车夫被抓入会审公廨。车夫更为不平。

4月5日,清晨,美租界熙华德路丰裕米店自备小车运米,行至北苏州路,小车工人发现,一拥而上,将车、米、车夫推入河中。巡捕闻声前来驱赶,与工人发生冲突,张毛芝等七名车夫被捕。[1]上午,数千名小车工人,示威抗议,自西门外、外洋泾桥至广东路一带,喧嚷之声,闻于远近。愤怒的人群将法租界外滩东北角、英租界外滩的东南角一带的西商窗玻璃肆行击毁。西捕、西商出而镇压,乱成一团。工部局以此为暴动,鸣响警钟,出动万国商团镇压。停泊在黄浦江上英国兵舰鸣炮恫吓,并派遣水兵两队上岸参与镇压。小车工人被打伤多人,印捕、英捕各伤一人,商团伤两人。对此,西人的记载是这样的:

在星期一(即4月5日——引者)早晨,发生了这个星期中最严重的一次示威,一群约700至800名的暴徒,大都手持竹竿,后面跟着一大批活跃的同情者,从法租界越过洋泾浜的外滩大桥直趋英美公共租界。这场暴动就此开始,其起因起初以为是由于死了两名中国人,虽然在这一点上并没有直接的证据。……此时约11点钟,有些绅士恰巧在俱乐部里。他们冲了出来,想去帮助巡捕。巡捕们也已经得到了其他人员的增援,包括麦西森(Matheson)巡官和两名锡克骑兵。此时,这群暴徒的情绪显然极为敌对。在麦西森巡官的双腿严重受伤之后,我们便打电话要求支援。几分钟之后,那些赤手空拳的外国人被迫避至麦边(McBain)先生的办公室。办公室的玻璃立即被砖块砸碎。这些砖块是暴徒们从法租界那边正在拆毁的

---

[1] 这七人是张毛芝、张阿福、张阿二、张阿三、张福群、叶罗来与任海三。

一些建筑物中拣到后放在篮里带来的。俱乐部的阳台上也满是碎砖。……由于支援力量的到达,巡捕才将人群略微驱退。但形势已如此危急,工部局总董便要求布罗迪·克拉克(Brodie Clarke)少校出动万国商团,并请各军舰派遣登陆部队。……英国军舰林纳特(Linnet)号、普洛弗(Plover)号和美国军舰蒙诺卡赛(Monocacy)号的登陆部队令人钦佩地迅速上了岸,英国领事馆、总巡捕房和其他重要建筑物也布置了卫兵。同时,万国商团全副武装地赶赴各自的集结地。[1]

在法租界,车夫两三千人,拥至大自鸣钟捕房示威,亦遭巡捕镇压。

小车工人的抗捐活动,得到了租界其他行业的同情和支持。上海的中文报纸《申报》《新闻报》《时务报》等,均发表评论文章,同情小车工人,指责工部局加捐不近情理。上海的丝业、茶叶、洋货业等各界商人对于租界加捐之事,联名给租界写信,为小车工人叫苦,沥陈苦况,要求不再加捐。[2]

处理过程

小车工人抗捐,本属经济斗争,属于官民矛盾,属于阶级斗争范畴。但是,加捐当局是租界工部局,在某种意义上为一殖民政府,因此,抗捐斗争便容易带有民族斗争色彩。小车工人活动的租界,属于工部局管辖,但从法律意义上说,这些车夫的行政管辖权属于上海地方政府,属于上海县令与上海道台。处理小车工人抗捐事件,工部局需要与上海地方政府协商。按照地位对等原则,工部局应当与上海县政府联系,领事则与上海道台联系。这样,围绕抗捐事件,官民、中外矛盾便夹缠在一起。

---

[1]《海关十年报告之二》(1892—1901),载《上海近代社会经济发展概况,1882—1931 海关十年报告译编》,徐雪筠等译,上海社会科学院出版社 1985 年版,第 41—42 页。
[2] 这些商帮有:丝业会馆、震泰号、茶叶公所、永吉号、轮船招商总局、上海电报局公事房、上洋慎裕号、稽查机器纺织公所、源通官银号、沪北钱业会馆、延康恒记庄、申江老顺记、上洋春华祥正记、上海震泰隆亢记、上洋隆泰昌茶栈、上洋益生祥茶栈、晋省汇业公所、上海恒兴申、大丰号、振华堂、上洋钱江会馆、广肇会馆公所、沪北仁济堂、潮州会馆、药业认捐公所、泉漳公所、典业公所、瑞泰号、米业公所、书业公所、四明公所、震旦仁济号、锡金公所、沪北广益善堂、永达仁昌记、协济筹赈公所、申江可炽铁栈、瑞成号、上洋升昌铁号。上海档案馆藏公共租界总务处档案,1897 年小车工人抗捐事件。1897 年 4 月 19 日,U1—5—73,第 65 页。

4月2日，事件刚刚开始，有些车夫前往上海县署，要求县令与工部局交涉，取消加捐，署知县黄承暄开始时取多一事不如少一事态度，推托不管，后经车夫一再请求，才答应出面斡旋。

此后几日，事件愈演愈烈。4月5日下午，租界当局与上海知县会商解决办法。6日，上海领事团与上海道台达成协议，决定将加捐之事展延至7月1日执行，在此之前，仍依旧章收捐。这是个折中方案，因为加捐之成议依然有效，只是延期执行罢了。

加捐之事既然无法取消，那么车夫反映的生存困难的问题便需要解决。上海县令为此进行了具体的努力。

上海小车工人主要来自江北，以南通州、盐城一带人为多，亦有崇明人，他们大多身无长技，家无隔夜之米，为灾荒所逼迫，流落上海，靠推车糊口。他们奋起反对加捐，实在也是迫不得已的，诚如当时报纸文章所述：

> （车夫）载重至四五百斤，每当炎夏之时，奔驰于烈日中，恐汗珠滴入目睛，则以麻制长条勒于额上，自朝至于日暮，足不停趾，所得不及二三百文，允宜不体恤其情，不复续加捐款，……彼盖大半无家无室，孑然一身，既无田之可耕，又无业之可就，幸沪上为富庶之地，得受廛而谋朝饔夕飧，乃既收其捐，且又加收其捐，不滋闹焉，更何从而吁使豁免！[1]

清末的《图画日报》曾绘画刊文，记述小车夫之苦："沪上各行店之货物，各住家之器具，凡属笨重非常者，均以小车载之，其费力较之他项车子为甚，而得赀则独少。故凡充小车夫者，终日惝汗奔驰，仅足以谋一饱，室家之养，殊未遑也。且冬季之寒风，夏天之烈日侵肌砭骨，疾病堪虞，其情形有至可怜悯者。"[2]

---

[1] 以上几段资料，见《论小车夫因加捐闹事工部局办理失当》，《时务报》第25册，光绪二十三年四月初一日；《悯车夫文》，《申报》1897年4月8日。

[2] 《小车夫劳动之可怜》，载环球社编辑部：《图画日报》第二册第五十六号第七页，上海古籍出版社1999年版，第67页。

　　小车工人反对的是租界加捐,并不是上海县加捐。因此,上海县政府处理这件事情就比较轻松。小车工人是华人,是自己的子民,他们反对的实际是西人的政权,因此,上海知县在感情上比较同情小车工人。4月5日,当一大批车夫涌至县署,要求父母官为他们作主的时候,署知县黄承暄表现出少有的耐心和细心。他传开设车寓之周竹山、李大祥、王复林、张言序、王信保、张文耀、张旺扣、包载卿、沈金鳌及受伤之周高群、黄渭章、张扬扣十二人,问他们何处人氏,车从何处而来,价值几何,车捐先前多少,现在多少,每日能得几钱,为何抗捐,要他们详禀租界巡捕镇压车夫的细节,并叫车夫留下西人巡捕行凶的佩刀、印度巡捕裹头的红布。他这样做,实际是搜集与租界谈判的资料。上海知县和会审公廨所出告示,也明显地站在车夫一边,内云:

　　　　照得本廨本县据小车夫周竹山等联名禀,称身等在租界推车度日按月每车捐钱四百文,情形已极困苦,现在工部局又议加月捐钱二百文,万难措缴,生计将绝,命若倒悬,禀乞援救等情,据此查租界小车,依此为生者,人数众多,终朝辛苦,所获微资,仅敷糊口,原捐为数已巨,若再加捐,该车夫等实力有未逮,据禀前情,业经会衔禀情道宪照会租界领袖总领事,转饬工部局暂停加捐,尔等须知外国官董亦皆仁慈为怀。[1]

　　这不啻在为小车工人叫苦。

　　抗税抗捐是晚清中国普遍存在的社会矛盾,官民冲突比比皆是,但是在这里,就上海县与车夫的关系而言,官民不是那么尖锐对立,他们倒是结成了反对租界的统一战线。

　　上海地方政府在无法取消加捐的情况下,为缓解小车工人加捐后的困境,进行了两个方面的努力:

　　其一,提高运费。经上海县署提议并与上海领事团协商,双方同意自7月

[1] 《续记小车夫闹事后情形》,《申报》1897年4月7日。

1 日起,也就是小车加捐同时,适当提高小车运费,凡客栈、商埠、码头等运货,加车资 10 文,私人雇车加资 5 文。这样就将捐费的一部分转嫁到租户身上,"名为出自车行,实是缴由租客"[1]。

其二,补贴捐费。6 月 25 日,上海道刘麒祥、署上海知县黄承暄、英租界会审公廨谳员屠作伦与中国通商银行董事严信厚、江北通瀛公所董事等 20 余人经过商量,决定所加新捐 200 文中,由小车工人负担 100 文,其余 100 文由各业帮助补贴解决。这样,经过抽肥补瘦,将一部分新增捐费转嫁到相对富裕的商人身上。舆论评论此举"不惟收拾民心,颂声雀起,久而弗替",而且起到解决游民就业、不使流为盗窃、稳定社会的作用。[2]

这样,提高运费和补贴捐费双管齐下,小车工人实际增加的负担就不是很多了。

6 月 30 日,在加捐决定执行的前一天,500 多名小车工人集议抗捐,企图以罢工作抵制,但由于租界早作准备,上海道、上海知县也协助租界弹压,罢工未能取得成功,到 7 月 2 日,已有一千五六百辆小车领了新照。

在租界方面,延期加捐的决定,在西人中引起极大反响。

4 月 7 日,《字林西报》发表题为《屈服》的文章,称在此事件中,"道台受制于小车工,领事团受制于道台,工部局又受制于领事团"。该报认为,工部局对此事处理均不妥当:

> 凡在中国遇聚众滋闹之事,未有若此之姑容敷衍,办理失当者矣。……或谓工部局允从领事所言,亦出于不得已,是何故欤? 若论处此,惟有三策:坚持不移,其一也;倘不敢坚持,知难而退,其二也;姑容甘让,其三也。今工部局乃择最为贻羞之下策,此又何为哉? 是领事与道台关照工部局,

---

[1]《苏松太道告示》,光绪二十三年三月初四日,上海档案馆藏公共租界总务处档案,1897 年小车工人抗捐事件。U1—5—73,第 65 页。
[2]《论通瀛公所津贴车捐之善》,《新闻报》1897 年 5 月 25 日。

明告华人,但止聚众闹事,毁坏玻璃窗,击破巡警头额,即可如彼之愿矣。若此者,不独窥破西人之性情举动,且开以后可危可险之端。西人在沪,管束华人,计有三十万人之多,向惟震之以名望,非仅制之以势力也。今领事与工部局,将西人平日名望,皆委弃于风中。无论华人猜度之有合与否,其意必将以西人为畏怯,而所以畏怯者,或因吾保护之力,尚有未足。即领事与工部局董事之中,或亦如此存心,故出此敷衍之策。是岂智者所为乎?[1]

《字林西报》评论说,"就目前而观,道台迫于小车夫之吁求,领事徇于道台之商请,而工部局则受领事之愚弄矣"[2]。

同日晚,西商在礼查饭店举行会议,会上群情激愤,指责工部局在延期加捐问题上处理失当。

4月8日,工部局董事会举行会议,总董泼兰的斯(J. Prentice)希望举行一次西人纳税人特别会议,讨论工部局的措施,表示经过解释,如果工部局的措施得不到纳税人会议的支持,则他打算辞职,请另选代表。[3]

4月10日,西商在礼查饭店再次举行会议,列名者200余人,到会者2000余人,"以礼查客店正厅之大,后到之人,几无容足之所,论议纷纷,莫衷一是"[4]。西商均以领事、董事为不然,痛加批驳。西人意思,车夫抵制加捐,租界就收回已发捐照,延期加捐,这样,"未免示人以怯,一则有坏租界第三十四条章程,一则各国西人恐启华人轻侮之渐,将来此风一开,作事必多棘手"[5]。他们要求自5月1日起立即加捐。这一意见遭到工部局拒绝。

4月21日,西人纳税人举行特别会议,会上,工部局董事说明,延期加捐的协议是领事团与上海道台在4月6日达成的。4月23日,西商七八百人在礼查饭店再次集议。会议一方面勉强同意延期加捐的协议,一方面严厉批评工部局

---

[1][2] 《论小车夫因加捐闹事工部局办理失当》,译自《字林西报》1897年4月7日,载《时务报》第25册,1897年5月2日。
[3] 《公共租界工部局董事会会议纪录》,1897年4月8日,藏上海市档案馆。
[4][5] 《纪西商会议加捐事》,《新闻报》1897年4月11日。

在这件事情上处理失当,为此,"不免言辞激切,诸董遂纷纷告退"[1]。

5月12日,工部局董事会全体董事宣布辞职,另外选出新的董事会。

对于上海租界小车加捐事,英国政府曾批评英国驻沪总领事,谓"小车夫虽系中国子民,实皆异常穷苦,何得一再加捐,更不应调兵登岸,惑乱人心。该董等办理不善,实属咎无可辞,以后该工部局不准再议加捐"[2]。

官民关系复杂性

这次小车工人抗捐斗争,问题不算复杂,规模不算很大,时间也不算长,但把当时上海政治运作的特点显示得淋漓尽致。这次事件,涉及租界的行政当局工部局与租界华人居民的关系,租界工部局董事与领事的关系,上海地方政府与民众的关系,上海地方政府与公所这一非政府社会组织的关系,也涉及租界当局与上海地方政府的关系。五种关系交织在一起。

这次事件,加捐的是公共租界当局,抗捐的是租界内的华人小车工人。依据《上海土地章程》及其他有关法规,工部局是公共租界的行政机关,负有管理、维护租界市政的职责,加捐是它职权范围内的事。小车工人虽然居住在租界,工作在租界,但是,依据法律和有关章程,对这些工人的行政管辖权、司法权则是上海地方政府的,所以,处理小车工人抗捐事件,应该是上海地方政府的事。小车工人在斗争一开始,就找上海县令、上海道台,要他们与租界当局交涉,是完全合理的。小车工人直接反对的对象是工部局,工部局对这些工人又没有直接处置权,这是工部局必须与上海县协商的原因。

就斗争内容而言,抗捐系因加捐而起,属经济斗争性质。但因其反对对象实质上是一个以寓沪西人经济寡头为主的殖民政权,上海地方政府、地方绅商在感情上都站在车夫一边,而以工部局为另一边,这使得本属于阶级斗争的问题夹进了民族斗争的因素。这与日后的五卅运动颇有类似之处。

试想,如果小车工人反对的不是租界当局,而是上海县地方政府,那么情况

---

[1][2]《纪西商集议加小车捐事》,《新闻报》1897年4月25日。

又会怎样呢？历史无法假设,但是可以比较。

姑且以属于上海道台管辖下的江南制造局的一个事例作为对比:

1890 年,江南制造局新任总办刘麒祥认为先前工人每天工作 8 小时,太少,决定延长至 9 小时,工人群起抗议,并在新章程实行那天,进行罢工。总办坚不让步,工人害怕受到处理,最后还是复工了,每天工作 9 小时的制度并没有因为工人罢工而取消。[1]

七年前处理江南制造局罢工事件的总办刘麒祥,就是后来处理小车工人抗捐事件的上海道台刘麒祥。同是一个人,同样是处理罢工事件,一个矛头对准租界,一个矛头对准上海地方政府,态度截然两样,方法也全然不同。

英国领事不止一次地谈到上海道台在处理有关案件时的民族倾向性:

> 我与中国官方的关系继续具有对方表示友好和礼遇相待的特点。然而在中国人处于被告地位的案件中,他们却未能尽其应有的努力为我获得公正处理。他们着手处理这类讼案时,总是一开始就对外国人具有强烈的偏见;在诉讼过程中,为了适应他们为之辩护的问题的需要,还极力设法改变和歪曲最明显的证据,以致他们的行动实际上是在保护其人民免受审判。例如在涉及打人或当众使用暴力的案件中,即使哪一方面先动手的事实已经毫无疑问,也不能指望中国官方会自发地采取行动。恰恰相反,只有催促和缠着他们,才能使他们尽其最简单的职责去查出和逮捕肇事者。[2]

> 中国官员对领事的关系和政策几乎同往常一样,总的看来是谦恭的,但在有些具体情况中,却是碍事和难对付的。道台虽然异常明智而且精通洋务,但对条约义务却易于采取一种歪曲了的、有偏见的观点,因而在一切案件中,只要被告是中国人这一事实,就足以使他确信他有为被告辩护的

---

[1] 汪敬虞:《中国近代工业史资料》第一辑下册,科学出版社 1957 年版,第 1250 页。
[2] 《领事麦华陀 1874 年度上海贸易报告》,载李必樟编译、张仲礼校订《上海近代贸易发展概况 1854—1898 年英国驻上海领事报告汇编》,上海社会科学院出版社 1993 年版,第 356 页。

责任而不再采纳公正不阿或实事求是的考虑,也不管所有证据是与此背道而驰的。[1]

公所的产生与职能

这次抗捐事件以前,上海并没有一个小车工人的组织。抗捐事起,为了解决车夫因加捐而带来的困难,在道台、县令的授意下,成立了一个通瀛公所。这是一个以地区命名的公所,也是上海第一个以小车工人为主的公所。报载:

> 沪北各小车由工部局拟加捐钱二百文,经关道宪刘观察、上海县黄大令与各领事迭次会商,暂缓三月再加等情,已详前报。现经刘观察、黄大令以西七月一号起捐之说,转瞬将届,法租界亦将步其后尘,共需加钱四百文,各小车夫食力维艰,又不能不量加体恤,因此,另筹别法,拟在南泥城桥建立通瀛公所,由张、沈、施等各人经理,另行抽收各商船及米船等捐费,以作津贴。[2]

这段资料很重要,它表明,通瀛公所是在政府的授意、支持下成立的,是联系政府与车夫的桥梁。通瀛公所成立以后,承担起管理车夫的职能。他们在小车工人中立车头十二人,管车寓数百家,"各车寓乃各保所寓车夫,自安生业,无作非为,到加捐时不敢违抗生事"。[3]

顾德曼的《上海同乡组织》[4]对上海会馆公所的作用作了很深入的研究,这段资料可以作为她的论点的一个佐证和补充。

---

[1] 《领事麦华陀1875年度上海贸易报告》,载李必樟编译、张仲礼校订《上海近代贸易发展概况1854—1898年英国驻上海领事报告汇编》,上海社会科学院出版社1993年版,第395页。

[2] 《论通瀛公所津贴车捐之善》,《新闻报》1897年5月25日。

[3] 《通瀛公所董事张寿怀、沈嵩龄、章定勋、应朝纲致书濮来德先生阁下》,上海档案馆藏公共租界总务处档案,1897年小车工人抗捐事件。U1—5—73,第65页。

[4] Bryna Goodman, *Native Place*, *City*, *and Nation*, *Regional Networks and Identities in Shanghai*, *1853—1937*, University of California Press, Berkeley, 1995.

公共租界权力结构

对待加捐事件,西商——领事团——英国政府,其态度依次呈激烈——比较温和——温和这么三级阶梯。英国政府距离最远,所以还会说一些比较人道主义的话。领事团处于当中。租界市政管理与西商关系最密切,所以他们态度最坚决。

当时的公共租界,是一个高度自治的小王国,工部局相当于政府,西人纳税人会议相当于议会。公共租界最后起决定性作用的是西商的意见,特别是西人纳税人会议的意见。公共租界虽以英国人为主,但英国驻沪总领事并不是工部局的最高领导,工部局总董并不是总领事的下级。

但是依照章程和管理,寓沪西人在外交方面,由各国领事组成的领事团与上海道台是同级,与道台打交道是领事团的权限,而工部局只能与县令打交道。

在当时华人政权系统中,道台是上海地方外交的代表,道台是县令的上级。在对等外交的格局中,领袖领事是寓沪西人的外交代表,但领袖领事并不是工部局总董的上级。

也就是说,在华界,行政系统与外交系统是完全重合的,道道签订的外交协定,县令必须执行。在租界,行政系统与外交系统是分离的。领事团的意见虽然被工部局采纳,但西人纳税人会议极不满意,最终导致工部局董事集体辞职。西商在集会时,有人对工部局董事进行批评,声称对纳税人会议"所决办法,工部局亦无不照行之权"[1]。也有人认为英国总领事韩能(Nicholas John Hannen)不应过多干预对此事件的处理,韩能的无能,是此事件处理失当的原因之一。[2]

法租界是领事独裁制,外交、行政合二而一,所以没有发生危机。

---

[1] 《论小车夫因加捐闹事工部局办理失当》,译自《字林西报》1897年4月7日,载《时务报》第25册,1897年5月2日。
[2] 《租户(寓沪西人之有地产者)来函论小车不宜加捐二则》,译自《字林西报》1897年4月15日,载《时务报》第26册,1897年5月12日。

通过上面的叙述和讨论，可以看到，由于华界、租界在行政、外交方面体制的不同，也由于民族主义的因素，晚清上海政治运作具有其他城市所难以相比的特点，往往是经济问题政治化，行政问题外交化，简单问题复杂化。

5. 官绅合作：大闹会审公堂案件

案件起因

发生在 1905 年的大闹会审公堂案，起因并不复杂。工部局与黎黄氏本来素无瓜葛，无冤无仇，之所以要叫捕房将黎黄氏一行拘捕，送往会审公廨，只是因为镇江方面来电，说黎黄氏一行是"拐匪"，所携带女孩 15 人，系其拐骗而来。工部局负有维护租界治安的职责，既然有人举报这批人是"拐匪"，那么先行将他们拘捕，可以说是事出有因。

黎黄氏等人被拘捕以后，由会审公廨出面审理，这符合上海租界几十年来形成的惯例。审理过程中，谳员关炯之等人以串拐证据不足，拟判押公廨女所候讯。英国陪审员副领事德为门（B. Twyman），认为此案应查核，须由捕房带回。关炯之认为，《洋泾浜设官会审章程》中没有关于女犯押于西牢的规定，因此拒绝由捕房带回。到这一步，应该说关炯之与德为门各执一端，各说各的理由，这在会审公廨的历史上，也是司空见惯的，并不一定会酿成大案。

案件发生的关节点在下面一段。关炯之说，女犯押解西牢之事，未经道台批准，不能同意。谳员是受道台委托，代表中国政府在租界审理案件。中国政府在上海一地，政治代表是道台。没有道台的批准，谳员确实是无权同意的。

德为门骄横地说："本人不知有上海道，只遵守领事的命令。"被激怒的关炯之针锋相对地说，"既如此，本人也不知有英领事"，并即饬廨役将黎黄氏等带下。德为门恼羞成怒，喝令巡捕上前将黎黄氏等夺下，老巡捕房捕头木突生指挥巡捕一拥而上。双方发生争执，廨役二人被打伤，被告亦被夺去。金绍成离座上前弹压，不料巡捕目中无人，持棍欲击，被金将木棍夺下，但金之朝珠补服已被扯破。堂下乱作一团,廨役便将大门关上。巡捕挟被告无法出门,径向关炯之索取钥匙,关怒斥道:"毁门可,打公堂可,即杀官亦无不可!"愤然离去。巡捕打开大门,将黎黄氏押赴西牢,女孩 15 人被送济良所。[1]

　　显然,这一事件的祸根是德为门。德为门,1895 年是英国驻华使馆的翻译生,1898 年代理英国驻镇江领事,1899 年任使馆助理,1901 年、1902 年相继担任广州、汕头副领事,1903 年至 1906 年任上海副领事兼会审公廨陪审官。他在不到十年的时间里,由翻译生升到上海副领事的位置,可谓仕途顺畅。他那样骄横,既是习性使然,也是以往上海租界英国陪审官的一贯态度。德为门说"本人不知有上海道,只遵守领事的命令",这是大实话。会审公廨自设立以来,虽然名义上是中国官府设在租界里的一个办案机构,外国副领事名义上是陪审,但实质上,凡是涉及租界当局利益的,或者租界当局认为那些案件是涉及他们利益的,外国陪审官实际上都是主审官,中国谳员倒成了摆设。外国陪审官是受领事委托、代表领事出席的,德为门说"只遵守领事的命令",只不过道出了一个久已存在的事实。

会审公廨中的华人谳员

---

[1]　参见熊月之、袁燮铭:《上海通史·晚清政治》,上海人民出版社 1999 年版,第 268 页。

关炯之(1879—1942),湖北汉阳人,少时就读于传教士办的博文书院,打下了良好的英文基础。17 岁考中秀才,中文功底比较厚实。1902 年,在全国兴办新式教育的潮流中,他在武昌兴办中学,深得湖广总督张之洞的赏识。同年,张之洞署理两江总督。1903 年,关炯之以江苏候补知府的身份来到上海,成为上海道台袁树勋的重要助手。1904 年 2 月 23 日,正式接任公共租界会审公廨谳员。对于关炯之个人脾气、气质,我们所知甚少,但观其照片,方面大耳,眉宇开阔,不是那种气短心窄、易于动怒的人,也不是那种意气用事、不计后果的人。当听到德为门对道台表示不恭以后,他立即表示"既如此,本人也不知有英领事",随后便饬廨役将黎黄氏等带下,随后便是由舌战变成武打。英国陪审官在法庭上颐指气使,为所欲为,并非自此时起,中国谳员受西人陪审官的气早已是家常便饭,但是到 1905 年的年底,情况不一样了。关炯之能有此表现,针锋相对,毫不示弱,绝非一时逞口舌之能,而是有所依恃。他所依恃的,便是民气,是日渐高涨的民族主义与爱国主义。

民反官助

大闹会审公堂案件发生以后,上海各界人民反应相当强烈:

1905 年 12 月 9 日,即事发第二天,广肇公所召开同乡大会,以示抗议,寓沪广东绅商代表徐润、黄以权、陈维翰等 15 人领衔致电外务部、商部,剖白黎黄氏身份来历,说明黎黄氏系官家眷属,扶柩归籍,故仆从甚多,并非拐带。下午 2 时,上海各界人民聚集于商务公所。进行抗议。"到者约有数千人,无不义愤填膺,有激烈慷慨之意,聆至演说痛切处,呼号奋发,万臆一声,人心震动。"议决六条:一、由绅商代表面见道台,转达撤换英副领事的要求;二、到工部局诘问此事,并询问处理办法,令三日内回覆;三、要求斥退殴打华官之巡捕,并追究查办;四、以后工部局"须有一华人为董事,从前美教士慕维廉君曾有此议,现宜实行";五、租界华人须认真看待此事,共谋对付之策;六、西人举动虽属野蛮,我华人对策仍须和平,现在的矛头主要对准英副领事及捕头。这六条,称得上有理有节。其中最值得重视的是第四条,这是租界华人要求参政的先声,是政治觉醒的一种标志。[1]

12月10日,一向态度温和的《申报》,发表旗帜鲜明的社说,猛烈抨击租界当局的野蛮行径。文中写道:

> 夫以文明国人而出此举动,其不可解者约有数端:查租界约章,本谓西人犯案归西官审断,华人犯案归华官审断,今黎黄氏之案照约而言,岂非应由华官判断乎? 乃英副领必欲强令带回,已为背约,更遽起用武,是非特侵权,且有意轻辱华人也。其不可解者一。西人托迹沪上,经营商业,岂有不愿中外和好、保全租界治安以自保全其商业之理,今乃以逼迫华人以不堪之事,我华民气虽弱,其能隐忍漠视而不伤感情耶? 其不可解者二。且公堂者国体所系,而华官在租界内华民之代表也,今乃公堂可哄,是蔑视我国体也,而何论乎小民! 官役可击,是贱视我华人之代表也,而遑论华人! 英国素称与我最友爱之国,而乃为此,其不可解者三。
>
> 呜呼! 我中国之见轻于外人,固已久矣,然上海租界为我全国商埠之枢纽,而公堂尤为主权所系,西人此举,实奴隶我、牛马我之见端,我华人苟稍有人心者,讵肯袖手坐视、一任其凌辱蹂躏而漠然不动于衷耶?

社说写得入情入理,强调的是华民、民气、国体、主权,强调的是民族尊严,这是当时世界范围内最有鼓动性、最为流行的语言。这对正在高涨的民族主义热情,不啻火上浇油。此后数日,上海各界集会演说,几乎无日无之,抗议之声,响彻浦江上空。且看:

12月10日晚,公忠演说会在徐园集会,五千余人出席,戈朋云、严承业、刘人杰、钱文史、孙罗德、林大松等演说,提出了工部局应增加华人董事和限制西

---

[1] 参见熊月之、袁燮铭:《上海通史·晚清政治》,上海人民出版社1999年版,第269页。

人陪审官权限的问题。会议致电北京外务部、中国出使英国大臣,要求力保主权。

11 日下午,商学补习会在城内点春堂集会,三千余人出席,会长苏筠尚宣告宗旨,王清甫、严承业、冯仰山、刘人杰、徐锡龄等人演说。诸人表示,此案如不能得到妥善处理,将搬出租界,以示抗议。

12 日有三大团体集会。商学会在城内俞家弄集会,三千余人出席,尤惜阴、黄炎培、朱若霞、周春富、李右之、徐文彬、孟伏魔、何明生、谢强夫、姚勇忱等演说,表示此案如不得圆满解决,将联合组织一大会,继续斗争。崇海同乡会在十六铺福美里集会,百余人出席,黄雅平等演说,决定派王季静、季铭黄雅平与商学会、群学会、沪学会等联络,合力实行对付办法。四明同乡会在四明公所集会,数千人到会,后到者几无立足之地、王清甫、林放卿、戈朋云、严承业、刘人杰相继演说。

13 日有两个团体集会。文明拒约社在城内九亩地校场集会,一万余人到会。社长冯仰山宣布宗旨,刘人杰、魏松园、许孟贤、林放卿、俞国桢、戈朋云、徐锡龄、严承业等演说。沪学会集会,二千余人到会,穆恕斋、姚义门、黄襄君、尤惜阴、杨月如、孟伏魔、马景眉等演说,表示如此案不能妥善解决,今后"所有租界捐项我华人概不缴纳",并派代表慰问关炯之等人。

14 日,玉业同人在老北门内侯家浜玉器公所集会,一千余人出席,魏松园宣布宗旨,涅履之、戈朋云、刘人杰、严承业、林放卿、吴大初相继演说。英商所开的美界老船坞和浦东和丰厂两船厂的广东籍工人,即日起举行罢工,以示抗议。

15 日,潮洲会馆在洋行街举行大会,各帮各业四千余人到会,戈朋云、严承业、刘人杰等演说。会议达成六条决议,有两条比较突出,一是强调华人参政问题,"租界中华人产业甚多,以后工部局议事,须由华人公举二三人参议地方治安事宜";二是强调华人的尊严,"租界体面华人遇有细故,不得拉辫,且西捕不得用木棍打人"。[1]

---

[1] 参见熊月之、袁燮铭:《上海通史·晚清政治》,上海人民出版社 1999 年版,第 271 页。

上海民众的这些反应,超过了四明公所事件,超过了拒俄运动,在一定意义上也超过抵制美货运动。

特别值得指出的是,在公堂案中,上海地方官员表现了少有的坚决态度。12 月 10 日,绅商代表面见上海道袁树勋,要求官府维护主权,据理力争。袁当即表示:"今日各绅商到此,甚感盛情,此事由本道一人任之,如有一分之力,即当尽一分之心,去留利害,在所不计。"[1]

随后,他派人赴领事团及英国领署提出抗议,并照会各国领事,同时嘱关炯之、金绍成暂停与英副领事会审。袁树勋多次与领事团交涉,要求释放黎黄氏,撤换德为门,惩治行凶打人的木突生等巡捕,可是领事团不予理会。北京公使团根据清政府外务部的抗议,于 12 月 13 日电命上海领事团将黎黄氏押回公廨女所释放。15 日下午,工部局捕房将黎黄氏一行径送广肇公所释放,故意不递交会审公廨,以示轻侮。

会审公廨竟被英副领事如此欺侮,这引起上海人民的极大愤慨,在抵制美货运动中积压的反抗怒火又迅速燃烧起来。18 日,公共租界中国商号罢市,愤怒的人群围攻了老闸捕房和市政厅等处,巡捕开枪镇压,华人死伤 30 余人。领事团命各国团练兵出防、水兵上岸,驻扎领署、捕房、银行等处。租界总巡布瓦斯辣根(Boisragen)记载其事:

> 自上午九时卅分起,有暴徒一大队,开始围攻老闸捕房,英印巡捕冲锋十数次,然均被迫退回,半小时后,暴徒遂占优势,冲入捕房,就楼上壁炉放火。十时警钟大鸣,数分钟后,救火车赶到。是时暴徒已改向市政厅进攻,巡捕开枪,立毙三人,又有店伙二人,匿于对面屋内,亦为流弹所伤。暴徒闻枪声稍退,但仍未四散,迨英舰水兵赶到,始陆续向四面马路散开。是役也,华人死于市政厅前者三人,死于南京路与江西路转角者一人,死于附近各处者三人,总计死者七人,因伤致死者数人,受伤者若干人。[2]

---

[1]《纪中国官绅在洋务局会议情形》,《申报》1905 年 12 月 11 日。
[2] 岑德彰编译:《上海租界略史》,第 220—221 页。

袁树勋其人在上海历史上,做过一些并不得民心的事,但在对外交涉中,这位湖南人一向态度强硬。公堂案中,他大义凛然,很得民心。上海民众、官府态度达到如此一致的程度,这是少有的。民众那么放手地去闹,与这位道台的态度也不无关系。当然,他那么做,也与时事有关。甲午战争以后,中国虽然一败于日本,再败于八国联军,但民族主义持续高涨,民众心里特别崇敬那些维护民族尊严、勇于向列强抗争的官员。上海道台是处于中外交涉漩涡中的人物,一举一动,内外瞩目,因此,在清末十多年间,清廷多任用一些有胆有识的官员来担任此职,蔡钧、袁树勋、瑞澂均属此列。关炯之在公堂上的表现,在一定意义上也可以说,是袁树勋的对外态度的延伸。

公堂案最后是由两江总督周馥出面才得以了结的。中外最后达成协议:一、华方许巡捕到庭;二、领事团许以后女犯将由公廨收禁;三、英方不撤换英副领德为门(不久调往镇江);四、捕头木突生等,工部局以未经审判,是非莫属,不允惩罚。事后,清政府又以袁树勋个人的名义赔偿英国白银5万两。这是表面上照顾两方面的面子、实际上偏向于租界的处理办法。

关炯之的对外态度,与张之洞的影响可能有一定关系。对于上海道台的人选,在19世纪后期比较有发言权的是李鸿章,在20世纪初是张之洞。笔者估计,袁树勋、关炯之到上海任职,都与张之洞有关。张之洞在处理中外关系中,以强硬著称。1897年,在上海租界要求扩张的声浪中,时署两江总督的张之洞便态度强硬,要求上海地方政府严加拒绝,并要求在租界周围自动加强城市开发建设,杜绝列强扩张租界的念头,"由外间迅速力筹自造马路拦截洋人筑路之策,彼谋自沮"[1]。上海吴淞自辟商埠、南市设立马路工程局,都与这种主张有关。以关炯之与张之洞的关系,不受张的影响是不可能的。

6. 外争权益: 外滩公园案件

外滩公园位于黄浦江西岸,外滩北端,南京路东端,占地30多亩,由租界工部

---

[1] 《署江督张之洞奏严阻租界以外洋人任意侵占以收地利而维政权摺》,《清季外交史料》卷一二五。

局建成于 1868 年 8 月,是近代上海第一个城市公园。公园面积虽然不是很大,但环境幽雅,是游人休闲的好去处。但是自公园建成开始,就存在限制华人游览的问题。至于该公园门口是否有过"华人与狗不得入内"的牌示,始终存在争议。[1]对于公园限制华人入内问题,是哪些人、在什么时候、什么情况下、从什么角度提出了什么样的意见? 讨论这些问题有助于对华人社会当时的反应做出解读。

歧视与抗争

从已经面世的材料看,上海外滩公园建成后的十多年中,并没有公开挂牌禁止华人入内,但工部局授令巡捕,禁止衣冠不整的下等华人入园的事情是常有的。还在 1878 年,《申报》就发表要求开放园禁的文章,内称香港之公家花园,先前也不准华人出入,但自港督易任后,以此事殊属不公,遂裁去此令,中西人互游于园。上海与香港事同一律,弛于彼而禁于此,这是什么道理?"该花园创建时,皆动用工部局所捐中西人之银,今乃禁华人而不令一游,窃愿工部局三思。"[2]这篇文章颇能代表当时一些华人的看法。

华人可否入园,往往全凭巡捕的臆断,结果一些有身份华人入园被阻的事情也频繁发生。1881 年 4 月初,怡和洋行买办唐茂枝等上海一些商人入园被阻引起的交涉曾轰动一时。唐茂枝(1827—1897),名廷植,号茂枝,广东香山唐家湾(今属中山市)人,买办唐廷枢之兄。幼学于香港马礼逊学堂,毕业后任港英政府户籍司翻译,1849 年赴美国旧金山,被当地华人举为旧金山华商公所的总董。因维护华人利益,成为当地知名人物。1861 年回国,后进入英商怡和洋行,

---

[1] 既有研究中比较有代表性的文章有吴贵芳:《关于"华人与狗不得入内"》,《档案与历史》1986 年第 1 期;叶晓青:《民族主义兴起前后的上海》,《二十一世纪》总第 5 期,1993 年 2 月;薛理勇:《揭开"华人与狗不得入内"流传之谜》,《世纪》1994 年第 2 期;张铨:《关于"华人与狗不得入内"问题》,《史林》1994 年第 4 期;黄志雯:《"华人与狗不得入内"根本没有根据吗》,《上海滩》1994 年第 8 期;任武雄:《"华人与狗不得入内"真相》,《上海滩》1994 年第 8 期;陈漱渝:《也谈"华人与狗不得入内"》,《北京晚报》1994 年 9 月 20 日;叶青:《关于华人与狗不得入内的一些史实》,《光明日报》1994 年 6 月 13 日;Robert A. Bickers & Jeffrey N. Wasserstrom, "Shanghai's 'Dogs and Chinese Not Admitted' Sign: Legend, History and Contemporary Symbol", *China Quarterly*, No.142, June, 1995;[日]石川祯浩:《"华人与狗不得入内"告示牌问题考》,收入第三届国际汉学会议论文集历史组:《思想、政权与社会力量》,中研院近史所 2002 年版。此外,程绪珂、王焘主编的《上海园林志》(上海社会科学院出版社 2000 年版)介绍了外滩公园的历史,并将辑录 1881 年至 1928 年关于外滩公园禁止华人入内的相关资料作为附录,颇便查考。
[2] 《请弛园禁》,《申报》1878 年 6 月 21 日。

担任买办,是上海著名的华商领袖。像他这样的体面人物遭到拒绝,自然引起上海华人社会的关注。

唐氏等人不甘示弱,立即致函工部局进行质问。4 月 20 日,工部局先在复信中表示,因花园面积有限,势不能尽容华人入内,故禁止下等华人,但衣冠整洁的上等华人可以入园,暗示像唐茂枝这样的上层人物是不在禁止之列的。可是五天以后,工部局又推翻前说,表示"工部局不欲承认华人有享用公园之任何权利"。对于工部局前后不一致的表态,唐茂枝等当然有所不满,但工部局先前的表态毕竟已经对于上等华人入园问题采取了默认态度。不久,作为一种变通的办法,很快就有人提出有限制地向上等华人开放公园的建议。4 月 29 日《申报》报道说:

> 或为西人计,不如择华人行栈之家有体面者,每行分与照会数张,准其持此以为游园之执照,如持有执照则听其入内游玩。设有折损花木、作践地方等事,即可令该行赔偿,想各行家深知西例,亦决不使粗鲁龌龊之流持照往游。其或有往来过客意欲一扩眼界,即可由该行家处借照以便进园。既可公与人同乐之志,又无虑毁损糟蹋之事;而函中所谓上等华客听其入内游赏之言,亦有以自实其语,而不致人之疑为权词慰藉。[1]

《申报》的建议,得到唐茂枝等人的响应。同年 11 月,唐茂枝、谭同兴、陈咏南、李秋坪、吴虹玉、唐景星、颜永京、陈辉庭等上海上层华商联名具函,"希望工部局能允许那些高贵阶层的中国居民和外地客人进入工部局管辖之下的娱乐场所"。他们提出有条件开放的建议:

> 第一,所有善意的真诚的来花园游玩的中国人,必须出示证件。证件由工部局发给。有名望的中外人士的介绍信,或是社区居民团体委员会的介绍信,都可以作为入园的证件。第二,每星期安排两三天(星期六和星期

[1] 《书本报工部局复信后》,《申报》1881 年 4 月 29 日。

天)允许持有上述证件或介绍信的有名望的受人尊敬的当地中国人入园。第三,鉴于现在花园面积小,可以把外滩前面那块用栏杆和链条围起来的草地(译注:即外滩街道绿地)当作花园的附属场地对外开放,供大众休息散步。也就是说中国人和外国人一样,都可以使用它,随时随地都能在草地上休息。如果这样做,目前这种不公正的感觉就会消失。[1]

1885 年,唐茂枝等人致信工部局,表示自己是租界居民,也是纳税人,"中国人与外国人在使用公共花园方面遭受不同的对待是令人不满的,希望工部局想些办法来消除这种招人怨恨的矛盾"。他们从种族平等的观念出发,认为"工部局拒绝华人入园,仅仅是从种族方面来区别,这不管以权宜之计或国际礼仪作为理由,都是站不住脚的。有些事简直毫无道理,比如我们的邻居日本人和朝鲜人(高丽人)都能自由地进入公共娱乐场所,而我们中国人则由于服装的关系,竟引出意外的麻烦,被阻止在花园门外"[2]。同年,《申报》就此事情发表评论,批评工部局:

> 本埠之有公家花园也,造之者西人,捐款则大半出自华人。西人于造成之后名之曰"公家花园",以见其大公无私之意。然名则为"公家",而其实则仍系"私家"。西人得以入园中游目骋怀,往来不禁,虽日本人、高丽人亦皆得以公诸同好,听其嬉游,而独于华人则严其励禁,不得拦入。其由来也,盖已久矣。
>
> 前者鄙人曾著论说,谓此事似于"公家"两字显有矛盾。盖华人苟有执以问西人者,谓公家花园之创,与夫平时管理修葺,一切等费皆出自西人乎,仰出自华人乎?以工部局所捐之款计之,华人之捐多于西人者几何?则是此园而例以西法,华人断不至被阻。且彼日本之人其捐尤少于西人,高丽之人则竟一无所捐,而何以颠倒若斯乎![3]

---

[1][2]《唐茂枝等八人致工部局秘书函》,《上海英美租界工部局 1885 年年报》,载程绪珂、王焘主编:《上海园林志》,上海社会科学院出版社 2000 年版,附录。
[3]《论华商函致工部局请准华人得共游公家花园事》,《申报》1885 年 12 月 8 日。

这方面的批评,最尖锐的是《申报》的另一篇评论。文章从公、私之辨入手,指责工部局假公之名,行私之实:

> 今问有最不公之人,我执一己之见誉之曰,至公无私人许之乎?曰,否。今问有最不公之地,我怀一己之私称之曰,大公无我人许之乎?曰,否。然则租界之外国花园何为而以"公家"名也?曰,是,殆因华洋公捐而名之也。果尔则公家物业宜以"公家"名之,胡为乎只许洋人驻足,不许华人问津,何也?[1]

尽管报界批评不断,工部局并没有从根本上改变做法。1885 年的公园明示游览规则,仍然禁止华人入内。规则共六条(以下简称公园六条):"一,脚踏车及犬不准入内;二,小孩之坐车应在旁边小路上推行;三,禁止采花捉鸟巢以及损害花草树木,凡小孩之父母及佣妇等理应格外小心,以免此等情事;四,不准入奏乐之处;五,除西人之佣仆外,华人一概不准入内;六,小孩无西人同伴则不准入内花园。"[2]这项收入《公共租界工部局巡捕房章程》的六项规定,直到 1928 年,40 多年间在字句上或有差异,各条顺序或有变动,但基本内容没变。[3]

华人的抗争仍在进行。1889 年,唐茂枝等人联名禀请上海道龚照瑗,要求政府出面与工部局交涉,内称公园土地本属中国所有,每年维持费用,亦取诸中外人民所纳月捐,租界内中国居户之捐款又居总额大半,因此,"就权利言,自当不分国籍,一体待遇。而我华人,更居于地主之位,应得自由出入,以联宾主之欢,敦两国之谊。乃今工部局定章,东西各国绅商,不分畛域,咸得入园,独我中国人士,反遭摈拒,其不合情理,可谓无过于此矣"。他们从民族尊严的角度,说

---

[1]《论公家花园》,《申报》1888 年 9 月 21 日。

[2]《公共租界工部局巡捕房章程》第 24 项,《公家花园》,1903 年印刷,转引自上海租界志编纂委员会编:《上海租界志》,上海社会科学院出版社 2001 年版,第 703 页。

[3] 1913 年,该规则有所修改,第一条为"这些公园为外国人专用",第二条为"狗与马车不得入内",排斥华人的口气较前缓和。1917 年,规则之文字又有所修改,排斥中国人的色彩更为和缓,第一条为"这些公园为外国人所用";第三条,服装不体面者不得入内;第四条,狗与自行车不得入内。尽管有所修改,但排斥华人的意思依然十分明显。

明这个问题的严重性:

> 商等非以其园风景之佳,必欲一游而后快,诚以其基址既属中国官地,其费又大半取诸华民捐税,而中国人民,反寸步不得入,不平若斯,小之足以辱及个人,大之丧失国家尊严,试问此园既以公共为名,果将居我华人于何等地位![1]

龚照瑗赞同唐茂枝等人的意见,将信转给工部局,并从土地主权、公园资金来源、种族平等的角度,表示公园应该对华人开放:

> 从上面的信可以看出,公共花园是外国人在中国的土地上兴建的,它的资金来源是在中国人和外国人身上募集的,所以它才被称为公共花园。既然如此,花园应该让大家享受,不应该有中国人和外国人的区别。商人们的联合请求看来既不是没有道理的,也不是欠考虑的。我个人的意见,公共花园建造在中国的土地上,也用了中国人的钱,任何中国官员和商人,或者衣着整齐的、行为端正的人,他们想进去游览一下,都应该让他们进去。他们不可能影响外国人,对外国人也没有任何妨碍。如果制订出新的条款,允许中国人都可以进入花园,有什么可怕的呢?任何种族的人进入花园之后,都有可能用他们的脚随意践踏园里的花草。这与国籍无关。应该用强制惩罚的办法来防止或纠正这种行为。为此可以制订一些条款,既使公众能够享受花园的美景,又可达到保证游人安全和维护花园的目的。[2]

唐茂枝等上海华商、《申报》的评论以及上海地方官员从种族平等、公园

---

[1] 秦理斋:《上海公园志》,载《上海导游》,国光印书局1934年版,第326页。
[2] 《上海道台致英驻沪总领事许士(P.J. Hughes)函》,清光绪十五年二月十日(1889年3月11日),《上海英美租界工部局1889年年报》,参见《上海园林志》,附录。

名实的角度对工部局的批评,义正词严,无懈可击,可以说代表了当时华人各界对禁止华人入园的反应与看法。对于上海道的意见,连英国驻沪领事也认为是合理的。[1]

此后,工部局部分地采纳了唐茂枝等人的建议,也是听从了英国驻沪领事的意见,由公花园委员会或工部局秘书长,酌发华人游园证,每证限用一星期。1889 年共发 183 张,每证以 4 人计,全年入园华人也只有 700 多人而已。

但是 1890 年情况似乎又有变化,一是入园游览的中国人比以前大为增多,影响了外国人的游览;二是有些中国人在游园券上弄虚作假:

> 过去的一年,希望参观公共花园的中国人突然增多。近几年中国人来花园游览,欣赏花草树木和参观温室,都是采用凭游园券入园的制度,至今仍在实行中。这一年的春天只办理了很少的申请,但是经过一些有影响的中国人的煽动,申请入园的人就逐渐增多起来,以至于需要限制入园的人数。中国人的风俗习惯对花园可能没有什么危害,但毕竟与西方人的观念不一致,使得常来游园的外国人产生许多抱怨。花园和温室不是太吸引中国人的地方,而在电灯照耀下的乐队演奏的确吸引大量观众,迟来的外国观众就几乎无立足之地了。有几个例子说明中国人在游园券上捣鬼,如更改日期,过期的入场券再使用等。游园券的有效期限已经写得清清楚楚,他们有意乱用,实在是一种破坏行为。为此也需要限制中国人的入园人数。[2]

此后,工部局对中国游客限制更严。1890 年 12 月,位于苏州河南面、里摆渡桥东面的新公园(亦称华人公园)建成开放,专供中国人使用,张园、愚园等私人花园也对游客开放,华人便很少索证游览外滩公园了。

---

[1]《英国总领事许士致工部局主席约翰·麦格雷戈(J. Macgregor)函》,《上海英美租界工部局 1889 年年报》,载程绪珂、王焘主编:《上海园林志》,上海社会科学院出版社 2000 年版,附录。
[2]《上海市公共娱乐场委员会报告——致洋泾浜以北租界工部局》,《上海英美租界工部局 1890 年年报》,载程绪珂、王焘主编:《上海园林志》,上海社会科学院出版社 2000 年版,附录。

西人游览外滩公园

唐茂枝等所争何物?

1890 年代前上海华人社会对于禁止华人入园规定的批评与抗争,以往学者已有很充分的论述,而且多着墨于对华人要求的合理性、正义性等方面的阐述。笔者以为,这里还需讨论两个问题。

首先,租界歧视华人由来已久,并不始于外滩公园禁止华人入内的规定,但是激起华人的抗议的,为何是外滩公园而不是其他的机构? 这一点很值得分析。众所周知,上海外侨的娱乐场所,包括英国总会(即上海总会)、德国总会、法国总会、美国总会等,都禁止华人入内。著名的跑马场,从 1850 年的第一个跑马场,1854 年的第二个跑马场,到 1862 年的第三个跑马场,地点从河南路、浙江路到西藏路,从来都是禁止华人入内的,有关规则中明确写道"除西人与各会之佣仆外,华人一概不准入内"[1]。这一规则与公园六条,均载诸《公共租界工部局巡捕房章程》。以上海跑马总会为例,该会可以接受其他国籍的外国人为会员,唯独不接受中国人。1908 年上海跑马总会正式会员 320 名,其他国籍的会员约 500 名,无一为华人。为何跑马场与部分外国总会都歧视华人,但并没有激起华人的强烈抗议? 这恐怕与中国绅商对"公"的理解有关。中国近代以前没有公园,但是有中国式"公"的观念,如公德、公过、公益,也有中国式"公"的

---

[1] 《公共租界工部局巡捕房章程》第 24 项,《抛球场》,转引自上海租界志编纂委员会编:《上海租界志》,上海社会科学院出版社 2001 年版,第 703 页。

事项,如公田、公屋、社仓。这些公产,在一定范围内,并不属于任何私人或一家机构所有。外滩公园一开始宣示的中文名称,就是"公家花园"或"公花园",这很容易使中国官绅联想到公田、公屋等公产,"公园"这一符号从一开始便被嵌入国人关于公田、公屋等公产的理解架构中。唐茂枝等人立论的基础,《申报》评论的说理依据,都有公田、公屋的镜像幻化其内。相反,抛球场(跑马场在晚清的俗名)、总会之类名称,在中国人历史记忆中没有类似物。当然,外滩公园与跑马场、总会在所有权、经费来源方面不一样,这也是引起抗议的原因之一。

其次,华人社会之所以对外滩公园歧视华人产生较大反响,与领导抗议运动的华商的知识背景、社会地位极有关系。从 1881 年入园被拒引起交涉,到 1885 年致信工部局要求享受与西人同等待遇,再到 1889 年禀请上海道龚照瑗与租界交涉,积极参与抗争的华商除唐茂枝外,还有谭同兴、陈咏南、李秋坪、吴虹玉、唐景星、颜永京、陈辉庭等人。从这些人的阅历看,唐茂枝、唐景星、颜永京、吴虹玉都有西方教育背景,唐、颜、吴还有在美国生活的经历,吴虹玉本人还拥有美国国籍,他回上海以后,"第一件事就是到美国领事馆注册"[1]。李秋坪、陈辉庭或为买办,或为翻译,都是富商。整体而言,这些人多富资财,多通西文,了解西方,所从事的职业都与西人有关,在租界里属于上等阶层。可以认为,他们对西方权利与义务对应的观念比较熟悉,对于与西人进行交涉、谈判方面也有丰富经验,所以当他们本人入园受阻后,他们奋起抗争也就在情理之中了。

此外,近代上海虽然华洋共处,但是在日常生活中,华人与洋人各有自己的活动范围,两者虽有联系,但社区各异。上述买办、翻译则是联系两者的桥梁。从遭受歧视角度看,买办、翻译等是在场者,受辱感强,相比之下,那些不在场人的反应就不那么强烈。就现有的材料看,孙宝瑄、郑孝胥等人的日记中,多有呼朋唤友在张园、愚园等地聚会的记载,但是日记中没有一条对外滩公园限制华人所发的感慨。同样受到守园巡捕呵斥,富商买办与苦力乞丐的耻辱感与反应

---

[1]《吴虹玉牧师自传》,《近代中国》第 7 辑,第 299 页。

程度也不一样,所以首先站出来反对歧视的便是那些富商买办。

当然,从根本上说,唐茂枝等华商所争的,实质上是租界里所谓"上等华人"的游园权利。当租界实行凭券游园制度以后,他们目的达到,也就鸣金收兵了,1889年以后再没有见到他们抗议的资料就是最好的说明。然而,30多年后,到1926年,当冯炳南、刘鸿生等人再度与租界交涉,要求公园完全向华人开放时,人们重新记起这段历史,并赋予其新的解释。1927年《申报》的一篇文章写道:

> 本埠西人公园开放一事,远在西历一八八五年十一月二十五日我国方面即有陈咏南、吴虹玉、颜永京、谭同兴、唐茂枝、李秋坪、唐景星、陈辉廷等向工部局提议开放,俾华人得与西人享受同等待遇,但工部局方面则置之不理。[1]

在这里,陈咏南等人身份被强化为"我国方面",他们代表的是整个"华人"。这段记忆,既有历史根据,又不完全是历史复写,明显地带有当时民族主义高扬时代的印记。

"华人与狗不得入内"问题

"华人与狗不得入内"的牌示问题是外滩公园禁止华人入内公案的核心话题。从内容分析,该牌示是将公园六条的第一、第五条相提并论,并出现了侮辱性的意味。从文献的记载看,大约出现于1900年以后。

就笔者所见材料而言,最早提到这一牌示的是周作人。他在光绪二十九年七月二十日(1903年9月11日)日记中写道:上午乘车,"途中经公园,地甚敞,青葱满目,白人游息其中者,无不有自得之意。惟中国人不得入,门悬金字牌一,大书'犬与华人不准入'七字"[2]。1907年,上海当地文人李维清在所编《上海乡土志》中,虽然没有提到有类似的牌示,但抨击租界将华人与狗相提并论:

---

[1]《西人公园开放之经过》,《申报》1927年4月13日。
[2]《周作人日记》上册,癸卯年七月二十日,大象出版社1996年版,第395页。

黄浦江滨,西人有公园,芳草如茵,鲜花似锦。东西各国之人皆可游玩,即印度亡国之民、洋人豢养之犬,尚得出入自如,独禁华人入内,是彼之蔑视华人,且奴隶犬马之不若矣。喧宾夺主,实堪浩叹!可知当今之世,唯有强权足情而已。我侪宜若何努力,以洗刷奇耻耶![1]

进入 20 年代后,相关的记载仍然频频见到。1923 年,蔡和森在一篇文章里写道:"上海未开埠以前,一草一石,那一点不是华人的?但是既开埠以后,租界以内,最初是不准华人居住的,而华人与犬不得入内的标揭,至今还悬挂在外国公园的门上。"[2]1924 年,孙中山在一次演说里也提到这块牌示:"上海的黄浦滩和北四川路那两个公园,我们中国人至今都是不能进去。从前在那些公园的门口,并挂一块牌说:狗同中国人不许入。现在虽然取消了那块牌,还是没有取消那个禁例。"[3]

关于牌示问题,陈岱孙、周而复、曹聚仁、苏步青、桂祖良、宋振庭都说确实存在,并且亲见。[4]中国学者吴贵芳、薛理勇、英国学者毕可思(Robert A. Bickers)、美国学者华志建(Jeffrey N. Wasserstrom)、日本学者石川祯浩等看法则比较谨慎。这方面的讨论相当多,兹不赘述。笔者以为,石川祯浩说得似乎比较公允:

在历史上,要证明某一事项曾经"有过"并不难,而要证明其"没有"却是很难的。无论积累多少"没有"的状况证据,也并不意味着可以证明"有过"的证据没有。仅写"华人与狗不得入内"的非正式小型告示牌,或许只是其实物或者照片没有流传下来,而实际上确实存在。但是,在没有发现确定性证据的现在,可以得出如下的结论:在正式向中国人开放之前,在外

[1] 李维清:《上海乡土志》,上海古籍出版社 1989 年版,第 72 页。
[2] 和森:《被外国帝国主义宰割八十年的上海》,《向导》周报第 46 期。
[3] 孙中山:《在神户欢迎会的演说》,载《孙中山全集》,中华书局 1986 年版,第 387 页。
[4] 陈岱孙、周而复、曹聚仁、苏步青、桂祖良的说法,参见程绪珂、王焘主编:《上海园林志》,上海社会科学院出版社 2000 年版,附录。宋振庭的观点,参见《档案与历史》1986 年第 3 期。方志敏在《可爱的中国》里提到挂有这块牌示的是上海法国公园,参见该书(人民文学出版社 1977 年版)第 6 页。

滩公园门口,有过限制中国人和狗入园的告示牌。但是,一般所想像的那种有将两者连在一起记载所谓"华人与狗不得入内"的告示牌,看起来好像并不存在。[1]

不管这个牌示真实情况究竟如何,但是在业已建构起来的关于近代上海的历史记忆中,写有"华人与狗不得入内"的牌示已是近代上海的标志,无论中外,概莫能外。中国人对此牌示的历史记忆已如上述,西方人也是如此。毕可思、华志建的文章写道:当西方人听到或读到"旧上海"时,第一个跃入脑海的印象就是,"华人与狗不得入内"这个宣称的标志。这是因为,几十年来,小说家、记者、通俗史学家以及学界人士、游记作者都使他们的读者了解这个简明字句布告的存在。这个符号第一次出现在英语文本中是在 20 世纪最初十几年中,并很快成为西方著作关于中国的一个老生常谈的对象。最早的有案可稽的文献是 1914 年通商口岸记者普特南·威尔所写的小说:"布告张贴在公家花园那里。市政当局的一些蠢货在布告板上涂着'华人与狗不得入内'。我认为这太粗暴了。如果我是他们的话,我会杀了那些外国魔鬼作为报复。"[2]第一次出现于非虚构类作品则是 1917 年鲁塔锐特的《中国的发展》(The Development of China)。[3]约翰·爱培在关于上海童年的回忆录中认为,这个著名的布告成了一个"标志,以至于任何关于上海的书都不能不提到它"[4]。

多年来,笔者比较留心关于外滩公园的资料,尽管公园六条早已有之,至少在 1885 年已经明示,但在 1900 年以前的文献中,迄今未见到有人将公园规则

[1] [日]石川祯浩:《"华人与狗不得入内"告示牌问题考》,载《思想、政权与社会力量》,中研院近史所 2002 年版,第142 页。

[2] Putnam Weale, *The Eternal Priestess*, p.26. 转引自 Robert A. Bickers & Jeffrey N. Wasserstrom: Shanghai's "Dogs and Chinese Not Admitted" Sign: Legend, History and Contemporary Symbol. *China Quarterly*, No.142, June, 1995.

[3] K.S. Latourette, *The Development of China*, Boston & New York: Houghton Mifflin & Co., 1917, p.236. 转引自 Robert A. Bickers & Jeffrey N. Wasserstrom, 'Shanghai's "Dogs and Chinese Not Admitted" Sign: Legend, History and Contemporary Symbol'. *China Quarterly*, No.142, June, 1995。

[4] John J. Espey, *The Other City*, New York: Alfred Knopf, 1950, p.155. 转引自 Robert A. Bickers & Jeffrey N. Wasserstrom, 'Shanghai's "Dogs and Chinese Not Admitted" Sign: Legend, History and Contemporary Symbol'. *China Quarterly*, No.142, June, 1995.

第一、第五条相提并论的情况,也没有见到对从侮辱华人角度将华人与狗联系在一起表示愤慨的情况。那么为什么1900年以后关于牌示问题就出现了,将公园规则第一、第五条相提并论的情况就多了起来?可能的解释只有两种:其一,1900年以后,公园确实出现过仅写"华人与狗不得入内"字样的牌示;其二,20世纪初,戴着民族主义有色眼镜的人们从公园六条中品出侮辱华人的味道,并将之加以发挥。第一条暂且存而不论,第二条则是已有许多研究成果的。

考察民族主义在上海兴起的历程,笔者以为,1900年以前上海的华洋关系相对和谐,除了两次四明公所事件和小车工人抗捐事件外,没有太大的冲突,也还没有明显的民族主义意识。两次四明公所事件与小车工人抗捐事件,都是就事论事,没有上升为中外冲突。[1]但进入1900年以后,上海的华洋冲突就逐渐升格为中外问题,民族主义色彩越来越浓厚。1901年至1903年的拒俄运动,1905年的抵制美货运动,都以上海为中心,声势都十分浩大。1905年底的大闹会审公堂案,更是民族主义高涨的典型反映。1904年,《警钟日报》有一篇题为《新上海》的文章,就有相当明显的民族主义色彩。文章表述道,上海既很美,又很丑,美在地理位置,丑在被白种人占领:

> 上海何以丑?上海者,固上海人之上海,而非白皙人公有之上海也。上海人不能爱惜此天然形势,碎裂上海地图,抛弃祖父白骨,失寸失尺,渐渐干没入白人手中,宜其低头于白人势力圈下,上海人之主权,从此扫地,上海人妻孥之堕落,永无了期。嗟嗟,风月主人,宛其死矣,迷离妖梦,尚未醒乎?怪哉上海人,执几重奴券,似有余荣,受无数痛鞭,居然不觉。丑哉上海人,虽倾西江之水,洗不尽上海之污点。[2]

文章以"上海人"与"白皙人"相对,强调上海是"上海人"的上海,不是"白皙人"的上海。所谓"白皙人",当然主要是指统治上海租界的欧美人。当时人们

---

[1] 参见熊月之、袁燮铭:《上海通史·晚清政治》第3卷,上海人民出版社1999年版,第275—276页。
[2] 《新上海》,《警钟日报》1904年6月26日。

还没有将白人中的统治者、殖民主义者与普通商人、劳动者相区分,但他们以上海人与白皙人相对,且以担当全民族的振兴为己任,颇有天下兴亡、上海有责的气概。

之所以出现这种情况,一是庚子事变以后民族危机空前严重,二是上海的报纸杂志铺天盖地的宣传,张园日复一日的演说,在民心动员、舆论整合方面起了重要作用。[1]

7. 时势使然:从跑马厅到人民公园人民广场

1934年,上海《新中华》杂志以《上海的将来》为题征文,收到百余篇。其中,哲学家李石岑(1892—1934)预言:不久的将来,上海租界必然收回,那时候最繁荣的地方,仍是南京路一带,不过,一些设施的功能改变了,名称也改了:

> 最惹人注意的是跑马厅改为"人民公园"之一,成为人民集会的重要场所。……环跑马厅一带高楼大厦,如华安保险公司、外国青年会、四行储蓄会之类,均将改为各种博物馆、纪念堂、研究院等重要文化机关。[2]

另一位叫潘仰莽的先生写道:未来的上海,市中心将有中央大公园,各地随处有小公园及儿童游乐园,马路上广植树木,青葱满目,一些地方会有明显变化,最突出的是,"上海跑马厅建一大图书馆,可容二万人,计二十二层,与四行储蓄会望衡对宇"[3]。

一个预言跑马厅将被改为人民公园,一个预言跑马厅所在地将建一图书馆。1949年以后,果然如李、潘所料,跑马厅被改为人民公园、人民广场,周围多为博物馆之类设施,跑马厅大楼在很长时间里确实就是上海图书馆。

---

[1] 参见熊月之、袁燮铭:《上海通史·晚清政治》,上海人民出版社1999年版,第277页。
[2] 《上海的将来》,新中华杂志社1934年版,第72—73页。
[3] 《上海的将来》,新中华杂志社1934年版,第66页。

上海跑马厅盛况

李、潘并不是算命先生，也不是手握大权的上海市领导，他们在十七八年以前所说的话为什么那么灵验？

本书就从思想史的角度，探讨从跑马厅到人民公园、人民广场这一历史变迁背后的意义象征。

起初是休闲场所

上海先后有三个跑马厅，相继建于 1850、1854、1862 年，迭相更替，面积越扩越大，方位越来越向西。

名　　称	存在时间	范　　围	面积（亩）
第一跑马厅	1850—1854	今南京东路以北、河南中路以西、山西南路以东、宁波路以南	81.744 [1]
第二跑马厅	1854—1862	今湖北路、海口路、北海路、西藏中路、六合路、芝罘路和浙江中路弯曲构成的圆弧	171.476 [2]
第三跑马厅	1862—1951	今人民广场、人民公园范围	530.245 [3]

[1] 参见《上海房地产志》，上海社会科学院出版社 1999 年版，第 505 页。
[2] 参见《上海房地产志》，上海社会科学院出版社 1999 年版，第 506 页。
[3] 参见《上海市人民政府外事处、地政局关于收回本市跑马厅土地方案及实施步骤的报告》，载《1951 年收回上海跑马厅史料选》，《档案与史学》2001 年第 2 期。

第一跑马厅存在4年,第二跑马厅存在8年,第三跑马厅存在近90年。本书立论如不特别说明,均指第三跑马厅。

跑马厅主要由三部分构成:第一部分,环形赛马跑道、办公楼、看台,归跑马总会有限公司所有;第二部分,马厩与宿舍,归跑马总会马厩有限公司所有;第三部分,中央大片草地,备有板球、足球、网球、高尔夫球、马球、棒球等球场,供体育运动或阅兵使用,归跑马总会场地有限公司所有。

不同时期,跑马厅有不同的象征意义。

第一个跑马厅与第二跑马厅运营时,即19世纪五六十年代,在时人心目中,这是一个休闲场所,时称"公园"或"花园",所以在第一跑马厅旁边的那条通道被叫作"花园弄",即现在的南京东路的东段。第二跑马厅兴建时,在道契上注明的用途就是"公游之所",即公共游乐场所。第二跑马厅建成以后,被称为"新公园",第一跑马厅被称为"老公园"。

人们以公园称跑马厅,跑马厅在人们心目中也仅仅是休闲场所。翻看19世纪中后期报刊和文人笔记,对于跑马与跑马厅的描述,除了新奇、热闹、休闲之外,没有添加更多的政治色彩。比如,王韬在1875年出版的《瀛壖杂志》写道:

> 西人游玩之所,曰环马场。每至夕阳将落,男女联镳并乘而出,飙车怒马,几于声轰雷而影闪电。素衣霓裳,风飘欲举,见者殆疑天仙化人离碧落而来红尘也。春秋佳日,则以赛马为乐。其法各选骏驷,立帜于数里外,环驰三匝,能先至帜下者,即得优赉。当赛时,往观者若堵墙,士女如云,啧啧称美。又于环马场中互赛健足,飞行绝迹,趫捷无轮,不减高敖曹为地虎也。马路有打球场一区,专以击球之高下角力之优劣;盖亦以练习筋骨,亦犹陶侃运甓之意。[1]

王韬是1862年离开上海的,《瀛壖杂志》于1875年在广州出版,书中所记

---

[1] 王韬:《瀛壖杂志》,上海古籍出版社1989年版,第121—122页。

"环马场"的情景,当主要就第一、第二跑马厅而言。

葛元煦于 1876 年编成的《沪游杂记》,有《赛跑马》一条,所记系就第三跑马厅而言,表达的也是新奇、休闲、热闹:

> 大马路西,西人辟驰马之场,周以短栏,所以防奔轶也。春秋佳日,各赛跑马一次,每次三日,午起酉止。或三四骑,或六七骑,衣则有黄红紫绿之异,马则有骊黄骝骆之别,并辔齐驱,风驰电掣。场西设二厂,备校阅,以马至先后分胜负。第三日,增以跳墙、跳沟、跳栏等技。是日观者,上自士夫,下及负贩,肩摩踵接,后至者几无置足处。至于油碧香车、侍儿娇倚者,则皆南朝金粉、北里胭脂也,鬓影衣香,令人真个销魂矣。[1]

与赌博联系在一起

19 世纪 70 年代后期,赛马被与赌博联系在一起。根据邵建的研究,早期赛马仅仅是体育娱乐活动,没有与赌博挂钩,赛马经费包括奖金主要来自跑马总会的会费收入和洋行公司赠款。上海跑马总会实行会员制,只有会员才有资格参加赛马。有些项目的骑手还必须为参赛交纳一定费用,赛马胜出骑手会得到一定奖金。所以起先赛马仅仅是体育娱乐活动。

大概在 1873 年至 1875 年之间,开始有赛马彩票发售,跑马开始与赌博发生联系。1875 年 5 月 5 日《申报》报道:"西人赛马春秋两举,必三日,每日必有一大彩之会,前日为虹口某西人所得,昨为中和行主所得,所赢者小彩也,然亦近万金。"[2]

1876 年以后赌博与赛马如影随形,密不可分。

下面是两则刊登在 1882 年 4 月 1 日《申报》上出售跑马彩票的广告:

---

[1] 葛元煦:《沪游杂记》,上海古籍出版社 1989 年版,第 9 页。
[2] 《跑马类记》,《申报》1875 年 5 月 5 日。

跑马发财大票出售

本行西商跑马股份五千号,每张价洋四员,分半票二员,分四开一员,头彩四千员,二彩二千员,三彩八百员,余彩甚多。此票信实公平,得彩甚易,各国西人俱买此票。今在本行销售,中外仕商俱可来买,外埠由信寄英界大马路西仁大典转弯。

上洋合发来洋行启

西商跑马票出售

启者:本行创卖跑马股份票,前蒙我国领事给有照会,额定五千张,每张计洋一元,半张亦可分售。其得彩数目载明票上,头彩得洋一千元,二彩以下共有二百零七号,准于华三月十三日两点钟开彩,购买者俱可观看,决不更期。得彩者兑同票号,八五兑现。同行拆票,请来面议。倘蒙赐顾,认明本行三马为记,早来购取。外埠由局原班寄奉,庶不致误。况去年亦有数家售出马票,未闻开彩,唯本行创售有年,秉公贸易,毫无错误。特此布闻。

上洋河南路三马路口西商福记洋行应佳能兴谨启

彩票是一种赢率极低、输率极高而一旦中彩奖额可能高到难以想象地步的赌博活动,跑马厅 10 元一张的香槟票头奖的最高额可以达到 22.4 万元,这极易激发人的投机心理。所以每逢赛马,发售彩票的单位少则四五家,多则十余家,彩票面额、中彩奖额多寡不等。侥幸中彩、一夜之间顿成富翁的人时有所闻。所以买彩票的行为极为普遍。据说浦东有一位姓周的贫苦农民在遗嘱中叮嘱儿子:"饭可以少吃,香槟票不能不买。"[1]

有幸得中头彩的毕竟只有十万分之一、百万分之一的概率,换句话说,绝大多数人是血本无归。任何时代都有一输再输、死不回头的赌徒,所以跑马、彩票

---

[1] 程泽庆:《跑马幌子下的种种罪恶》,载《20 世纪上海文史资料文库》第 10 册,上海书店出版社 1999 年版,第 363 页。

带出了无数倾家荡产、跳黄浦江、喝毒药的惨剧。在二三十年代的上海,有一出家喻户晓的故事,阎瑞生害死王莲英案,就与赌马彩票直接有关。1920年,洋行职员阎瑞生迷恋赌马、输光了钱,去骗妓女的钻戒卖掉,再购马票,又输个精光。当时上海有个富裕妓女王莲英,相当出名,阎瑞生便将王莲英骗至郊外,将王杀死,抢得首饰逃走,后来被捕,处以死刑。好事者将此案编成京戏、文明戏和各种地方戏,拍成故事片,大加渲染,使得彩票害人的故事妇孺皆知。

　　赌博常常与黑幕结伴。跑马厅更是黑幕重重,有的公司在彩票售出后根本不开彩,席卷而去;有的暗中放水,该胜的不胜,不该胜的爆出冷门。

跑马总会通告牌

歧视华人的典型场所

　　跑马厅从一开始,便与歧视华人密切相连。跑马厅创建伊始就禁止华人入内看台观看比赛,除了跑马总会雇佣的马夫和杂役之外任何华人都不得入内。他们还禁止跑马场周围的华人居民在房子上任意开设窗口,规定面向马路的一

面墙可以开设窗户,其他三面一律禁止。公共租界工部局关于禁止华人入内的
条例规定:

一、此场归西董管理。

二、除赛马日及西董悬牌禁止入内之时,则各西人均可入内游玩。

三、各车只准由龙飞桥至抛球总会门口,或至其准到之处。

四、大小马匹不准在此场地训练。

五、除西人与各会之庸仆外,华人一概不准入内。

六、如欲用此场地,应先向抛球场西董禀准。[1]

跑马总会接受任何国籍的外国人,惟独不接受华人入会。1908 年时正式会
员有 320 名,其他会员约 500 名,无一华人。直到 1909 年,跑马总会才在跑马
场西边增加了一个看台,允许华人购票进入观看赛马,但华人还是没资格成为
跑马总会正式成员。1911 年之后,由于江湾跑马厅成立,形成竞争,跑马总会才
吸收少数中国人为名誉会员和聘请会员,但是所颁发的证件和正式会员却有差
别,仍旧不允许华人会员参加正规比赛。

为与租界跑马总会竞争,江湾设立华人自办的万国跑马场

由于这些原因,跑马厅长期被视为殖民主义者歧视华人的典型场所,"目为
不平等之尤"[2],与外滩公园"华人与狗不得入内"相提并论。

---

[1] 公共租界工部局巡捕房章程,1903 年印制,转引自《上海租界志》,上海社会科学院出版社 2001 年版,第 703 页。
[2] 《耻辱,跑马厅又悬恶禁令》,《凤鸣无线电新闻周报》1946 年第 3 期。

跑马厅对华人的禁令,是在汪伪时期改变的。其时,日本虚伪地表示对中国人亲善,取消英美时代的禁令,华人于是得以进入跑马厅。

帝国主义炫耀武力的地方

跑马厅中央场地,是租界最大的准公共广场,是殖民主义者公共政治活动场所,也是帝国主义炫耀武力的地方。每逢美国国庆、英国女王加冕、寿辰,外国重要军政人物来访,租界照例要举行阅兵活动,其地点总是在跑马厅。

1893 年 11 月 17 日,英美公共租界举行上海开埠 50 周年庆典,阅兵式在跑马厅举行。

1900 年 9 月 20 日,八国联军总司令、德国陆军元帅瓦德西,在结束在北方的侵华战争以后,访问上海,就是在跑马厅举行阅兵式,检阅各国驻沪军队和租界万国商团。

1918 年 11 月 21 至 23 日,第一次世界大战结束时,协约国军队连续在此举行庆祝大会。

1922 年 3 月,第一次世界大战期间的法国军队总司令霞飞上将访问上海,在这里检阅万国商团的操演。

跑马场也是外侨举行大规模集会性质活动的主要场所。柯灵在《看热闹》一文中有一段关于跑马厅举办英国国王乔治六世加冕典礼的内容:

> 时维五月(1937 年 5 月—引者),岁次丁丑,上海跑马厅举行英皇乔治六世加冕典礼。因为怕参加的人太多,预售座券,以示限制,券价分五元、二元、一元等数种。据报上说,全部坐位五万余,事先早已售罄;沿跑马厅的国际、新世界等旅馆房间,也在两星期以前定售一空云。[1]

在欧洲,每个城市都有代表这个城市的中央广场,都有代表控制这个城市

---

[1] 参阅柯灵:《看热闹》,载《柯灵杂文集》,三联书店(香港)公司 1985 年版。

的权力机关市政厅,市政厅通常位于中央广场最显著的位置。上海公共租界有自己的权力机关工部局,但是却没有自己的中央广场。先前处于租界外围、随着租界范围向西扩展、后来处于租界中心的跑马厅,就成了上海租界中央广场的替代物,实现了欧洲城市中央广场的部分功能。[1]

收回跑马厅成为时代共识

20世纪前五十年,是帝国主义在全球扩张、争斗、厮杀的五十年,也是民族主义在全球迅速高涨、蓬勃发展的五十年,反对帝国主义、反对殖民主义成为追求解放、追求民主、追求光明的时代最强音。在这样的大背景下,随着时间的推移,功能的变化,跑马厅的形象,便由先前比较单一的休闲运动场所,逐渐演变为赌博销金的魔窟、歧视华人的典型场所、帝国主义武力的炫耀场所、殖民主义权力的象征场所,成为上海最大的恶的象征。

这一思潮发展很快。1910年前后,上海人看赛马,还是两分法,谴责其赌博,但赞扬其尚武。《图画日报》有一篇配图文字写道:

> 寓沪各西商,每届春秋佳日,于跑马场有赛马之举,必在星期一、二、三等日。更于星期六举行跳浜以贾余勇。于游戏中寓尚武精神,非寻常游戏可比。兹数日内,西人咸停止办公半日,无不异常踊跃。其豪兴有足多者,绘作是图,并做跑马曲以志盛举。
>
> (跑马曲)今天跑马了,今天跑马了,大家各把会场儿来到。会场上好热闹,会场上好热闹,耳听得西乐儿声高。一霎间,红旗摇;一霎间,铁骑跑。唿喇喇,一个圈儿绕,是谁人夺标,是哪马最骁? 贺赢家,各人来脱帽。一天儿跑掉,再跑明后朝,好共把名驹赛几遭。末天儿更有浜来跳,真个是西商意兴豪,况寓看尚武精神好。[2]

---

[1] 欧洲城市中央广场通常还有市场交易、民间演出等功能,跑马厅没有这方面功能。
[2] 《寓沪西商跑马之豪兴》,《图画日报》第二册第七十八号第七页,第331页。

十多年后,到五四时期,就再也见不到这类文字了,代之而起的是诅咒、批判。

到 20 世纪二三十年代,人们便预言这个劳什子将来一定没有好下场,一定会被推翻、改变。变成什么样子呢? 变成它先前形象的对立面,变成爱国的、民主的、健康的、文明的场所。1927 年,郑振铎在慨叹上海公园太少、不敷使用、鼓吹掀起"公园运动"时,便认为:

> 我们要求在适中地点再建造十个以上之公园! 像跑马厅这样地方,实是建立公园最好的地点。这话说来太不容易实行,也许实行竟要待之于上海是为我们收回的时候! 然而我们不可不有这样的运动,不可不有这样的要求![1]

所以李石岑、潘仰尧在 1934 年会作出那样的预言。其他参加征文的许多文化人,说得不像他们二人那么明确,但也有类似的意见。也就是说,早在第二次世界大战胜利以前,改变跑马厅的功能,改变跑马厅的意义象征,已经成为中国进步思想的潮流,成为一种任何个人都难以改变的"势"。

抗战以后的收回舆论

抗战胜利以后,中国作为第二次世界大战战胜国之一,国际地位显著提高,租界被收回,改变跑马厅的时机来临了。

1945 年,就在抗战即将胜利时刻,跑马厅发生一起特别的政治事件,即悬挂国旗和撕扯国旗事件,进一步增强了跑马厅的政治象征意义。

这年 8 月 10 日,日本无条件投降的消息已经在大街小巷传得沸沸扬扬,一些店铺自动挂起青天白日满地红的国旗。跑马厅的华籍职员也兴高采烈地将国旗升上去。就在这时,跑马总会的秘书奥尔生见了,便极力反对,其理由是,日本是

---

[1] 郑振铎:《上海之公园问题》,原载《文学周报》1927 年第 4 期。参见倪墨炎选编:《名人笔下的老上海》,北京出版社 1999 年版,第 129 页。

否投降还没有证实,即使日本战败了,跑马厅是英国人的财产,也应该物归原主,悬挂英国国旗。一个要挂,一个反对,形成僵局,热血沸腾的华籍职员要将奥尔生拖出去狠揍一顿。奥尔生见势不妙,急忙打电话给日本宪兵,其时日本尚未正式投降,一群荷枪实弹的宪兵跑来,强行将国旗拉下,撕成碎片。三天以后,日本裕仁天皇宣布无条件投降,华籍职员终于扬眉吐气地将中国国旗升上去。[1]这件事在当时影响甚大,在跑马厅悬挂国旗成了国家恢复主权的象征。

1946 年 8 月,上海市长吴国桢从增加财政收入角度出发,考虑恢复赛马,要求有关部门与跑马总会商量此事。先是 1943 年 8 月汪伪政权接收公共租界以后,赛马继续了两年,并且开放禁令,让华人得以进入跑马厅。1945 年春,由于战事吃紧,赛马难以为继。其后,跑马厅中央场地一小部分租给驻沪美军,绝大部分则抛荒,野草丛生。所以吴国桢才有恢复赛马之念。

不料,一石激起千层浪。关于赛马恢复与禁止的讨论,成为上海社会关注的焦点。

1946 年 9 月,上海市首届参议会召开。收回跑马厅、改变跑马厅功能的呼声一片,仅有极少数议员支持恢复赛马。有七项提案不约而同地提出禁止赛马、收回跑马厅,改建为公园或体育馆等设施。仅第二四六、二四七、二五七、二六七、三六六号提案,合计提案人就有 12 人,连署人有 26 人。

其中,市临时参议员骆清华、万墨林、赵班斧、潘序伦等,提议请市政府将跑马厅改为罗斯福公园,意在促进中美友谊,并促使上海的世界性。市教育局副局长李熙谋等人建议,将跑马厅改作公共体育场,理由是南市西门的公共体育场范围太小,位置也比较偏。有人建议,将跑马厅改作中正公园,以纪念蒋介石的"丰功伟绩"。施驾东等四人提议、周斐成等九人连署的第二四七提案中,提出将跑马厅改为市民俱乐部,内设音乐馆、健身房、图书馆、博物馆、游泳池、展览场、书画生产物品机械等讲演室。

对于改变跑马厅的必要性,提案人多从赌博害人、跑马厅是帝国主义象征

[1]《一件扯国旗的纠纷》,《泰山》1946 年革新第 1 期。

等角度立论。

何元明、姜怀素、陆惠民、庄平等在提案中指出：

> 赛马之举，实为赌博之变相，为害之烈，足以倾家荡产，按诸实际，不啻公开之赌窟。昔在租界期间，历年所吸收市民膏血不可胜计。兹值抗战胜利，租界收回，对于外商所支持之跑马厅，亟应一并收回，分辟为公园亟运动场，以作市民公余休憩及运动之所。且以本市居民纂众，而公园及运动场寥寥无几，市民营营终日，苦乏休养身心及锻炼体格之所，若能将跑马厅辟作公园及运动场，实为目前之迫切需要。化恶薮为乐地，事固无善于此也。[1]

王维驷、王先青等人在提案中认为：

> 世界各国之举行赛马，原为一种良好之运动，同时亦可藉此改良马种，而我国之有赛马，实际乃变相之赌博。每年春秋二季，以赛马之美名，行赌博抽头之实。沪人热衷于香槟票，因而倾家荡产者数见不鲜，此实外人霸占上海租界时代之污点也。今者抗战胜利，租界收复，此种有害社会之魔窟，理应从速取缔，毋使死灰复燃，以重国体。[2]

在参议会讨论的同时，报纸上也是一片噪声。一个署名"岳云"的读者来信，对于为何要改变跑马厅的道理、如何改变跑马厅的设想，在政治色彩方面最为明显，其基调是爱国主义、民族解放、民主、文明：

> 在此灾难遍地的今日，来建筑一个公园，自未免是锦上添花，但为了涤除帝国主义遗留下来的可耻痕迹，和增进市民的精神生活，我觉得这个提

[1]《拟请市府收回跑马厅分辟公园及运动场请公决案》(提字第二四六号)，上海市档案馆：Q109—1—1997。
[2]《请征购跑马厅沿马路地产标建房屋解救房荒并将中间场地改为公共体育场以锻炼市民体魄案》(提字第二六七号)，上海市档案馆：Q109—1—1997。

议还是有重新提出,促其实现的必要。我觉得将来设计时,应该注意到教育的意义,使市民置身其中,宛如生活在一个理想的天地里,内面除了花卉池苑以后(外),还应该设置图书馆、博物馆、运动场以及歌剧场、幼稚园、小市场、行政区之类,换言之,我们应当把它建成一个理想国的雏形。一切的设置,都当含有教育的作用,甚至一个花工,一个路标,都不马虎,小市场的东西应当比大街上的高尚而便宜。行政区的活动,应当让市民来参加学习,藉以提高市民的境界,激发其远大的理想,陶冶其优美的心情。[1]

我们现在无法知道是否实有"岳云"其人,猜测是一笔名。众所周知,历史上的岳云是大名鼎鼎爱国名将岳飞的儿子,这个笔名本身,就已经赋予了爱国含义。

影响力最大的《申报》两次邀请市民投票,四天内收到 4463 封来信,按照表格逐项填注的有 1284 张,赞成开放马禁的仅 59 票,其持反对态度的 1225 票。[2]值得注意的是,反对者中,商人、学生占了绝大多数,其中商人 688 票,学生 361 票。学生通常被认为是比较理想主义的,商人是务实主义的,商人在反对恢复赛马中人数最多,这很能说明当时社会舆论倾向。

《文汇报》的一篇文章措辞最尖锐,内称"跑马厅,是帝国主义权威的象征,是上海市民百年眼泪的结晶"[3]。如果恢复赛马,可能会将太伤透市民的心。

舆论一边倒,收回跑马厅便从议论转变为行动。尽管市长吴国桢认为彩票虽迹近赌博,但每人之下注毕竟有限,仅属游戏性质,如果继续赛马,获取收入,补贴财政,补助慈善事业,于政府、社会都有很大益处,[4]到头来也只能顺从民意,不算经济账而算政治账,致力于收回跑马厅的工作。

---

[1] 岳云:《对跑马厅改建公园提出一点新意见》,《市政评论》1946 年第 8 期。
[2] 《市民投票反对赛马》,《申报》1946 年 9 月 14 日。
[3] 《跑马厅问题》,《文汇报》1946 年 9 月 14 日。
[4] 《(市长交议)为拟恢复赛马筹款补助慈善事业并充收购跑马厅场地基金是否可行提请参议会公决》(交字第一号),上海市档案馆:Q109—1—1034。

关于上海市政府交涉收回跑马厅的过程,张宁论文已经作了详尽研究。需要作点补充的是,在上海市政府交涉收回跑马厅的同时,关于收回的政治意义一直被传媒所强调。有一封据说出自小学生之手的市民来信写道:

> 市政当局大鉴:
>
> 　　近日报上载有上海跑马总会呈请贵当局开放赛马。兹因赛马之事害人害国,使国内青年以大好光阴作赌博之用,既费时又费钱,且使一般有为青年堕入深渊,弄得家破人亡,甚至自杀,诚属可惜,且把金钱流入外人之手,与目前防止外货之事毫不相符。虽能增进市府收入,却始终为一不合理且违反民意之事。若将此跑马厅改作运动场籍以提高市民体格,提高我国体育水准且可籍票价充市府收入,又可防止国货外溢一举数得,何乐不为?谨请贵当局三思,则我辈小百姓感恩也。
>
> 　　谨祝。努力事业。
>
> 小学生上。[1]

"小学生"云云,即使真的出自小学生之手,那也不过是舆论、民意的代名词。

1949 年 5 月 27 日,国民党在上海的政权被推翻,共产党接管了上海。政权更替,上海在意识形态、城市功能、道路名称等很多方面都发生了重大改变,如"中正路"命名的道路被分别改为延安路、瑞金路,"林森路"被改为淮海路,"其美路"被改为四平路,其改名规则往往有对着干、正相反的意味。但是禁止赛马、收回跑马厅的观念与 1949 年以前如出一辙,有着明显的连续性。1951 年 8 月 27 日,上海市军管会正式下令收回跑马厅土地,改建成人民公园和人民广场。

---

[1]《上海市参议会请市政府将跑马厅交涉收回的文件》,上海档案馆现存档案,Q109—01—00768。

　　赛马在上海一开始只是比较单一的娱乐场所,上海社会的反映也比较平静,以后,随着跑马厅自身功能的变化,随着时代思潮的变迁,跑马厅的象征意义一变再变,变成骗财害命的赌场、歧视华人的典型场所、帝国主义炫耀武力的地方,变成众恶丛集的魔鬼象征。改变跑马厅的呼声与反对帝国主义、收回租界、向往文明、向往民主的斗争一起高涨。从 20 世纪 30 年代李石岑等人的预言,40 年代"小学生""岳云"和《文汇报》《申报》的议论,至 50 年代的最后易名,可以看出,意识形态方面存在着明显的连续性,这种连续性没有随着执政党的变化、政权的更替而变化。

九、 缝隙效应种种

租界既是中国领土又不受中国政府直接管辖的特点,使得中国大一统的政治局面出现一道缝隙。这道缝隙虽然很小,但影响很大。这道缝隙在中国政府统治系统中,成为一条力量薄弱地带,成为持不同政见者可以利用的空间。

1. 王瀚变成王韬

还在 1862 年,这道缝隙已经初见端倪。这年 4 月初,清军在上海近郊七宝一带击溃太平军,破获署名"黄畹"的人给太平军将领的密信,黄畹实为供职于墨海书馆的王瀚,密信中为太平军所谋划的种种进攻清军、推翻清廷的方略很有战略眼光,相当切实可行,如果付诸实施,将对清政府带来致命打击。清政府获此密信,极为震惊愤怒。4 月 25 日,清廷命令江苏地方官"迅速查拿,毋任漏网"。王瀚时在苏州寓所,获此信息,先是藏匿在昆山乡间,然后悄然潜回上海,径入设在英租界的墨海书馆。上海道吴煦负有捕拿王瀚的直接使命,不敢怠慢,获悉王瀚回沪消息,急欲派兵前来逮捕,为英国驻沪领事麦华陀所阻。麦华陀为安全起见,将王瀚接到英国驻沪领事馆避难,一避就是 135 天。

在此期间,以同治皇帝名义发出的上谕要求南洋大臣薛焕、江苏巡抚李鸿章等人务必拿获王瀚,从严处治,如果不能擒拿,必将以疏纵逃犯之罪,一并惩处。清政府先是致信麦华陀,要求将王瀚引渡归案,遭到拒绝。交涉于是升级。总理衙门向英国驻华公使发出照会,提出引渡要求。英国公使卜鲁斯严加拒绝,并劝清廷宽赦其人,不必深究。

引渡不成,上海道担心王瀚秘密逃走,遂于英国领事馆、墨海书馆周围密布暗探,在车道、码头等交通要道加强警戒。那一边,麦华陀与香港方面取得联系。10月5日,王瀚在麦华陀的庇护下,乘坐英国轮船鲁纳号,悄悄离开上海,18天后到达香港。年底,他的妻子、女儿也在英国人的帮助下到达香港。此后,王瀚改名王韬,别号天南遁叟。

王瀚变成王韬,是上海租界缝隙效应的第一次典型显现。如果没有这道缝隙,则王瀚早成刀下之鬼,他纵有天大本领,也难以遁迹天南。

2. 康、黄、龚三案

自1898年至1900年,上海连续发生三起持政治异议者利用租界的特殊地位成功脱逃的案件,即康有为案、黄遵宪案与龚超案。

康有为是戊戌变法的精神领袖,是光绪皇帝实施变法的最重要指导者,原在北京活动。1898年9月21日戊戌政变发生,慈禧太后下令通缉他,捏造康有为进毒药丸谋害光绪皇帝的传言,要求抓到后就地正法。9月23日,上海道蔡钧接奉密电,购买了许多康有为照片,派人在上海轮船码头候捕康有为。9月24日,康有为逃到上海,停在船上。英国代理总领事璧利南派工部局总办濮兰德设法保护。濮问康在北京是否杀过人,是否有谋害光绪皇帝的事,在得到否定的回答以后,即以兵船将康藏匿起来。上海道闻讯,连日派人搜船,均被挡回。上海道又派兵船二艘来,英人又派兵船二艘夹护之,最后将康护送到香港。

黄遵宪是戊戌变法时期著名维新派,戊戌政变发生时,他正滞留上海,朝廷谕令查拿。1898年10月6日,上海道派兵围住黄在租界的寓所。租界当局"以保护国事犯自任",不许捉人,并派巡捕、包探多名,准备截留黄遵宪。英国驻沪总领事向清政府南洋大臣声明:"如中国政府欲将黄遵宪不问其所得何罪,必治以死,则我国必出力救援,以免其不测之祸。"日本前首相伊藤博文适在上海,乃电告日本驻华公使林权助,请其援助。林权助向总理衙门抗议此举有碍中日交谊,借口是黄原被命为出使日本大臣,后开缺。总理衙门迫于压力,只得令上海道放黄出走。

龚超是湖南湘乡人,原为长沙时务学堂学生,思想激进,1900年参加唐才常发动的自立军起义,为重要成员,谋在湖南举兵,事泄,逃入上海租界,同年12月22日,被清政府派人诱出租界逮捕。事为龚超一位友人侦知,乃向公共租界工部局及英领事求助,英国总领事以清吏此举影响租界主权及居民治安,于1901年1月12日向上海道提出抗议,上海道被迫将龚超放回租界审讯,最后判以无罪释放。龚超出狱后,赴香港,又投身反清革命。

不消说,康有为如果落到清政府手里,必死无疑。黄遵宪、龚超如果被清政府抓去,惩罚决不会轻。但是有了租界这一缝隙,他们都平安无事。

康、黄等案,凸显了上海租界在中国政治格局中的特殊地位。反清革命力量看到了这一特点,也利用了这一特点。1900年7月,唐才常、章太炎等人,公然在位于英租界西部的愚园,先后两次召开有80多人参加的中国国会,公开宣传不承认慈禧太后为首的清政府,都是租界缝隙效应的体现。

3. 苏报案震动全国

持政治异议者利用租界缝隙效应进行政治活动的典型,莫过于轰动一时的苏报案。

关于苏报案,学术界已经有了很多研究成果,毋庸赘述。这里需要强调的是,苏报案的发生、审理,都体现了租界的缝隙效应。

苏报案能够发生,其较远背景在于,自从戊戌变法以后,上海租界在中国知识分子心目中,就成为中国文明的中心、民主的阵地,是清朝统治者不能为所欲为的特殊地域。1900年初,鉴于慈禧太后要废除光绪皇帝另立大阿哥,经元善敢于在上海联合绅商士民1231人公电北京,反对建储,要求保护光绪皇帝,令慈禧太后大为震怒,这其实是利用了上海租界的特殊地位。八国联军侵华战争以后,慈禧太后、光绪皇帝等回到北京,惩办了那批支持义和团的官员,在政治上肯定了刘坤一、张之洞等人的行动,肯定了上海士绅在东南互保中的贡献,此后上海的地位更为特殊。维新派、革命派看到了这点,利用了这点,使得上海成为他们的避难所、活动据点,成为他们在国内的最主要集结地。蔡元培有一段话说得很明白:

> 盖自戊戌政变后,黄遵宪逗留上海,北京政府欲逮之,而租界议会以保护国事犯自任,不果逮。自是人人视上海为北京政府权力所不能及之地。演说会之所以成立,《革命军》、《驳康有为政见书》之所以能出版,皆由于此。[1]

苏报案能够发生,其较近背景在于,1903 年上半年,上海租界对于持不同政见的中国知识分子,采取了事实上的纵容和支持态度。这段时间,蔡元培等反清志士,在上海以《苏报》为阵地,发表章太炎的《驳康有为论革命书》摘录、邹容的《革命军》,掀起一阵阵反清革命浪潮。清政府对这股力量相当仇恨与恐慌,但事在租界,无法直接镇压,因此,清政府包括外务部、两江总督、商约大臣、上海道台与上海外国领事、租界当局进行了多次的交涉,但都无效。1903 年 4 月,正当反清宣传如火如荼之际,公共租界工部局规定新的管理章程:一、所有租界内华人和外国人,无论何案,未经会审公廨核明,一律不准捕捉出界;二、界外差人不准入界擅自捕人;三、界外华官所出拘票,需送会审公廨定夺,派员协捕。[2]这无异于宣布,租界内反对清政府的宣传,都是合法的,受到租界保护的。1903 年 5 月 25 日,上海道袁树勋照会英、美总领事,要求捉拿张园集会演说之人,被工部局拒绝。6 月 1 日,商约大臣吕海寰函告江苏巡抚恩寿,要求将张园演说为首之人密拿严办。恩寿命上海道向租界当局交涉捉人,工部局不但拒绝捉人,而且默许激进知识分子的宣传。据吴稚晖回忆:工部局巡捕房将吴稚晖等人传去,问:"你们藏兵器否?"答:"断断没有。"巡捕说:"没有兵器,你们说话好了,我们能保护你们。"类似这样的传讯,据吴稚晖说发生过

---

[1] 蔡元培:《读章氏所作〈邹容传〉》,载《蔡元培全集》第一卷,中华书局 1984 年版,第 400 页。
[2] 汤志钧主编:《近代上海大事记》,上海辞书出版社 1989 年版,第 566 页。

六次,他自己被传过四次,张园演说的活跃人物蔡元培、章太炎、黄宗仰都被传过。

6 月上、中旬,章太炎、章士钊等志士宣传反清革命越发无所顾忌。清政府加紧与租界交涉。6 月 26 日,候补道俞明震由南京抵上海,会同上海道袁树勋与外国驻沪领事署交涉,要求签票协捕蔡元培、章太炎等人。领事团仍然认为案犯属政治性质,拒绝协捕。俞、袁等继续交涉,双方勉强达成拘捕革命党人的协议,但是领事团强调:"所拘之人,须在会审公廨由中外官会审,如果有罪,亦在租界之内办理。"

苏报案的审理,更凸显了租界的缝隙特点。此案的审理是由公共租界会审公廨组织的额外公堂执行的,章太炎等人作为被告,清政府作为原告,双方聘请的律师都是外国人,这在清朝二百多年历史上"前不见古人,后不见来者"。以国家政府与自己人民打官司而听裁于外国人,这不光极其耻辱,而且不啻向全世界宣布,租界是清政府权力无法到达的特别区域。至于审理过程,清廷派出的法官不是完全不起作用,但基本不起作用,案情性质的认定、刑期的确定,都是外国领事说了算。

假如章太炎、邹容落到清政府手里,会是什么结局呢?无需回答,前有谭嗣同,后有沈荩,都是他们的榜样。苏报案审判的结果,陈范之子陈仲彝是无罪开释。假如落到清政府手里,会是什么结局呢?大概不会比康广仁好多少。康广仁在戊戌变法中,并没有多少过激的言论,也没有多少惊人的举动,但是他在戊戌政变发生后被砍了头,成为六君子之一,就是因为他是康有为的弟弟。在专制统治下,株连及弟,本属正常,株连到子,更是当然。其他三人,特别是龙泽厚,参加过自立军活动,如果落在清政府手里,重惩也不是没有可能的。如果那样,晚清历史上又要多个"六君子"事件。

抓六人,判两人,一人三年,一人两年,这样的结局,对于晚清革命党人来说,与其说是杀鸡儆猴,还不如说是虚应故事。所以革命志士并不怎么恐惧。章、邹被捕以后,革命党人时常前往探望,请律师,传消息,并将章、邹在狱中写的诗文拿出去发表。这些诗文,革命色彩丝毫未减。

对于苏报案的意义,当事人章士钊日后有一个概括的说法,认为它对于清朝统治是爆炸性的一击,意义重大:

> 前清末造,士夫提倡革命,其言词之间,略无忌讳,斥载湉为小丑,比亲贵于贼徒者,惟香港、东京之刊物能为之,在内地则不敢,抑亦不肯。洵如是者,词锋朝发,缇骑夕至,行见朋徒骇散,机关捣毁,所期者必不达,而目前动乱之局亦难于收摄也。此其机械启闭,当时明智之士固熟思而审处之。然若言论长此奄奄无生气,将见人心无从振发,凡一切运动之所谓高潮无从企及。于是少数激烈奋迅者流,审时度势,谋定后动,往往不惜以身家性命与其所得发踪指示之传达机构,并为爆炸性之一击,期于挽狂澜而东之,合心力于一响,从而收得风起云涌,促成革命之效。苏报案之所由出现,正此物此志也。[1]

4. 假孙中山案

在 1903 年前后中国许多地方一般人的心目中,孙中山是个公然造反的"恶魔",是个人见人怕、唯恐避之不及的危险人物。但在上海,情况很不一样,人们公然翻译、出版介绍孙中山的著作《三十三年落花梦》,还有人冒充孙中山,进行种种活动,致使历史发生戏剧性变化。

这件事与苏报案发生有直接关系。

众所周知,1903 年发生的"苏报案"是晚清革命风潮中的标志性事件,苏报案的发生与《苏报》性质变化密切相关。《苏报》性质的变化,即由一份不太有名、政治色彩不强的小报,变成激烈鼓吹革命的著名报纸,与章士钊担任《苏报》主笔密切相关。章士钊得以利用《苏报》毫无顾忌地宣传革命,与陈范的态度有关。但是一般人并不知道,陈范作为报馆的主人,原先并不是激进分子,也不赞

---

[1] 章行严:《苏报案始末记叙》,载中国史学会编:《辛亥革命》第一册,上海人民出版社 2000 年版,第387页。

成将《苏报》办得那么激烈,他后来态度发生了转变,其契机就在于有个假孙中山影响了他。

有关资料记载:

1903年5月27日,陈范正式聘请章士钊担任《苏报》主笔。章士钊应聘当天,便发了一篇《中国当道者皆革命党》,并发表邹容《革命军自序》,激烈鼓吹反清革命。这为陈范始料未及。第二天清晨,陈范急忙去找章士钊,章睡在床上还没有起来。陈走到章床前,声称《苏报》不应如此肆无忌惮,现在这样做,是自取覆亡。他要求章改变态度,务必温和,不要激进。陈范声容愁惨,隐忍而退。章士钊十分被动,面壁无言,自思助人办事,覆人之产,那不应该,但是违背自己思想,作违心之论,也不愿意。因此,他作好了辞职准备。

谁也没有想到,到了晚上,陈范的态度忽然有了一百八十度大转弯。章士钊自称,"正彷徨无计间,傍晚而梦坡至,出语壮烈,较前顿若两人。并毅然执余手曰:本报恣君为之,无所顾藉。余大喜过望"。

陈范态度为何前后大变? 就是一个叫"钱宝仁"的人在当中起了作用。这个钱宝仁,算得上当时上海滩一位有趣人物。他是镇江人,本为一流氓,冒充革命党。那时张园时常有集会演说,他也登台慷慨激昂一番。他在演说时认识了陈范,诡秘地自称孙中山,"秘密返国,策动革命"。陈范对他深信不疑,于是一切革命策略,惟钱宝仁之马首是瞻。钱宝仁在苏报馆谋了个办事员的位置,陈范以为他就是大名鼎鼎的孙中山,对他言听计从。那天陈范态度从早到晚发生一百八十度转变,就是因为听了钱宝仁的指示。

陈范听了假孙中山的指示,放手让章士钊鼓吹革命。6月1日起,《苏报》实行"大改良",突出宣传革命,连续刊载《论中国当道者皆革命党》《杀人主义》《读革命军》等文。不到一个月,便发生了震动中外的苏报案。

这个假孙中山,曾手示一小瓶,神秘兮兮的,谓是绿气,是秘密武器,足可抵御捕役,陈范亦深信不疑。章士钊认为,假如陈范不是听了这个假冒孙中山的话,便不会允许他那么放言革命,也就不会有苏报案。一个几近滑稽的闹剧,促成了一桩惊天动地的大案,"梦坡之愚陋如此,驯至促成革命史中一轰轰烈烈之事迹,恍若神差鬼使而为之。又若钱宝仁不骗人,苏报未必有案者然"。

钱宝仁冒充孙中山的事,那时在上海的革命志士吴稚晖、蔡元培也都知道,但名字被吴稚晖误记为"刘保恒"。吴稚晖回忆:

> 刘保恒者,每当张园演说,亦必登台,惟语无伦次,人以其自说开过大矿,要款子,大亦不要紧,日往苏报。至五月,我与蔡子民发见其介来一人,欲去广西起兵,要借五千元,刘且同来。刘既常说有大钱,何以其友又来借五千元,我一日告梦坡,想刘不可靠。梦坡曰:稚公勿疑,刘至圣至仁至义。我听了大骇,且亦不值反驳,反正我们既讲革命,听他好了,即笑笑而罢。至民国后,我与蔡子民谈及,子民说,当时梦坡曾告我,刘是孙某化名,我不信,然不驳,笑笑。国民政府到南京,刘又出现,方知为镇江一流氓,又吹其子曾出洋,什么外交都能办。

这个钱宝仁,日后苏报案发生时,他也被当作革命党抓了进去,为被捕的六人之一,后经调查,无罪释放。

风雷激荡的时代什么奇怪的事情都不奇怪,历史舞台永远比戏剧舞台丰富多彩。假孙中山案在上海的上演,恰好说明,上海租界在中国政治系统中的缝隙地位,连江湖骗子也要来利用一番。

5. 遗老避难胜地

国运鼎革之际,故国旧臣的命运,或死、或降、或隐,除极个别逃亡海外的(如明末朱舜水),并无他路可走。辛亥革命以后,清朝旧臣的命运,除了死、降(从一个角度是降,但从另外一个角度说是反正、起义)、隐以外,多了一条出路,不死、不降也不隐,而是到租界里去做遗老。那时中国有 23 个租界,对清朝旧臣有吸引力的主要有三个,即上海、天津、青岛。黄河以南的封疆大吏到上海的比较多,清廷皇室近臣、满族及蒙古族官员和黄河以北的地方大员到天津的比较多,也有一些人到了青岛。

流寓上海租界的遗老比较知名的有(按年龄排序):

冯煦(1843—1927),江苏宝应人,1886年进士,历任安徽凤阳知府、山西按察使、安徽布政使、安徽巡抚。清廷被推翻以后,痛哭失声,避地上海,后死于上海。

盛宣怀(1844—1916),江苏武进人,官至天津海关道、会办商约大臣、邮传部大臣等,在革命爆发以后,由天津经青岛,再由大连逃往日本。到1912年10月,风浪平息以后,再回到上海,以后一直住在上海。

秦绶章(1849—1925),江苏嘉定(今属上海市)人,光绪进士,历任编修、湖南乡试副考官、侍讲学士、礼部侍郎、福建学政、兵部左侍郎,辛亥革命爆发后,迁居上海,"杜门著书,宾客罕觏其面,而江湖魏阙之思,往往形诸歌咏间"[1]。

瞿鸿禨(1850—1918),湖南善化人,同治进士,官至工部尚书、军机大臣、外务部尚书,辛亥年冬,避地上海。

沈曾植(1850—1922),浙江嘉兴人,1880年进士,历任刑部主事、总理衙门章京、安徽提学使、署安徽布政使等职,1910年即辞官定居上海。在上海,坚持忠清立场,1917年参加张勋复辟,失败后仍归居上海。

陈三立(1852—1937),江西义宁人,1886年进士,曾任吏部主事等职,辛亥革命后,避居上海等地,以遗老自居。

王仁东(1854—?),福建闽县人,1876年举人,曾任内阁中书、南通知州、苏州粮道,辛亥以后居住上海,参加郑孝胥等人的读经会。

严复(1854—1921),福建侯官人,历任北洋水师学堂总教习、总办、安徽高等学堂监督、学部审定名辞馆总纂。清末已在上海置有房产,在辛亥革命爆发以后,他住在上海,以遗老自居。风浪平息以后,到京师大学堂任职,但家仍在上海。

胡湘林(1856—1925),江西新建人,1875年进士,官至湖南按察使、广东布

---

[1] 唐文治:《清故光禄大夫建威将军兵部左侍郎镶黄旗满洲副都督统秦公墓志铭》,载卞孝萱、唐文权编:《辛亥人物碑传集》,团结出版社1991年版,第690页。

政使,武昌起义以后,流寓上海,"赁庑陋巷中,出入一小车,从二三耆旧游,绝口不道世事"[1]。

陈夔龙(1856—1948),贵州贵阳人,1886年进士,官至漕运总督、湖广总督、直隶总督兼北洋大臣。武昌起义后,拒绝宣布直隶独立,1911年移居天津德租界,1912年南迁上海。闭门谢客。陈在沪生活颇为富裕,与一批遗老声伎遗意,诗酒怡情,娱老有方。每岁春秋佳日,出游江浙名胜。

沈瑜庆(1858—1918),福建侯官人,沈葆桢子,光绪举人,历任刑部主事、江南水师学堂总办、湖南按察使、贵州巡抚等职,辛亥革命后避地上海,参加郑孝胥等人的读经会。

康有为(1858—1927),在民国初年回国,在香港小住以后,于1914年定居上海,以后常住上海。

郑孝胥(1860—1938),福建闽侯人,1882年举人,历任中国驻日使馆书记官和神户领事、安徽按察使、广东按察使、湖南布政使。在清末即在上海置有房产,辛亥革命爆发以后,居住上海,以遗老自居。

秦树声(1861—1926),河南固始人,1886年进士,历任工部主事、云南曲靖知府、云南按察使、广东提学使,1911年秋,革命军起,秦移居上海,"自是不复谈世事"。

瑞澂(1864—1912),满洲正黄旗人,历任上海道、江西按察使、江苏巡抚、湖广总督。武昌起义爆发后,他镇压失败,逃到上海,躲入哈同花园。

吴保初(1869—1913),安徽庐江人,刑部主事,清末即流寓上海,为章士钊岳父,虽与倡议光复者交游,但不赞成革命,民国政府建立,即杜门谢客。

还有些人是在上海、天津、青岛等几个城市中轮流居住,如章梫(1861—1949),浙江宁海人,1904年进士,历任翰林院授职检讨、国史馆纂修、京师译学馆监督。辛亥革命爆发以后,离京到上海,以移民自居,后转青岛,在上海仍有住所。1917年张勋复辟帝制时,曾参与密谋。70岁以后,移居天津。朱家宝

---

[1] 陈三立:《皇清诰授光禄大夫护理两广总督广东布政使胡公墓志铭》,载卞孝萱、唐文权编:《辛亥人物碑传集》,第688页。

(1860—1923),云南黎县(今建水)人,1892年进士,历任保定知府、江苏按察使、安徽巡抚等官,辛亥革命爆发后,被拥立为安徽都督,旋兵败,流寓上海。民国初年,曾任直隶民政长,1917年参与张勋复辟,失败后定居天津。

改朝换代之际,君臣之义、道德操守对于旧臣来说,是人人都面临的实际问题,是一次重大考验。历史能提供的选择有三:一是忠于朝廷,或战死疆场、以身殉国,如端方、赵尔丰之类;二是逃亡外国,如盛宣怀;三是认同、顺从革命宗旨,如黎元洪、程德全、汤寿潜,还有很多临时反正的知县、知府。第一、二种选择,对于一般人来说,殊非易事。第三种选择,要分两种情况:一是真诚拥护革命共和,那在转变时内心没有痛苦;二是并不拥护革命、共和,而仅作权宜之计。对于饱读经书、一向以仁义道德律己责人的士大夫来说,那就会带来极大的内心痛苦。历史上不食周粟和贰臣传的故事,妇孺皆知,事到临头,要说完全无动于衷,那不可能,这也是换代之际,常有忠臣自杀殉国现象出现的道德原因。

既属中国领土、又不受中国政权直接管辖的租界的存在,为那些既不愿以身殉国、也无法逃亡外国、又不拥护革命共和的清廷士大夫,提供了另外一种存在空间:到租界做遗老。这样,既无杀身之苦,也无亡命之难,又无降敌之讥,于道德无亏。用郑孝胥的话来说:"余今日所处之地位,于朝廷无所负,于革党亦无所忤。"[1]于是,租界遗老成了民国初年一大特殊社会景观。对于在租界做遗老,郑孝胥有一段话很能代表遗老的心态:"世界者有情之质,人类者有义之物。吾于君国,不能公然为无情无义之举也。共和者,佳名美事,公等好为之。吾为人臣,惟有以遗老终耳。"[2]他有诗答陈三立,"恐是人间干净土,偶留二老对斜阳"[3],认为租界的存在,为他们保持道德的圆满和生活的安宁,提供了一片干净之土。

这些遗老先前在任时,多有积蓄,因此到了租界,多能购房置业,过上比较

[1]《郑孝胥日记》第三册,中华书局1993年版,第1358页。
[2]《郑孝胥日记》第三册,中华书局1993年版,第1356页。
[3]《郑孝胥日记》第三册,中华书局1993年版,第1410页。

舒适的日子。更为重要的是,他们可以继续拖着长辫子,用清朝纪年。严复在上海便不肯剪除辫子,"以示不主共和之意"[1]。陈三立到 1912 年 5 月仍蓄辫子,曾游张园,那是上海最热闹的地方,有革命党强欲剪去,陈叱曰:"必致若于捕房,囚半年乃释放!"其人逡巡逸去。[2]郑孝胥不光不剪辫子,也拒绝使用民国政府颁布的公历,而继续使用清朝纪年。郑孝胥的日记,在清帝宣布退位以后,使用的纪年方式是"宣统皇帝退位后第一年""宣统皇帝退位后第二年"。

遗老在租界的安全是有所保障的。那时的保安即巡捕是可以雇佣的,只要出了一定的钱,巡捕就可担负保护之责。上海光复以后,郑孝胥不断地收到革命党的恐吓信。1911 年 11 月 25 日、12 月 4 日、12 月 5 日、12 月 6 日、12 月 13 日,五日间先后六次有人自称"民国团""革命团"来信恐吓,扬言要杀死他,也有人咒骂他为什么不去自杀,他把这些信交给巡捕房,巡捕房便加强保安措施。

遗老在租界的精神生活也是比较宽松的。他们或莳花种树,或写字鬻画,或吟诗唱和。瞿鸿禨"与耆旧结吟社,推为祭酒"[3]。郑孝胥等人在上海组织了一个读经会,从 1912 年 7 月开始,到 1913 年 7 月,约每周一次,没有间断,参加者除了郑孝胥,还有陈介庵、王仁东、刘宣甫、杨小宋、何鉴泉、沈瑜庆、刘葆良等,所读经书有《孟子》《礼记》等,起初轮流在各人家中举行,后来基本上固定在郑孝胥寓所。

租界为遗老提供了生存空间,也为他们复辟清廷提供了活动空间。1917 年张勋复辟时,其文武班底如康有为、周馥、李经羲、赵尔巽、章梫、劳乃宣、沈曾植、朱家宝等,都是生活在租界的遗老。

在中国历史上,改朝换代是寻常事,遗老遗少也多得很,但清末民初租界遗老,人数之多,影响之大,现象之奇特,则是绝无仅有的,这在文化史、社会史上,都有深入研究的价值。

---

[1] 《郑孝胥日记》第三册,中华书局 1993 年版,第 1373 页。
[2] 事见《郑孝胥日记》第三册,中华书局 1993 年版,第 1417 页。
[3] 刘宗向:《瞿鸿禨传》,载卞孝萱、唐文权编:《辛亥人物碑传集》,团结出版社 2001 年版,第 701 页。

6. 张园演说

在近代上海,张园是市民各界最大的公共活动场所。张园赏花,张园看戏,张园照相,张园宴客,吃茶,纳凉,集会,展览,购物……张园之名,日日见诸报刊;张园之事,人人喜闻乐见。张园,成了上海人生活中不可或缺的部分。

什么服饰最流行?到张园去看。哪位妓女最走红?到张园去看。有什么时髦展览、新奇焰火、惊险运动、时事演说,到张园去看、去听、去参与!张园,最能体现上海时尚的地方,最能反映上海人气质、听到上海人声音的地方。

上海本无不分民族、不分阶级、不分性别、不分区域的公共活动场所,有之,自张园始。

张园概况

张园地处静安寺路(今南京西路)之南,同孚路(石门一路)之西,旧址在今泰兴路南端。此处原为农田,属上海县二十七保九图,土名大浜头。自1872年至1878年,英商和记洋行经理格龙(Groome)先后向农户曹增荣、徐上卿、顾上达、裘兆忠、陈掌南、顾聚源租得土地20.25亩,辟为花园住宅。格龙本以经营园圃为业,故布置颇具丘壑,有洋房一所,池沼一汪,种植荷花。四围沙路曲折,树木葱茏,旷场一片,细草平软。1879年,此地转租给英商丰泰洋行,丰泰洋行于同年及翌年先后添租华人徐炳春、顾顺坤土地两块,于1881年复将此地转给和记洋行。1882年8月16日,寓沪富商张叔和自和记洋行购得此地,计面积21.82亩,价银一万数千两,命名"张氏味莼园",简称张园。

张叔和(1850—1919),名鸿禄,字叔和,无锡东门含锡桥人。来沪时间不详,大概是19世纪70年代。他与李鸿章关系甚好,才干颇受李赏识。1880年,以广东候选道的身份,到轮船招商局帮办事务。1881年春,经唐廷枢、徐润禀请,被正式委为帮办。从1882年至1885年,他是招商局四个主要负责人之一,另三人为唐廷枢、徐润与郑观应。他起先经营海运、漕米,后专管漕米事务。1885

年 6 月,丁艰离局回沪。1885 年 9 月,因招商局亏款问题,与徐润同被革职。1887
年 1 月 20 日,因经营大陆与台湾间的商务,所乘万年青号轮船被英国一船撞沉,
船上有 83 人罹难,他因没有随众弃船逃命,而是攀上桅杆,得以幸存。此后,他似
乎再未参与招商局事务,不知是否因大难不死而改变了此后的人生路向。他主要
致力于实业,除了经营张园,还在《新闻报》、华盛纺织厂等企业中拥有股份,1915
年任振新纱厂经理,并投资 6 万元,帮助荣氏兄弟在上海创办申新一厂。

张园

张氏味莼园的典故,源于晋代张翰故事。据《晋书·张翰传》,张翰,吴县
人,才华横溢而纵任不拘,时人称为"江东步兵",被齐王司马冏辟为大司马东朝
掾。他在仕途顺畅时,忽萌退意,一日托词见秋风起,思故乡菰菜、莼羹、鲈鱼
脍,说道:"人生贵得适志,何能羁官数千里以要名爵乎!"遂辞官归里。结果,恋
于官位的同僚多在政争中丧生,他却因此而得以保全。此事成为历史上不恋官
位、退隐山林的著名典故。张叔和与张翰同姓,同是吴人,所以,用"味莼"隐寓
"张"字,也有不恋官位的含义。张园大门题"烟波小筑"四字,取唐代诗人张志
和(号"烟波钓徒")浮家泛宅之意,亦嵌一"张"字。

张叔和是个颇善经营的儒商。他一改江南园林小巧而不开阔、重悦目而不

重卫生的特点,仿照西洋园林风格,以洋楼、草坪、鲜花、绿树、池水为筑园要素。从1882年至1894年,他在原园之西,先后向农户夏成章、李锦山、吴敦利、顾裕龙等,购得农田39.71亩,辟为园区。全园面积最大时达61.52亩,为当时上海私家园林之最。[1]他在园内建筑"海天胜处"等洋房,置亭台,设花圃,栽名树。他浚通外水,让活水潆回环绕,置亭台于水中,如同海上三山,跨之以桥数座,皆请海上名人题名,有纳履、卧柳、龙钓、知星、三影等名。他在园内设茶室、戏台,并设一题诗壁,供文人雅士舞文弄墨。到80年代后期,张园已被认为是以西为主、中西合璧的新式花园,是最合于卫生之道的地方。时人这样评论:

　　自来治园之道,必有山水凭藉而后可以称盛,若毫无凭藉,空中结撰,则维扬、姑苏间或有之。维扬盐商所营,姑苏豪富所筑,不惜重资,务极华丽,不留余地,但事架叠,大抵不离乎俗者近是,何也? 以其全资楼台亭阁,装成七宝,或侈为楠木之堂,雕镂则极意精工,垩漆则必求金碧,又或堆叠太湖等石,充塞其中,绝无空隙。登陟则有失足陨身之虑,游行则有触额碍眉之苦,凡此皆治园之大弊也。……考泰西治园之用意,乃为养生摄身起见,与中国游目骋怀之说似同而实不同。西人以为凡人居处一室之中,触目触鼻,一切器物,皆死气也,西人谓之炭气,无益有损,惟日日涉园,呼吸间领受生气,西人谓之养气,乃为养身之道。若山水,若草木,若花卉,皆生气也。既领生气,尤须开怀抱。夫大开怀抱,非拓地极广极大不为功。中国人但以悦目为务,不察护身之理,往往计不及此。惟此味莼一园,能深合西人治园之旨。园之东半隅,本二十余亩,园之西半隅,今又扩二十余亩,合之五十余亩。东西浚巨沼各一,东南有池一,小港则由西而南而东,环绕四达,一苇可枕,临流赋诗,坐矶垂纶,无乎不可。浮于沼者,莲叶田田,泳于池者,游鳞喋喋。杂花生树,四时不间,奇卉列屏,千色难状。[2]

---

[1]　1894年以前,张叔和已将此地中的11.39亩转卖给华商潘源昌。1894年,张叔和将此地的48.93亩永租权转让给英商密伦敦(O. Middleton),但张园的经营权仍属张叔和。

[2]　《味莼园续记》,《申报》1889年7月16日。

1892 年,张叔和在张园新建一高大洋房。此楼由上海有恒洋行英国工程师景斯美(Kingsmill, T.W.)、庵景生(B. Atkinson,1866—1907)二人设计,由浙西名匠何祖安承建,1892 年 9 月 12 日动工,以锦砖砌成,历时一年,1893 年 10 月初竣工。景斯美以英文"Arcadia Hall"名其楼,意为世外桃源,与"味莼园"意思相通,中文名取其谐音"安垲第"。园内楼台亭阁,亦各以英文命名,有高览台、佛兰台、朴处阁、韬华阁等名目。[1]安垲第楼分上下两层,开会可容千人,它又是当时上海最高建筑,登高东望,申城景色尽收眼底。游人记述安垲第的妙处:

> 安垲第者,锦砖砌成之大洋房也。居园之西偏,高耸层霄,下临无地,周围文石阶台,宽阔盈丈,拾级而升,则重门洞开,四通八达,其中庭排宴可至五十余桌,四面走马高楼,如戏院看楼之式,而旷爽明洁,莫之与京。正面楼台,则作新月之形,云梯直上,有前报所登《味莼园记》中韬华阁者,如鸟道羊肠,盘旋而上,登其巅则园中胜景一览无余,且东西马路,棋局纵横,裙屐偕临,冠裳毕聚,车如流水马如龙,正合斯时情景。遥望洋场,觉浦树江云,绵渺无际。又名曰高览楼,目下重阳节近,正可以登高眺望,藉扩吟怀。尤可观者,庭际之顶,悬嵌极大自来火灯四盏,可三四人合抱。据西人言,其光华照耀,与日光无殊,为沪渎所未见,于今晚燃点,与庭前所放烟火两相辉映,洵入不夜之城,当更目迷五色。古昔名园称靡华者,试较之今日,恐亦退逊三舍。美景良辰,未堪辜负。及时行乐者,尚其秉烛夜游,勿失之交臂焉可。[2]
>
> 至其室中,宜于春,一俯视间,万花满目;宜于夏,四通八达,举室生风;宜于秋,风高气爽,心旷神怡;宜于冬,四座温和,宛如黍谷。且更宜于晴,春和景明,瞳瞳旭日;宜于雨,潇潇洒洒,闭户不知;宜于风,万木偃仰,摇曳生姿;宜于雪,凭栏四顾,万顷琼瑶;宜观书,窗明几净;宜作画,境静心清;宜抚琴,月明风细;宜弹棋,人散酒阑;推而及于饮酒赋诗,轻歌曼舞,有心作乐,无乎不宜。为园而至于如此美矣备矣,蔑以加矣。[3]

[1][3] 《张氏味莼园后记》,《新闻报》1893 年 10 月 2 日。
[2] 《安垲第纪游》,《新闻报》1893 年 10 月 15 日。

由此可见,安垲第设计确实相当高妙。有恒洋行是当时上海相当著名的建筑设计事务所,公共租界总巡捕房也是由他们设计的。1894 年以后,庵景生与人合伙开办通和洋行,日后成为 20 世纪初上海规模最大、影响最大、作品最多的建筑设计机构。[1]

张叔和为什么要大兴土木,耗费巨资,添建安垲第,且免费开放,以吸引游客? 开发旅游资源,增加收入,这是原因之一,这也是张叔和作为商人的精明之处。但是还有一层原因,就是鉴于外滩公园禁止华人入内而产生民族自尊心。《新闻报》所载《张氏味莼园后记》写道:

> 主人因西商公家花园不许华人涉足,华人争之不已,始为另筑一园于白大桥下,以专供华人之游憩,惜拓地少隘,殊不足以大畅襟怀也。于是就本园林之西南隅,启建楼宇一区,题曰海天胜处,既堪品茗,复可开樽,且割楼之西半隅为歌舞之所,日有都知录事前来奏技,清歌一出,舞袖群飞,顾而乐之,足令人留连忘返。自是游人日盛一日,车马盈门,裙屐满座,他园因之莫不减色,而主人曰未也,上年则又于园之西北隅,更规建极大洋楼一所。[2]

这段话并非臆测之言。张叔和是《新闻报》的大股东,这篇文章在一定意义上可视为张叔和夫子自道。

这段话非常重要,它揭示了晚清两个最著名花园即外滩公园与张园之间的联系。众所周知,外滩公园建成以后,虽一度采取发放游园证的方式,让少量所谓体面华人入内,但总体上是禁止华人入内游览的。经唐茂枝、颜永京等华人绅商出面交涉、抗争,工部局不得已于 1890 年新建一公园,专供中国人使用,亦称华人公园,位于苏州河南面、里摆渡桥东面,但是华人公园范围既小,设备又差,稍有体面之华人皆不厕身其中。

---

[1] 伍江:《上海百年建筑史》(1840—1949),同济大学出版社 1997 年版,第 96 页。
[2] 《张氏味莼园后记》,《新闻报》1893 年 10 月 2 日。

正是出于民族自尊心理,张叔和抱着不做则已,做则必求最好的想法,特请在沪的英国园林设计师来设计安垲第的方案,花园面积也一扩再扩,最初仅20多亩,后来扩至60多亩,差不多是外滩公园的两倍。

开放以后,张叔和又在经营方面动了不少脑筋。1892年初,张叔和请英国著名律师担文,致函工部局,表示愿意张园也免费向西人开放,作休息与娱乐之用,所有费用均由张叔和自己负担,但希望工部局能派一名巡捕在花园执勤,维持秩序。工部局对张园免费向西人开放表示赞赏,也愿意在聘用巡捕方面予以协助,但费用需由张叔和本人负担。[1]1903年,张叔和将张园租赁给西人爱文司的谦和洋行(Evans & Co., A.M.A)经营,此公司设在南京路32号,租金每月银千两。西人于园中,添置了一些新的游乐设施,并时常聘请西方魔术师来园表演,花园营业更盛于前。1903年7月,《新闻报》连日刊载"张叔和花园公司"大幅广告,宣传张园新开中西头等番菜馆、脚踏车大赛场、幻术宫等。

1905年日俄战争时,沙俄军队曾在院内驻扎。此后,由于西人在该园互租,管理混乱,张叔和于1909年将经营权收回。1909年4月8日,从张叔和与郑孝胥的一段对话,可以看出,此时张园已由张氏自己经营。这天,郑在张园建议张叔和:"电车至爱文义路停车处,距子园只百余步,宜署立木于道曰:游张园者在此下车,门前更署曰:坐电车者向某处,则游人必多矣。"张大谢曰:"顿开茅塞。"[2]

张园鼎盛时期为1893年以后、1909年以前。1909年,哈同花园建成,虽不完全对外开放,但吸引了不少文人雅士、达官贵人。民国以后,张园经营每况愈下,1913年10月24日,郑孝胥重游张园,已发现门前冷落,游人甚少。他遇到一位茶博士,问其在园久否,答已十七八年。二人谈起张园昔日繁盛情景,不胜物换星移之叹,"十年前,车马填咽,士女如云,今则风气尽变,淡然无竞艳逞豪之意,惟夏夜乘凉者稍多耳"[3]。此后,随着新世界、大世界次第兴起,地段、设

---

[1]《工部局董事会会议录》,1892年2月9日。
[2]《郑孝胥日记》,中华书局1993年版,第1184页。
[3]《郑孝胥日记》,中华书局1993年版,第1488页。

施、经营手段均略胜一筹,张园渐趋衰落。1914年,园中一些器具被拍卖,溜冰场亦被租出,张园越发荒废。1918年终于停办。1919年该园被王克敏购得,改建为住宅。一代名园遂成历史。

从1885年春起,张园正式向游人开放。开放之初,似乎完全免费,但从1886年1月,开始收费,门票一角。其游例规定:

> 游资一角,仆妪一例。随来童稚,概免付给。宴客听便,章程另立。花果供赏,未宜攀折。所愿游人,同深爱惜。[1]

为什么开始免费,开放一阵子却要收费了呢? 从张叔和下面的一则启事,我们可以看出其中原因:

> 本园花草,皆属中外佳种,为前主人格龙所手植。蒔花匠役按时灌溉,加意栽培,终岁辛劳,不遗余力,以故每年赛花胜会,尝邀品题,间列上品,即匠役亦列邀奖赏。自今春开园纵人游览以来,赏花客无论贵贱男女,莫不流连爱玩,珍惜同深。惟间有一种无知女妪,往往任情攀折,随意摘取。花既缘辞树而不鲜,果亦因离枝而莫顾……匠役者流,既叹前功之尽弃,又伤邀奖之无从,竟拟辞职而不居……主人不得以,敬告数行,为花乞命。所愿来游之客,各戒其随同,抱惜花之心,勿动折枝之手,不戕生物,亦证慈仁,留得余馨,同臻寿考。此则私心之所切祷者耳。味莼园主人启。[2]

1893年安垲第建成以后,张园免收门票,但对各个项目订出明确收费标准。1909年《上海指南》所载张园各项收费标准是:[3]

---

[1]《味莼园游例》,《申报》1886年1月9日。
[2]《为花请命》,《申报》1885年9月27日。
[3]《上海指南》卷八,商务印书馆1909年版,第1页。

（一）茶资　入门不取游资。泡茶每碗两角,并无小帐。

（二）茶座果品　每碟一角。

（三）洋酒　起码二角。

（四）点心酒菜　汤面每碗一角半,炒面每盘三角,绍酒每斤一角,鱼翅每碗八角,牌南每盆三角,狮子头每盘五角,卤鸭每盆三角。

（五）望楼　欲登者概不取资。

（六）书场　安垲第夏季有之,每人六角。

（七）滩簧　海天胜处有时有之,每人约二三角。

（八）弹子房　租大木弹一盘给二角,租小象牙弹一盘给二角五分。

（九）铁线架　欲打者给一角。

（十）抛球场　租地一方,每月十五元。

（十一）照相　光华楼主人在园开设,其价四寸六角,六寸一元,八寸二元,十二寸四元。

（十二）外国戏　有时有之,座价上等三角,中等二角,下等一角。

（十三）花圃　有玻璃花房,售外国花,如石兰红、美人粉等,价数角至一元数角不等;又有益田花园售日本花,如寒牡丹、樱花、青簾枫、红簾枫等,价自一元至数元不等。

（十四）假座演说　包租安垲第,一日价四五十元,茶房另给十二元,夜加电灯费十二元。礼拜日酌加租价。如事关公益,亦可酌减。须先一日关照。

（十五）假座燕客　每次给煤水及侍候人等各费共十四元,厨房代办酒席,每桌自五元至十余元不等,在外叫菜亦可。须先一日关照。

（十六）德律风　旅馆有之,第一千七百六十号。

（十七）电灯　安垲第旅馆均有。

（十八）电扇火炉　安垲第有之。

近代上海最大公共活动场所

自 1885 年开放以后的二十多年中,张园一直是上海最大公共活动场所。

这里是观光旅游、游乐的中心。安垲第的望楼登高，鸟瞰上海全景，是每一个来沪游客都想一偿的心愿。一个游客记述：

> 味莼园有登高处，南见龙华，东望海关，每重九日，游人攀而上者极夥，而似塔非塔，在跳舞堂东北隅，如角楼然。是日，雨中与孟威、新吾、邻居偕登，见云脚四垂，烟树蒙蒙，水墨烘染之烟雨图，饶有景趣。[1]

这里有弹子房、抛球场、脚踏车，有书场、滩簧、髦儿戏，有茶楼、饭馆，可吃、可喝、可看、可听、可玩、可锻炼。1903 年张叔和花园公司成立以后，这里时常举行各种体育竞赛。比如，1903 年秋举行了脚踏车大赛，华人赛程是一英里，设有贵重奖赏，参加者不限资格，只要交费五角即可，进场学习、练习者不取分文。同时，举行斗力新法竞赛，延请西国拳师毕君与菊君比赛拳术。[2]1909 年 12 月、1910 年 4 月，著名拳师霍元甲在此设擂，先后与赵东海、张某比赛，并拟与美国拳师奥皮音比试，后因奥失约而取消。

园中许多游乐设施都是参与型的，除了抛球场、脚踏车等人所熟知的以外，1903 年，园中添设了有一定冒险性质的游艺车。其法是筑高台临池，上下以车，轮行铁路，用机关运动。人出小银元二枚即可乘车，登台以后，即坐小舟，自台上推下，投入池中。舟颠荡似悬空坠下，看上去十分危险，其实全无问题。据说，"西人喜之，乘者颇众。华人胆怯，多不敢尝试"。寓沪文人孙宝瑄与友人放胆"乘坐一次，始大悟此戏可以练胆"[3]。

这里是赏花看景的最好处所。张园绿化之好，草坪之佳，风景之幽，为沪上之冠。时人形容："上海张园一带栽着许多树木，夏天在边上走，不见天日，可以算它东京帝国城。"[4]园内专门雇佣花匠，栽培了许多名花佳草，春兰秋菊，夏荷腊梅，每多名种。张叔和是有心人，他欢迎寓沪西人在园中举行花展。上海

[1] 孙宝瑄：《忘山庐日记》，上海古籍出版社 1983 年版，第 583 页。
[2] 《张叔和花园公司》，《新闻报》1903 年 7 月 14 日。
[3] 孙宝瑄：《忘山庐日记》，上海古籍出版社 1983 年版，第 740 页。
[4] 欧阳钜源：《负曝闲谈》第七回。

开埠以后,西人常于春秋两季举行花会,各家以所培植的盆花参赛,评定等第,给予奖励。赛花场所,多在徐家汇空旷之地。张园开放以后,张叔和便邀西人将花会设在园中。比如,1891年,西人在此举行花会。园中高挂各国彩旗,参赛之花的种类,数以百计,姹紫嫣红,满园芬芳。参观之人,摩肩接踵。对西人来说,一是省去临时搭棚的麻烦,二是离市区近,观众多。张叔和自己也在张园举办花会。他从世界各地引进上品奇异菊花数十种,在园内辟地种植,栽培点缀,获得极大的成功。其花身之茂,高逾丈外,每株放蕊多至百余,大若巨盆,娇艳夺目。他更不惜重资,聘请日本莳花名手,扎就各种人物走兽,西式玩器,玲珑活泼,栩栩如生。据说"似此花样之奇,东篱之妙,不但中国从来未有,即合地球五大洲,将亦推为独一无双"[1]。1897年10月,他以此为基础,举办花会,仕女云集,盛况空前。游戏报主人李伯元描述自己的观感:

> 礼拜日天气清和,爰乘马车而往。抵园后,倩园中友人为之先导,得以纵观。其中品类不一,最奇者有黄色一种,瓣后有芒刺。更一白色一种,瓣阔约二指许,洵为不可多见之品。其余粉白金黄,姹红嫣紫,皆有名目可纪。每棵开花自四五十朵至七八十朵不等,花大于碗,根肥壮,约有酒杯口粗,其最高者与人相等,各用篾竹扎就方圆三角以及脚踏车、外国桌椅一切器具式样,使花朵朵向上。又有一棵扎作两人相对形,另加头颅手足。更有一人手执摺扇,尤堪发噱。间有一棵开有黄白红紫四色,细阅枝干,颇似预为接就,又无相接痕,是诚竭秋圃之奇观矣。园中更杂以雁来红、芙蓉等卉,斗丽呈妍,与春花无异。当时欣赏者久之,徘徊不忍去。[2]

上海以洋气闻名全国,张园是展示洋气的地方。许多没有推广的洋东西,均先在张园出现。

以电灯为例,1886年10月6日,张园试燃电灯。当时上海引进电灯时间不

---

[1]《游戏报》1897年10月30日。
[2]《奇卉呈芳》,《游戏报》1897年11月9日。

长，用户不多，丰泰洋行新出电灯妙法，可以用于室中。为招揽用户，遂以游人最盛的张园为试燃场所。是晚，张园内电灯数十盏，遍布于林木间及轩下室内，高高下下，错落有致，园中各处，纤毫毕露，游园人咸以为奇观。

以照相为例。照相技术自 1839 年在欧洲发明以后，1843 年开始在来华西人中使用。19 世纪 50 年代上海开始有照相营业，19 世纪 70 年代初期，上海已有苏三兴、公泰、宜昌和恒兴等几家照相馆，但直到 20 世纪初，照相仍是很时髦的事。张园开放以后，张叔和把这一业务引进了张园，让光华楼主人在园中专门开设照相馆。"每当春秋佳日，青楼中人喜至张园摄影，取其风景优胜，足以贻寄情人，视为普通赠品。"有人以《新四季想思》咏此事，其一曰：

> 春季里相思艳阳天，我的郎呀作客在天边。拍一个照儿寄郎看，手执兰花朵朵鲜。郎呀请看奴的雪白脸，可比去年圆。[1]

照相是新奇事，不光妓女，其他游人也爱拍，尽管很贵，拍的人还是不少。郑孝胥在 1898 年 4 月 2 日便在此拍照。张元济、夏曾佑、伍光建亦曾在此合影留念。

再如气球载人表演。1890 年 10 月，西人范达山与华利在张园演放气球，华利随气球升空，并作表演。园内高挂中美国旗，观者不下数千人，企踵延颈，叹为观止。

这里是演放焰火的地方。1885 年以后，演放焰火是张园一大项目，几乎无年无之，有时一年不止一次。著名的潮州焰火、东莞焰火、高易焰火、安徽焰火，以及东洋焰火，都在这里演放。比如，1886 年 8 月 14—15 日，高易筹赈公所在张园演放焰火，筹款助赈，门票三角。1894 年 4 月 29 日，放东洋焰火，门票 2 角。1896 年 9 月，放潮州焰火，有汾阳执笛、大蟹横行、满天珠露、火树银花、四夷电转、鲤鱼逐浪、花鹿奔驰、招财进宝、珠灯献瑞、宝塔玲珑等名目。1897 年

---

[1] 《妓女在张园拍照之高兴》，《图画日报》第三册第一百四十八号第七页，第 571 页。

10 月,放东莞焰火,"焰火灵变奇巧,色色翻新,五色迷离,观者无不目迷心醉"[1]。每放焰火,张园必人山人海。报载,1886 年 5 月 1 日张园放焰火的盛况:

> 才出大马路而西,即见灯火之光,接连数里不断,望之整齐璀灿,若军行之有纪律,长蛇卷地,阵法宛然,而且往者过、来者续,无一息之停,辚辚辘辘之声,不绝于耳,东洋车之行,亦复踊跃直前,与马车直可齐驱并驾,斯已极一时之大观矣。俄而遥见空中如金蛇飞舞,车马塞途,不可复进,乃命停骖,而下步至门前,则人山人海,拥挤殊甚,阍者照票揖之入。园中花木阴翳,皆悬灯于其上。循径渐入,衣香鬓影,乌帽青衫,裙屐纷纷,履舄交错……。至新园,中西客俱攒簇立于暗陬,千头尽仰,众目争观,嗤嗤之声,荧荧之影,几于目迷五色,不可方物。[2]

这里是展览、购物的地方。除了有花展,还有画展、图片展。1909 年 11 月,中国金石书画会同人在此举行书画赛会,郑孝胥、李平书、狄楚青、王一亭等 34 人参加。园中曾展出《普法战图》,为粤人梁某所创,各图俱自日本带来,在园中展览年余。1897 年 2 月 5 日,孙宝瑄到园中观看此图,认为"绘较奇,园尤精"[3]。这套图片在当时很出名,后来以洋 3500 元卖给宁波人叶安星,叶将其迁往苏州青杨路新辟马路中展出[4]。1909 年,中国品物陈列所(俗称赛珍会)从四马路迁入张园,张园又成为物品展销的地方。各式工业品、手工业品琳琅满目,其中,电气屋最受人称道,举凡电灯、电灶、电扇、电铃、电气叫子等应有尽有。有些最时髦的舶来品,只有张园有售,别无分店。家在上海、人在外地的严复,常写信叫家人到张园买这买那。

这里是祝寿、结婚、纪念会、追悼会、宴客的场所。1886 年 10 月 6 日,著名

---

[1]《游戏报》1897 年 10 月 5 日。
[2]《味莼园观烟火记》,《申报》1886 年 5 月 3 日。
[3] 孙宝瑄:《忘山庐日记》,上海古籍出版社 1983 年版,第 68 页。
[4]《苏州租界请观普法战图》,《游戏报》1897 年 11 月 12 日。

文人袁祖志 60 岁生日,张叔和等在此为袁祝寿,有西客 6 人,华客 14 人,菜则中西合璧,有寿面寿桃,亦有西人弹琴助兴。1890 年 4 月 27 日,申报主笔何桂笙 50 岁生日,张叔和、王韬、王雁臣、袁翔甫、唐泉伯、经元善、席子眉、蔡钧、蔡尔康等 22 人,在此为何祝寿。1897 年 11 月 7 日,盛宣怀父亲盛康 84 岁生日,绅商各界为其祝寿,车水马龙,宾客盈门,极一时之盛。1898 年 5 月 25 日,日本友人松平、清浦、稻垣等过沪,盛宣怀、郑孝胥、姚赋秋、洪荫之、郑观应等沪上名流出面宴请,参加者 20 余人。1909 年 5 月 2 日,福建人林昶与浙江人徐小淑结婚,在此举行婚礼,郑孝胥为证婚人,宾客有数百人。1905 年 3 月 8 日,震旦学院 140 名学生因退学在此开纪念会,1910 年 8 月 13 日《中外日报》创刊 12 周年,也在此开纪念会。1910 年 8 月,《新闻报》主笔、上海城自治公所名誉董事姚伯欣去世,吴趼人、沈缦云等假此地举行追悼会。张园内设有中西餐馆,备有各色酒菜,可以随到随吃,也可以电话预约,所以一般性的宴客,几乎无日无之。

这里是上海妓女争奇斗胜、大出风头的地方。每至斜日将西,游人麇至,青楼中人,均呼姨挈妹而来。在 19 世纪 90 年代日必一至的为名妓陆兰芬、林黛玉、金小宝、张书玉四人。李伯元称她们为四大金刚,其得名缘由,就是因为“四人既至之后,每于进门之圆桌上瀹茗,各人分占一席,若佛氏之有四金刚守镇山门,观瞻特壮也”[1]。妓女活动的黄金地,白天是味莼园,晚上是四马路。时人写道:

> 上海闲民所麇聚之地有二,昼聚之地曰味莼园,夜聚之地曰四马路。是故味莼园之茶,四马路之酒,遥遥相对。[2]

1897 年以后的几年中,每个星期日,“花国提调”李伯元主办的、以介绍、评论妓女为重要内容的《游戏报》都多印四五百份,到张园赠送,有时还夹送妓女小照。这更添助了游人的兴趣。其时上海时装流行的特点是男人看女人,女人

---

[1] 海上漱石生:《退醒庐笔记》天香阁韵事,第 32 页。
[2] 孙宝瑄:《忘山庐日记》,上海古籍出版社 1983 年版,第 381 页。

看妓女。妓女扮演着时装模特儿的角色。时人看妓女,既是看人,也是评衣。

张园游人,春、夏、秋季较冬季为多,端午、七巧、中秋、重阳等节日较寻常为多,星期日较工作日为多,下午较上午为多,各种集会演说,几乎都在下午。查郑孝胥、孙宝瑄等人游园记载,可以很清楚地看出这点。特别是春节期间,游园之人必较平时陡增数倍。报载,1899 年春节,初三放晴,"凡青楼丽质,绣闼娇娃,宝马香车,纷然麇集,安垲第中,脂香粉腻,锦簇花团,过其地者,恍似唐明皇之游广寒仙阙,而侨寓沪滨之诸巨公,竟亦不约而同,联镳惠顾"[1]。

综上所述,张园其实是集花园、茶馆、饭店、书场、剧院、会堂、照相馆、展览馆、体育场、游乐场等多种功能于一体的公共场所。

集会胜地

作为晚清上海公共活动空间,张园最突出的一点,是它作为上海各界集会、演说的场所。

1897 年 12 月 6 日,中外妇女 122 人在安垲第讨论设立上海女学问题,上海道台蔡钧夫人等均到会。这是带有官方性质的集会,也是张园第一次百人以上的大型集会。

1900 年以后,集会、演说成为张园一大特色。1901 年 3 月 15 日,汪康年等两百余人,反对清政府与沙俄签订卖国条约,以保危局,汪允中发表《告中国文》,汪康年、温宗尧、蒋智由、薛仙舟等发表演说。这是第一次反对帝国主义的集会。3 月 24 日,吴趼人等近千人集会拒俄,孙宝瑄、吴趼人、何春台、蒋智由、温宗尧、陈澜生、方守六、李惟奎、孙季刚、黄宗仰、周雪樵、魏少塘、汪康年、薛锦琴、钱维骐等十余人演说,有数十名外国人旁听,一位朝鲜人宗晚洙发表了书面讲话。

此后,张园演说成为上海人生活中习以为常的事,每遇大事,诸如边疆危机、学界风潮、地方自治、庆祝大典,不用说,张园准有集会。比如:

---

[1] 《游戏报》1899 年 2 月 19 日。

时常举行集会的张园

1902 年 8 月 13 日，吴稚晖等人因留学生风潮，从日本回国，中国教育会百余人在张园开欢迎大会，发表演说。

1903 年 4 月 25 日，上海各界三四百人，集会拒俄反清，宣传革命，蔡元培、邹容等发表演说。4 月 27 日，寓沪绅商千余人集会反对沙俄强占东三省。

1905 年 3 月 8 日，震旦公学学生 140 余人，因反对学校当局而退学集会，齐集张园合影留念。

1906 年 9 月 16 日，为庆祝清廷宣布预备立宪，《申报》《同文沪报》《中外日报》《时报》《南方报》等多家报社联合发起，主张立宪的郑孝胥、马相伯发表演说。上海道台等人均到场。

1907 年 3 月 31 日，地方自治研究会千余人，举行周年纪念会，雷奋等发表演说。

1907 年 11 月 9 日，江苏铁路协会两千余人，争江浙路权，马相伯等发表演说。

1911 年 1 月 15 日，由伍廷芳等发起，上海各界在张园举行剪辫大会，4 万余人参加，千余人当场剪辫。

1911年3月11日,沈缦云等近千人,中国保界分会第一次会议,演说保矿、保路。同年6月11日,中国国民总会召开大会,5000人到会,沈缦云、马相伯被推为正副会长。

1911年12月2日,李平书、黄兴等千余人,沪军都督府筹饷大会。

笔者根据《申报》《中外日报》《时报》及《近代上海大事记》等资料统计,从1897年12月,到1913年4月,张园举行的较大的集会有39起。从发起人与参加人看,有学界,有商界,有政府官员,有民间人士,不分男女老少,不分士农工商,有时还有些外国人;从思想、主张看,不分革命、改良,不问激进、保守。这是名副其实的公共场所。

张园集会演说的重要特点,是公开性、开放性与参与性。许多集会演说,都在事先发布消息,欢迎各界参加。1901年的两次拒俄集会,事先都有公告。1903年4月27日,上海各界集会演说拒俄问题,事先发布的启事是:

> 启者:俄人蟠踞东三省,久假不归之意愈益彰著。如我国人不行力争,必立致瓜分之祸,必当公议挽救之法。故本埠同志定于四月初一日(4月27日)午后三下钟至六下钟在味莼园安垲第集议,凡具有爱国思想者务祈届时贲临,不胜焦盼!
>
> 同人公具
>
> 再,辛丑春间两次至张园集议之人,仍请同临为荷![1]

有些集会,动辄上千人,有不少人并不是专门前去参加的,而是正好身在园中,顺便听听。1903年4月25日,郑孝胥与汤寿潜同在张园闲游,碰到吴稚晖等人在演说,便去听听,印象是"颇动听"[2]。郑、汤的主张显然与吴稚晖、蔡元培不一样,但他到会了。1901年3月24日的拒俄集会,孙宝瑄第一个演说,据他自己所说,这并非事先安排,而是临时推定的。报纸称他是这次集会主席,他

---

[1]《张园会议传单》,《苏报》1903年4月27日。
[2]《郑孝胥日记》,1903年4月25日。

便专门要报社刊文更正,说明事实并非如此。[1]许多人演说都是即兴发挥的。中国教育会在张园举行的演说,演说者时常互相争执甚至吵骂,正是演说开放性的一种表现。张园是游人如织的地方,所以在此举行的集会,常能一呼百应,耸动视听。马叙伦回忆,张园演说他总去参加的,演说的情景是:

> 张园开会照例有章炳麟、吴敬恒、蔡元培的演说,年青的只有马君武、沈步洲也夹在里面说说。遇到章炳麟先生的演说,总是大声疾呼的革命革命。除了听见对他的鼓掌声音以外,一到散会的时候,就有许多人像蚂蚁附着盐鱼一样,向他致敬致亲,象征了当时对革命的欢迎,正像现在对民主一样。[2]

张园安垲第

独步一时

晚清上海有花园多家,比较出名的除了张园,还有古老的豫园,新辟的徐

---

[1] 孙宝瑄:《忘山庐日记》,上海古籍出版社1983年版,第317、325页。
[2] 马叙伦:《我在六十岁以前》,三联书店1983年版,第20页。

园、愚园和南市西园等。

徐园,亦称双清别墅,1883年寓沪浙江丝商徐鸿逵所建,园址初在闸北唐家弄(今福建北路),占地3亩,1909年,徐鸿逵子徐仁杰、徐文杰以周围过于嚣闹,迁筑于康瑙脱路(今康定路)5号,面积扩至5亩,布景一依旧式,有草堂春宴、曲榭观鱼、桐阴对弈、萧斋读画、平台眺远、长廊觅句、盘谷鸣琴等十二景。[1]游资一角,茶资每碗二角。此园以优雅古朴闻名,占地不多而结构颇称可观。园中筑一大厅,名鸿印轩,有戏台者,专为演说与演戏而设。台前有联云:"莫道戏为嬉,却是现身说法;请观歌以可,无非借口宣言。"[2]园主人爱好书画曲艺,结诗社、曲社,艺术界人士常在此雅集。

愚园,在静安寺路西首赫德路(今常德路)8号。此处在光绪初年建过一个小花园,园中有一小洋楼,因取静安寺涌泉之水煮茶揽客,故名品泉楼。1890年寓沪宁波商人张某购下产权,易名愚园,以后二十多年中五易其主,镇海叶氏、阳湖刘氏先后经营过。大门前草地一方作月弓形,园内分东西两所,东为台榭,西为花圃。台榭之间,以敦雅堂一带为最佳,有水池、亭台,池水清涟,树荫繁密。池畔有倚翠轩、花神阁、鸳鸯厅等风景点。花神阁在假山上,有辜鸿铭英文诗及德文诗石刻。敦雅堂前有高大洋房,能容五六百人,可供演说、集会。楼阁参差、山石嶙峋之间,杂以松竹高槐,绿荫夹道。西圃筑玻璃房,辟草畦,豢养鸟兽,有田家风味。此园对外开放,游资每人一角,茶资每碗二角,在民国五六年时改作他用。在清末的十来年中,愚园是举行集会演说仅次于张园的地方,也是唯一可以与张园相提并论的花园。比如:

> 海上繁华,甲于天下,则人之游海上者,其人无一非梦中人,其境无一非梦中境。是故灯红酒绿,一梦幻也;车水马龙,一梦游也;张园愚园,戏馆书馆,一引人入梦之地也。[3]

[1] 《上海县续志》卷二七,宅第园林。
[2] 中华图书集成公司编辑所编:《上海游览指南》,中华图书集成公司1919年版,第23页;《愚园》,《图画日报》第一册第四十八号,第566页。
[3] 孙家振:《海上繁华梦》自序,江西人民出版社1988年版,第1页。

南市西园,在西门外斜桥东首滨南,占地数亩,由张逸槎等发起修建,1908年建成开放,门票一角二分。园外架以板桥,桥上有门,门内有廊,沿廊架棚,中央有四面厅一座,厅前有小假山,亭台楼阁一应俱全,也有剧场等设施。张逸槎等为上海地方自治的重要人物,他们在建造了内地电灯公司分厂以后,见尚有余地,又感于南市没有公共游览场所,才集资造了此园。

城隍庙豫园在晚清时分为东园与西园,时人习称东园、西园,也是向公众开放的花园。因其地处城内,所以只举行过抵制美货、禁烟等清政府允许的集会。

此外,还有顾园、颐园、怡园等小花园,也零星地有过一些集会演说,规模多不大。

相对于其他花园,张园的特点有五:一是大,占地70余亩,为众园之最,余园多地广数亩,愚园可能大些,具体面积不详,但从地图上可以看出来没有张园那么大。二是洋,徐园、豫园均为传统江南园林风格,张园基本是西洋风格。诚如晚清人评论,"张氏之味莼园以旷朗胜,徐氏之双清别墅以精雅胜"[1]。三是开放较早。张园自1885年正式对外开放,徐园先前仅对少数文人开放,到1909年迁入新址以后才正式对外开放。至于南市西园,建成已是1908年了。四是位置适中。愚园太远;徐园先是太闹,后是太偏。但他们与张园同处于租界,所以演说会之类也还有些。豫园的东西二园,南市西园,因处于华界,在清政府有效控制范围之内,政治性的集会演说较难开展。张园东面离跑马厅不远,北面紧贴静安寺路,南面是富裕绅商的住宅区,西面是当时全上海绿化环境最好的静安寺地段。在张园开放以前,静安寺一带已是上海绅商郊游的胜地。郑孝胥描述他在1882年初游静安寺的情况是"夕阳横野,游人如织,粉黛罗绮,香闻里许"[2]。五是免费。张园自安垲第建成以后,便免费开放,游人可随意入园与登高,其他花园都要收取门票,愚园一角,西园一角二分。是否收费,看上去似乎仅是一角钱的小事,其实不然,它实质上涉及能否随便、自由入园的大问题。收费,不但截住了那些无钱或舍不得购票的游客,而且挡住了那些无意识、无目

[1]《论杨树浦新筑花园》,《申报》1888年11月7日。
[2]《郑孝胥日记》,1882年4月14日。

的来园自由走动、赏玩的游客,而这些人,正是作为一个公共空间形成的重要因素。

集会演说与社团议事,有同有不同。同是开会,这是相同点。社团议事是通过讨论的方式,求得团体内部的意见一致,集会演说则是由精英分子将自己的主张、意见向民众灌输,议事是少数服从多数,演说是少数说服多数。这是不同点。有无足够多的听众,是演说能否取得成功的基础。

由于以上几点,张园在晚清上海享有很高的声誉。时人评论:

> 近年以来,沪北所筑园林数处,可资消遣,其中则以张氏味莼园为最胜。何也?他处皆有湫隘之嫌,惟此间地将百亩,水势回还,加以一片平芜,四围绿树,两方巨沼,几簇楼台,罗罗清疏,恢恢阔大,其景淑且和,其气疏以达。有时柳梢月上,群瞻碧落清光,有时水面风来,共醉红蕖香气。坐花阴而偶语,只听喁喁;倚石畔而怡情,何妨默默。荷兰水好,未须雪藕而调冰;吕宋烟香,且佐评茶而品茗。云如罗薄,历历星光;露比珠圆,微微凉意。以视他处之张灯万盏,满室辉煌,烧烛千枝,一庭炫耀者,真觉静躁之不同,而清浊之迥异也。……味莼园以几及百亩之地,广栽竹木,大开池沼,远在郊垌之外,断绝尘嚣之声,宜乎人人不惮车马之劳,夜夜来为不速之客。[1]

> 本邑租界各花园,地址以张园为最大……园内有弹子房、点膳铺、抛球场、茶座、照相馆等。其最高大之洋房曰安垲地,中央平坦,四周有楼,上下可容千人,故凡开会演说,恒有赁此者。楼之东北隅,复筑有望楼一,拾级而登,可纵览全沪风景。安垲地之西南,曰海天胜处,即现在之中国品物陈列所,幽雅宜人。东北隅有西式旅馆,南首有曲池一,板小桥三,池内荷花,红白掩映。池心有小屿,杂栽松竹。桥西垂杨,与四围杂树,摇曳生姿,颇饶画景。以是春秋佳日,士女如云,咸以此为游览地,盖沪上园林中巨擘也。[2]

---

[1]《论避暑纳凉之盛》,《新闻报》1893 年 8 月 1 日。
[2]《张园》,《图画日报》第一册第十号第二页,第 110 页。

人们从几个花园的比较中，说明张园的地位："西园，学生之天乐窝也；徐园，名士之天乐窝也；愚园、张园，豪客、妓女之天乐窝也。忽而结婚，忽而悼死，忽而欢迎，忽而饯别，可怜上海适用地，仅此而已。"[1]还有人认为，张园不仅是上海人最爱去的花园，而且是所有来沪中国人最爱游的地方：

> 味莼园有大楼，厅名安垲第，规制宏敞，有人云仿佛美总统宫殿。每礼拜日，士女云集。几座茶皿，皆极精雅。凡天下四方人过上海者，莫不游宴其间。故其地非但为上海阖邑人之聚点，实为我国全国人之聚点也。[2]

可能由于张园的名气太大了，后人在回忆晚清一些集会活动时，常会将发生在其他花园的事说成是张园。最典型的是关于中国国会的描述。

1900 年 7 月 26 日，严复、容闳、唐才常以挽救时局为名，约集上海维新人士 80 余人，召开"中国国会"，到会人除唐才常外，还有容闳、严复、章太炎、文廷式、吴彦复、叶瀚、狄楚青、张通典、沈荩、龙泽厚、马相伯、毕永年、林圭、唐才质等，可谓名流荟萃。会议通过了不承认以慈禧太后为首的清朝政府等主题，以无记名方式选举容闳为会长，严复为副会长。7 月 29 日，又开过一次会，确定了国会的书记、干事等人选。会议以后，唐才常等便分赴汉口等地发动震动全国的自立军起义，所用名称便是"中国国会自立军"。"中国国会"的举行，是中国近代政治史和思想史上的一件大事，是发生在上海的第一次具有反对清朝政府性质的民间集会。

会议的地点在哪里？冯自由的记载是张园，他在《记上海志士与革命运动》中，有一节《张园之国会》，专记此事。张篁溪的《自立会始末记》记载的是张园。唐才质的《自立会庚子革命记》记载的也是张园。但是孙宝瑄《日益斋日记》记的是愚园。哪一个确切呢？我以为是孙的记载。冯、张均非当事人，所述亦非

---

[1] 骚心：《上海之百面观》，《民立报》1910 年 12 月 27 日。

[2] 孙宝瑄：《忘山庐日记》，上海古籍出版社 1983 年版，第 589 页。

当时所录。唐虽为当事人之一，但所述为多年以后的回忆。孙不但是当事人，且日记为当时所记：

> 七月一日（7 月 26 日）　是日上海同志八十余人，大会于愚园之南新厅，群以次列坐北向。浩吾权充主席，宣读今日联会之意……令大众以为然者举手，举手者过半，议遂定。乃投票公举正副会长，令人各以小纸自书心中所欲举之正副姓名，交书记者。书记收齐点数，凡举正会长以举容纯甫为最多，计四十二人；举副会长以严又陵为最多，计十五人。于是容、严二公入座。容公向大众宣讲宗旨，声如洪钟。在会人意气奋发，鼓掌雷动。[1]

对于 7 月 29 日的会议，孙也有详细记载，他是被推选的十名干事之一。

弄清会议地点是重要的，但更重要的是，为什么在愚园开的会议而被许多人说成是张园？我以为，这是因为日后在张园开的会议太多、张园名气太大的缘故，张园已经成了集会的象征符号，当事人会发生记忆错位，局外人则会想其当然。这从另一方面说明了张园的特殊地位。

缝隙产物

私家花园古已有之，但像张园这样私园公用的情况却没有先例。张叔和怎么会想到自己辟一个花园然后对外开放的呢？这与上海租界的公园管理制度有关。

西方的公园出现于近代初期，开始是由皇家贵族的私家园林向公众开放而形成的，如伦敦的海德公园。19 世纪中叶美国出现了经过设计、专门供公众游览的近代公园，如纽约的中央公园。西人来沪以后，很容易想到辟设公园的问题。1868 年，上海租界最早的公园外滩公园建成，但限制华人入内。其后，虹口

[1] 孙宝瑄：《日益斋日记》，载中国史学会主编：《中国近代史资料丛刊〈戊戌变法〉》（一），上海人民出版社 1957 年版，第 540 页。

公园、顾家宅公园、兆丰公园次第辟设,但也都不许华人入内。华人占租界人口绝大多数,交纳的税款占租界税款的大部分,但用此税款建造的公园却不让华人入内,这不管怎么说,对华人的民族感情都有极大的伤害。这刺激了张叔和等人自辟花园、对外开放的念头。

集社集会,在中国古已有之,东林党、复社、几社是其著者,至于文人画社、诗社,更多,但这些都不能与张园的集会演说相比。其主要区别有三:前者是文人之间的事,后者是社会大众的事;前者关注的主要是学术(当然有时也与政治有关),后者关注的就是政治;前者是封闭的,后者是开放的。

通过张园集中体现出来的遇事动辄集会演说,动辄通电,上海人的这种表达政见的形式是怎么形成的呢?

这与晚清上海的社会结构有关。

租界的统治者是工部局,是由外国领事、大班组成的董事会、纳税人会议,租界的大事诸如市政、税收、防卫等由他们决定。对于社会的一般事务,特别是有关华人社会的事,除了刑事案件由华官负责、西人会审的会审公廨处理以外,工部局并不过问。华人遇事,首先想到的往往不是政府,而是会馆与公所等同乡或同业组织。小自寻找工作、租赁房屋、民事纠纷,大至与租界当局发生冲突,租界华人多依靠这些组织。遇事由会馆公所集议,是解决社会问题的习惯思路。自政府一面而言,无论是租界当局,还是上海道、上海县政府,也都认可同乡组织的这种功能。但是有些事越出了同乡或同行的范围,不是会馆公所所能解决的,但又与市民们密切相关,比如,公园问题,妇女不缠足与教育问题,沙俄侵占东三省的问题,反对美国排斥华工问题,地方自治问题,立宪问题。于是,创造不分何方人士、不分行业、阶级、性别的更大范围的公共空间的要求,便被提了出来。张园在地理、人流、会场设施等方面,都能满足这方面的要求,于是成为最合适的场所。

张园这一公共空间的形成,与上海特殊的政治环境密切相关。租界既是中国领土又不受中国政府直接管辖的特点,使得中国大一统的政治局面出现一道缝隙。这道缝隙在清政府统治系统中,成为一条力量薄弱地带,形成反对清政府的力量可以利用的政治空间。最早意识到这一特点的是维新派,康有为、黄遵宪等维新志士都利用了这一特点。1900 年中国国会的召开,《革命军》《驳康有为论革命书》等公然攻击清政府的书籍的出版,都是租界缝隙效应的体现。

1903 年 4 月 19 日,正当张园集会演说如火如荼之际,公共租界工部局规定新的管理章程:一、所有租界内华人和外国人,无论何案,未经会审公廨核明,一律不准捕捉出界;二、界外差人不准入界擅自捕人;三、界外华官所出拘票,需送会审公廨定夺,派员协捕。[1]这无异于宣布,张园举行的那些反对清政府的集会演说,都是合法的,受到租界保护的。

租界当局这么做,有维护租界权益的考虑,有英美等国对慈禧太后统治不满的因素,更有法律上、文化上差异的因素。在清政府看来,随意批评政府,形同叛逆,罪该杀头,但在西人看来,言论自由,是人人应享的天赋权利,应予保护。

这样,由于上海特殊的社会结构,由于租界的缝隙效应,由于东西文化的差异,地处租界的张园,便逐渐演变成上海华人能够自由发表意见的公共场所。

张园演说与上海移民社会整合

张园这样的公共空间的形成,对于上海移民社会的整合、上海人意识的产生,有着重要的作用。

上海居民来自五湖四海,到上海以后,所处之处,是由两个租界和华界三个不同的市政管理体系构成的,华界又被分割成县城、南市、闸北等区域,所以,开埠以后的四五十年中,上海居民并没有一个完整、统一的上海地域概念。对不少居民来说,上海是个避难、淘金的地方,不是他们永久驻留之地,他们只是上海的过客。大量事实表明,在开埠以后的四五十年里,上海居民一般还没有从同乡单一认同进入同乡与上海双重认同的阶段。1853 年到 1855 年,上海爆发了著名的小刀会起义,其成员主要是在沪的广东人与福建人。上海居民一般将

---

[1] 汤志钧主编:《近代上海大事记》,上海辞书出版社 1989 年版,第 566 页。

此视为广东人、福建人的事。起义失败后,官府也主要追究在上海的福建人、广东人的责任。事后,清政府采取的十条惩办措施中,有三条是专门针对福建、广东人的,即慎选闽、广会馆董事;递籍安插闽、广游民;闽、广商民会馆一律迁出城外。19世纪70年代,上海爆发了四明公所事件,在沪宁波人与法租界当局发生冲突,上海居民一般也只认为是宁波人的事。1893年,公共租界举行上海开埠50周年盛大庆祝活动,上海华人踊跃参加,但他们打的旗帜是"广帮""宁帮"之类,并不是代表整个上海华人。

20世纪初,上海移民开始出现了对上海身份认同的趋向。论据有以下四点:

第一,上海人整体意识的萌发。1900年,经元善等1300多人通电反对慈禧太后废除光绪皇帝,所用名义是"上海寓居绅商",其中绝大多数包括经元善本人都不是上海本地人。应当说,这样署名,既突出了他们的上海身份,又含有他们不是上海本地人的意思。但外界报道或谈论时,往往径称"上海绅商"。1901年、1903年、1905年,上海接连爆发声势浩大的拒俄运动和抵制美货运动,这些带有强烈的民族主义色彩的运动,与以往四明公所事件等相比,最突出的一点,便是运动不是以某地人关心某地事的方式出现,而是以上海人关心中国事的方式出现。吴稚晖、蔡元培、章太炎等在张园等处演说,报纸上登出消息,多称之为"上海绅商""上海志士"。"寓居"两字一去,突出了他们的上海身份。这些绅商在对外联系中也有意无意地突显"上海"二字,并俨然以上海发言人自居。蔡元培等人领导的中国教育会在给东京军国民教育会的致词中,便一再表示上海会如何如何,有"东京虽散,上海不散"等语。

第二,"上海人"概念的出现。具有文化意义的"上海人"的概念,出现于20世纪初。1904年,蔡元培等人主编的《警钟日报》发表题为《新上海》的社说,明确地提出了"上海人"概念:

> 上海何以美?上海者,上海人之上海也。上海人得此天然地势,宜其组织特色文明,随上海潮流,灌注全国,使全国人饱饮吾上海文明乳汁,再

出其余力灌注全地球,使全地球人饱饮吾上海文明乳汁。果尔,则全国人民脑智之发达,皆受吾上海人之赐,全地球人民脑力之扩充,皆食吾上海人之福。上海人荣耀,即上海荣耀。上海形势既不辜负吾上海人,吾上海人又安得辜负此上海形势?[1]

主办《警钟日报》的人,即蔡元培、刘师培、汪允宗、林獬、高旭、陈去病等人,没有一个是上海本地人。他们所说的"吾上海人",当然包括他们自己在内的。这不但表明他们自己对上海人身份的认同,而且说明他们已有明确的上海人群体意识。再过几年,到辛亥前后,在报刊书籍中,"上海人"不但是一个频繁出现的词汇,且与北京人、汉口人、南京人并提。由此可见,"上海人"概念的形成,当是19世纪末20世纪初的事。

第三,上海地方自治运动。1905年,上海地方士绅郭怀珠、李平书等,鉴于华界市政建设远远落后于租界的实际状况,发起地方自治运动。这个运动持续了9年,修路100多条,筑桥60多座,建造码头6个,新辟、改建城门9座,制订了各种各样市政管理条例。通过这一运动,上海的华人社会逐渐整合为一个有机的整体。领导这一运动的士绅,很多不是上海本地人,而是外来移民。地方自治领导机构为议会与参事会,议会由33人组成,由领袖总董与办事总董5人领导,领袖总董李平书是上海本地人,办事总董4人,莫锡纶、郁怀智是上海人,而朱葆三是浙江人,曾铸是广东人。至于参事会中,外来移民更多。董事都是经上海绅商选举产生的。这个运动本身便是地方身份认同的一种表现。

第四,上海辛亥革命的方式。从1903年的苏报案,到光复会成立、同盟会中部总会的活动,到1911年上海起义,上海反清革命的主体,多不是上海本地人。反清起义成功后成立的沪军都督府,为上海军政领导机关。这一机构的成员,绝大多数不是上海本地人,都督陈其美是浙江人,参谋长黄郛是浙江人,外

[1]《新上海》,《警钟日报》1904年6月26日。

交总长伍廷芳广东人，财政部长沈缦云是江苏人，交通部长王一亭是浙江人，闸北民政长虞洽卿是浙江人。他们主持着上海的事务。只有民政部长李平书、军务部长钮永建是上海本地人。辛亥时期各地反清起义普遍规律是当地人谋当地事，各地军政府均由各地人充任。陈其美等在上海举事，在上海主政，这是他们对上海身份认同的一种标志。

这些标志性的事件，无一不与张园之类的公共空间的作用有密切关系。可以说，酝酿革命，筹划组织，讨论自治，形成上海意识，甚至上海话的逐渐定型，都与张园这样的公共空间有一定的关系。

游园分析

张园这一公共空间，对上海各界都有巨大的吸引力。笔者综合《申报》《游戏报》《新闻报》《中外日报》《郑孝胥日记》《忘山庐日记》《严复日记》等有关报道和记载，发现常去张园的人，商界、文化界的都很多。其中，属于报人、文化人的有王韬、钱昕伯、何桂笙、黄式权、袁祖志、汪康年、梁启超、李伯元、吴趼人、狄楚青、叶瀚、蒋智由、高梦旦、蔡元培、张元济、马相伯、严复、辜鸿铭、伍光建，商界或亦官亦商的有郑孝胥、张謇、赵凤昌、岑春煊、盛宣怀、郑观应、徐润、经元善、李平书、沈缦云、王一亭、李拔可、郑稚辛。各地来沪的学者、学生、富家子弟有章太炎、吴稚晖、马君武、孙宝瑄、吴彦复、丁叔雅、胡惟志、温宗尧、蒋智由、陈介石、汪允宗。这些人控制着上海的各大报纸和出版机构，如《申报》《新闻报》《选报》《苏报》《时报》《中外日报》《东方杂志》和商务印书馆，主持着南洋公学、爱国学社、复旦公学等各种学校的事务，领导着中国教育会、预备立宪公会、地方自治公所和名目繁多的联合会组织。正是他们，构成了上海社会的精英阶层，影响着上海社会的舆论。通过他们的活动，有形的公共空间(张园)与无形的公共组织(会馆公所)、公共领域(报刊)奇妙地重合在一起。

这里不能不再次说到张叔和。这位无锡人很会交际。他与官场、商场、士林都很熟悉。他常请盛宣怀、郑孝胥等年资较高、有官府背景的人游园、吃饭，也请王韬、袁祖志、黄式权这样比较纯粹的报馆文人游园、吃饭。洋行西人,著名妓女,公子哥儿,他都请。他出于商,熟于文,近于官,"席上客常满,壶中酒不空",与各方面都有很好的关系。绅商各界也乐得有事没事地来园中走走、看看。

对于张园的吸引力,有两份资料,可为我们的分析提供一点帮助,这就是《忘山庐日记》与《郑孝胥日记》。

《忘山庐日记》的作者孙宝瑄(1874—1924),浙江钱塘人,出身官宦人家,父亲是户部左侍郎,哥哥是清政府驻法、德公使和顺天府尹,他自己以荫生得分部主事。孙何时来沪,时间不详,1897 年已在上海,筑室名"忘山庐",所居之地离张园七八里。从其残缺不齐的现存日记看,1897 年、1898 年、1901 年、1902 年四年中,他有约三年住在上海。在沪期间,他先后游览张园 69 次(详见附表),平均每年 23 次,每月 2 次。69 次中,个人闲游、散步的共 38 次,与友人同游 25 次,应邀游览 4 次,其他(宴客等)2 次。

郑孝胥(1860—1938),福建闽县人,1882 年中举,以后随李鸿章办理洋务,并到日本当外交官,甲午战争后回国,以后在京、汉等地做官。他在 1897 年秋将家迁至上海,以后虽然断断续续到广西、东北做官,但上海的家未动。他在上海的住址,先后有虹口、白克路、南阳路、徐家汇。1901 年在汉口,1903 年 6 月至 1906 年基本不在上海。郑从 1882 年至 1916 年,在日记中明确记载游张园的,有 108 次。郑在上海是时住时离,其中,1906 年、1907 年、1909 年住沪时间较久,游张园次数也就更多些,1906 年 17 次,1907 年 19 次,1909 年 20 次。依此分析,他在沪时游张园的频率是每月 1.5 次。108 次中,属于个人独游、散步、纳凉的有 31 次,与友人同游的 56 次,与家人(包括兄弟)同游的 4 次,应邀游览的 8 次,参加婚礼、祝寿、宴客的 9 次。

个人闲游、与友人同游以及与家人同游,都可以视为主动游览,应邀游览为被动游览,"其他"栏中包括参加婚礼、祝寿之类,也可以视为被动游览。从郑、孙二人的情况看,主动游览各占游览总数 84% 与 91%,合计占游览总次数 87%。

主动游览与被动游览的区分有重要的意义。被动游览,去宴客、看戏,可以视为与去饭店、戏院同类,看不出游者对张园的态度。主动游览则不然,那是游者的自觉选择,表明张园对游者有特别的价值。主动游览占这么高的比例,说明张园在这些人生活中占有相当重要的位置。他们去张园干什么?除了我们上面说到的,散步,休息,赏花,纳凉,吃茶,喝酒,听戏,看热闹,这些都是都市人生活的重要部分,此外,还有一个重要目的:交流信息。这点,通过郑、孙的日记可以清楚地看出。

郑、孙如果离开上海一段时间,回沪以后会很快去游张园。比如,孙1897年10月4日自京抵沪,6日便驰车游张园;1902年10月6日自京抵沪,10月10日游张园。1906年1月6日,郑上午自外地回上海,下午便去游张园;1908年1月31日回沪,2月5日便游张园。张园,是他们了解上海社会的窗口,政治、经济、文化、社会、外交,国际新闻,小道消息,朋友行踪,在这里都能了解得到。在郑、孙的日记中,我们常能看到他们在张园不期而遇一批又一批的朋友、熟人。下面是郑在张园遇到朋友和熟人的情况:

1903年5月8日　遇到辜鸿铭、张元济、赵竹君、徐芷生、李兰洲、陈介庵、金殿丞、濮紫泉、汪康年、俞戟门;

1906年1月13日　遇到江伯奋、林仲驹、刘龙生、狄楚青;

1906年1月27日　遇到高梦旦、郑稚辛、赵竹君、刘葆良等;

1906年3月4日　遇到高梦旦、伯奋、陈叔仁、狄楚青、吴雁初、寄禅和尚;

1907年6月23日　遇到沈东绿、赵竹君、伍光建等;

1907年8月23日　遇到高梦旦兄弟、刘子楷、江伯训、陶心存;

1909年11月28日　遇到张叔和、岑春煊、盛宣怀;

1909年10月17日　遇到李平书、高梦旦、王子仁、贞贤、孟庸生;

1909年11月28日　遇到张叔和、盛宣怀、岑春宣、赵竹君等。

有时,郑在日记中并不注明遇到什么人,只是说"逢相识甚多"。

他遇到别人,也是别人遇到他。那么多人有事没事地总爱往张园跑,正说明张园作为一个公共活动场所,在上海社会生活中的特别重要性。

附表一　清末民初张园集会一览表

时　间	人　物	内　容
1897.12.6	中外妇女 122 人	讨论设立上海女学问题,经元善等发起
1898.1.3	戒烟公会	聚议选举董事
1898.7.16	经元善等 20 余人	浙江寓沪人士讨论捐款修筑海宁土备堂事
1900.7.26	唐才常等 80 余人	组织中国国会,反对清朝
1901.3.15	汪康年等 200 余人	力拒俄约,以保危局,蒋智由等参加
1901.3.24	吴趼人等 1000 余人	第二次拒俄集会,汪康年等演说
1902.8.13	中国教育会 100 余人	欢迎吴稚晖等人从日本回国,爱国集会
1902.8.22	中国教育会成员	讨论派代表赴日本交涉留学生事宜
1902.11.21	中国教育会成员	讨论接纳因学潮而退学的南洋公学学生
1903.3.8	蔡元培等绍兴人	讨论设立绍兴教育会事宜,杜亚泉等与会
1903.3.15	蔡元培、马君武等	抗议日本博览会歧视华人,中国教育会组织
1903.4.16	爱国志士与学生	抗议广西巡抚王之春出卖广西利权
1903.4.25	寓沪绅商三四百人	拒法集会,蔡元培、马君武、邹容等演说
1903.4.27	十八省寓沪绅商	1000 余人集会反对沙俄强占东三省
1903.4.30	四民总会 1000 余人	集会拒俄,谴责清廷卖国
1903.5.24	中国教育会 100 余人	讨论修改教育会章程
1905.3.8	震旦公学退学生	140 余人因反对学校当局退学,合影留念
1906.7.30	李平书等人	发起组织上海医务总会
1906.9.16	《申报》《时报》	多家报社联合发起,庆祝清廷预备立宪
1907.3.31	地方自治研究会	1000 余人举行周年纪念会,雷奋等演说
1907.6.22	地方官府与绅商	庆祝禁止鸦片,盛宣怀、吕海寰等参加
1907.11.9	江苏铁路协会	2000 余人,争江浙路权,马相伯等挥泪演说
1907.11.11	江苏铁路协会	2200 余人,争江浙路权第二次会议
1909.11.5	金石书画会等 34 人	书画赛会,郑孝胥、王一亭、李平书等
1909.12.2	霍元甲等	武术比赛,霍元甲摆擂台
1910.4.16	霍元甲等	武术比赛,霍元甲打败赵东海
1910 年 7 月中旬	美国幻术家尼古拉	幻术公演,观众人山人海

时　　间	人　　物	内　　容
1910.8.13	《中外日报》纪念会	纪念创刊 12 周年
1910.8.16	柳亚子等 19 人	南社成员集会
1910.8.19	吴趼人等	追悼姚伯欣，姚曾主持《新闻报》笔政
1911.1.15	伍廷芳等发起	上海各界剪辫大会，4 万余人参加，千余人当场剪辫
1911.3.11	沈缦云等近千人	中国保界分会第一次会议，演说保矿、保路
1911.5.7	上海日报公会等	2000 余人，欢迎东京国民会代表
1911.6.11	沈缦云、马相伯等	凡 5000 人，国民总会成立大会
1911.12.2	李平书、黄兴等	1000 余人，沪军都督府筹饷大会
1911.12.3	姚文栋等	共和建设会成立大会
1911.12.4	章驾时等千余人	北伐联合会成立大会
1912.2.3	李怀霜等千余人	中华民国自由党成立大会
1912.4.17	孙中山等	中华实业联合会欢迎孙中山大会
1912.5.9	张謇、章太炎等	1000 余人，共和党成立大会
1912.6.23	黄兴等	上海各界集会欢迎孙中山、黄兴等
1913.4.13	陈其美等 3 万人	国民党追悼宋教仁大会
1913.4.27	陈其美等 2000 余人	黄花岗烈士纪念会

十、 乡村里的都市与都市里的乡村

不少关于上海历史的读物,特别是一些怀旧文字,述及 20 世纪二三十年代的上海,都会聚焦在那时上海如何高楼林立、街道整洁、灯红酒绿,如何先进、繁荣,如何摩登、时尚,这很容易让那些不明历史真相的人以为这些就是二三十年代上海的全部内容。本章从民众文化角度切入,旨在说明近代上海世界性与地方性并存,摩登性与传统性并存,先进性与落后性并存,贫富悬殊,是个极为混杂的城市。

1. 世界性与地方性并存

关于近代上海民众文化的世界性,或叫世界主义,国内外学者已有许多很好的研究。从 19 世纪后期开始,上海很多民众文化,就具有明显的世界性。德国海德堡大学的学者研究表明,19 世纪 80 年代《点石斋画报》里面许多画面、表现手法,是从英国的画报那里学习或照搬的,有的就是套用英国画报里的画面,将西方人换成中国人。19 世纪中期,上海英国侨民引进跑马活动。20 世纪初,上海从日本引进文明戏,从西方引进大型综合游艺场,以后又引进跑狗等娱乐活动。顾德曼的研究表明,民国时期上海的中西报纸,有着广泛的深刻的互相渗透的现象。[1]李欧梵、汪朝光、姜玢等人有关上海电影史的研究表明,上海不

---

[1] [美]顾德曼:《上海报纸的跨国现象》,载马长林主编《租界里的上海》,上海社会科学院出版社 2003 年版,第107—120 页。

光在放映好莱坞电影方面数量多、速度快,而且在影片摄制、表演艺术方面,都努力借鉴好莱坞。一般在美国本土放映两星期左右就可以在上海的电影院上映。[1]

　　这方面的例子还可以举出很多。本书想强调的是另外一面,即上海民众文化中的地方性。

　　上海人口来自全国各地,存在着许多会馆、公所。由于近代上海人口是在短时期里急速发展起来的,来到上海的移民,往往离土未离乡,身离魂未离,因此,他们大多保持着对家乡与上海的双重认同,回到家乡是上海人,住在上海是外地人。他们在上海,说家乡话,吃家乡菜,听家乡戏,联络家乡人,守家乡风俗,其工作也有相当一部分与家乡有联系。祖籍广东、活跃在上海、以描写上海社会风情出名的吴趼人,曾经写过一篇《沪上百多谈》,专述上海五方杂处、百业汇聚、行为各异、万象杂陈、斑驳陆离的都市风情:

　　　　戏子多用不通新名词,大少爷蹩脚多推东洋车,妇女多梳辫子,妓女多倒贴马夫戏子,外国水手坐东洋车多不给钱,乡下人到四马路多受骗,相面折字人多着长衫,奸商多贩米出口,郎中先生多坐轿,滑头多假金时针、假金丝眼镜。衙门里师爷多绍兴人,剃头司务多句容人,典当朝奉多徽州人,革命党多挟炸蛋,公馆姨太太多姘头,富商多戳洋商牌子,浪荡女子多雪白高领,妓女立弄堂口多拉客、多来嚓来嚓声。各弄堂多告化子,丝厂门口多流氓,妓院内多军人,虹庙内烧香多广东妇女,五云日升楼转角多电车,戏馆门口多闲汉,大小月底街上多烧纸锭,早起七八点钟街口多马桶,礼拜六多好戏、多洋行小鬼叫出局,罗家弄多磁器店,虹庙弄多木器店,小东门外多水果行,咸瓜街多参行药材行,四马路多滑头商店,昼锦里多女鞋店香粉店,八仙桥一带多杀牛作,城隍庙内多各业公所,满庭芳街多旧货摊,后马路多汇划庄,自来水桥多蛋行,望平街多报馆,老闸

[1] 姜玢:《凝视现代性:三四十年代上海电影文化与好莱坞因素》,香港中文大学2000年硕士学位论文。

桥多碾米厂打面厂,里百大桥多铁行,叉袋角多丝厂纱厂,珊家园多小屁股精,郑家木桥多小瘪三,跑马厅多小房子,北泥城桥一带多台基,湖丝厂多轻年女子,十六铺朝北多轮船码头,董家渡多无锡网船,吴淞江口多小火轮,新北门城口多露天通事、多野鸡包车。会审公廨多律师,开会多拍手,议决事多举手,结团体多存意见。药房多捏造伪信以作保证书,客栈多臭虫,夏天多夜花园,汽车多肇事,毛儿戏馆多喝彩声,马路上多暗杀党,轮船码头多野鸡扛夫、多敲竹杠。卖土挑膏多广东人,卖薰肠薰腊多无锡人,卖拳多山东人,收纸锭灰多绍兴人,酱园多海盐人,药店多宁波人,酱肉酱鸭多陆稿荐,牙粉香油多日本货,茶食多稻香村,香粉多戴春林,剪刀店多张小泉,袜店多宏茂昌,天妃宫多杂货摊,水仙宫多求仙方,青莲阁多野鸡,弄堂口多水果摊。剃头店多改理发,客寓多改旅馆,兴圣街多毛冷店,紫来街多嫁妆店,石路多衣庄,三牌楼多另剪店,钱庄多倒账,交涉事件多仗外国人势。[1]

成群结队的移民潮流

---

[1] 顾炳权编著:《上海风俗古迹考》,华东师范大学出版社 1993 年版,第 478—479 页。

《图画日报》有一段关于上海移民在小菜场里各操方言的生动描写：

> 砰！天明炮放了。呜！呜！呜！丝厂上工了。我们大家小菜场买小菜去。一北京人高声曰："咱要买窝颗儿（鸡蛋），几个大钱一个？"一南京人曰："倭买一支狎子（鸭子），要飞（肥）。"一天津人曰："哇要买大葱，多儿钱一斤？"一绍兴人曰："鹤落要买甘菜（干菜）。"一宁波人曰："阿拉买咸斋（咸菜）。"一徽州人曰："阿街买居油（猪油）。"一杭州人曰："我要买豆腐奸儿（豆腐干）。"一无锡人曰："咸倪买点发芽豆。"一广东人曰："唔买一根（一斤）油鱼。"一常熟人曰："藕俚买斤朱肉（猪肉）。"一苏州人曰："奴亚买一条五（鱼），格两日强得势哚。"一浦东人曰："侬搭我称一斤烘干地力（风干荸荠）。"正在人声嘈杂，忽一松江人大呼曰："巡捕巡捕，五拉倒用（倒运），铜钿本贼骨头铳去拉咧！疴！疴！疴！"于是巡捕帮同获贼，菜场上群目注视，见捕获贼而去。一外国人说："怕立司佛哩咕得（Police very good）！"[1]

语言如此，饮食也是如此。来自五湖四海的移民，将各自家乡的风味带到上海，且精益求精，特色更为显著。于是，上海形成了各地名菜名店汇聚一地的繁盛场景。1911 年有一首顺口溜形容：

> 先得楼上羊肉面，大菜须吃一家春。酱菜第一紫阳观，误走鼎阳便弗灵。金华火腿万有全，南货必买邵万生。浙江路口陆稿荐，酱肉胜过老三珍。茶食须问老大房，万不可认滑稽稻香村。大观楼下小馒头，油氽须吃四如春。汤包虽然好，终不若姑苏陆鼎兴。言茂源、王宝和，京庄花雕可并论。泰丰罐头物，远胜舶来品。杏花楼头宵夜便，竹生居吃莲子羹。邑庙头门酒酿圆，朱家饭店有名声。糖芋芳吃到五芳斋，馄饨端推北万兴。良

---

[1] 《小菜场买物之拥挤》，《图画日报》第二册第九十一号第七页，第 487 页。

乡栗子沿街喊,何不到绮园门首买几斤。真杏仁酥远在徐家汇,宓大昌、元寄飞,当令广东茶馆如林立。福安茶叶真一等,戒烟丸推王大吉,广膏还是正诚信。中药唯有蔡同德与冯存仁,西药须买老华英。哈格补脑叶、自来血,报纸登载实在灵,我却有点弗相信。[1]

上海大世界

娱乐文化也是如此。比如,在新世界、大新、永安、先施、大世界等游乐场里,就有各种地方戏的演出,包括平剧、越剧、苏滩、本滩、甬滩、大鼓、扬州戏、昆曲、蹦蹦戏、滑稽戏、文明戏、双簧、清唱、魔术、口技、电影等,每个场子总是人山人海。也有一些专演地方戏的,爱多亚路有几个书场专唱申曲,望平街福致里公园书场专唱常锡新戏,恒雅书场、老闸大戏院、永乐书楼专演越剧。上海江南人多,江南人爱听的说书场所就很多。书场本以城隍庙为发祥地,吴侬软语,叮咚弦响,后来扩展到租界,有东方、大中、汇泉、湖园、西园、南园、南京、中央、跑马厅书场等。[2]

上海民众文化是世界性与地方性并存,一头连着东西洋各国,一头连着中国各地。

---

[1] 《上海著名食品歌》,载刘志琴主编:《近代中国社会文化变迁录》第二卷,浙江人民出版社1998年版,第666页。
[2] 阿王:《孤岛戏剧近影》,《上海生活》1938年第2期。

2. 摩登性与传统性并存

对于上海民众文化的摩登性,中外学者说得很多很多,李欧梵的《上海摩登》,余之的《摩登上海》,还有唐振常先生主编的《上海繁华录》、尔冬强编的《最后一瞥》等许多图册,说的都是这方面内容。

关于这方面,还可以作些补充。

比如,花卉展览、评比活动。这是在西方城市比较普遍的活动,上海在19世纪后期就引进了,每年都举行花卉展览、评比。这项活动是上海外侨引进的,以后华人仿效。至迟从1875年开始,西人每年春秋天举行赛花会,选择开阔地方,搭棚展览各种各样名花珍卉,争奇斗艳。插花也可参赛。中西各家,均可参加。有乐队伴奏,同时供应茶点。花会组织评委会评定甲乙,优胜者给予奖励。第一次有明确记录的赛花会在1875年5月24日至26日举行,地点在英国领事馆花园。1891年在张园举办,花卉品种,难计其数,光香草就有数百种。[1]这无论在西方、东方都视为雅事,《孽海花》对此特别提到。

再比如,上海在引进国际上的杂技表演,非常突出。

1874年6月,英国魔术师瓦纳在丹桂园表演戏法、影戏各套,上海市民称其"极其巧妙,变化无穷"。瓦纳所演魔术套数,有飞纸牌、帽中取物、人首分合等。时人记述:表演飞纸牌魔术时,台上障以绛帘,随乐声起而帘开,中悬一八角图,纸牌遍列其上。魔术师以指弹之,如飞絮落花,随风飘堕,然后取牌六张置枪中,机动枪发,振地一声,而牌仍在架。表演帽中取物时,魔术师取客一高冠,其中空无所有,手探冠中,则取出衣一、巾一、裤一、皮盒一。盒长五寸,盒中有盒,层出不穷。又向冠中取出纸裹洋糖饷客,冠转而糖出,有若连星贯珠,观众几乎吃遍。最为动人心魄的节目,是人首分合,演到这里,观众惊得目瞪口呆,屏气

---

[1]《味莼园观西人赛花会记》,《申报》1891年5月13日。

凝息,甚至不敢仰首正视。这种节目,今日中国各省市杂技团都能演出,但在晚清,上海人则闻所未闻,见所未见。

1882年夏天,世界一流马戏团车尼利马戏团在上海表演两个月,轰动一时,每晚观众两三千人,前所未有。所演节目除马寻手帕、女骑手跃横幅外,还有马上叠罗汉、骑马放炮等。1886年夏,车尼利马戏团再度来沪。所演节目有马上歌舞、走马换马、秋千软索等,各款新奇巧法,出神入化。出场动物有非洲青狮、锡兰白象、印度虎王及巨蟒等,各样珍禽奇兽,光怪陆离。

1890年,西人在上海,特建"飞龙岛"游乐场,表演空中列车:

上海新创游玩之所名飞龙岛,在虹口汉璧礼路,现今马戏厅后,系由泰西算学士深明数理,讲求运行升降之法,用高脚铁路,机器轮车,随风上下,自然行走,车内并无煤火电气及各种用力机括,飞行绝技,真技艺之至奇,西学之最精者。兹设此岛以为中外人等避暑纳凉,消闲游玩。每车五排座位,每排两人,共坐十人,三车循环,行止迅疾,又极稳便,万无倾跌之虞。惟男客冠巾,女客钗鬓,为物太轻,恐防风凉坠地,当自检束。现在吕宋、新加坡、缅甸、五印度等处,新旧金山、日本均各修设完善,历其境者莫不赞美,但皆不过三四十丈,不及此地足有五百英尺。[1]

《点石斋画报》以《螳臂当车》为题,报道这一游乐设施,称其车不烦马力,不藉火力,不藉汽力,自然行走,妙用天然,忽上忽下,一坠一激,自高而下,势同建瓴。[2]《申报》的文章则称:"其下也,如黄河之水,一泻可以千里,其上也,如弄潮之船,鼓浪而前。"[3]

早在1890年,上海就有载人气球表演。美国人范达山与华利先后在杨浦大花园、张园放载人气球,观者挤满园中,不下数千人,席棚高数丈,插美国国

[1]《快游飞龙岛》,《申报》1890年7月19日。
[2]《螳臂当车》,《点石斋画报》酉集,第55页。
[3]《飞龙岛游记》,《申报》1890年7月19日。

旗、中国龙旗。西女在气球所系圈上做种种杂技动作,高悬空中。观者企踵延颈,赞叹不已。[1]

这些,不光在当时中国城市中,就是在西方大城市中,也是很时髦的演出。

本书要强调的是,上海民众文化中,还有很强的传统性。

例如,城隍出巡。这在上海是历史悠久的民俗,也是从晚清到民国许多城镇很盛的民俗。每年清明节、七月十五中元节、十月初一,一年三次,由五尊菩萨出巡,沿途观者,成千上万,仪仗蜿蜒数里之长,大街小巷,挤得水泄不通。出巡时,几个彪形大汉开道,吆喝"老爷来哉",男女老少皆退立两旁,肃静无声。然后,依次是马队、旗队、马差、三班六役等,"菩萨"经过时,道旁男女老少,顶礼合十,焚香祷祝,拜倒在地。[2]

再如,盂兰盆会,源于佛教,相沿已久,近代上海仍然盛行。史料记载,一至七月间,则梵呗之声、钟铙之响,喧阗彻夜,震耳欲聋。上海每至中元节前后,必举行此会,"茶余饭罢,散布街头,辄见旗旛飘拂,旃檀馥郁,门前悬挂明灯,五色相宣,触目皆是",广肇山庄尤为巨擘,除延僧道讽经,室中陈设古玩画幅,光怪陆离,又以花草扎成各种人物鸟兽,栩栩如生。悬挂明灯万盏,上下参差。上海男女老少,摩肩接踵,香车宝马,如水如龙。[3]

盂兰盆会

[1]《味莼园观放气球记》,《申报》1890年10月14日。
[2]《城隍出巡》,《社会日报》1936年4月9日。
[3]《论盂兰盛会之无益》,《申报》1892年9月2日。

还如,太平公醮。上海道教习俗,每年到了夏末秋初的七月,在会馆、公所以及里巷等都循例设坛建醮,广延道士,上海人谓之"打醮"。据说许多人死后,幽魂坠入了饿鬼道,全靠打醮来斋施他们。从七月开始,到处都在祭鬼,一直到七月完了为止。一般所谓善士,怕鬼祟出现,为求公众安宁,每年到此时,就自动地发起,宁愿在别种开支上撙节些,但对这件事很热心赞助。在祭鬼热闹的七月,几乎条条街道、个个弄堂,到处都是"太平公醮"。

在打醮的里弄口,高挂着红色金字灯笼,上书"太平公醮"四字,考究的挂起玻璃灯、琉璃灯。弄堂里各家门口及房屋的外面,像栽着藤植物似的牵挂着几根草绳,草绳上挂着一串串的纸衣、纸裤、纸帽、纸锭、纸币,以及其他鬼所需要用的物品,同时其弄口张贴一张黄榜,跟衙门里的行文一样,用红笔点划。[1]

近代上海盂兰盆会、太平公醮、赛龙会这些活动,其宗教意义已经淡薄,已逐渐演化为民间娱乐活动,以至于许多人将盂兰盆会、太平公醮混为一谈,反正就是热闹罢了。

那种念经念佛的音韵句子,听起来觉得另有一种风味,鼓、钹、锣、铃合奏的音乐调子,也颇动听,尤其是在晚上放焰口的时候更有趣,和尚道士们的拿手杰作似乎也要在晚间才会演出来,引诱得附近的居民都麕集于醮坛的四周,你看我,我看你,在这个人看人的场合中,除了旷夫怨女们可以得到一个眉目传情的机会外,其他的人物看到了些什么,听到了些什么?恐怕他们自己也莫名其妙难以回答吧。[2]

那里有大头鬼、小头鬼,摇着扇子引人发笑;那里有踏高跷的,立在高过屋顶的木脚上,做什么"卖旧货"的玩意儿;那里有荡湖船,那里扮女妆的

---

[1][2] 易人:《太平公醮在上海》,《上海生活》1938年第3期,第18页。

拼命地在卖弄风骚,唱着粗俗的十八摸;那里有"解粮车"二个青年的汉子,穿了京戏中短靠服装,推着特制小型的独轮车左冲右撞的飞奔;那里有宕"玉蜻蜓"的,胳膊下用铁钩子挂着一百多斤的铁鼎。[1]

当时,除了和尚放焰口外,道士唱"八出头",另外再搭起一座台来,演着滩簧、文明戏、魔术等玩意儿,演到天亮为止。看的人是人山人海的多。[2]

城隍出巡,盂兰盆会,太平公醮,这些活动都是中国本土的内容,也是传统的内容。

当然,在传统的活动中,也有摩登的形式。比如,1938 年上海举行太平公醮时,醮坛的建设就是中西合璧的,竹篷上挂的是五彩电灯泡,"太平公醮"四个大字是霓虹灯组成的,醮坛的材料有玻璃的,瓷板的,报纸上称"灯光与烛光四射,和尚与道士齐唱"。

上海民众文化,摩登性与传统性并存。一头连着摩登,一头连着传统。当然,传统也有变化。

如果以民众文化为切入点,探究一下民众文化背后上海人行为方式、思维方式中传统文化的因素,我们可以发现它们无处不在,沦肌浃髓,根深蒂固。

比如,重视地缘关系是中国传统之一,同乡组织比较发达是其体现。近代上海社会的运作,在很大程度上与同乡组织有关。顾德曼、小浜正子、宋钻友的研究都表明[3],在移民占主导地位的上海,因政府控制力较弱,在社会、经济和都市文化等领域,同乡组织扮演了极为重要的角色。在这里,同乡组织的功能发生了明显的变化。一方面,其传统的功能继续存在,包括介绍职业、办

[1] 易人:《太平公醮在上海》,《上海生活》1938 年第 3 期,第 18 页。
[2] 秋雨:《鬼的季节,太平公醮已开始举行》,《社会日报》1936 年 8 月 19 日。
[3] [美]顾德曼:《家乡、城市和国家——上海的地缘网络与认同,1853—1937》,宋钻友译,上海古籍出版社 2004 年版。[日]小浜正子:《近代上海的公共性与国家》,葛涛译,上海古籍出版社 2003 年版。宋钻友:《广东人在上海》,上海人民出版社 2007 年版。

理丧葬、迁运棺材、按照原籍习俗安排节庆活动,另一方面,又有新的功能,包括兴办各种慈善事业、实施对受灾家乡的紧急救助、沟通移民与政府间的联系,在税收和维持地方秩序方面,有时甚至起了"半政府"的作用。顾德曼指出,同乡观念在不同时期、不同历史角色那里,有不同的含义,不能仅仅将其理解为文化的残余,它是文化变化多端性质的实证。同乡会与籍贯认同产生于特定的时期,它不只是传统文化的反映,更由于特定的经济与政治目的的驱使。在 19 世纪、20 世纪的中国,同乡观念是强有力的、易于认识到的文化因素。通过对传统同乡组织在近代上海功能演变的研究可以看出,传统与现代化之间并不是完全对立的,两者之间有继承关系和内在的联系,中国文化传统有顽强的应变能力。

白吉尔的研究也表明,对于企业来说,同乡会、会馆等同乡组织有相当大的凝聚力。在人事安排方面,同乡关系有利于加强雇员与老板之间的忠诚,并使远离家乡的职员不会因为其他企业的引诱而离开。英美烟公司买办郑伯昭的永泰和烟行,在上海本行和长江下游的一些分行雇了 200 多名职员,都是郑从广东招募来的同乡。随着现代西方管理制度在一些大企业的建立,这些企业在技术专家与技术工人的雇佣上对同乡有所限制,但同乡关系仍然起着很大的作用。荣家企业 20 世纪 20 年代所雇佣的 957 名职员中,617 名为无锡人。在资本的筹措方面,同乡组织有利于增强企业的凝聚力。郭氏兄弟预备在上海创建永安公司时,大部分资本由与他们关系密切的海外华侨担负,另一部分则由郭氏家族出资。即使是一些股份有限公司,公司的股份也不是在市场上公开发行,而是在发起者亲友之间筹集。当时还没有建立起全面、有效的股东对企业经营的监督,投资者与经营者之间的私人信用关系,就成为企业赖以创办和发展的重要链条。[1]

再如,重视家族纽带是中国传统之一,这在近代上海有突出表现。高家龙等人认为,这是中国文化在近代企业有生命力的特色之一,那种以为重视家族

---

[1]　张剑:《〈中国资产阶级的黄金时代〉介绍》,载熊月之、周武主编:《海外上海学》,上海古籍出版社 2004 年版,第 209 页。

纽带这些社会关系就是与现代化背道而驰的看法,既与 19 世纪欧洲工业资产阶级的经历不相符合,也与 20 世纪海外华侨资产阶级的成就相悖。在上海企业发展史上,家族关系的作用更甚于同乡关系,家族网络中不仅有父子传承,也有兄弟同助、叔伯侄相连。婚姻关系也是一个重要的因素。婚姻有助于优势互补或强强联系,加固翁婿、连襟、舅甥等网络。企业内部的家族关系,可以固结雇员与老板之间的忠诚,也可以在信用投资方面发挥作用。企业家的家族往往为企业输送了大批职员,他们派遣自己的子弟出洋留学,掌握技术与管理知识,资助亲戚子弟求学,通过婚姻关系为企业吸引技术与管理人才。据 1928 年调查,荣家企业副经理、副厂长以上的 54 个职位中,荣宗敬兄弟和他们的儿子、其他家庭成员共占据 31 个,其女婿等姻亲占了 14 个,共控制了 80% 以上的高级职位。正是重视家族网络这样一种管理方式,为中国企业家提供了可以不必打破社会传统就能够真正适应现代经济环境的可能性。新兴的企业家通过经久不衰的同乡和家族观念,通过与他们曾厕身其间的那个社会集团的联系,包括官僚、士绅、商人和手工业者,仍旧依附于传统社会之中,获得比较顺利的发展。高家龙认为,以同乡、家族等资源构成的中国社会关系网,不仅是中国本土大企业发展的重要动力,也是西方和日本大企业在中国获得成功必须采取的主要策略之一。[1]

3. 民众文化的分层性

上海被称为富人的天堂,穷人的地狱。上海娱乐业的分层,是相当明显的。

首先,娱乐场所是分层的。外国总会、租界公园、租界跑马厅是外国人主要的天地。舞厅、溜冰场、运动场、游泳池、酒吧、咖啡馆,也不是穷人所敢问津的。对于娱乐场所的分层,1936 年《社会日报》一篇文章写道:

---

[1] 高家龙:《大公司与关系网——中国境内的西方、日本和华商大企业(1880—1937)》,程麟荪译,上海社会科学院出版社 2002 年版。

人称东方巴黎的上海,一致公认以娱乐为中心的,可是娱乐也有上中下三等,跳舞、坐汽车、吃大菜,当然是有钱的公子哥儿、摩登太太享受的。公司乐园,那就是一般靠着生意吃饭、偷些闲功夫去逛的。一般以苦力赚钱的下流社会,他们既看不懂电影,又没有那么许多的钱逛公司(乐园),于是他们唯一的娱乐场所,就是小戏院。

这小戏院全沪总算起来,有六十余家,扬州戏占了半数,绍兴文戏有十余家,淮戏(除扬州外大江以北名曰淮戏——原注)十一家,最少的就是宁波滩簧,只有三四家。小戏院的开设,都是在小菜场所附近,他们的票价很便宜,有一毛钱或十七八铜元就可听一次。小戏院的设备是十分简陋,除了几张破布景外,还有几十套由石路买来的旧戏衣,又雇用了五六个人,甚么售票、查票、后台管理等,差不多每家都是这样,每一家戏院的演员只十八九人,串演一出戏的时候,往往一个人扮两个角儿不等,看起来好像叫化子打架。[1]

其次,同一类娱乐场所,也是分层次的。最典型的是电影院。我们知道,电影放映分为首轮、二轮、三轮,电影院亦相应分为三级。电影院级别分布与居民分布状况有一定关系。姜玢的研究表明,在三四十年代,在公共租界、法租界的黄金地段,高档电影院比较集中,诸如大光明、南京、国泰等;在虹口、两租界西区,有一些中高档住宅区,外侨和华人中产阶层比较集中,好的电影院也比较多;在工厂运输区,诸如沪东、沪西的工厂区、火车站、沿江码头等地,这是租界华界接壤地段,生活设施较差,这一带电影院分布没有什么规则,只是在人口集中、市民较有消费能力的曹家渡、八仙桥一带,有些国产片的电影院;在城厢区,现在的南市,居民贫穷,设施落后,就没有什么电影院。放映外国影片的高级电影院,多处于繁华热闹的静安寺路、霞飞路、爱多亚路、西藏路,首轮电影院所在地,都是黄金地段,这里,外国人多,富裕人多,时髦人多,是显示财富、洋派的地

---

[1] 《小戏院,说不出的设备简陋》,《社会日报》1936 年 7 月 27 日。

方。在这里看电影,有一种显示身份的意义。[1]以电影院与观众群体对应关系而论,国泰多英美法等外国人,巴黎多"罗宋阿大",光陆多洋行职员,丽都、金门多大中学生,新光、金城多女学生和舞女。[2]

再次,关于露天舞台之类。相当多的市民,其主要娱乐活动是在露天舞台。对此,《上海生活》杂志有许多非常生动的描述:

> 露天舞台是最接近民众的艺术。——从前虹口的红江庙、下海庙独多——多才多艺的演员先在地上用着粉笔划了一个大圆圈子,并且很熟练的写"平地舞台"的镂空字。然后,操起京胡,拉一阵《柳青娘》,这也是开场锣。纳凉的小市民,不期然而然的会聚集,团团围起来。苦中作乐的露天舞台以夏季最盛,现在演出的地点以沪西的曹家渡、法租界的南洋桥、英租界的新闸路等空地上居多,还有弄堂里也有发现。
>
> 露天舞台的演员,真是件件皆能,五花八门,包罗万象,这样多才多艺的艺术家,落得这一个怪可怜的场合里,真使人兴"上海吃饭难"之感! 你想一把胡琴,自拉自唱,哼上几声"三姊不必泪双流,丈夫言来听重头,十担干柴米八斗,你在寒窑度春秋……",同时还要唱几声"一更一点月正东……"的小调,还要奏一曲《何日君再来》、《永别了,弟弟》等,的是非凡。假使不是一个聪明伶俐的人,怎能胜任? 虽然是生得这样的灵敏,却是境遇是很可怜的,只要听到他们向观众讨钱的时候,就可以想到他们的境遇了。他说:"请大家赏光赏光,还要请多多的捧场。如果认为我唱得好,就请掉下几个钱来! 出外靠朋友,在家靠父母。如果认为不好,或者袋里钱不便,请二只腿帮帮忙,多站一会儿,捧捧场,免得我丢脸。如果一旦唱好了,你也走我也跑,叫我吃什么,还要请在场的各位爷叔帮帮忙!"这一席话,说来虽漂亮,赤裸裸地表示出走江湖的生活可怜呀。[3]

---

[1] 姜玢:《凝视现代性:三四十年代上海电影文化与好莱坞因素》,香港中文大学 2000 年硕士学位论文。
[2] 《上海影戏院内幕种种》,《电影周刊》第 44 期,1939 年 7 月 12 日,转见姜玢:《凝视现代性:三四十年代上海电影文化与好莱坞因素》,香港中文大学 2000 年硕士学位论文。
[3] 江湖:《街头的露天舞台——上海夏夜的都市插曲》,《上海生活》1938 年第 2 卷第 3 期。

新闸路酱园弄口的露天游艺场，有说书的，变把戏的，卖梨膏糖的，唱小曲的，样样都有。[1]

街头演出也有为富裕阶层服务的。在一些富裕华人住宅区域内，一些有钱的太太奶奶，在夏夜纳凉无事的时候，高兴起来，叫一个唱本滩的来，唱一本《庵堂相会》《刁刘氏》或《玉堂春》。还有一种叫"唱新闻"的，操此业者大多是宁波人，所唱为社会新闻，特别是关于男女之间的琐闻，被编成各种各样的小调，在弄堂里一路走一路唱着表演。唱的人也要有天才，因为一方面要唱得动听，一方面还要把新闻资料编得名副其实，一层一层地表达出来，使得听众眉飞色舞，津津有味，爱不忍释。其听众也以太太小姐为多。[3]

上海街头艺人

与露天游艺场相类似的有江北大世界、沪西大世界等贫民游乐场。

江北大世界，在闸北宝山路、永兴路口，四角方方的一座竹篱笆，占地十来亩，里面搭盖厂棚，有三四十所，小贩也如赶会似的，排列在内。记者描述：

当我跨进去，向左边一转弯，宁波滩簧，便在面前。台上是男女挡子，女的打扮得艳妖异常，一手捏着一块丝巾，飘飘的唱着那淫词小曲，屁股一扭一扭的动着，表演得异常风骚，当然这是最受劳工同志的胃口，场中起着

---

[1] 《低级社会乐园，新闸路露天游艺场》，《社会日报》1936年3月29日。

不少的怪声。靠东边是国风社的平剧,正做得有声有色,后场锣鼓,色色俱全,可惜行头破旧不堪……他们一出方罢,用一只胡琴屁股,向场上各个观众讨钱,一个铜子二个铜子是随便你的,假使身边不便的话,他们也不一定是要的,而且叫你不要走开,帮帮场子。[1]

法租界也有"江北大世界",在安纳金路。大世界东南的一些街区及八仙桥,也许是上海最大的露天游艺场,爱来格路、东自来火街、西自来火街、宁波路等街区,都挤满了不同类型的娱乐场子,节目有独脚戏、说书、魔术、唱大鼓、花鼓戏、车技、西洋镜、木偶戏、剑术、走钢丝、斗兽、说因果、气功表演、吞剑表演、驯猴、畸人表演、说唱等。[2]

沪西大世界在小沙渡大旭里隔壁荒场,又叫地舞台。据报道,那里如像庙会一样,有三四十个棚子,吃饭摊子占三分之二,有大京班三处,江北戏二处,本滩一处,玩戏法的一处,打拳的二处,说书的一处,每种戏只要花上几个铜板就可以入座,每逢礼拜六下午和礼拜天,总是人山人海。纱厂男工友去的很多,女的较少。所唱的多是《汾河湾》《狸猫换太子》《武松打虎》一类杂戏。[3]

1936年,《社会日报》有一篇文章,相当生动地描绘了夏日夜晚上海穷人的娱乐生活,这里不避冗长,引录如下,从中可见民众文化之一斑:

富人们在高大的洋房里,电风扇不断地摇头吐出风来,麻将八圈,眼目清亮,大姐开汽水,娘姨拿香烟。

穷人们在三层搁上,亭子间里,闷热得在火炕上,臭虫蚊子,向你总攻击。大便在这里,烧饭也在这里,洗浴与卧室也在这里。两层搁上的孩子在哭,灶坡间的夫妇在闹,心里烦恼着,芭蕉扇不断地摇着,汗珠仍旧渗渗地流出来。

[1] 《江北大世界,突然兴旺起来了》,《社会日报》1936年1月4日。
[2] [美]卢汉超:《霓虹灯外——20世纪初日常生活中的上海》,段炼等译,上海古籍出版社2004年版,第86页。
[3] 朱邦兴等编:《上海产业与上海职工》,上海人民出版社1984年版,第103页。

太阳渐渐的斜西了,弄堂里吹入一阵阵的晚风,于是穷人可以享点小福,从三层搁,亭子间爬了出来,上身赤膊,下身一条短裤,芭蕉扇一把,坐在弄堂里。这时,后楼阿大,灶坡间好婆等,不约而同的来集在一处,于是阿大与阿三阿四,大谈特谈,上谈玉皇大帝,派协天大帝下凡救世,中谈陈济棠飞机飞掉,下谈昨天某家娘姨,与某家车夫,在某处开房间。

另一堆人,后房好婆,搁楼阿娘,后楼嫂嫂,他们的谈风不同,"某处观世音菩萨灵验,昨晚求到三槐,今早就开三槐"。"第五家的男人,外边有小房子,女人是某游戏场的女招待"。"对过阿六女人,一只发财打了又拿进去,不然,我一副三抬……"

侧边四五个人,他们又是一群,团团坐在小凳上,拉着二胡,伸长了喉咙,唱着萧何月下追韩信。其他的呢? 把手拍着扳……

女人群中,她们转了方向,把灶坡间的电灯拉了出来,一只小抬子,隔壁老太太戴着老光眼镜。对面阿大女人,抱着怀里婴儿,宁波阿娘捲起袖子,后楼嫂嫂两旁立着四五岁的儿子,四个人团团地坐着,一付麻将牌,从牌匣子里倒出来。各人的脸上露出了笑容。小孩子在哭闹,百事不管,只顾白板当心失碰。

在麻将台的左边,地上铺了一条破席,席上坐着亭子间里先生和后楼阿五,借着电光,正在下棋。阿五的马,给亭子间先生的车围着,所以阿五全副精神注意,设法救出马来,在楚界的中间,写着"河边没有草,牛儿少开口",对面三层搁的阿三,不识相地在叫阿五的炮,可以偷车将。

这时来了一个新兴实业家——卖橄榄者——头上戴着水手的白帆布帽,红鼻子,装着假发,腰里挂着只大袋,手里拿四五尺长的大扇子,嘴里喊卖橄榄,顿时把弄内的空气冲破了,小孩子不管他妈给隔壁老太太敲去一付三抬,向妈要钱买橄榄。

一个文盲文化传递者——卖新闻的老枪——手里拿着油光纸印成的画纸,拖着鞋皮,神气活现口里喊着:"要看新闻,新娘子花轿一条大蛇……"于是阿二阿四小孩子等,各买一张,一面看着,一面嘴里说着,"蛇必定是蛇精。"

　　夏夜弄堂里的情形，真是一幅很好的漫画，表演出夏夜穷人的生活。[1]

　　当然，这里所说到的穷人，都是没法享用高档娱乐设施的。

　　对不同层次娱乐设施的享用，与人们不同的经济收入有内在关联。1935
年，上海华界农、工、劳工、家庭服务、学徒、佣工、无业人员，共占总人口 80.9%；
公共租界的农民、工人、家务、杂类人员，共占总人口 78.8%。这些人基本上无
力享受首轮、二轮外国电影或舞厅、留声机、溜冰场等娱乐文化。也就是说，即
使在上海所谓黄金时期，享受比较高档娱乐设施的人，也只占五分之一。这个
比例，在民国末年也差不多。直到 1950 年 1 月，上海 498 万人口中，15 岁以上
为 346 万，其中失业、无业人口近百万；[2]在业者 206 万，其中农业、工业、手工
业、建筑业、家庭佣工者为 93 万，这些人基本上是没有能力享受中高档娱乐消
费的。有条件或比较有条件享受较为高档娱乐设施的，包括商人、金融、教育卫
生、自由职业等方面人口，占在业人口 40%，占上海总人口不到 20%。

4. 都市与乡村

　　近代上海与中国其他城市比起来，一大二洋，很不一样。从 20 世纪开始，
上海一直是中国第一大城市。1919 年中国 10 万人口以上的城市有 69 个，前
10 名依次是上海、广州、天津、北京、杭州、福州、苏州、重庆、香港、成都。这时，
上海人口已有 245 万，比第二名广州(160 万)多 80 万，比第三名天津(90 万)多
150 万，超过后四名即苏州(60 万)、重庆(52.5 万)、香港(52.5 万)、成都(50 万)
四个城市人口总和。近代中国是城市化率很低的国家。1949 年，欧美发达国家
的城市人口占其总人口的 28.4%，中国城市人口 5700 万，仅占总人口 10.6%。[3]

[1]《上海的夏夜弄堂——这是一幅穷人生活的漫画》，《社会日报》1936 年 7 月 24 日。
[2] 1936 年到 1937 年，上海失业或无业人口就有 70 万人，抗战以后，上海这类人口更多。参见邹依仁《旧上海人口
　　变迁的研究》，上海人民出版社 1980 年版，第 31 页。
[3] 王祥荣：《生态与环境——生态可持续发展与生态环境调控新论》，东南大学出版社 2000 年版，第 55、57 页。

上海从 19 世纪 60 年代以后，就是中国城市近代化起步最早、程度最高的城市，60 年代开始有煤气路灯，70 年代开始有电话，80 年代开始有电灯、自来水。至于洒水车、垃圾车、救火水龙、大自鸣钟、书信馆、地下排水系统、气象预报、卫生条例、违警条例，无不很早就有。到 20 世纪，汽车、公共汽车、有轨电车、无轨电车、有线电台、无线电台，也使用得早而多。这些方面不但远比内地城市早，比其他通商口岸也早得多。以上海与天津相比，煤气的使用早 19 年，电灯早 6 年，自来水早 14 年。晚清人称赞天津租界城市建设比较先进，便说"俨如一小沪渎"[1]，像个小上海。

《良友》画报曾发表一篇文章，讨论中国文化，将其由高到低分为四个等级，即租界、都市、乡村、部落。文章将上海等有租界的城市从中国都市中分离出来，认为上海与其他城市不在同一个等级上，不能相提并论。画报以 16 幅照片，分别从衣、食、住、行四个方面对四个等级的文化进行比较。衣，租界是一个摩登女郎时装，部落是形状特别的民族服装。食，租界是许多人在一个桌上的大餐，部落是牧民在吃奶酪。住，一是摩天高楼，一是帐篷。行，一是汽车，一是骆驼。[2]上海人将外地人，无论是乡村人还是城市人，都叫乡下人，其心理与《良友》画报是同样的。所以从某种意义上说，当时上海之在中国，就是乡村里的都市。

但是上海又是在短时间里急速发展起来的，市民绝大多数是刚刚离开土地的农民，他们在许多方面仍然保持农民的习惯。卢汉超的研究表明，许多上了年纪的老上海回忆也证明，生活在弄堂里的近代上海人，很多人住所变动少，活动范围小，接触的人也很有限。近代上海，同乡相对集中居住、同乡交往密切的情况相当普遍，这增强了各地乡土文化在上海的生命力。在这个意义上，近代上海人的大多数其实是生活在都市的乡村里。

---

[1] 1884 年出版的《津门杂记》云："天津开设通商口岸，始于咸丰十年庚申之秋……街道宽平，洋房齐整，路旁树木，葱郁成林。行人蚁集蜂屯，货物如山堆垒。车驴轿马，辄夜不休。电线联成蛛网，路灯列若繁星。制甚得法，清雅可观。亦俨如一小沪渎焉。"参见罗澍伟主编：《近代天津城市史》，中国社会科学出版社 1993 年版，第 148—149 页。

[2] 《良友画报》第 166 期，第 24—25 页。

这方面,美国学者墨菲的论述,已为我们所熟知。他在其名著《上海——现代中国的钥匙》中认为:近代上海是两种文明并存的城市。一方面,西方文明在这里有深刻影响,从西方移植进来的贸易制度、司法制度、金融业、制造业,煤气灯和电灯照耀得通明的房屋和街道,通向四面八方的一条条碧波清澈的水道,轮船、电报、电话、铁路。另一方面,这里的基础是农村文明,即使是 20 世纪 40 年代,仍旧可以在三四小时之内从外滩中段跑到农村,那是没有任何改变的农村,可以从上海市区任何一座高楼大厦上,清清楚楚地看到稻田和村庄,那里看不到上海影响的任何迹象。在上海,一方面是理性的、重视法规的、科学的、工业发达的、效率较高的、扩张主义的西方文明,另一方面是因袭传统的、全凭直觉的、人文主义的、以农业为主的、效率较低的、闭关自守的中国文明。[1]

世界性与地方性并存,摩登性与传统性并存,贫富悬殊,高度分层,这使得近代上海市民文化呈现驳杂奇异的色彩,有中有西,有土有洋,中西混杂,现代与传统交叉,都市里有乡村的内容和基因。多元、混杂,这就是近代上海民众文化的特点。

多元、混杂是大城市民众文化的共性。上述现象在纽约、伦敦、巴黎都不同程度地存在,但都不像近代上海那么突出。考其原因,不能不归结到上海城市特殊的发展道路,人口来源多元,社会组织多元,行政管理多元,城市文化整合能力薄弱,特别是人口集聚不是因城市内在需求在较长时间里缓慢增长的,而是在外力作用下在短时间里急速涌入的,由乡民转变为市民的周期太短,速度太快,身在城市而神在乡村。纽约、伦敦、巴黎的民众文化有如西餐,虽然混杂,但有一道主菜,一主多辅,上海民众文化则如什锦拼盘。

---

[1] [美]罗兹·墨菲:《上海——现代中国的钥匙》,章克生等译,上海人民出版社 1986 年版,第 4 页。

十一、 集中营：非常态下的外侨生活

上海租界居住着几十个国家的侨民，上海的经济、政治、社会、文化与欧洲、美洲、亚洲、大洋洲许多国家密切相关，发生在世界各地的许多大事，都会在上海激起反应，甚至是强烈反应。发生在 1884 年的中法甲申战争、1894 年的中日甲午战争、1904 年的日俄战争、1914 年至 1918 年的第一次世界大战，都在上海引起强烈反应，上海外国侨民之间的关系也因此而发生变化。第一次世界大战期间，上海的英侨与德侨就由先前的友善而变为仇视。

第二次世界大战爆发以后，上海外侨之间的关系，特别是英美侨民与日本、德国侨民的关系，就随着战场的形势的变化而发生变化，最剧烈的变化是日美交战、日军占领上海公共租界以后。从 1943 年 1 月到 1945 年 8 月，日本侵略军在上海设立盟国侨民集中营，关押英、美国等国侨民 6000 多人，涉及十余国，历时两年七个月，是第二次世界大战当中发生在上海的影响极大、极其重要的世界性事件，是上海外侨生活中最为苦难、最为特殊的一页。

1. 设 立 过 程

上海盟国侨民集中营，日文名称是"上海敌国人集团生活所"，英文名称是"Shanghai Civil Assembly Center"，抗战胜利后中文习称"上海盟国侨民集中营"。以下简称"上海集中营"。

上海集中营始设于 1943 年 1 月，但此前已经作了一些酝酿与准备。

1941年12月8日太平洋战争爆发以后，日军占领上海租界，加大对上海英、美等所谓敌国侨民的控制。

太平洋战争爆发以前，日本就已经考虑在战争爆发以后如何处置在中国的英美侨民及其财产问题。1941年11月22日，日本亚细亚第一课提出《国际形势骤变时在支敌国人及敌国财产处理要纲（草案）》，对战争爆发后敌国人的处置问题提出意见。草案提出，如果国际形势骤变，对于在中国的敌国人及敌国财产的处理，"应以相互主义为指导，国际法为准则，并致力减轻我方负担，善加利用，避免无益的破坏与散逸"。所谓相互主义，就是敌国如何对待日本，日本也如何对待敌国。文件提出，对于在中国的敌国人，"应置于帝国军队的监视之下，其居住及旅行应受到限制。军事上，在必要情况下，应对有可能被编入军队以及其他有可能于我有害的敌国人予以拘留"。对于敌国人中有专业技术者，诸如租界、海关、邮政局等机构职员，交通、电信、电力、给水、煤气等公共事业公司的职员，矿山及其他产业的公司职员，对于这些"其技术及经验可以为我方所用者，应保障其生活，在一定条件下维持现状加以利用"。按照这一原则，日本中国派遣军司令部于1941年11月27日撰写了机密文件《在支敌国人及其敌国权益处理要领（草案）》。[1]

1941年12月7日，即战争爆发前一天，日本外相东乡给在南京的代理大使日高发出特急、极密电报，对战争发生以后如何处置敌国领事、敌国人提出要求。其中，对敌国领事的措施包括：立即禁止领事馆设置的无线通信的使用，封存或接管通信器材；禁止密码文的收发；关闭领事馆事务所；禁止使用电话，电话局停止接线；禁止升扬国旗。对于一般敌国人的措施包括：特别要求宣誓不做出于日方有害的行为，搬家、旅行需要得到军部的批准；邮件要经过审查，非加密电报采用许可制；禁止升扬国旗；监视一般敌国人；禁止集会演讲。

1941年12月8日，日军占领上海租界后，宣布英国、美国、荷兰、比利时、加

[1] 参见孙安石：《战时上海与日本——关于敌国人集团生活所》（论文，2005年，未刊稿）。

拿大、澳大利亚、新西兰、巴拿马、古巴、南非、海地、哥斯达黎加、洪都拉斯、危地马拉、尼加拉瓜、多米尼加16个国家和地区的侨民为敌国侨民,并根据上述原则,向英国、美国、荷兰等驻沪领事馆派兵,停止这些领事馆的一切业务,关闭、封存了无线电设备,将领事馆人员收容集中管理。同时,日军对英国、美国、荷兰等国的驻沪银行进行接收清算,对所谓敌性国企业,则以"军管理"的名义进行侵占,包括通信、电气、自来水、煤气、公交、钢铁、汽车、造纸、烟草、木材、肥皂等近20个部门。第一批军管理企业就有64家。

1942年1月20日,日军宣布对上海英美等国侨民进行人口登记。其时,上海有英国人5865名,美国人1369名,荷兰人152名。3月1日,日军令英美侨民交出军火、武器、望远镜、收音机等物品。9月20日,日本占领当局规定,从10月1日起,敌国侨民凡满13岁者均须佩戴红色臂章,臂章宽10厘米,上以一个英文字母代表国籍,美国为A,英国为B,荷兰为N,其余小国为X,日本留用的工部局英美人员也不例外。日军同时规定,凡佩戴这类臂章者,不得进入戏院、电影院、舞厅、夜总会、回力球场、跑马厅等公共娱乐场所。

1942年10月,日本军事当局决定对于在中国敌国人,采取分别对待的措施,对"拘押者"和"集团生活者"进行区别,对涉嫌从事间谍活动者、特别是可能对军方造成危害者实施拘押,对其余人实施集团生活。日本军事当局相继制订《关于在支敌国籍人等集团生活(草案)》《集团生活所事务所官制草案》《集团生活所事务处理准则》《敌国人集团生活所实施日程》,对集中营生活作出具体规定。

1943年1月24日,日本驻沪领事馆制订《在沪敌国人集团生活所实施要纲》,决定将与日本处于交战国关系的英美等国在沪侨民收容进集中营,但是菲律宾人、印度人、马来人、缅甸人、持有英美国籍的日本人、中国人以及荷属印度人除外,虽然属于集团生活者的范围,但已被日军拘押或者已经入狱、入院的人,也排除在外,对于那些与日本断交国家的人民,将视对方国家的态度采取相应的举措。当时估计将被收进集中营的人有7750名,决定在上海设立八个集中营,另在扬州设立一集中营,也属上海集中营范围。

1943 年 1 月 29 日,集中营正式启用。1943 年 4 月底,第一阶段收容告一段落,八个集中营共收容英美等国侨民 5258 人。1943 年 9 月 19 日,大约 900人乘船离开了上海,其中包括美国人 600 名、加拿大人 54 名、其他 2 名、中立国人 20 名,计 676 名;另有华中各地的外国侨民 250 人,总共 926 名。这次欧美人撤离以后,日本占领当局对上海集中营人员进行调整,浦东、沪西、龙华等处集中营的收容者发生较大变动,由扬州集中营收容的一部分侨民也被移往上海。[1]1943 年 10 月中旬,上海集中营收容人员为 5706 人,1943 年 11 月底为6155 人,1944 年 9 月底增加到 6200 人。[2]这些人来自英国、美国、加拿大、荷兰、比利时、澳大利亚、新西兰、南非、苏联、葡萄牙、挪威等。被关押者,年龄最小的为 6 个月,最大的为 88 岁。被关押者的职业,有商人、工人、警察、教师、传教士、工程师、建筑师、设计师、会计师、速记员、话务员、引水员、海关职员、海员、银行职员、医生、出版商、记者、售货员、油漆工、学生、家庭妇女、无业人员等,应有尽有。[3]

集中营历时两年零四个月,直到 1945 年 8 月日本宣告投降才结束。由于许多侨民的住所已被日军征用,或者改作他用,他们一时无法出营,所以仍旧滞留营内。直到 1945 年 11 月,各集中营被收容侨民才基本走清。1945 年 8 月下旬,上海地方政府曾派人到浦东、沪西各集中营进行慰问。

除了上述侨民集中营,日本占领当局还在海防路设立拘留所,拘押与战争有关的盟国侨民;在苏州河北某民房内设立监狱,关押俘虏,美国《密勒氏评论报》的鲍威尔就被关押在那里。有些回忆录也将此两处称为集中营。其实,这两个机构与上述集中营性质有很大差别,被关押情况不一样,所受待遇也不一样。所以本书所述集中营,不包括这两个机构。

───────────

[1] 《警察月报 一九四三年九月》(同上 R36—1—49)。[日]高纲博文:《将"敌国人"收容进集团生活所》。
[2] 据《在上海敌国人集团生活所收容敌国人人名表》,日本外务省档案。表格凡 31 册,本书所引收容人员数据,均见此表格,下面不一一注明。
[3] 据《在上海敌国人集团生活所收容敌国人人名表》,日本外务省档案。表格统计内容包括关押地点、编号、姓名、国籍、性别、年龄、职业等。

2. 分 布 情 况[1]

上海盟国侨民集中营一开始为八个。1943 年 9 月,原属于轴心国的意大利同英美签署了投降停战协定,随后,日本在上海设立了专门关押意大利人的集中营。这样,集中营就增加到 9 个。

这些集中营分布相当分散,其中,教会人员集中营分为 6 处。所以 9 个集中营分在 14 个地方。1944 年 9 月底,各集中营人员如下:

(一) 浦东集中营,原为英美烟草仓库,旧房已拆,地址在今东方明珠北面的江边。共收容 1112 人,其中男 860 人,女 252 人。英国 903 人,男 652 人,女 251 人;美国 200 人,男 199 人,女 1 人;荷兰 9 人,全是男性。

(二) 龙华集中营,地址在今上海中学;共收容 1756 人,其中英国 1584 人,加拿大 24 人,南非 7 人,澳大利亚 32 人,新西兰 11 人,美国 37 人,比利时 39 人,荷兰 17 人,苏联 3 人,葡萄牙 1 人,挪威 1 人。

龙华集中营(今上海中学)

(三) 闸北集中营,在北中山路 2566 号,原大夏大学,今华东师范大学文史楼。共收容 1056 人,其中英联邦成员国 684 人(英国 233 人,澳大利亚 13 人,新

西兰 6 人,加拿大 15 人,其他 417 人),美国 242 人,荷兰 94 人,比利时 9 人,其他国家 27 人。

闸北集中营(今华东师范大学文史楼)

(四)沪西第一集中营,在愚园路 404 号,地丰路 8A 号、10 号(今乌鲁木齐北路),原为工部局西童学校,今为市西中学。共收容 877 人,其中英联邦 842 人(英国 821 人,澳大利亚 20 人,南非 1 人),加拿大 2 人,美国 12 人,比利时 8 人,荷兰 10 人,无国籍人士 3 人。本集中营第一次及第二次收容对象仅限于原工部局职员及其家属。从第三次开始,方才收容普通的敌国人民。尤其是第二、四次收容的时候,考虑到儿童牛奶供给的方便,主要收容有婴幼儿的家庭。与其他集中营交换收容者的时候,也以该宗旨为主。居室基本上由原来的教室分隔为二间或三间而成。每一间由一家使用,单身者除了若干例外,全部在原女子学校的礼堂、食堂、教室三处合住。

(五)沪西第二集中营,在大西路 63 号、65 号,今延安西路,原为军营,后一度为延安中学所在地。共收容 456 人,其中英联邦 408 人(英国 389 人,澳大利亚 11 人,巴勒斯坦 5 人,新西兰 3 人),加拿大 20 人,美国 19 人,荷兰 1 人,比利时 3 人,无国籍人士 5 人。

(六)沪西第三集中营,哥伦比亚乡村俱乐部,今延安西路以南、番禺路以西地方。从 1943 年 4 月 19 日起开始收容,开头三天收容了 38 人,以后陆续增加。到 1944 年 9 月,共收容 331 人,其中美国 17 人,比利时 4 人,英联邦 283 人,澳大利亚 15 人,新西兰 7 人,加拿大 3 人,荷兰 2 人。此集中营以收容老人、体弱多病者、幼儿等为主。

(七)沪西第四集中营,在大西路 301 号,今延安西路,原为隔离病房。共 325 人,其中美国 17 人,比利时 3 人,荷兰 10 人,英联邦 282 人,澳大利亚 7 人,加拿大、南非各 1 人,新西兰 4 人。

(八)教会人员集中营,分 6 处:

其一,上海徐家汇传教士中心,共收容 55 人,皆为修士,其中美国 25 人,加拿大 19 人,荷兰 5 人,英国 4 人,澳大利亚、比利时各 1 人。

其二,大神学院神父集中营,共收容 34 人,皆为修士,其中美国 4 人,加拿大 30 人。

其三,徐家汇圣母院,原址在今东方商厦附近,共收容 39 人,皆为修女,其中英国 10 人,美国 8 人,加拿大 10 人,比利时 11 人。

其四,圣方济各会,吕班路 141 号,今重庆南路,共收容 37 人,皆为修士,其中英国 1 人,美国 13 人,荷兰 2 人,比利时 21 人。

其五,天主教遣使会,吕班路,今重庆南路,共收容 10 人,皆为修士,其中美国 1 人,荷兰 5 人,比利时 4 人。

其六,霞飞路圣心营(今淮海中路 622 弄 7 号,上海社会科学院大楼),共收容 79 人,皆为修女,其中英国 9 人,美国 42 人,加拿大 14 人,澳大利亚 3 人,荷兰 1 人,比利时 10 人。

教会人员集中营,于 1943 年 4 月 13 日、14 日开始收容。13 日,徐家汇收容了男子 64 名、女子 35 名。14 日,吕班路收容了 15 名、霞飞路收容了 42 名。此后,收容人员陆续增多。教会人员集中营也兼收上海以外地区的传教士,包括宁波、杭州、汉口等地。

对于教会人员的管理,日本占领当局有特别的规定:第一,费用由各人所属的修会负责,日方全不负担。第二,对于教会人员的通信与普通集中营规定无异,每月一次,在检查内容之后,允许寄信。如有必要,亦可破例寄信。收信无限制。第三,不允许任何与外界的约会、电话。即使在集中营内的教堂中,也不允许对外来人员进行说教,或接受他们的忏悔。第四,教会人员的外出,起初,准许其在警官同行的情况下外出。后对此规则进行了修改,每次发给外出许可证,准许其携证外出。理由主要是为了方便治病,如有其他正当理由,也比较宽大地予以许可。第五,集中营内居住有中立国的传教士,被安排居住在其他楼层,与敌对国有所区别,但是也不允许其与外界发生联系。

(九)意大利人集中营,具体地址待考,共收容33人。1945年3月2日,其中原意大利驻沪领事马可·迪·伦佐(Marco Di Renzo)及其妻子等7人,在上海意大利总领事见证下宣誓效忠于过去的墨索里尼政权后被释放。[1]

9个集中营中,浦东、龙华两集中营规模最大,人数最多。

集中营所在地,或为学校或为仓库,均为空间比较大的场所。居住前,被分隔为大小不同的房间,一个家庭多住在一起。开始收容时,有些家庭成员被分配在不同的集中营,后来作了调整。单身者集中住在大统间,一个统间通常住十几个人,也有住二三十人的超大间,如闸北集中营的302室住了31人,314室住了27人。在龙华集中营,单身者被安排住在大礼堂,床挨床,像个大军营,大礼堂住不下,又在室外荒地上搭起临时木板房。

集中营一般用铁丝网与外部隔绝,门口设有岗亭。有的集中营(如沪西第一集中营)由于铁丝网不牢,处于居民比较多的地方,容易与外部发生接触,曾发生被收容人员成功逃脱的事件,也曾发生成功向外递交书信事件。

集中营内的设施,一般有厨房、冷库、洗碗处、淋浴间、厕所、办公室、所内医务室、晾干衣物处、教室、小卖部、食堂等。

---

[1]《昭和二十年四月六日意大利人收容所大东亚巡查秋元健次致驻上海总领事馆总务课长都村新次郎件》,日本外务省档案。

3. 规 章 与 管 理

日本占领当局对集中营实行军事管制。侨民进来时,严格限制携带物品数量。进来后,必须宣誓服从管辖,不从事任何违反集中营制度的事情;侨民在集中营,每 20 人或 10 人编为一小队(有的称班),每小队设一小队长;各小队分属若干大队,大队设大队长;小队长、大队长均从被收容的侨民中产生。每个集中营设"集团生活所"所长一名,事务主任一名,嘱托、巡查若干,均由日本人担任;每天在所内隔一小时进行一次巡视。收容后,被收容者的护照由敌国人代表统一收缴,交由本事务所保管。[1]

1943 年 2 月 7 日,沪西第一集中营开设的首日,先是收容了 23 名英美侨民的干部,开始指导他们在集中营生活的注意事项。对居室的分配、饭食的供应等进行了讲解,特别提醒他们要在饭食的准备上投入最大的心思。集中营雇佣了 12 名中国人为厨师,服务时间为两周,由厨师对英美侨民进行炊事方面的指导,传授一些相关经验,然后由集中营侨民自我服务。

对于侨民在集中营的生活,日本军事当局制订了详细的规则,除了宣誓、编队、侨民自我管理之外,对用餐、看病、寄信、处罚等都有具体规定。包括在集中营生活者必须相互和谐,维持集团生活。不允许有争论、捣乱行为等;必须严格遵守起床、点名、熄灯等规定;食物及其他配给品由政府规定,不允许变更。不允许对配给的食品及其量表示不满;必须绝对服从日本人职官及警员的命令,不许有丝毫反抗;允许每人每月寄信一封。信必须经职官检查,必须用打字机完成或清晰地书写,判读有困难的信件不许外寄;约 20 名左右的集团生活者组成 1 小队,每小队设小队长,为小队的责任者;小队如果出现逃亡者,则是全体小队成员的责任;不允许议论时局、散布传言、批评日本;必须严密注意防火;违反以上各项者,将受到减食、禁闭以及其他处罚。[2]作息时间规定,各集中营自

---

[1][2]《敌国人集团生活所人员调查》,日本外务省档案。

行决定,其内容大同小异,通常是上午7时起床,7时30分点名,8时早餐,10时劳动,12时30分午餐,下午6时30分晚餐,晚9时点名,晚10时熄灯。点名是日军掌握侨民动态的重要手段,因此,每天至少要点两次名。对于不遵守点名制度的人,日军会凶暴地予以惩罚。为了防止逃跑,日军除了加强警戒、巡逻等措施,还对被关押者实行连坐制度,一人逃跑,全队受罚。侨民任何逃跑、反抗的举动,都将受到严厉镇压。

1944年8月19日夜晚,由于有人逃了出去,日本兵气急败坏,便加强对外侨的看管,在一段时间里规定:在住者活动范围仅限于自己房间,不要上走廊,除非要去盥洗室或卫生间;一天两餐(没有早饭);不许去食堂;不许去图书馆;所有的私人藏书和唱片都要上交;不许举行娱乐活动;不许讲闲话;不许写信;所有工具统统上交。

侨民被安排从事洗菜、烧饭、打扫厕所、清洗浴缸等日常工作,还被安排去从事种菜、饲养家禽、手工等劳动。1945年3月,闸北集中营共养山羊17头,家兔11只,猪11头,鹅1只,鸭6只,鸡7只,产蛋70个。[1]龙华集中营有农田9英亩。1944年,蔬菜供应困难,龙华集中营要求提高蔬菜自给率,多种不用烧煮的生食蔬菜类。也有些侨民被安排去清洗排水管、铺路等活。

外侨也可以举行各种各样话题的演讲,进行一些娱乐活动。当然,内容不能违反日本的规定。外侨可以在集中营里进行各项体育运动,诸如拳击、曲棍球、足球、棒球、排球、乒乓球、橄榄球、跑步等,闸北集中营的外侨比较喜欢棒球运动,也有一些人去集中营的小河里钓鱼。[2]外侨假如生病,可以请假到集中营医院看病。一般集中营都有小型、简陋的医院,那些医生也多是被收容人员,不少人本来就是很好的医生,但问题是往往没有药。有些病在集中营无法医治,也可以在卫兵的严密监视下到集中营外面的医院治疗。

在集中营的后期,个别被关押者也可以在特别批准后,到外面去探望亲友。集中营的物资供应主要由日本军事当局负责。另外集中营内设有小卖部,有零

---

[1][2]《闸北敌国人集中营概况月报(三月份)》,日本外务省档案,1945年3月。

星日用品可供购买,允许红十字会等机构邮寄物品进去。后两者作为前者的补充。

集中营食品按人定量供应。当战事吃紧,物资匮乏时,集中营的物质供应便陷入困境,甚至煤、食品、水全部短缺。从集中营里出来的人,对集中营生活的回忆,最突出的就是饥饿。很多人因此饿坏了身体,健康从此难以恢复。食堂之外,有的家庭也会自己生炉子,利用亲友寄来的东西做些吃的,补充营养。

集中营物资供应方面,有一个问题非常突出,就是水的匮乏。由于人口多,水源少,集中营不得不从外面运水进来。在上海日伪时期档案中,相当一部分资料是关于日本占领军与汪伪政权协商运水问题的,包括水源、运水工具、运水费用等。集中营的热水是集中供应的,当燃料紧张时,热水供应自然也会紧张起来。

衣服是一大难题。外侨只能穿自己带进来的那些,这对于成年人还勉强可以对付,对于那些正在长身体的孩子来说,就比较困难了。

集中营存在的两年多时间里,1944 年至 1945 年间的冬天最为难挨,缺食、少水,天气又极端寒冷:

> 1944—1945 年的冬天到来了。这是上海有史以来最冷的一个冬天,持续了整整三个月。下了好几次鹅毛大雪,积雪持续了一个多礼拜。刺骨的寒风透过西北向的窗户上的裂缝刮进来,虽然我们试图糊上裂缝,但室温在零度以下徘徊了好几个星期——我们都习惯了蒸气呼出的热度。
>
> 没有人再奢望洗澡了。我们尽可能的把自己层层包裹起来,成天戴着羊毛帽子和手套。所有的人都穿得像层层包裹的中国婴儿,现在我们明白为什么他们的母亲要把他们裹成那样了。少得可怜的一点开水被用来灌热水袋以便晚上睡觉时取暖,第二天续热后又成为带橡胶味的茶水。我们甚至要求晚上的熄灯时间提前到 7 点,这样就可以早点进被窝取暖了。学校原本在一月份开学,因为天气的原因也不得不延迟了一个礼拜多。我们

的冻疮更严重了，手指和脚趾看上去像樱桃，整个白天都疼得厉害，晚上到了半温的被窝里更是痒的难受。有时候，冻疮破了，那就更惨，会被感染，因为营养不良的关系，以后很长时间都难复原。[1]

寒冷，烦躁，郁闷，使得关押在集中营的侨民更容易发生争吵。一个被关押者在日记里写道："1944 年 1 月 6 日。冷！真冷！太冷了！这是每次活动笨重、麻木的四肢时都会发出的单调声音。至于思维，我们的脑子就像一块冻僵了的海绵。处在这样的环境里，人们的脾气就容易急躁，每天围绕灯光、空间、窗帘、开窗、时间、借东西、偷工减料等所有你可以想象的问题都会发生争吵，满怀愤怒。"[2]

4. 有关交涉

对于将英美等国侨民关进集中营，英、美人士在开头由于对事态的发展有所预料，因而总体反应相对平静，但也有人不分昼夜地狂饮，自暴自弃。及至关进集中营以后，特别感到在集中营生活极差以后，英美侨民不满情绪日益强烈。有人认为，"日本人在战争初期比较顺利，所以对待上海的敌侨还算优厚。但最近他们在西太平洋和缅甸战场上屡遭失败，因此迁怒到敌侨头上"。有的表示，集中营条件恶劣、饮食不合口味，"我们要通过瑞士领事馆提出抗议"[3]。

1943 年 7 月，英美政府对于集团生活所开设之际的一些问题，通过中立国瑞士领事，向日本提出强烈抗议，其中包括：被收容者个人用品的带入受到限制；进入集团生活所之前的准备时间只有一周，处理财产的时间不充分；没有收发信的自由。1943 年 9 月，瑞士领事一行，访问了龙华和沪西第三集中营。

［1］《上海男孩，上海女孩》，第 5 章。
［2］ Peggy Abkhazi, *A Curious Cage, a Shanghai Journal, 1941—1945*, Edited and with an Introduction by S.W. Jackman. Sono Nis Press, Victoria, British Columbia, Canada. 1981.
［3］《警察月报　一九四三年一月》（《日伪上海特别市警察局》R36—1—74）。［日］高纲博文：《将"敌国人"收容进集团生活所》。

此外,关于集中营内外侨转营问题、国籍认定问题、疾病治疗问题、死亡证明问题、逃跑人员精神是否正常问题、供水问题,英美等国都曾通过瑞士领事馆,与日本占领当局有些交涉。

其中,最重要的是日本将盟国侨民作为人质的交涉。1945年,美日之间战争激烈时,日军曾经将沪西第三集中营(今延安西路以南、番禺路以西)关押的侨民转移到杨树浦,那里是日本在沪军事设施和工业设施相对集中的地方。沪西第三集中营以收容老人、体弱多病者、幼儿等为主,日军此行,目的是将这些侨民当人质,阻止美军对那里目标的轰炸。对此,美国从有关国际公约出发,对日本提出严重警告。警告说:

> 日本政府曾经自发地宣誓:对于关押的非战斗人员的待遇,适用战俘公约中的人道主义规约。但是,在已经过去的两年多时间里,关押人员受到了残酷待遇,其中,许多妇女、儿童、老人、残疾人及其他病弱的关押人员被迁入船坞、仓库、工厂及其他含有许多军事设施的工业地带中心,或被转移到没有任何设施的关押所。日本政府的行为是对日本政府誓约的严重放弃,是对这些手无寸铁的市民的严重怠慢。将这些非战斗关押人员迁入含有军事设施物的地区,其目的不能单纯解释为是为了使这些区域免受攻击,而是企图使其权力下的一切,包括日本人居住的地点或地区暴露在战斗地区的炮火下时免遭炮击,这是战俘公约第九条明令禁止的,此举是对战俘公约的严重侵犯。
>
> 美国政府要求日本政府尽快履行其义务,尽力为被关押人员提供妥当的收容设施,且应当将他们转移到不暴露在危险或伤害之中的安全地带的关押所。据报,日本正在考虑从闸北和"林肯大道"关押所转移非战斗人员的计划,美国政府要求日本政府放弃任何将这些关押所的关押人员转移到军事目标地区的计划。如果事实上认为必须将被关押人员从闸北和"林肯大道"关押所转移,则美国政府希望日本政府充分履行其义务,将他们安置在安全地带,且提供具有食宿卫生设施的关押所,并为病人提供妥当的看

病设施。另外，美国政府还希望日本政府经常给予其权力下的敌国人以人
道待遇，给予妇女儿童、老人、残疾人及病弱之人以特别照顾。美国政府在
此重申，日本政府对于其权力下的非战斗关押人员负有保护其生命的责
任。美国政府严正警告日本政府，任何企图使日本人所在的地点或地区免
受炮击而将非战斗关押人员暴露在危险之中的行径，日本政府都免不了
责任。[1]

　　在交涉中，日本方面曾对自己的行径加以狡辩，美国义正词严，对日本提出
严正警告。

　　上海盟国侨民集中营，历时两年多，关押 6000 余人，涉及十多个国家与地
区，是第二次世界大战期间发生在上海的重大事件，影响很大。由于集中营处
于封闭状态，与华人社会隔绝。由于被关押的外国人在第二次世界大战结束以
后，绝大多数离开中国，他们关于集中营的回忆资料很少为中国人所知。所以
一般上海人对此知之甚少。对于欧美人来说，发生在上海的这段历史，不是发
生在欧美世界，不是发生在反对法西斯战争的主战场，因此，也很难引起他们的
重视。

　　这样，在以往的关于第二次世界大战的研究中，这段历史就成为被遗忘的
角落。

　　但是被关押的昔日盟国侨民对此永难忘怀、极为重视。美国著名导演史蒂
文·斯皮尔伯格(Steven Spielberg)拍摄的《太阳帝国》，就是描述上海集中营的
生活。从 20 世纪 80 年代起，我们不断地收到来信、接待来访、被询问有关集中
营的历史。经过多年的寻觅、积累、求教，我们总算积累了一些资料，特别是查
到了日本外务省的有关档案。通过这些档案，我们基本上可以弄清集中营的来
龙去脉，知道被关押人员的基本情况，包括人数、国籍、年龄、身份，在集中营的
生活状态。我们也搜集到一些回忆录，知道被关押人员的一些生活细节。我们

---

[1] 《针对驻上海日军征用"哥伦比亚"俱乐部及愚园路集中营房屋、转移关押人员之事的抗议》，一九四五年六月五
　　日瑞士国公使馆致外务省口信翻译草稿。

也对集中营的旧址作了一些调查,找一些老人作了一些口述。

通过以上材料,我们对上海集中营可以有个大概的了解:

其一,上海集中营是日本占领当局为了防止盟国侨民参与反对日本法西斯而设立;

其二,集中营侨民过的是被剥夺自由的集体生活;

其三,集中营条件相当简陋,物资供应匮乏,特别是后期,缺水缺粮缺药;

其四,集中营侨民一旦反抗、逃跑,将受到严厉惩罚;

其五,集中营侨民生活与海防路拘留所、上海俘虏监狱有所区别;

其六,一般说来,只要被关押者不做违反营规的事情,就不会有生命之虞。

日本占领当局对于集中营的盟国侨民,与德国对待集中营的犹太人很不一样。其中原因何在? 可以讨论的余地很大。比如,日本人对于英美等国人的感觉,与德国纳粹对于犹太人的感觉本不一样。英美尽管在军事上是日本敌国,但在文化上又是日本人学习的对象。这是他们心理上对于英美人比较复杂的地方。但是一旦侨民有违日本占领当局的规定,日本占领当局对他们的迫害就极其残酷。

上海盟国侨民集中营,是发生在上海的奇特的历史现象,典型地反映了上海这座城市极为广泛的国际性。太平洋战争爆发,上海美侨就遭殃。意大利政府向盟军投降,意大利在沪侨民就由日本友侨变成日本敌侨。最有讽刺意味的是,日本投降以后,关押日本俘虏的地方,正好就是原先日本人关押英美侨民的地方。那段历史翻过一页以后,对那段历史最为关切的,仍是那些曾经生活在上海的盟国侨民。上海,成为他们历史记忆中永难忘却的地方。

结　语

　　由于多种因素错综复杂的作用,近代上海意外地成为全球化先行区、异质文化汇聚地。来自亚、欧、南北美洲的五十多个国家和地区的移民在这里工作、生活、学习,进行包括宗教在内的各种活动。这里一市三治,一个大上海实含三个"小上海"(三个不同行政实体),三家之上并没有一个更高一级的机构统辖,也不存在三家同受约束的统一的意识形态。中、西文化在这里都发生重要作用,任何一方都不占绝对统治地位。不同民族、不同文化之间,尽管也有矛盾和斗争,但总体上相对平静地交流、切磋、融合,从而出现了广泛、复杂而持续的异质文化共存、交流与文明互鉴现象。会审公廨、万国商团、混血儿学校、多种货币流通、洋泾浜外语盛行等,不同法律同时发生作用,这些现象在伦敦、巴黎、纽约、东京等城市,很难想象。这种现象早已引起中外有识之士的重视,民国初年已在这里讨论全球化背景下的民族、宗教如何和谐相处的问题。

　　近代上海城市现代化程度,未见得能比得上伦敦、巴黎、纽约、东京等城市,但是,异质文化交织的程度则远驾于这些城市之上。就此而言,近代上海足称全球多种文明共存地、交流地与互鉴地。近代上海被日本文人称为"魔都"[1],被中国学者称为"四不象"[2],其实说的都是这一特点。因此,近代上海在异质

---

[1]　"魔都"原是近代日本游客对上海城市的谑称,经村松梢风用作书名,于1924年出版,此后遂成为大众领域的术语。详见拙著《魔都上海的魔力与魔性》,上海辞书出版社2023年版,第4页。

[2]　"人常讯上海是四不象,不中不西,亦中亦西,无所可而又无所不可的怪物,这正是将来文明的特征。将来文明要混合一切而成,在其混合的过程中,当然表现无可名言的离奇现象。但一经陶炼,至成熟纯净之候,人们要惊叹其无边彩耀了。我们只要等一等看,便晓得上海的将来为怎样。"参见新中华杂志社编:《上海的将来》,新中华杂志社1934年版,第六六则。

文化共存、交流与文明互鉴上的研究价值,远在伦敦、巴黎、纽约、东京等城市之上。

一、 华洋混处与上海租界特质

近代上海成为异质文化交织的特殊区域,关键因素在于这里存在全国最大的租界。

鸦片战争以后签订的《中英南京条约》等一系列不平等条约,为上海租界的设立提供了法律依据。租界设立以后的十来年中,遵循的是华洋分处原则。这一原则的确立,符合当时中外双方共同的意愿。如果此一原则被一直贯彻下去,上海租界就会被限制在比较狭小的范围,外侨社会与华人社会就会处于相互隔离的不同空间,租界就不可能对华人社会、对近代中国产生如同后来那么广泛、深入而巨大的影响。

上海租界由华洋分处到华洋混处的转变,关键在于小刀会起义以后上海政治局面的变化。县城被占,知县被杀,道台被捉,政权瘫痪,华人大量涌入租界,造成华洋混处的事实。清朝中央政府忙于调兵遣将,全力镇压首都设在南京的太平天国,无暇顾及上海事务。租界西人乘机扩张权力,修改土地章程,设立工部局、巡捕房、万国商团,攫取对华人的管辖权。

华洋混处局面的出现,并非中英双方或某一方事先所设计、所认可、所乐意,英国领事曾为此照会上海道台,要求制止混处事态,维持分处格局,上海道台也曾努力改变华洋混处的局面。但是英租界并非殖民地,英国政府或英国驻沪领事并不能一言九鼎。租界西人社会大体沿袭英国地方自治传统,大政方针主要由以商人为主的纳税人会议投票决定。西商见大量华人涌入,住房需求激增,出现房地产难逢商机,乃大批建房,大把赚钱,他们自然欢迎华人入住。于是,修改土地章程,认可华洋混处,也驱使英国领事改变初衷。难民避难,为的是安全,西商建房,谋的是暴利,两相结合,促成了华洋混处的局面。安全需求,谋利需求,都是人类最基本的需要。所以华洋混处局面的出现,是 19 世纪 50

年代国内与国际、地方与中央、现实与历史多种矛盾错综复杂交互作用的结果，说到底，也是一种自发秩序的结果。近代上海成为异质文化交织的特殊区域，也是近代特定条件下国内与国际、地方与中央、现实与历史多种矛盾错综复杂交互作用的结果，也是一种大范围自发秩序的结果。

上海公共租界与法租界是两类不同性质的租界。公共租界是共管租界，法租界是专管租界，管理方面的差异，一是共，一是专。公共租界的外侨来自世界各国，其权力属于纳税人会议(先是租地人会议)，具体行政事务由工部局处理，工部局董事由纳税人会议选举产生。工部局权力受到上海领事团的制约，上海领事团由相关国家驻沪领事组成。自 1882 年以后，上海设立一独特的行政法庭即领事公堂，专门受理以公共租界工部局为被告的民事案件，以英、德、法三国领事为领团代表，充当法官。从日后司法实践看，所受理案件以工部局败诉为多。上海领事团上面，则是外国驻京公使团。尽管英国人在相当长时间里在公共租界占主导地位，但工部局并不是英国伦敦政府的下属机构，英国政府并不能直接向公共租界下达指令。法租界尽管也住有很多其他国家的侨民，但其事务管理归公董局，公董局董事会由纳税人会议选举，但总董由法国领事担任，领事直接受制于远在巴黎的法国当局。公共租界实行的是英国式自治制度，法租界实行的是领事独裁制度。

上海公共租界的政治架构，在近代中国众多租界中是个特例。近代中国 25 个租界中[1]，只有上海公共租界与厦门鼓浪屿公共租界这两个公共租界，其余 23 个租界均为专管租界。鼓浪屿公共租界的政治架构(包括行政体制、司法制度、税收制度等)，均沿袭上海公共租界，但其人口规模、经济体量、社会影响远比上海公共租界小得多。[2]全国各地众多专管租界(包括广州两处、汉口五处、

---

[1] 　关于近代中国的租界，不同的统计口径数量不同，此从费成康：《中国租界史》，上海社会科学院出版社 1991 年版，第 427—430 页。近代中国专管租界 25 个，公共租界 2 个，但上海公共租界系英、美租界合并而成，天津美租界在 1902 年并入英租界，故历年租界总数是 27 个，但不同年份租界总数有所不同。与上海公共租界并时共存的租界总数最高值是 25 个。

[2] 　鼓浪屿公共租界设立于 1903 年，面积最大时 2250 亩，仅为上海公共租界的 6.7%。1930 年，岛上总共只有英、美、法、日、西、丹、俄、荷、葡等国的侨民 567 人。这个数字，为同期上海公共租界外侨人数的 1/70。参见何其颖：《近代中国公共租界比较研究》，《厦门大学学报(哲学社会科学版)》2007 年第 2 期。

天津八处),都是"在握有租借权之各国政府权力之下,各自设立市政机关,由各该国领事主管。是以各租借地虽属毗连接壤,而各有其市政机关,各行使其独立之职权"[1]。列强在汉口、天津等地租界,均自行其是,并不形成统一整体,而在上海公共租界,他们因为处在同一个行政实体,处境相同,利益相同,从而容易形成一致意见。诚如费唐报告所说:"中国其他通商口岸之租界,彼此分离,地相交错,而上海公共租界则为混合性质,成一单个之自治团体,界内多数各国人民,同受治于平民市制之下,并将有限制之监督权保留,而使属于享受治外法权并有其本国人民居住界内之各国领事团体,而非属于任何一国之领事。"[2]这是上海公共租界较包括上海法租界在内的各个专管租界的特殊之处。众多国家侨民混处一处,遇事需要比较复杂的会商程序,环节较多,其效率常较专管租界为低,难度亦高。然而,共处有共处的优势,"联合之结果,可以增添实力,增加独立方法,而使外侨团体,非特对于市政之担承,其规模能比其他地点分别管理之区域为大,其活动之范围,亦较为广阔,并可发展一种国际合作之习惯。此种习惯,自有其特殊之价值"[3]。上海外侨曾经想把上海公共租界变成"自由市",上海公共租界曾被称为"袖珍共和国"[4],都是基于这一特点。

二、 上海租界文化效应

由于租界的存在,上海一个城市有三个管理机构,由此形成多元文化并存的特殊局面,行政多元,法律多元,货币多元,人口多元,宗教多元,没有一个统一的管理机构,没有统一的意识形态,没有共同信仰的宗教。这在世界城市史上是独一无二的特例。这从文化生态学角度来说,类似于文化原生态,来自世界各国、中国各地具有不同地域特色、不同历史传统的文化,在这里相对自发、从容、平静、理智地交流,包括文化的会面、碰撞、理解、融合。这形成了各种文化相对正常的

---

[1]《费唐法官研究上海公共租界情形报告书》(以下简称《费唐报告》)第八册,上海书店出版社2012年版,第37页。
[2][3]《费唐报告》第八册,上海书店出版社2012年版,第39页。
[4] "最光怪陆离的袖珍共和国,世人常这么称呼上海。"Mary Ninde Gamewell, *The Gateway to China*, Fleming H. Revell Company. 1916, p.20.

交流环境,突出表现为四大效应,即示范效应、缝隙效应、孤岛效应与集散效应。

示范效应。租界是西方人管理的世界,华界是华人管理的世界。西方人将欧美的物质文明、制度文明与精神文明都带到这里,包括食、衣、住、行、用等生活用品,各种生产工具,市政管理、议会制度、公司制度、教育制度、卫生制度,也包括伦理道德、价值观念、审美情趣、宗教信仰等,使得上海租界成为东方文化世界中的一块西方文化"飞地"。在租界与华界之间,虽有界线,但没有不可逾越的藩篱,人员、货物、信息能够自由流动。这样,通过租界所体现的西方文化,可以毫无遮拦地扩散开来。通过租界展示出来的西方文明,租界与华界的巨大差异,极大地刺激着上海人,促使他们在中西不同文化之间,自发或自觉地进行比较、鉴别与思考,事实上强劲地推动着上海人了解西方、学习西方的步伐。上海绅商设立的煤气公司、电力公司、马路工程局,发起的地方自治运动、华人参政运动,上海市民日趋健全的市民意识、法治意识、公共秩序意识,这些都与租界的示范效应有着密不可分的关系。

缝隙效应。租界既是中国领土又不受中国政府直接管辖,不受中国政府直接管辖但又居住着大批中国居民,不受中国政府直接管辖但又与中国政府管辖的区域仅有一河之隔、一桥之隔或一路之隔,这些特点,使得中国大一统的政治局面出现一道缝隙。这道缝隙虽然很小很小,但影响很大很大。这道缝隙在清朝政府、北洋政府、南京政府的统治系统中,成为一条力量薄弱的灰色地带,形成持不同政见者或反政府力量可以利用的政治空间。慈禧太后钦命捉拿的康有为得以脱逃,1900年持不同政见者策划的中国国会能够在愚园举行,如火如荼的鼓吹革命的张园演说得以举行,章太炎、邹容能够发表慷慨激昂的反清文字,举世震惊的苏报案得以发生,《民呼日报》《民吁日报》如变戏法般禁而不绝,清朝遗老在民国初年能够拖着长辫子在这里优哉游哉,中国共产党能够在这里诞生,左翼文化活动能够在这里蓬勃展开,都与这道缝隙的存在密切相关。

孤岛效应。从地理上说,上海当然不是岛屿,但从政治空间上说,上海因为有租界存在,在将近一百年时间里,确是一个孤岛。清朝政府、北洋政府、南京政府的号令,可以行至天涯海角,但在上海租界却不能畅行无阻。没有安全,其他一切都会归零。近代中国是在连绵不断的外侵、内乱、天灾、人祸中走过来的,上海这个相对稳定安全的孤岛,意象就格外突出。它对上海的经济、社会、文化的发展,特别是人口的集聚,有着难以估量的影响。大批官员、富商来这里居住、置业,各种人才向这里涌来,无数游资向这里集中,其源盖在于此。

集散效应。近代上海是移民社会,其人口来自全国各地,内以江、浙、皖、粤、闽等地为主,与各地的经济、社会、文化方面保持着千丝万缕的血肉联系。上海的外国人来自世界各地,上海外商机构来自世界各地,上海的中商机构也与世界各地有广泛联系。于是,发生在上海的事情往往与全国、全世界紧密相连,发生在世界各地的事情上海也会特别敏感,这使得上海成为全国全世界各种信息集散地、利益集中地,各种政治、经济、社会、文化力量的关注点,发生在上海的事情便会有放大效应。拒俄运动、抵制美货运动、五四运动期间上海工人商人学生的活动、五卅运动,之所以影响那么巨大,与上海城市集散效应有密切关系。1933年初中共中央机关撤离上海以后,上海仍然是民主爱国人士、进步知识分子集聚地,左翼文化运动中心,全国抗战文化中心,仍然是近代中国光明的摇篮,便是这种集散效应的突出表现。日军侵占上海租界以后,将英美等国侨民关进集中营,人数达6000多,涉及欧、美、大洋洲三洲十余国,世界瞩目,也凸显了上海城市的国际性特点。

三、 自发秩序与文明互鉴

上述示范效应、缝隙效应、孤岛效应与集散效应,并不是什么国际条约、中外协定规定的结果,也不是什么行政机构强权管辖的结果,而是来自不同国家、不同地区、不同民族、不同阶级与阶层的各种异质人口相互作用的结果。这种作用起初是自生自发的,就像居间活动的买办的产生,洋泾浜英语、洋泾浜汉语的出现,都是出于社会生产、社会交往原初的需要。所谓自生自发,并非毫无演变秩序与规律可循,而是沿着求真、向善、尚美的路线前行,是沿着文明互鉴的路线前行。租界出现煤气灯、电灯、自来水以后,华人社会并不是一开始就乐意接受的,而是经过观察—比较—接受三部曲以后,发现煤气灯、电灯确实优于油灯,自来水较井水河水更卫生更方便,才起而仿行。在操纯雅英语者眼中,洋泾浜英语发音不准,语法混乱,令人发噱,但中外商人不管这一套,买办乐此不疲,能谈得成生意、管用就行。买办作为居间商人,其道德虽然不时遭人诟病,但买办在当时上海社会一直居于上层地位。所以上海外语培训班多于米铺,长盛不衰。这就是自生自发秩序的强劲生命力所在。会审公廨的产生,华界与租界共同管理公共卫生,共同防疫、共同禁赌、共同禁烟等,都是租界设立之初不曾料及,在城市发展过程中遇到以后,双方协商的结果,这种协商,无不基于各自的利益,因而也都是自生自发秩序的结果。

近代上海自生自发秩序的形成,并得以持续,一个重要前提便是系统的高度开放性。近代上海社会,与全国各地联系广泛,且高度开放,各地移民来去自由。近代上海人口增减,明显随重大战争的起伏而呈潮汐现象,太平天国、辛亥革命、解放战争时期均如此,但总体上是来的多,去的少。那些滞留不去的部分,便是自发认可上海社会的部分。

自生自发秩序并非完全自由散漫,毫无规矩,而是与诚信约束、契约意识紧密相关。任何社会都离不开诚信,但是生活在不同环境、不同社会结构中的人,其不诚不信、弄虚作假的社会成本并不一样,因此,不同的生活环境、不同的社会结构中对于诚信与否的制约方式与制约强度很不一样。农耕社会中,个体社会活动半径小,社会交往范围小,个人行为受熟人社会的道德制约强度大,不诚不信、弄虚作假的社会成本高、时效长,一朝失信,可能遗患终生,甚至连累整个家庭家族。工商社会中,个体社会活动半径大,社会交往范围大,社会交往对象复杂,其行为受熟人社会的道德制约强度低,短时间不诚不信、弄虚作假的社会成本可能很低。这是工商社会坑蒙拐骗等现象多发的原因。但是以陌生人为主体的工商社会,调节个人、群体及各类法人之间关系最基本、最普遍、最深远的,还是诚信。"人而无信,不知其可也。大车无輗,小车无軏,其何以行之哉?"[1]无论个

[1]《论语·为政》。

人、群体还是各类法人,一旦诚信缺失,便难以立足于社会。于是,同业公会要以诚信来调节内部关系,维持行业声誉,银行要以诚信来吸引客户、要求客户、制约客户,个人与企业、企业与企业之间,要通过合同等形式确保诚信。于是,诚信在都市生活中便成为无处不需、无往不在的刚性品质。

英国人主导的上海租界社会,自建立伊始就将其母国法治传统移植进来。从《上海土地章程》开始,各门各类的章程、规则次第制订,租地有章程,道路建筑有章程,马车行使有章程,码头设施有章程,行船靠岸有章程,倾倒垃圾有规定,贮存火油有规定,戏院设施有规定,食品检疫有规定,开办公司有规则,缴捐纳税有规则,开会议事有规则,投票选举有规则,法庭审判有规则……从生活到生产,从经济到政治,事无巨细,均有成套的规章制度。各类规则不定则已,一旦制订颁布,便坚决贯彻执行。

诚如亚当·斯密所说:"一旦商业在一个国家兴盛起来,它便带来了重诺言、守时间的习惯。"[1]工业化、城市化、现代化的综合作用,使得近代上海居民形成了相当突出的重然诺、守法规的特性,最突出的现象是商业规范与征信系统的建立。上海各种行业公所对本行业都有规范要求,或为书面契约,或为无形习惯,包括不准弄虚作假、缺斤少两、蒙骗顾客等,银行系统则成立征信所,全面、系统调查相关工厂、商号、个人之身家事业财产信用。这样就形成了与充分的市场经济紧密关联的严厉的诚信机制。因为对于任何厂商来说,最有效和最彻底的监督,正是来自顾客的监督,"正是对丧失顾客光顾的恐惧,才使他不敢造假,不敢疏忽大意"[2]。上海城市品格中,诚信约束、契约精神一直占据极其重要的位置,关键就在于自生自发秩序是与诚信机制相伴而生的。

自生自发秩序在近代上海的物质、制度与精神三个层面,表现得并不同步。大体说来,物质文化层面,标准相对统一,客观成分最大,主观成分最小,因此,比较、鉴别所需时间最短,相对容易取得双方共识,这就是煤气灯和电灯很快取

[1] [英]坎南编:《亚当·斯密关于法律、警察、岁入及军备的演讲》,陈福生、陈振骅译,商务印书馆 2011 年版,第 265 页。
[2] [英]亚当·斯密:《国富论》上卷,杨敬年译,陕西人民出版社 2006 年版,第 162 页。

代油灯、自来水取代河水的原因。制度文化层面，牵涉面较广，标准较难统一，主观成分较大，比较、鉴别所需要时间较长，上海华人纺织厂参加火灾保险就走过弯路，华商采用公司制度、华人社会采用西方教育制度等，都有较长酝酿期。精神文化层面，包括风俗习惯、审美情趣之类，客观成分最小，主观成分最大，因此，各行其是，各美其美。很多公司、学校是按西历工作，中国人按中历过节（春节、端午、中秋之类），西方人按西历过节，或按其所信仰之宗教习俗过节。这样，在精神文化层面上，包括宗教信仰方面，上海便中餐与西餐均有，筷子与刀叉同在，茶叶与咖啡各有势力，佛教、道教、天主教、新教、伊斯兰教并行不悖，有中有西，有土有洋，中西混杂，色泽斑斓。

　　近代上海社会所呈现的自生自发秩序，是一种渐进的理性主义，而非建构的理性主义。所谓渐进的理性主义，是指当事人遵循这种秩序，是经过直接的、具体的认知，是发自内心的认可，而不是因为受到某种强权、某种命令、某种意识形态威逼之后的被迫行为。就目的性而言，这种秩序并不是某个主体事先设计、刻意制造出来的，而是在实践中缓慢认知、逐渐形成的。就像人们乐意使用电灯、自来水，乐意参加火灾保险，对西医趋之若鹜，并没有电灯公司、自来水公司、保险公司和西人医院强迫人们必须如此这般，而是他们看在眼里、想在心里、最后心悦诚服地认可。这种自生自发秩序正因为不是某个主体有意识系统建构出来的，所以上海人才能够在接受电灯、自来水、参加火灾保险的同时，可以不吃西餐，不喝咖啡。你也可以不用电灯而继续点油灯，继续喝河水而拒用自来水，你还可以一直拒绝购买人身保险。对西医，你可以信，也可以不信；对天主教、新教，你可以信也可以不信。这种自生自发秩序，建立在独立思考、自主选择的基础上，因而坚实无比，牢不可破。从晚清到民国，北方和内地不少地方时常发生教案，上海作为天主教、新教势力最为集中的地方，却没有发生过什么大的教案。这是为什么？根源在于，上海人或耳闻目睹，或亲身经历，知道传教士如何建教堂、开医院、办学校，如何传教，绝不相信他们会迷拐幼童、挖眼剖心。谣言止于智者，经由自生自发秩序熏陶的上海人，便是善用自己大脑思考的智者。

四、 文化相对主义与文化沙文主义

当然,近代上海自生自发秩序产生的同时,也还存在着两种明显的文化倾向,即文化相对主义与文化沙文主义。从文化相对主义来看,来自全世界的各国各地侨民,在上海各依其本民族的生活方式生活,衣、食、住、玩各行其是,各有以其本国人为参与主体的总会,在治外法权保护下各司其法,各信其教,相安无事。从文化沙文主义来看,近代上海社会中,存在着文化强势群体,这就是以欧美白人侨民为主的两租界西人,特别是其上层人物,包括外国领馆人员、两租界的董事及其他管理人员、富裕商人等。他们自以为文化优越,歧视华人,也歧视在沪的印度、越南等国侨民。他们不屑与华人深入交往,拒绝学习中文,公园、跑马厅、总会及其他娱乐场所限制华人入内,长期剥夺华人在租界的参政权。他们的文化优越感,既有坚船利炮的支撑和不平等条约的庇护的因素,也由于他们对于中国文化缺少深入的了解,是一种未经省察的盲目自大。

人类自有不同文化交流历史以来,文化相对主义与文化沙文主义这两种倾向就已存在,源远流长。在近代上海这么一个狭小的空间、有那么多种异质文化以这么特殊的形式进行交流,则史无前例,这有利于克服或减缓文化沙文主义倾向。近代上海其实就是一个袖珍地球村,研究这个袖珍地球村,考察来自世界各国、中国各地不同人群在这里的生活、工作,考察他们相互之间的文化交流、交融,以及由此而出现的自生自发秩序,对于探讨全人类文化交流的过程、特点、规律,有极为难得的样本价值。这有利于具体、深入、切实了解其他文化,也有利于以他者为镜,对照、了解自己的文化,有利于解构那种设计出来的人造秩序。

如上所述,生活在近代上海的中国人,对西方文化长处的了解,主要是通过实实在在的日常生活、精美器物、规章制度,以西方文化作为他者,作为镜子,逐渐看清自己文化的特点。所以,上海人对西方文化优点的认可是眼见为实、发自内心的认可,对自己文化缺陷的自省与批评,包括对缠足、吸食鸦片、肮脏、不守公德之类文化缺陷的批评,是有切肤之痛的自省与批评。与此同时,对西方帝国主义罪恶的感受,对于西方人自己建构出来的、不由分说的那种盲目文化优越感,诸如对华人的歧视、掠夺,也是亲历、亲见、亲闻,其反抗也是发自内心的。近代上海之所以成为历次反帝爱国运动中心,成为近代中国光明的摇篮,其源盖在于此。

自发、直接、广泛、深入的文化交流,有利于减弱文化沙文主义强度。文化沙文主义,是指因对本民族文化的热爱、骄傲,而对他者文化采取藐视、鄙视、拒斥的态度。从本质上说,每一种民族文化,都有自爱、自恋、自我欣赏的一面,都有藐视、鄙视、拒斥其他民族文化的一面,都有通向文化沙文主义的倾向,否则这种文化就会失去凝聚力,就不成其为民族认同的精神旗帜。明末清初,中西文化较多接触之初,中西对视,各自都有藐视、鄙视、拒斥对方的一面,地位相对平等。鸦片战争以后,文化位势的天平急速倾斜,西方文化挟船炮之威势而占据优势。欧美侨民来到上海,普遍拥有文化优越感。但是随着接触的广泛、了解的深入,其中不少人变得比较重视中国文化,乃至热爱中国文化,对中国比较友好。且不说犹太人、白俄等带有难民性质的侨民,相对容易理解、接受中国文化,有那么多人在艺术、建筑方面从事中西文化交流,即使是在常态下来到上海的欧美侨民,这类人也所在多有。傅兰雅来沪之初,对中国文化的态度与其他欧美侨民并没有太大不同,但是20多年间,译书、办报、讲学,与中国知识分子频繁交往,对中国有比较深入的了解,于是捐献巨款设立上海盲童学校,在美国介绍中国传统文化,热情帮助中国留美学生。雷士德作为在上海英侨中屈指可数的富商,临终前将其毕生积累的所有财富,全部捐献出来,用以资助上海的教育、医学、慈善、儿童事业,受惠的是贫病幼弱群体。哈同也表现出对中国文化广泛的兴趣,甚至要求其死后同时采用佛教与犹太教两种葬礼。路易·艾黎更是典型,由同情中国劳动人民的悲惨处境,进而投身中国人民的民主革命运动,成为伟大的国际主义战士。

自发、直接、广泛、深入的文化交流,从个别文化来说,有利于实现文化自觉,从文化相互关系而言,有利于形成文化共识。人类社会发展到今天,经济全球化的加速,网络时代的到来,带来的不是简单的文化一体化,而是文化多元并存基础之上的文化整合与文明互鉴。不同文化相互之间的尊重、理解、对话、互鉴,既是个别文化存在、发展的前提,也是文化整合的资源。这种理解应该是以尊重为前提的,将其他文化看作与自己文化平等的主体。这种对话应该是平等的,是为了借鉴对方,发展、丰富自己,而不是为了同化、消灭对方。这种理解与对话,既为了存异,也为了在存异基础上的求同,寻找异质文化共存的共同基础与普遍准则。

近代上海,中外文化直接沟通范围较广、时间较长、程度较深,自生自发秩序持续时间较长,为全人类研究异质文化之间的交流与文明互鉴提供了难得的蓝本。

主要征引书目

中文图书：

丁日初主编：《上海近代经济史》，凡二卷，上海人民出版社 1994、1997
年版。

上海对外贸易志编纂委员会编：《上海对外贸易志》上册，上海社会科学院
出版社 2001 年版。

上海市政协文史资料委员会、上海犹太研究中心编：《犹太人忆上海》，上海
文史资料选辑第 78 辑，1995 年。

上海市政协文史资料委员会：《上海文史资料存稿汇编》，上海古籍出版社
2001 年版。

上海园林志编纂委员会编：《上海园林志》，上海社会科学院出版社 2000
年版。

上海社会科学院历史研究所编：《上海小刀会起义史料汇编》，上海人民出
版社 1980 年版。

上海房地产志编纂委员会编：《上海房地产志》，上海社会科学院出版社
1999 年版。

上海档案馆编：《工部局董事会会议录》，上海古籍出版社 2001 年版。

上海租界志编纂委员会编：《上海租界志》，上海社会科学院出版社 2001
年版。

上海通社编:《上海研究资料》,上海书店 1984 年版,影印本。

[美]小科布尔:《上海资本家与国民政府》,杨希孟译,中国社会科学出版社 1988 年版。

[日]小浜正子:《近代上海的公共性与国家》,葛涛译,上海古籍出版社 2003 年版。

[澳]马丁:《上海青帮》,周育民译,上海三联书店 2003 年版。

马士:《中华帝国对外关系史》,上海书店出版社 2000 年版。

马长林主编:《租界里的上海》,上海社会科学院出版社 2003 年版。

马光仁主编:《上海新闻史(1850—1949)》,复旦大学出版社 1996 年版。

马昌华主编:《淮系人物列传——李鸿章家族成员》,黄山书社 1995 年版。

中国人民政治协商会议上海市委员会文史资料委员会编:《旧上海的房地产经营》,上海人民出版社 1990 年版。

卞孝萱、唐文权编:《辛亥人物碑传集》,团结出版社 1991 年版。

太平天国历史博物馆编:《太平天国资料汇编》,中华书局 1979 年版。

太平天国历史博物馆编:《吴煦档案选编》,江苏人民出版社 1983 年版。

日本上海史研究会编:《上海人物志》,东方书店 1997 年版。

王云五:《岫庐八十自述》,台湾商务印书馆 1967 年版。

王寿林:《上海消防百年记事》,上海科学技术出版社 1994 年版。

王栻主编:《严复集》,中华书局 1986 年版。

王铁崖:《中外旧约章汇编》,三联书店 1957 年版。

王韬:《瀛壖杂志》,上海古籍出版社 1989 年版。

[美]卢汉超:《霓虹灯外——20 世纪初日常生活中的上海》,段炼等译,上海古籍出版社 2004 年版。

[法]白吉尔:《上海史:走向现代之路》,王菊、赵念国译,上海社会科学院出版社 2005 年版。

[挪]石海山等:《挪威人在上海 150 年》,朱荣发译,上海译文出版社 2001 年版。

交通大学校史编写组:《交通大学校史》,上海教育出版社 1986 年版。

任建树主编:《现代上海大事记》,上海辞书出版社 1996 年版。

伍江:《上海百年建筑史(1840—1949)》,同济大学出版社 1997 年版。

[美]刘广京:《英美航运势力在华的竞争(1862—1874)》,邱锡荣、曹铁珊译,上海社会科学院出版社 1988 年版。

刘成禺:《洪宪纪事诗本事簿注》,山西古籍出版社 1997 年版。

[日]刘建辉:《魔都上海——日本知识人的"近代"体验》,甘慧杰译,上海古籍出版社 2003 年版。

刘厚生:《张謇传记》,上海书店 1985 年版,影印本。

刘惠吾主编:《上海近代史》上下册,华东师范大学出版社 1985、1987 年版。

孙中山:《孙中山全集》,中华书局 1986 年版。

朱有瓛、高时良主编:《中国近代学制史料》第四辑,华东师范大学出版社 1993 年版。

汤志钧主编:《近代上海大事记》,上海辞书出版社 1989 年版。

许地山编:《达衷集》,商务印书馆 1931 年版。

阮笃成:《租界制度与上海公共租界》,法云书屋 1936 年版。

何小莲:《西医东渐与文化调适》,上海古籍出版社 2006 年版。

余之:《摩登上海》,上海书店出版社 2003 年版。

吴汉民主编:《20 世纪上海文史资料文库》,上海书店出版社 1999 年版。

吴圳义:《清末上海租界社会》,台北文史哲出版社 1978 年版。

张仲礼主编:《中国近代城市发展与社会经济》,上海社会科学院出版社 1999 年版。

张仲礼主编:《近代上海城市研究》,上海人民出版社 1990 年版。

张桓忠:《上海总商会研究,1902—1929》,台北知书房出版社 1996 年版。

忻平:《从上海发现历史——现代化进程中的上海人及其社会生活,1927—1937》,上海人民出版社 1996 年版。

李长莉:《晚清上海社会的变迁——生活与伦理的近代化》,天津人民出版社 2002 年版。

李必樟编译、张仲礼校订:《上海近代贸易发展概况 1854—1898 年·英国驻上海领事报告汇编》,上海社会科学院出版社 1993 年版。

李欧梵:《上海摩登:一种新都市文化在中国》,毛尖译,北京大学出版社 2001 年版。

李维清:《上海乡土志》,上海古籍出版社 1989 年版。

李瑊:《上海的宁波人》,上海人民出版社 2000 年版。

杨昌济:《杨昌济文集》,湖南人民出版社 1981 年版。

汪之成:《上海俄侨史》,上海三联书店 1993 年版。

汪仲贤:《上海俗语图说》,上海书店出版社 1999 年版。

邹依仁:《旧上海人口变迁的研究》,上海人民出版社 1980 年版。

陈正青标点:《广方言馆全案》,上海古籍出版社 1989 年版。

陈同:《变迁社会中的上海律师》,香港中文大学 2005 年博士学位论文。

陈伯海主编:《上海文化通史》,上海文艺出版社 2001 年版。

陈伯熙:《老上海》,泰东图书局 1919 年版。

陈祖恩:《寻访东洋人》,上海社会科学院出版社 2007 年版。

陈夔龙:《梦蕉亭杂记》,山西古籍出版社 1996 年版。

周作人:《周作人日记》,大象出版社 1996 年版。

周振鹤:《随无涯之旅》,生活·读书·新知三联书店 1996 年版。

[美]杰西·格·卢茨:《中国教会大学史,1850—1950》,曾钜生译,浙江教育出版社 1987 年版。

郑孝胥:《郑孝胥日记》,中华书局 1993 年版。

郑祖安:《海上剪影》,上海辞书出版社 2001 年版。

郑振铎:《郑振铎文集》,人民文学出版社 1985 年版。

郑曦原编:《帝国的回忆:〈纽约时报〉晚清观察记(1854—1911)》,当代中国出版社 2007 年版。

姚公鹤:《上海闲话》,上海古籍出版社 1989 年版。

柯灵:《柯灵杂文集》,三联书店(香港)公司 1985 年版。

费唐等:《费唐法官研究上海公共租界情形报告书》,1932 年,中译本。

[美]贺萧:《危险的愉悦:二十世纪上海的娼妓问题与现代性》,韩敏中、盛宁译,江苏人民出版社 2003 年版。

倪墨炎选编:《名人笔下的老上海》,北京出版社 1999 年版。

唐振常、沈恒春主编:《上海史研究》二编,学林出版社 1988 年版。

唐振常主编:《上海史》,上海人民出版社 1989 年版。

徐一士:《一士类稿》,书目文献出版社 1984 年版。

徐以骅:《教育与宗教:作为传教媒介的圣约翰大学》,珠海出版社 1999 年版。

徐雪筠等译编、张仲礼校订:《上海近代社会经济发展概况(1882—1931)——〈海关十年·报告译编〉》,上海社会科学院出版社 1985 年版。

徐鼎新、钱小明:《上海总商会史,1902—1929》,上海社会科学院出版社 1991 年版。

郭绪印:《旧上海黑社会》,上海人民出版社 1997 年版。

郭绪印主编:《老上海的同乡团体》,文汇出版社 2003 年版。

顾卫星:《晚清学校英语教学研究》,苏州大学 2001 年博士学位论文。

顾炳权编:《上海洋场竹枝词》,上海书店出版社 1996 年版。

顾维钧:《顾维钧回忆录》第一册,中华书局 1983 年版。

商务印书馆编:《上海指南》,商务印书馆 1909 年版。

梁元生:《林乐知在华事业与〈万国公报〉》,香港中文大学出版社 1978 年版。

梁元生:《上海道台研究——转变中社会之联系人物,1843—1890》,陈同译,上海古籍出版社 2003 年版。

梁敬錞:《在华领事裁判权论》,商务印书馆 1926 年版。

[法]梅朋、傅立德:《上海法租界史》,倪静兰译,上海译文出版社 1983

年版。

黄式权:《淞南梦影录》,上海古籍出版社 1989 年版。

黄绍伦:《移民企业家——香港的上海工业家》,张秀莉译,李培德校,上海古籍出版社 2003 年版。

彭善民:《公共卫生与上海都市文明(1898—1949)》,上海人民出版社 2007 年版。

葛元煦:《沪游杂记》,上海古籍出版社 1989 年版。

葛壮:《宗教和近代上海社会的变迁》,上海书店出版社 1999 年版。

新中华杂志社:《上海的将来》,1934 年。

蒯世勋等:《上海公共租界史稿》,上海人民出版社 1980 年版。

虞和平编:《经元善集》,华中师范大学出版社 1988 年版。

[美]鲍威尔:《鲍威尔对华回忆录》,邢建榕等译,知识出版社 1994 年版。

熊月之、马学强、晏可佳选编:《上海的外国人,1842—1949》,上海古籍出版社 2003 年版。

熊月之、周武主编:《圣约翰大学史》,上海人民出版社 2007 年版。

熊月之:《西学东渐与晚清社会》,上海人民出版社 1994 年版。

熊月之主编:《上海通史》,上海人民出版社 1999 年版。

蔡元培:《蔡元培全集》,中华书局 1984 年版。

[美]霍塞:《出卖上海滩》,越裔译,上海大地出版社 1941 年版。

[美]魏斐德:《上海歹土——战时恐怖活动与城市犯罪,1937—1941》,芮传明译,上海古籍出版社 2003 年版。

档案文献:

上海档案馆档案,关于跑马厅变迁部分。

日本外务省档案。

台北"中央研究院"近代史所档案,关于《点石斋画报》案件部分。

期刊文章：

《上海研究论丛》

《历史研究》

《史林》

《申报》

《近代中国》

《近代史研究》

《近代史研究所集刊》

《图画日报》

《经世报》

《城市史研究》

《点石斋画报》

《格致汇编》

《档案与史料》

《新闻报》

《警钟日报》

外文文献：

All About Shanghai and Environs：*A Standard Guidebook*, Shanghai, 1935, University Press.

Catherine Yeh, *Shanghai Love*, *Courtesans*, *Intellectuals*, *and Entertainment Culture*, *1850—1910*, University of Washington Press, 2006.

Dyce, Charles M., *Personal Reminiscences of Thirty Year's Residence in the Model Settlement*, *Shanghai*, *1870—1900*, London, Chapman & Hall, 1906.

F. L. Hawks Pott, *A Short History of Shanghai*, *Being an Account of the Growth and Development of the International Settlement*, Kelly & Walsh, Limited,

1928.

Gamewell, Mary Ninde, *The Gateway to China*, Fleming H. Revell Company, 1916.

George Lanning & Samuel Couling, *The History of Shanghai*, 1921—1923.

George Wang and Betty Barr, *Shanghai Boy Shanghai Girl*, Old China Hand Press, Hong Kong, 2002.

Greg Leck, *Captives of Empire*, *the Japanese Internment of Allied Civilians in China*, *1941—1945*, Shandy Press, 2006.

Guide book to Shanghai and environs containing all necessary informations for tourists and others, Shanghai, The Hotel Metropole, the Oriental Press, 1903.

H.J. Lethbridge, *All about Shanghai*, *A Standard Guidebook*, *with an introduction*, Oxford University Press, 1983.

Huskey, James Layton, *American in Shanghai*: *Community Formation and Response to Revolution*, *1919—1928*, The University of North Carolina at Chapel Hill, Ph.D. 1985.

J.W. Maclellan, *The Story of Shanghai*, *from the opening of the port to foreign trade*, North-China Daily News & Herald, 1889.

Norwood F. Allman, *Shanghai Lawyer*, New York: Whittlesey House 1943.

Peggy Abkhazi, *A Curious Cage*, *a Shanghai Journal*, *1941—1945*, Edited and with an Introduction by S.W. Jackman. Sono Nis Press, Victoria, British Columbia, Canada. 1981.

Rev. C.E. Darwent, *Shanghai*: *A Handbook for Travellers and Residents to the Chief Object of Interest In and Around the Foreign Settlements and Native City*, Kelly & Walsh, Limited, 1920.

Samual Couling, *The Encyclopedia Sinica*, Shanghai: Kelly and Walsh, Limited, 1917.

Shanghai by Night and Day, Shanghai Mercury, Limited,无出版年代,纪事

止于 1902 年。

The North-China Herald.

Wright, Arnold, *Twentieth century impressions of Hong Kong，Shanghai，and other treaty ports of China：Their history，people，commerce，industries，and resources*，London，Lloyd，1908.

后　记

本书是《异质文化交织下的上海都市生活》的修订版。作为"上海城市社会生活史丛书"之一,原书出版于2008年。十多年来,上海城市史、社会生活史的研究都有了很大进展。这次修订,全书框架结构基本没有变动,但吸收了学术界一些新的研究成果,包括增添寓沪外侨的一些新的资料,诸如葡萄牙侨民、意大利侨民的资料,增加了路易·艾黎的资料;增强了对于上海何以成为异质文化交织的特殊区域的论述,强化了对于这种特殊区域若干特点及其影响的论述。对于网络上极易查阅的一些人物介绍的文字,作了适当的精简。

本书再版,得到了上海世纪出版集团阚宁辉总裁和上海人民出版社温泽远社长的大力支持,王继峰、罗俊、宫兴林付出了辛勤的劳动,谨此表示衷心的感谢。

熊月之

2023年12月3日

图书在版编目(CIP)数据

异质文化交织下的上海都市生活.1843—1949/熊
月之著.—上海:上海人民出版社,2024
ISBN 978 - 7 - 208 - 18919 - 5

Ⅰ.①异⋯ Ⅱ.①熊⋯ Ⅲ.①城市-社会生活-历史
-研究-上海-1843-1949 Ⅳ.①K295.1

中国国家版本馆 CIP 数据核字(2024)第 094736 号

责任编辑 官兴林
特约编辑 王继峰
封面设计 甘信宇

异质文化交织下的上海都市生活(1843—1949)
熊月之 著

出　　版　上海人民出版社
　　　　　(201101　上海市闵行区号景路 159 弄 C 座)
发　　行　上海人民出版社发行中心
印　　刷　苏州工业园区美柯乐制版印务有限公司
开　　本　720×1000　1/16
印　　张　27.25
插　　页　5
字　　数　384,000
版　　次　2024 年 7 月第 1 版
印　　次　2024 年 7 月第 1 次印刷
ISBN 978 - 7 - 208 - 18919 - 5/K · 3379
定　　价　128.00 元